科学唯物论编年史研究

（1818 年—2018 年）

山小琪 编著

华龄出版社
HUALING PRESS

图书在版编目（CIP）数据

科学唯物论编年史研究：1818 年—2018 年 / 山小琪
编著. -- 北京：华龄出版社，2024.5
ISBN 978-7-5169-2455-6

Ⅰ. ①科… Ⅱ. ①山… Ⅲ. ①马克思主义—历史
Ⅳ. ① A81

中国国家版本馆 CIP 数据核字（2023）第 203256 号

策划编辑	冯 章	责任印制	李未圻
责任编辑	郑 雍	装帧设计	华彩瑞视

书 名	科学唯物论编年史研究（1818–2018）	作 者	山小琪
出 版 发 行	华龄出版社 HUALING PRESS		
社 址	北京市东城区安定门外大街甲 57 号	邮 编	100011
发 行	（010）58122255	传 真	（010）84049572
承 印	河北赛文印刷有限公司		
版 次	2024 年 5 月第 1 版	印 次	2024 年 5 月第 1 次印刷
规 格	710mm × 1000mm	开 本	1/16
印 张	27	字 数	747 千字
书 号	ISBN 978-7-5169-2455-6		
定 价	168.00 元		

目　　录

上　编

下　编

序　　言

一、马克思主义是不断创新发展的

马克思主义是无产阶级争取阶级解放和人类解放的科学理论，是无产阶级认识世界和改造世界的思想武器。它是19世纪欧洲工人运动和重大科学成果相结合的产物，是马克思恩格斯亲自参加工人运动，在批判地继承和吸收人类关于自然科学、社会科学优秀成果的基础上于19世纪40年代创立，并在实践中不断地丰富、发展和完善的无产阶级思想的科学体系。马克思主义阐明了自然、社会和思维的发展普遍规律，揭示了资本主义社会的特殊运动规律，以及资本主义生产方式不可调节的矛盾，同时证明了共产主义必然胜利、资本主义必然崩溃，指出无产阶级是共产主义社会的创造者和资本主义制度的掘墓人。它是无产阶级实现人类解放的学说，是无产阶级的世界观，是代表了无产阶级的最根本的利益的学说。

马克思主义的发展历史是一部与时俱进、不断创新和发展的历史。马克思主义发展是在实践中接受检验并不断丰富和发展的过程。马克思主义既包括由马克思恩格斯创立的马克思主义的基本理论、基本观点、基本方法，也包括马克思恩格斯以及他们的学生和战友在领导工人运动，在组织第一国际、第二国际的活动中推动深化了的马克思主义，还有经列宁等苏联和东欧的无产阶级政党领导人对其继承和发展，推进到新的阶段的思想理论，并由毛泽东、邓小平、江泽民、胡锦涛、习近平等为主要代表的中国共产党人将其与中国具体实际相结合，在领导革命中探索并进一步丰富和发展了马克思主义，即中国化的马克思主义。

二、编年研究是探讨马克思主义历史发展的重要方法

学术编年的研究是在继承和发扬中国传统编年体史学的翔实记录优良传统

的基础上，一种运用比较广泛的学术史研究和学科史料汇集编纂相结合的创新研究方法。一般涉及某个研究领域各个方面的大事都需要甄选汇集记录整理，编年的内容由纲文、目文、文献和注释等部分构成，以精确、精练和精彩为编纂标准。通过文献资料的汇编与整理进行学术编年的研究是探讨马克思主义历史发展的一种重要的研究方法。以马克思主义在民主主义革命以及社会主义革命、建设和改革实践中连续的纵向历史发展为主要线索，结合马克思主义在不同区域不同民族国家的发展的复杂面貌，依照马克思主义的发展历程将马克思主义发展的整体过程，按照不同的时间编年分阶段地进行文献编年史料整理研究。

1. 发展编年的研究再现了马克思主义发展的多元复杂场域

马克思主义从它的创造者、继承者的认识研究成果讲，是由马克思恩格斯创立的，而由其后各个时代、各个民族的马克思主义者不断丰富和发展的观点和学说的体系。从它的阶级属性讲，马克思主义是无产阶级争取自身解放和整个人类解放的科学理论，是关于无产阶级斗争的性质、目的和解放条件的学说。从它的研究对象和主要内容讲，马克思主义是无产阶级的科学世界观和方法论，是关于自然、社会和思维发展的普遍规律的学说。马克思主义是由一系列的基本理论、基本观点和基本方法构成的科学体系，它是一个完整的体系。其中，马克思主义哲学、马克思主义政治经济学和科学社会主义，是马克思主义理论体系不可分割的三个主要组成部分。总而言之，马克思主义的发展既包括经典作家马克思、恩格斯、列宁、斯大林以及中国马克思主义者毛泽东、邓小平、习近平等著名领袖杰出的马克思主义者对于推动马克思主义发展所做的贡献，也包括一些亚非拉地区数量众多的规模差异较大的工人阶级政党在传播发展马克思主义方面的重要事件和活动，还包括众多的学者对于马克思主义的研究、传播和宣传普及。

2. 发展编年的研究展现了马克思主义发展与时代的互动

马克思主义发展是在具体的历史时空中发展的，是和处在具体时代的工人运动和民族解放运动一起发展的，有影响的政治事件和政治社会运动推动了马克思主义的发展，如 1848 年欧洲革命、巴黎公社、十月革命、两次世界大战、五四运动、“冷战”、金融危机等都促进马克思主义对于时代问题的思考与回答发声。

马克思主义在中国的发展充分说明马克思是在和时代的紧密互动中来推动自身的发展的。十月革命的炮声给中国送来了马克思主义，给探寻救亡图存出路的中国人民指明了前进方向、提供了全新选择。中国共产党应运而生，而且一经成立便高高举起马克思主义伟大旗帜，始终坚持将马克思主义基本原理同中国实际相结合，努力团结和领导全国各族人民，一步步取得了革命、建设和改革的伟大胜利，实现了从站起来、富起来到强起来的伟大飞跃，迎来了中华民族伟大复兴的光辉前景。中国之所以能够创造人类历史上前所未有的发展奇迹，离不开党带领人民进行的努力奋斗，离不开马克思主义科学的精神指引。正如习近平总书记所说的，“马克思主义的命运早已同中国共产党的命运、中国人民的命运、中华民族的命运紧紧连在一起。”马克思主义对中华民族的崛起有着非凡的意义，这个从遥远西方引来的火种，让中国找到了正确的世界观和方法论，推动了中国历史的发展进程，也将为新时代中华民族的稳步前进持续提供科学的理论和行动的指南。

3. 发展编年的研究呈现了马克思主义发展与社会空间的互动

马克思主义的发展也是在具体的民族国家区域空间中进行的，是和具体民族国家的政治发展与民族解放运动结合在一起的，是在支持各种社会运动的开展中一起蓬勃发展的。马克思主义理论常常对某个国家的工人运动起着指导作用，这些运动也检验了马克思主义的真理性，同时反过来也促进了马克思主义在实践中不断丰富与创新。苏联的社会主义革命与建设、中国的改革开放的伟大实践等突出地表明了这一特点。

总之，马克思主义发展编年研究为我们探讨马克思主义发展的内在规律，提供了发展的微观的具体细节和宏大的历史场景，提供了基本的资料基础和历史文献支撑，必将促进马克思主义的创新发展和对马克思主义研究的不断深入。

上　编

第一章　马克思主义的形成与发展（1818年—1895年）

马克思主义的产生是资本主义发展的必然产物，是人类思想史上的伟大革命。马克思恩格斯成为马克思主义者和无产阶级革命家既是时代的呼唤，也是受他们家庭影响和接受教育的结果，是他们个人勇于社会实践和勤于理论探索的结果。马克思主义的产生过程，是同马克思恩格斯积极参加革命实践和深入进行科学研究分不开的，是同他们不断破除旧思想的束缚，不断追求理论创新分不开的。

马克思主义于19世纪40年代产生于西欧。当时西欧已经或正在实现产业革命，生产力和科学技术达到前所未有的水平，资本主义已有相当发展，无产阶级已经由自在阶级开始向自为阶级转变。英国宪章运动、法国里昂工人起义和德国西里西亚纺织工人起义标志着无产阶级已经作为独立政治力量开始登上历史舞台，这是资本主义矛盾激化和工人运动发展的产物。马克思恩格斯批判地吸收和改造了人类思想文化的一切优秀成果，主要理论来源是德国古典哲学、英国古典政治经济学和英法空想社会主义。此外，法国启蒙学者的思想和法国复辟时期历史学家的阶级斗争学说，它也为马克思主义理论提供了有益的思想资料。青年时期的马克思恩格斯积极投身于政治斗争、工人运动和科学研究，经历了一个哲学世界观上从唯心主义到唯物主义、政治上从革命民主主义到共产主义的深刻的转变过程。在思想转变过程中马克思一方面在1842—1844年间积极投身于现实的政治斗争、工人运动实践，另一方面通过学习研究吸取了黑格尔哲学体系中辩证法的合理部分同时摒弃其唯心主义思想，吸取了费尔巴哈哲学中的唯物主义思想同时摒弃其历史唯心主义的观点，创立了新的唯物主义哲学。马克思和恩格斯1845年到1846年合著《德意志意识形态》，阐明无产阶级的新世界观。马克思新的思想论点在1847年出版《哲学的贫困》中第一次得到公开阐述，在1848年出版马克思恩格斯合著的《共产党宣言》中第一次得到初步的系统阐述，这是马克思主义正式诞生的标志。马克思主义诞生后，马克思恩格斯还积极参加工人运动特别是 1848 年欧洲革命运动和第一国际的活动，在工人运动中接受革命实践检验丰富发展马克思主义。

马克思恩格斯在创立唯物史观的同时，也通过研究人类生产方式特别是资本主义生产方式着力于政治经济学研究。1843 年马克思开始政治经济学研究；1844 年恩格斯发表《政治经济学批判大纲》，奠定了马克思主义政治经济学的基石。马克思在 1850 年代到 1860 年代运用辩证唯物主义的观点和方法对人类社会历史研究过程中，从英国资产阶级古典经济学家著作中汲取了劳动价值论而摒弃其掩盖资本家剥削劳动工人的观点，创造性的发现资本家剥削工人剩余价值的秘密。1867 年《资本论》第一卷德文第一版正式出版，标志着马克思实现了劳动价值论上的科学革命和剩余价值理论的伟大发现，揭示了资本主义生产方式的奥秘，对资本主义生产方式的内在矛盾、运动规律和历史趋势作了科学分析。19 世纪 60 年代以后，面对资本主义变化的新特点和新趋势，结合国际工人运动的新情况和新任务，马克思恩格斯对人类社会发展的考察从近代追溯到古代，从现实展望到未来，从西方国家拓展到东方社会，深入探讨了古代社会以及东方社会发展道路问题。恩格斯在工人运动中接受革命实践检验丰富发展马克思主义，并对马克思主义进行系统化，对一些重大的问题做了深入研究，撰写了《家庭、私有制和国家的起源》《路德维希·费尔巴哈和德国古典哲学的终结》等著述和关于历史唯物主义的信件，进一步丰富和发展了历史唯物主义的基本原理。马克思去世后，恩格斯晚年一方面对马克思的《资本论》等手稿进行整理出版，另一方面参加革命实践指导第二国际的工作。恩格斯结合资本主义社会历史的新变化，对马克思原稿中的观点和思想加以丰富和创新。

马克思恩格斯的战友、学生以及第二国际等工人组织在研究和传播马克思主义方面做出了积极贡献，促进了各国工人运动的发展。

大事编年

1818 年

5 月 5 日，卡尔·马克思出生于普鲁士经济比较发达又深受法国革命影响的莱茵地区特里尔市的一个律师家庭。

1819 年

圣西门选集《组织者》出版。该书主要批判不合理的社会制度。

1820 年

11 月 28 日，弗里德里希·恩格斯出生于莱茵省一个工厂主家庭。

本年，欧文发表《致拉纳克郡报告》提出建立财产公有、共同劳动的新社会。

1821 年

圣西门《论实业制度》出版。本书论证实业制度代替现存制度的必要性。

1822 年

傅立叶《论家务——农业协作社》出版。本书描述他所构想的未来社会法郎吉。

1823 年

9 月 11 日，李嘉图去世。李嘉图（1772—1823 年）英国经济学家，古典经济学理论集大成者，他的思想是马克思主义的主要理论来源之一。

1825 年

4 月 11 日，拉萨尔出生于布雷斯劳。他是德国早期工人运动重要领导人，全德工人联合会的创立者。

4 月，圣西门《新基督教》出版。本书提出实业家应与工人一道建立新社会。

5 月 19 日，圣西门逝世。圣西门（1760—1825 年）法国哲学家、空想社会主义者，提出了系统的空想社会主义思想。

7 月，英国爆发了第一次普遍生产过剩的经济危机。

1828 年

邦纳罗蒂出版《为平等而密谋》（《巴贝夫的密谋》）。本书是关于平等派运动的历史资料，也是关于社会主义思想的著作。

1829 年

傅立叶出版《经济的协作的新世界》。作者阐述了和谐社会的组织问题和法郎吉问题。

1830 年

7 月 28 日，法国七月革命爆发，劳动群众起义被镇压。8 月 7 日，众议院让路易·菲利浦即位，建立资产阶级统治的七月王朝。

10 月，马克思进特利尔中学念书。

1831 年

11 月 14 日，黑格尔去世。黑格尔（1770—1831 年）是德国古典唯心主义的集大成者，他的唯心主义辩证法是马克思主义的主要理论来源之一。

11 月 21 日，法国里昂纺织工人举行抗议示威，与军警发生冲突转为武装起义，被七月王朝政府镇压。

1832 年

1 月，空想社会主义者布朗基因参加“人民之友社”而受审，他宣称自己是“无产者”。

1833 年

10月，在伦敦举行的合作社和职工代表大会成立了“全国生产大联盟”，它是英国历史上第一个总工会，欧文当选为主席，

1834 年

4 月 9 日，里昂再度爆发工人起义。里昂工人的两次起义是法国无产阶级作为独立的政治力量登上历史舞台的重要标志。

10 月 20 日，恩格斯由巴门市立中学转入爱北斐特理科中学。

本年，侨居法国的德意志流亡者在巴黎成立秘密革命组织——流亡者同盟。出版刊物《流亡者》。1836 年内部分裂，其左翼另建正义者同盟。

1835 年

9 月 24 日，马克思中学毕业。马克思毕业考试时写的德语作文《青年在选择职业时的考虑》表达了少年马克思的远大抱负。

10 月 15 日，马克思进波恩大学法律系学习。

10 月，空想社会主义者魏特林来到巴黎，加入巴黎的德国工人组织流亡者同盟。

1836 年

10 月 22 日，马克思转入柏林大学法律系学习。马克思在柏林开始钻研黑格尔哲学，结识青年黑格尔派的鲍威尔等人，参加“博士俱乐部”活动。

本年，巴黎的德国工人组织流亡者同盟中一部分人分化出来，建立了正义者同盟，以“人人皆兄弟”为口号。后来在马克思恩格斯共产主义理论的影响下，1847 年 6 月同盟在伦敦召开大会，将正义者同盟改组为共产主义者同盟。

1837 年

2 月，英国工人组织“人民宪章”运动，这是一次群众性的无产阶级革命运动。《人民宪章》是 1837 年由工人协会向国会提出的一份请愿书，运动的参加者被称为宪章派。宪章运动持续了 12 年之久，先后出现了 3 次高潮，最终被镇压。

9 月，恩格斯辍学经商，到他父亲在巴门的公司当办事员。

10 月 10 日，傅立叶去世。傅立叶（1772—1837 年）法国思想家、空想社会主义者，其思想是马克思主义主要理论来源之一。

1838 年

7 月—1841 年 3 月，恩格斯在不来梅一家贸易公司见习，其间钻研黑格尔哲学，阅读批判宗教的著作。

本年

正义者同盟讨论组织的纲领。魏特林受同盟委托写的《现实的人类和理想的人类》，次年在巴黎出版。该书提出了空想的共产主义思想的原则。

契希考夫斯基《历史哲学导论》发表。作者确立了以行动为基础的历史哲学，对于青年黑格尔派从理论到行动、从神学批判到社会政治批判的转变发挥了重要作用，对马克思实践哲学的形成有一定影响。

1839 年

本年初至 1841 年 3 月，马克思研究古希腊哲学，写作《关于伊壁鸠鲁哲学的笔记》，后来在此基础上写成了博士论文《德谟克利特的自然哲学和伊壁鸠鲁的自然哲学的差异》。

3 月，恩格斯《乌培河谷来信》匿名发表在青年德意志刊物《德意志电讯》。文章抨击宗教虔诚主义的伪善，痛斥了先定学说的荒谬，表达了对劳动人民的同情。

5 月 12 日，路易·布朗基等人领导“四季社”成员在巴黎举行起义。起义主要靠少数革命者密谋，结果失败，布朗基被捕入狱。

本年，经济学家日洛姆·布朗基出版《政治经济学史》中第一次将“乌托邦”和“社会主义”两个词连起来使用了“乌托邦社会主义”即“空想社会主义”。后来这个词主要指圣西门、傅立叶和欧文以及他们的追随者的思想与行动。

1840 年

蒲鲁东《什么是财产？》在巴黎出版。该书从小资产阶级立场出发批判资本主义私有制，提出“财产就是盗窃”的观点。

卡贝《伊加利亚旅行记》出版。该书描绘了以小公社为基础，在计划经济管理下的财产共有、共同劳动的理想社会。在该书影响下，19 世纪 40 年代初，法国出现了规模相当大的伊加利亚运动。

路易·勃朗发表《劳动组织》，提出小资产阶级社会主义的主张。

1841 年

3 月 30 日，马克思毕业于柏林大学。

4 月 15 日，马克思以论文《德谟克利特的自然哲学和伊壁鸠鲁的自然哲学的差异》获得博士学位。4 月 6 日马克思将博士论文寄给耶拿大学哲学系，4 月 15 日，耶拿大学哲学系通过了他的申请。论文中马克思分析了对伊壁鸠鲁哲学的歪曲和贬低，阐明了德谟克利特和伊壁鸠鲁这两位古希腊唯物主义哲学家在自然哲学方面的差别，揭示了伊壁鸠鲁原子学说的积极的意义。博士论文 1902 年由梅林第一次编入《马克思恩格斯遗著》第一卷。

9 月至 1842 年 10 月，恩格斯在柏林炮兵部队服兵役，业余时间到柏林大学旁听，和青年黑格尔派的鲍威尔兄弟等人交往密切，参加他们的活动。在此期间，他先后发表《谢林论黑格尔》《谢林——基督教的哲学家》等，批判了谢林“天启哲学”。

本年，费尔巴哈《基督教的本质》发表。该书从人本学唯物主义的立场出发，批判基督教及神学，批驳了黑格尔思辨哲学关于基督教的观点；指出人对上帝的意识就是人对自己的意识，上帝的本质就是人的本质，神学就是人本学。这些对马克思恩格斯思想成长产生重要影响。

1842 年

1 月 15 日，拉法格生于古巴的圣地亚哥。他后来长期在巴黎，同马克思的女儿劳拉结婚，成为法国工人党的主要领袖，宣传马克思主义理论。

3 月，恩格斯开始为《莱茵报》撰稿。

4 月，马克思开始为《莱茵报》撰稿。

5 月 2 日，宪章派全国协会负责人向下院递交第二次请愿书。1842 年的经济危机促使英国第二次宪章运动高潮的到来。

7 月，恩格斯在《德国科学和艺术年鉴》发表《亚历山大·容客和“青年德意志”》，标志着他和“青年德意志”的决裂。

10 月 15 日，马克思担任《莱茵报》主编。在他的影响下，该报由自由资产阶级的报纸变成具有鲜明革命民主主义倾向的报纸。马克思在该报发表《第六届莱茵省议会的辩论》一组文章，探讨物质利益同国家和法的关系，捍卫贫苦群众的利益，抨击了普鲁士的国家和法律制度。

11 月，恩格斯去往英国曼彻斯特的欧门——恩格斯纺织厂当办事员。恩格斯在赴英国途中访问马克思，在科伦《莱茵报》编辑部与马克思初次见面。

12 月 9 日，克鲁泡特金在莫斯科出生。他是俄国革命家，“无政府共产主义”的创始人。

12 月 19 日、20 日和 22 日，恩格斯《各个政党的立场》《英国工人阶级状况》《谷物法》先后刊载于《莱茵报》。文章揭露了英国各政党的阶级性。

12 月，魏特林《和谐与自由的保证》在德国发表。本书对资本主义社会进行批判，主张建立一个和谐与自由的社会。

本年，德萨米《公有法典》出版。该书宣告私有制必将为公有制所代替。

1843 年

1 月，马克思《摩塞尔记者的辩护》载《莱茵报》。文章抨击了普鲁士的社会制度，为备受压迫的贫苦群众进行辩护。

3 月 17 日，马克思退出《莱茵报》编辑部。4 月 1 日，《莱茵报》被普鲁士政府查封。

是年夏，马克思在克罗茨纳赫写作《黑格尔法哲学批判》。

6 月 19 日，马克思与燕妮 · 冯 · 威斯特华伦在克罗茨纳赫结婚。

10月，马克思迁居巴黎，同阿 · 卢格合办《德法年鉴》。马克思开始写《论犹太人问题》和《〈黑格尔法哲学批判〉导言》。

11 月上旬，恩格斯为欧文派杂志《新道德世界》撰写《大陆上社会改革运动的进展》。

11 月—1845 年 1 月，马克思在巴黎同德国正义者同盟领导人以及法国工人组织的领袖建立了联系，经常出席德国和法国的工人的集会。

年底至 1844 年 1 月，恩格斯写《政治经济学批判大纲》,1844 年 2 月在《德法年鉴》发表。文章论述了消灭私有制的必要性，对社会主义革命作了初步论证，表明了恩格斯思想立场的转变。

本年

费尔巴哈《关于哲学改造的临时纲要》发表，作者提出把思辨哲学“翻转过来”，推动了马克思和恩格斯向唯物主义的转变。

费尔巴哈《未来哲学原理》出版。该书批判宗教神学和黑格尔的唯心主义，指出建立新的哲学必须以人本学为基础；人本学即新的感性哲学，人的本质在于人的类性质。

莫泽斯 · 赫斯《行动哲学》出版。赫斯强调哲学应与行动结合，将理论批判推向了社会行动，实现了精神自由与社会行动的统一。其理论为马克思新哲学的创建提供了重要理论来源。

1844 年

1—3 月，恩格斯完成《英国状况。十八世纪》写作。本书概述工业革命对生产发展及其对社会发展的重大影响，阐明了无产阶级诞生的历史意义。

2 月，马克思和卢格主编《德法年鉴》创刊号（第一、二期合刊）在巴黎出版，刊载马克思《论犹太人问题》《〈黑格尔法哲学批判〉导言》。这两篇文章标志着马克思从唯心主义转向唯物主义，从革命民主主义转向共产主义。恩格斯《政治经济学批判大纲》和《英国状况》也在创刊号发表。

2 月，马克思与恩格斯开始通信。

3 月 26 日，马克思因卢格否定共产主义而同他决裂，《德法年鉴》因此停刊。

4 月—8 月，马克思撰写《1844 年经济学哲学手稿》。手稿直到 1932 年才在苏联第一次全文发表。手稿通过对资产阶级政治经济学的批判和财产及异化劳动的分析，阐发新唯物主义的重要思想。

6 月 4 日，德国西里西亚纺织工人爆发起义。起义表明德国无产阶级已作为独立的政治力量开始登上历史舞台。

8 月，马克思开始为德国流亡社会主义者在巴黎创办《前进报》撰稿，并参加该报编辑工作。

8 月底—9 月初，马克思会晤从英国回德国途中来拜访的恩格斯。从此两人结下终生的友谊，为长期合作奠定了基础。两位创始人着手他们合写的第一部作品，题名为《对批判的批判所做的批判，驳布鲁诺·鲍威尔及其伙伴》。

8 月 31 日—10 月 19 日，《前进报》刊载恩格斯《英国状况。十八世纪》和《英国状况。英国宪法》。

9 月—11 月，马克思在巴黎继续写《对批判的批判所做的批判》，在写作中扩充了最初拟定的计划。

9 月至 1845 年 3 月，恩格斯在巴门写作《英国工人阶级状况》，描述了无产阶级的悲惨处境和历史使命。

10 月上旬，恩格斯写信给马克思，报道社会主义宣传在德国进行的情况，并谈到迫切需要写两三本书去阐述唯物主义和共产主义的原理，以便为社会主义运动奠定理论的基础。

11 月 19 日，恩格斯写信给马克思，批判青年黑格尔派麦克斯·施蒂纳《唯一者及其所有物》。

11 月，马克思结束了《对批判的批判所做的批判》写作，将手稿送交法兰克福的出版商。在排印过程中马克思在本书的标题上又加了“神圣家族”这几个字。

1845 年

1 月 16 日，在普鲁士的压力下法国政府下令驱逐马克思和《前进报》的几个撰稿人离开法国。

2 月 1 日，马克思和出版商列斯凯签订合同，计划出版两卷集的经济著作《政治和政治经济学批判》。

2 月 2 日，马克思在巴黎会见法国的空想共产主义者埃卡贝。

2 月 3 日，马克思被驱逐出巴黎，迁往布鲁塞尔。

2 月 8、15、22 日，恩格斯参加在爱北斐特组织的社会主义和共产主义思想讨论会。恩格斯在会上发表的演说，刊载于 1845 年 8 月《莱茵年鉴》第 1 卷。

2 月，马克思和恩格斯第一次合著的《神圣家族，或对批判的批判所做的批判。驳布鲁诺·鲍威尔及其伙伴》在法兰克福出版。本书以战斗唯物主义者的姿态对青年黑格尔派的主观主义进行批判；也批判了黑格尔的唯心主义哲学。他们对黑格尔辩证法中的合理的东西做了公正的评价。

3 月 15 日，恩格斯完成《英国工人阶级状况》。该书 7 月在莱比锡出版。书中运用历史唯物主义观点分析资本主义社会的经济，阐明无产阶级与资产阶级的对立和斗争。

是年春，马克思在布鲁塞尔写成《关于费尔巴哈的提纲》，写在他的 1844—1847 年的“笔记本”中。1888 年，恩格斯把它附在《费尔巴哈和德国古典哲学的终结》单行本中第一次发表出来。

7 月 12 日，马克思和恩格斯到伦敦和曼彻斯特考察旅行，进一步熟悉英国的经济政治生活以及工人运动，为研究英国做准备。

8 月 20 日，马克思和恩格斯在伦敦参加了宪章派、正义者同盟的领导人和各国工人动活动家在伦敦举行的集会。

9 月 8 日—11 日，恩格斯写作《最近发生的莱比锡大屠杀。——德国工人运动》，于 9 月 13 日在《北极星报》发表；从此，他开始为该报撰稿。

是年秋，马克思恩格斯开始写《德意志意识形态》，翌年 5 月完稿。为此马克思停止了整理“政治和政治经济学批判”第 1 卷手稿。

10月15日，恩格斯写“德国状况”的第一篇文章，载10月25日《北极星报》。

12 月 1 日，马克思得知普鲁士政府通过比利时政府将其逐出比利时的消息后，放弃了普鲁士的国籍。

年底，恩格斯翻译《傅立叶论商业的片段》发表在 1846 年的《德国公民手册》，公开地反对“真正社会主义”。

1846 年

2 月，马克思和恩格斯在布鲁塞尔创立共产主义联络委员会，争取在思想和组织上团结各国工人运动和社会主义运动中的先进人物，为建立无产阶级政党做准备。

3 月 30 日，马克思和恩格斯在布鲁塞尔共产主义联络委员会的会议上批评了“真正的社会主义”和魏特林的粗陋的平均共产主义。

4 月底，马克思和恩格斯结识了从德国流亡来的威·沃尔弗；他被吸收入布鲁塞尔共产主义联络委员会，成了马克思和恩格斯的学生与战友。

5 月 5 日，马克思写信给蒲鲁东，建议他担任布鲁塞尔共产主义联络委员会驻法通讯员。接到蒲鲁东 5 月 17 日的回信后，马克思确信他同蒲鲁东的意见有根本分歧，因而放弃这个打算。

5 月 11 日，在布鲁塞尔共产主义联络委员会会议上通过了马克思和恩格斯草拟的反对“真正的社会主义者”海·克利盖的通告。

5 月，马克思恩格斯完成《德意志意识形态》主要章节，他们思想的伟大革命变革在本书中得到了表达。本书第一章初次叙述了历史唯物主义的基本原理。在马克思和恩格斯的生前，只发表了《德意志意识形态》第二卷的第四章。1932 年在苏联全书用德文第一次公开出版。

7 月 17 日，马克思和恩格斯写《布鲁塞尔的德国民主主义者—共产主义者给菲格斯·奥康瑙尔先生的信》，刊发于 7 月 25 日《北极星报》。

8 月 15 日，恩格斯受布鲁塞尔共产主义联络委员会的委托前往巴黎，准备在正义者同盟巴黎各支部的工人成员中间宣传共产主义，组织联络委员会。

10 月中旬，恩格斯研究费尔巴哈《宗教的本质》，并记下对费尔巴哈哲学批判的要点。

10 月 23 日，恩格斯致函布鲁塞尔共产主义联络委员会。信中谈论了他在巴黎同“真正的社会主义”代表人物格律恩分子展开斗争的情况，并指出：我把共产主义者的宗旨规定如下：（1）维护同资产者利益相反的无产者的利益；（2）用消灭私有制而代之以财产共有的手段来实现这一点；（3）除了进行暴力的民主革命以外，不承认有实现这些目的的其他手段。

10 月，恩格斯在巴黎德国工人的三次集会上批评了蒲鲁东的小资产阶级空想和“真正的社会主义者”格律恩的庸俗思想。受此影响，正义者同盟巴黎各支部的大多数成员脱离了“真正的社会主义”和蒲鲁东主义。

12 月 28 日，马克思写给俄国著作家巴·瓦·安年柯夫，信中批判了他刚刚读完的蒲鲁东的《经济矛盾的体系，或贫困的哲学》，同时阐明了历史唯物主义最重要的原理。

本年

蒲鲁东《经济矛盾的体系，或贫困的哲学》出版。书中承袭黑格尔的唯心主义历史观，认为商品交换只要严格按照其中包含的劳动时间进行，就能消灭资本主义的罪恶，实现平等。

费尔巴哈《宗教的本质》发表。该书提出“神学就是人本学和自然学”，论述宗教的基础和特点。

1847

1 月—4 月，恩格斯写《真正的社会主义者》作为《德意志意识形态》第二卷的补充。

1 月 20 日，正义者同盟伦敦委员会派代表约·莫尔到布鲁塞尔见马克思，并到巴黎见恩格斯，建议他们加入同盟。马克思和恩格斯在确信同盟领导者愿意改组同盟并接受科学共产主义原理作为纲领基础之后，同意参加同盟。

2 月底，恩格斯写《普鲁士宪法》，载 3 月 6 日《北极星报》。

3 月—4 月，恩格斯写关于德国制宪问题的著作。

6 月 2 日—9 日，正义者同盟在伦敦召开第一次代表大会。马克思因经济困难未能出席。恩格斯代表同盟巴黎支部、威·沃尔弗代表同盟布鲁塞尔支部出席了大会。大会根据马克思恩格斯在会前的提议，决定把正义者同盟改名为共产主义者同盟。大会按照马克思恩格斯的建党思想、路线、原则改组了正义者同盟，并决定用“全世界无产者，联合起来！”的新口号代替“人人皆兄弟”的旧口号。大会讨论了恩格斯和威·沃尔弗起草的新章程和由恩格斯起草的第一个共产主义纲领草案《共产主义信条草案》。

7 月 27 日，恩格斯从巴黎到布鲁塞尔和马克思研究共产主义者同盟的问题。

本月，马克思《哲学的贫困。答蒲鲁东先生的〈贫困的哲学〉》出版 。本书从经济学和哲学两个方面批判了蒲鲁东唯心主义经济学，揭露了其对资本主义批判的非科学性和小资产阶级的反革命性，批判了其社会改良主义观点，阐述了历史唯物主义原理。

8 月 5 日，在马克思的领导下，布鲁塞尔成立了共产主义者同盟的支部和区部。马克思当选为支部主席及区部委员会委员。

8 月—9 月，《威斯特伐里亚汽船》杂志发表《德意志意识形态》中的一章，内容是对格律恩的《法兰西和比利时的社会运动》一书的批判。

9 月 12 日，《德意志—布鲁塞尔报》刊载了马克思《〈莱茵观察家〉的共产主义》和恩格斯《诗歌和散文中的德国社会主义》。从此马克思和恩格斯经常为《德意志—布鲁塞尔报》撰稿，受他们的影响，该报常常宣传社会主义。

9 月 27 日，恩格斯参加了布鲁塞尔民主派的宴会。会上通过了成立民主协会的决议。

10 月 3、7 日，《德意志—布鲁塞尔报》刊载恩格斯的两篇论战性的文章，总标题为《共产主义者和卡尔·海因岑》。

10 月中旬，恩格斯自布鲁塞尔返回巴黎，着手建立和巩固共产主义者同盟的地方组织。

10 月 22 日，恩格斯在共产主义者同盟巴黎区部委员会会议上批评“真正的社会主义者”莫·赫斯所拟的共产主义者同盟纲领草案。委员会委托恩格斯拟定新的纲领草案（即《共产主义原理问答》），用问答的体裁初步阐明了科学共产主义的基本原理。

10 月底，马克思写《道德化的批评和批评化的道德，论述德意志文化的历史，驳卡尔·海因岑》。该文分期发表于 10 月 28 日至 11 月 25 日《德意志—布鲁塞尔报》。

10 月底—11 月，恩格斯受共产主义者同盟巴黎区部委员会的委托为同盟草拟名为《共产主义原理》的纲领草案。

11 月 14 日，恩格斯被同盟巴黎区部选为出席共产主义者同盟第二次代表大会的代表。

11 月 15 日，马克思在布鲁塞尔民主协会会议上当选为协会副主席。

11 月 23 日—24 日，恩格斯写信给马克思，建议以宣言形式拟定共产主义者同盟纲领，并称该纲领为《共产主义宣言》。

11 月 27 日，马克思和恩格斯分别由布鲁塞尔和巴黎前往伦敦，参加共产主义者同盟第二次代表大会。他们在奥斯坦德会面，并在那里讨论了同盟的纲领问题。

11 月 29 日，马克思和恩格斯在伦敦出席“民主派兄弟协会”为纪念 1830 年波兰起义而举行的国际大会。马克思和恩格斯在大会上发表了关于波兰问题的演说。

11 月 29 日—12 月 8 日，共产主义者同盟在伦敦举行第二次代表大会。大会委托马克思和恩格斯以宣言形式制定共产主义者同盟纲领，并批准共产主义者同盟章程。章程明确规定同盟的目的是：推翻资产阶级，建立无产阶级统治，消灭旧的以阶级对立为基础的资产阶级社会和建立无阶级、无私有制的新社会。

11 月 30 日，马克思和恩格斯在伦敦德国工人教育协会会议上发表演说。马克思在演说中报告了布鲁塞尔德意志工人协会的活动。

12 月 9 日到月底，在共产主义者同盟第二次代表大会闭幕后，马克思和恩格斯着手写《共产党宣言》。

12 月 15 日左右，恩格斯写文章批评路易·勃朗在第戎宴会上的演说。该文载 12 月 18 日《北极星报》和 12 月 30 日《德意志—布鲁塞尔报》。

下半月，马克思在布鲁塞尔德意志工人协会做关于雇佣劳动和资本的讲演。

12 月 20 日，马克思在布鲁塞尔民主协会大会上报告了伦敦纪念 1830 年波兰起义大会的情况，并宣读“民主派兄弟协会”的贺词。恩格斯在大会上当选为“民主派兄弟协会”驻巴黎的代表。

1848 年

1 月 12 日，意大利西西里岛首府巴勒莫的工人、中小资产者在资产阶级自由派领导下发动武装起义。起义群众推翻了当地反动政权，建立了临时政府。这次起义拉开了 1848 年欧洲革命的序幕。

下半月，马克思写完《共产党宣言》。手稿于 1 月底寄往伦敦。

1 月 23 日，《德意志—布鲁塞尔报》载恩格斯《1847 年的运动》。

1 月 29 日，恩格斯因在巴黎工人中间从事革命活动被法国政府驱逐出境。

2 月 22 日，马克思和恩格斯在布鲁塞尔民主协会为纪念克拉科夫起义两周年而举行的大会上发表了演说。他们的演说在 1848 年 3 月发表于克拉柯夫起义纪念文集。

2 月 22 日，法国“二月革命”爆发。“二月革命”中法国人民推翻七月王朝，建立第二共和国的资产阶级民主革命，为资本主义在法国的进一步发展扫清了道路。

2 月 24 日，共产主义者同盟的纲领《共产党宣言》在伦敦出版，这是马克思主义公开问世的重要标志。《共产党宣言》把马克思主义的哲学、政治经济学和科学社会主义融为一体，以唯物史观说明了人类社会发展的规律；科学评价了资产阶级的历史作用，揭示了资本主义的内在矛盾；论述了无产阶级的历史使命；揭示了资本主义必然灭亡和共产主义必然胜利的历史规律；奠定了无产阶级政党学说的基础；论述了共产党的性质、特点、基本纲领和策略原则。《共产党宣言》还批判了当时流行的形形色色的社会主义流派，划清了科学社会主义与这些流派的界限，提出了“全世界无产者，联合起来”的战斗口号。

2 月 25 日—3 月上旬，马克思和恩格斯积极参加比利时的共和主义运动。

2 月 25 日—26 日，恩格斯写《巴黎的革命》，载 2 月 27 日《德意志—布鲁塞尔报》。

2 月 27 日左右，由于法国爆发革命，共产主义者同盟伦敦中央委员会将全权授予马克思领导的布鲁塞尔区部委员会。

本月，马克思整理他在布鲁塞尔德意志工人协会所做的关于雇佣劳动和资本的讲演准备付印，讲演《雇佣劳动和资本》载 1849 年 4 月《新莱茵报》。

3 月 3 日，马克思收到二十四小时内离开比利时的敕令。3 日夜马克思准备离开的时候，警察突然闯入住宅逮捕了马克思。3 月 4 日，燕妮·马克思也被逮捕。经过十八小时的监禁后，马克思全家被迫立即离开比利时。

3 月 5 日，马克思到达巴黎。共产主义者同盟布鲁塞尔中央委员会决定将同盟的活动中心转移到巴黎。马克思受委托在巴黎组织新的中央委员会。

3 月 6 日—3 月中旬，马克思反对小资产阶级民主主义者所提出的由巴黎的德国流亡者组成武装部队攻入德国的冒险计划，马克思主张德国工人应单个地回到德国参加革命运动。

3 月 8 日，马克思参加共产主义者同盟巴黎支部会议，会上决定成立同盟巴黎区部和建立名为德国工人俱乐部的公开的工人组织。会上委托马克思拟定俱乐部章程草案。

3 月 11 日，共产主义者同盟新的中央委员会在巴黎成立。马克思当选为委员会主席。在布鲁塞尔的恩格斯被缺席选入中央委员会。

3 月 21 日和 29 日，马克思和恩格斯撰写共产主义者同盟在德国革命中的政治纲领《共产党在德国的要求》，指出德国革命的基本任务是推翻封建专制制度，建立共和国；共产党人必须参加资产阶级民主革命，但不能忘记自己的最终任务是消灭私有制，实现共产主义。

4 月 8 日左右，马克思和恩格斯离开巴黎，回德国直接参加革命。

4 月 10 日，英国的全国宪章派第 3 次代表大会的代表向国会递交请愿书。国会拒绝接受请愿书，要求解散全国宪章派协会。英国的宪章运动是“世界上第一次广泛的、真正群众性的、政治性的无产阶级革命运动”。

5 月 31 日，马克思和恩格斯创办的德文政治性日报《新莱茵报》创刊号提前一天在德国科伦市出版发行。马克思任该报主编。该报成为共产主义者同盟的指导中心，成为宣传和实践马克思、恩格斯所主张的革命路线和策略的有力工具。

5 月，马克思和恩格斯与哥特沙克宗派主义进行斗争。

6 月 7 日，马克思和恩格斯发表《法兰克福激进民主党和法兰克福左派的纲领》社论，主张必须通过革命来统一德国，这是德国资产阶级民主革命的最重要的任务。

6 月 9 日，《新莱茵报》发表恩格斯《对波兰的重新瓜分》，支持波兰人民的民族解放运动，并指出建立民主的波兰是建立民主的德国不可缺少的条件。

6 月 22 日，法国巴黎六月起义爆发。最后，政府军队镇压了这次起义。马克思称它为无产阶级与资产阶级的第一次伟大的战斗。

6 月 25 日到 7 月 1 日，《新莱茵报》发表恩格斯关于巴黎六月起义的一组文章和马克思的《六月起义》。由于他们坚决捍卫六月起义的工人阶级的言论，大部分股东不再支持《新莱茵报》。

7 月 21 日，马克思出席科伦民主协会的全体会议。会上选举马克思为代表参加科伦三个民主团体的中央委员会。

8 月 13 日—14 日，马克思和恩格斯参加在科伦召开的第一届莱茵民主主义者代表大会。

8 月 30 日，马克思在第一届维也纳工人联合会会议上发表演说，论述了西欧的社会关系和工人阶级在革命斗争中的作用。9 月 2 日，马克思又一次在会议上做了关于雇佣劳动与资本的报告。

9 月 13 日，《新莱茵报》编辑部、科伦工人联合会和民主协会在科伦弗兰肯广场召开民众大会。大会选出由三十人组成的安全委员会，马克思和恩格斯都被选入该委员会。

11 月 11 日—13 日，马克思写关于《柏林的反革命》的一组文章，发表在 11 月 12 日和 14 日《新莱茵报》上。马克思号召人民群众用拒绝纳税的办法来回答反革命的行动。

11 月 19 日，《新莱茵报》出版了一期特别副刊，号召居民不向政府缴纳捐税。从 11 月 19 日到 12 月 17 日该报每号都刊有“打倒捐税！！！”的号召。

本月，恩格斯和《新莱茵报》的几位编辑由于有被逮捕的危险离开了科伦，该报的编辑工作几乎全部落到马克思的肩上。同时马克思还积极参加了科伦工人联合会的活动，担任该会主席。

12 月 8 日，洛桑工人联合会委派恩格斯为代表，出席 12 月 9 日在伯尔尼召开的瑞士德国工人联合会第一届代表大会。

12 月 9 日—29 日，马克思以《资产阶级和反革命》为题写了一组文章，分别发表在 12 月 10、15、16 和 31 日《新莱茵报》。这些文章中总结了三月革命，说明了德国阶级力量对比的情况，揭露了普鲁士资产阶级的背叛。

12 月 31 日，马克思写《革命运动》，载 1849 年 1 月 1 日《新莱茵报》。

文章总结了 1848 年欧洲革命的发展，分析了法国和英国无产阶级革命的前途，并强调革命应该对欧洲革命和民族解放运动发生的影响。

1849 年

1 月 15 日，马克思参加科伦工人联合会委员会的会议，他发言说明为什么工人应该在本届普鲁士议会第二议院选举中支持民主派的候选人。

1 月 30 日，马克思写《〈科伦日报〉论选举》，载 2 月 1 日《新莱茵报》。文章证明无产阶级、城市小资产阶级和农民必须为民主共和国共同进行斗争。

2 月 7 日，马克思和恩格斯因《新莱茵报》被控侮辱检察长茨魏费尔和诽谤宪兵而受审。马克思和恩格斯利用这次审讯当众揭露普鲁士政府实行反革命政变的罪行。

2 月 8 日，马克思出席科伦陪审法庭受审。全体被告都被宣判无罪。马克思在法庭上的发言载 2 月 25 和 27 日《新莱茵报》。

2 月 10 日，马克思写以《拉萨尔》为题的第一篇文章，载 2 月 11 日《新莱茵报》。此后，马克思和恩格斯在该报发表了一系列关于拉萨尔案件的文章。

3 月 13 日—23 日，马克思在《新莱茵报》的几篇社论中尖锐地抨击了政府的法律草案，这些法律一旦实施，1848 年革命所争得的民主自由就会化为乌有。

3 月 29 日，普鲁士内务大臣建议把马克思逐出科伦，莱茵省总督艾希曼虽然赞同，但又担心会引起骚动，因此建议等待一个比较有利的时机，把马克思逐出普鲁士。

3 月 30 日—4 月 3 日，恩格斯以《皮蒙特军队的失败》为题写了三篇文章，分别发表在 3 月 31 日、4 月 1 日和 4 日《新莱茵报》。文章分析了皮蒙特和奥地利的战争的进程，指出只有真正的民族革命战争才能使意大利摆脱奥地利的统治。

4 月 5 日—11 日，马克思在《新莱茵报》发表《雇佣劳动与资本》。马克思揭露资本主义剥削的实质，证明资本家的利益和雇佣工人的利益的对立。

4 月 16 日，在马克思及其战友的影响下，科伦工人联合会在大会上一致决定，退出德国民主协会总会，加入工人联合会总会。

4 月 17 日，科伦工人联合会委员会推选马克思参加莱茵省和威斯特伐里亚各工人联合会代表大会临时筹备委员会。

4 月 20 日，《新莱茵报》发表声明：由于马克思离开了科伦，他的《雇佣劳动与资本》暂停刊登。德国政治形势的尖锐化和《新莱茵报》的停刊使马克思这一著作未能全部发表。

5 月 4 日—6 日，《新莱茵报》发表恩格斯《莱茵各城市代表大会》和《他们要戒严》。文章警告科伦工人不要上当局的当，不要在条件不利时发动斗争。

5 月 10 日，因爱北斐特发生起义，恩格斯奔赴佐林根，又从佐林根同革命工人队伍一起前往爱北斐特。

5 月 12 日，普鲁士政府下令驱逐马克思出普鲁士，企图用这种办法来迫使《新莱茵报》停刊。

5 月 14—15 日，爱北斐特资产阶级害怕恩格斯宣布成立红色共和国，力图逮捕他，爱北斐特安全委员会在资产阶级这种压力下，建议恩格斯离开该城。

5 月 17 日左右，由于恩格斯参加了爱北斐特起义，当局发出了逮捕他的命令。逮捕令使恩格斯不得不离开科伦，他便到爆发了革命起义的德国西南部去。

5 月 19 日，由于马克思被逐出普鲁士，而且恩格斯和其他编辑又遭到迫害，《新莱茵报》用红色油墨出版最后一号，即第 301 号。报上发表了马克思《新莱茵报被勒令停刊》和恩格斯《匈牙利》。

5 月 19 日—20 日，《新莱茵报》停刊后，马克思和恩格斯来到法兰克福，在这里他们敦促国民议会左派议员领导德国西南部的武装起义。这个计划没有得到小资产阶级议员的支持。

5 月 20 日或 21 日，马克思和恩格斯到达巴登。他们力图说服运动的领导者把巴登革命军派往法兰克福，使起义具有全德的性质。领导运动的小资产阶级民主主义者拒绝了马克思和恩格斯的建议。

5 月底，马克思和恩格斯前往宾根。在途中，他们因被怀疑参加起义而被黑森士兵逮捕，并押到达姆斯塔德，从那里又押到法兰克福。马克思和恩格斯在法兰克福获释后又前往宾根。

6 月 2 日，马克思预料法国将发生决定性的革命事件，受民主主义者中央委员会的委托前往巴黎，以便代表德国革命党同法国社会民主主义者取得联系。

6 月 3 日以后，马克思到达巴黎，恢复并扩大了他同各俱乐部领导人、各秘密工人组织领导人以及同法国民主主义者代表们的联系。

6 月 13 日—7 月 11 日，恩格斯经纽施塔特前往欧芬巴赫，去参加巴登—普法尔茨军队，即维利希指挥的志愿部队，任维利希志愿军团副官。他直接参加了在巴登和普法尔茨进行的革命战斗，亲自参加了四次战役。

7 月中旬，德国各地护宪运动先后遭到镇压。1848 年 3 月开始的德国革命至此结束。

8 月 24 日，马克思离巴黎赴伦敦。26 日左右马克思来到伦敦，在这里一直居住到逝世。

8 月底一 9 月初，共产主义者同盟大部分中央委员到了伦教，马克思便和他们一起着手改组同盟及其中央委员会的工作。由于德国革命失败，许多盟员遭监禁或逃亡国外，同盟组织瓦解，联系中断，至年底中央委员会已不起作用。

9 月，马克思被选入伦敦德国流亡者救济委员会。该委员会附设于当地的德意志工人教育协会中。

11 月 10 日左右，恩格斯自热那亚抵达伦敦，随即参加共产主义者同盟中央委员会，不久又成为伦敦德意志工人共产主义教育协会的会员。

1849 年 11 月—1850 年 9 月，马克思在伦敦德意志工人共产主义教育协会多次发表演说，阐述了政治经济学的基本原理和《共产党宣言》的基本思想。

12 月，马克思恩格斯积极筹办《新莱茵报》续刊——共产主义者同盟理论刊物《新莱茵报。政治经济评论》。

1850 年

1 月—3 月初，马克思为《新莱茵报。政治经济评论》撰写总题目为《从

1848到1849年》的文章，总结1848年法国经验。恩格斯后来用《1848年至1850年的法兰西阶级斗争》的名称出版。

3月6日，《新莱茵报。政治经济评论》第1期在汉堡出版。11月29日停刊，共出六期。第一期载有马克思《1848年6月的失败》和恩格斯《德国维护帝国宪法的运动》的前两章。

3月底，《新莱茵报。政治经济评论》第2期在汉堡出版。其中载有马克思的《从1848到1849年》连载文章的第二篇和恩格斯《德国维护帝国宪法的运动》的第三章，以及马克思和恩格斯合写的几篇书评。

本月，马克思和恩格斯合写第一篇《中央委员会告共产主义者同盟书》，总结了1848—1849年的德国革命，批评了“德国”小资产阶级民主主义者，号召加强同盟并建立独立的无产阶级政党，制定了无产阶级在即将到来的革命中的斗争策略，号召无产阶级要不断革命，直到底消灭有产阶级的统治。

4月17日，《新莱茵报。政治经济评论》第3期在汉堡出版。其中载有马克思《从1848到1849年》连载文章第三篇和恩格斯《德国维护帝国宪法的运动》最后一章。

本月，马克思恩格斯和维利希作为共产主义者同盟中央委员会的代表，同法国布朗基主义流亡者和英国宪章派的革命派，共同达成了成立“世界革命共产主义者协会”的协议，并起草签署了有6项条款的会章。

5月19日，《新莱茵报。政治经济评论》第4期出版。载有马克思和恩格斯合写的书评、《国际述评（二）》和《哥特弗利德·金克尔》，以及马克思《路易—拿破仑和富尔德》和恩格斯《英国10小时工作制法案》。

6月，马克思和恩格斯在第二篇《中央委员会告共产主义者同盟书》中要求德国支部进一步扩大同盟的组织，把那些适当的和忠于革命的，但还不了解先前运动的共产主义结果的人组织起来，组成更为广泛的盟员组织。

7月底，马克思和恩格斯根据对欧洲和美国经济情况的研究，得出一个结论：1847年的经济危机已成过去，在资产阶级社会的生产力开始普遍蓬勃发展的条件下，根本谈不上真正的革命。新的形势要求共产主义者同盟从根本上改变策略，即无产阶级政党逐步地、认真地准备未来的革命战斗。

是年夏，恩格斯写完《德国农民战争》，这是恩格斯总结德国革命经验的重要著作。书中他将16世纪德国农民战争同德国1848年革命进行比较研究，总结两次革命失败的原因及其经验教训，强调农民群众中蕴藏着巨大的革命力量，无产阶级只有同农民中的革命力量联合起来，革命才可能胜利。

9月23日，维利希、沙佩尔擅自召开同盟伦敦区部会议，成立自己的中央委员会，并通过所谓的决议，将马克思、恩格斯开除出同盟。同盟中央彻底分裂。

11 月 9 日，马克思和恩格斯合写的《共产党宣言》第一个英译文本登载在英国宪章派的刊物《红色共和党人》。

11 月中旬，恩格斯迁居曼彻斯特，重新参加欧门——恩格斯公司的工作，主要是想在物质上帮助马克思，使他能够继研究经济理论。从这时起，马克思和恩格斯之间几乎每日都有信件往来。

11 月 29 日，《新莱茵报。政治经济评论》最后一期（第五、六期合刊）在汉堡出版。载有马克思和恩格斯合写的《国际述评（三）。从 5 月至 10 月》和恩格斯《德国农民战争》，并且转载了《共产党宣言》的第三章。

本月，马克思写完《1848 年至 1850 年的法兰西阶级斗争》。在书中阐述了无产阶级革命斗争的理论和策略，并第一次使用了“无产阶级专政”概念；高度评价了六月起义，称它是现代社会两大对立阶级之间的第一次伟大战斗；划清了革命的社会主义与各种空论的社会主义的界限；还提出了“革命是历史的火车头”著名论断。

12 月 1 日，共产主义者同盟科伦中央委员会发出告全体盟员书，批判维利希—沙佩尔集团的活动，并向全体同盟盟员郑重宣告：把维利希等开除出同盟。

1851 年

1 月 5 日，马克思参加共产主义者同盟伦敦区部会议。会议批准了共产主义者同盟科伦中央委员会草拟的新章程。

2 月 28 日，马克思向科伦共产主义者同盟盟员报道了 2 月 24 日的“平等者宴会”的详细情况，并要求他们把这些情况传达给德国工人。

4 月，贝克尔发行的《卡尔·马克思文集》第一分册（只出版了第一册）在科伦出版。其中包括马克思 1842 年写的《评普鲁士最近的书报检查令》和六篇莱茵省议会的辩论的一部分。

5 月 10 日，共产主义者同盟科伦中央委员会的特使在莱比锡被捕，为了打击德国的共产主义运动，普鲁士警察局策划了“科伦共产党人审判案”。马克思和恩格斯非常关心被捕人员、竭力营救，撰写了《揭露科伦共产党人案件》和《最近的科伦案件》等文章。

8 月 8 日，马克思收到纽约进步资产阶级报纸《纽约每日论坛报》编辑德纳请他为该报撰稿的建议，马克思接受了该建议，以便通过这个报纸来影响社会舆论，从工人阶级立场阐明一些重要的问题。马克思为该报稿 10 年以上，其间，因马克思忙于理论研究，很多文章是马克思请恩格斯写的。

8 月 17 日，恩格斯开始写《德国的革命和反革命》一组文章，用唯物史观来研究德国 1848—1849 年民主革命。这些文章从 1851 年 10 月 25 日至 1852 年 9 月 23 日刊登在《纽约每日论坛报》。恩格斯分析了革命力量的对比、各个阶级的作用、革命失败的原因等，阐明了工农联盟的必要性与可能性，并发展了无产阶级暴力革命学说。

8—11 月，在欧洲反动势力和警察迫害加强的情况下，在伦敦的马克思和在曼彻斯特的恩格斯竭尽全力保护未来无产阶级组织的基础——共产主义者同盟的核心，从思想上教育无产阶级干部。

9 月 11 日，马克思写信给魏德迈，批评意大利资产阶革命家马志尼，指出马志尼不懂得从农民的利益出发解决土地问题对于进行意大利民族解放斗争的意义。

9 月底—10 月，马克思为了研究机器生产对工人劳动的影响，阅读关技术史方面的著作，并做了大量的笔记。

11 月 24 日和 27 日，马克思和恩格斯在通信中就发表马克思的政治经济学著作的计划问题交换意见

12 月 3 日，恩格斯在给马克思的信中，深刻分析了 1851 年 12 月 2 日在法国发生的路易·波拿巴反革命政变。

12 月 19 日—1852 年 3 月 25 日，马克思撰写《路易·波拿巴的雾月十八日》，这可以说是《1848 年至 1850 年的法兰西阶级斗争》的续篇。马克思通过对路易·波拿巴反革命政变事件的透彻分析，系统地总结了 1848—1849 年各国革命的历史经验，揭示了各个阶级及其政治代表人物在历史发展中的作用，指出创造历史并不是随心所欲的，各个阶级最终是由各种经济所有制的物质条件决定的。这部著作发展了无产阶级革命和无产阶级专政的理论，进一步发展了工农联盟的原理，第一次表述了工人阶级必须粉碎资产阶级国家机器这个重要原理。

1852 年

1 月 1 日，约·魏德迈在《纽约论坛报》发表《论无产阶级专政》。文中指出无产阶级是唯一能把资产阶级的全部遗产推向前进的阶级。

1 月 6 日，美国第一个马克思主义刊物《革命》周刊第 1 期在纽约出版，魏德迈担任主编，马克思、恩格斯等人被特邀为该刊撰稿人。《革命》周刊曾最先全文登载了马克思《路易·波拿巴的雾月十八日》。

3 月 5 日，马克思在给魏德迈的信中阐述了他对于阶级和阶级斗争，无产阶级作为资产阶级的掘墓人和新的无阶级的社会制度的学说，并阐述了他自己对

阶级斗争学说增添的新内容:（1）阶级的存在仅仅是同生产发展的一定历史阶段相联系:（2）阶级斗争必然导致无产阶级专政;（3）这个专政本身不过是向消灭一切阶级和进入无阶级社会的过渡。

6 月，流亡美国的马克思主义者魏德迈和弗里德里希·阿尔伯特·左尔格共同发起在美国纽约创立组建了无产者同盟（又称“无产阶级联盟”），这是在美国出现的宣传马克思主义的最早团体。

8 月 12—22 日，恩格斯撰写《德国的革命和反革命》这一组文章的第十七篇。文章根据各次战争和革命的历史经验，表述了科学共产主义关于武装起义的重要原理。

10 月 4 日，普鲁士政府以“莫须有”罪名制造的所谓“科伦共产党人审判案”在科伦开庭。11 月 12 日，科伦陪审法庭根据伪造材料和伪证词，对科伦共产党人案件宣布判决。马克思写了《揭露科伦共产党人案件》揭露了普鲁士政府对这一案件的无耻捏造和对国际工人运动所采取的卑鄙手段。1853 年 1 月该书出版。

11 月 17 日，共产主义者同盟伦敦区部召开会议，马克思提议解散共产主义者同盟，因为在欧洲反动势力猖獗，共产主义者同盟的著名活动家遭到逮捕的情况下，同盟实际上已不存在。马克思的提议被通过，同盟宣告自动解散。共产主义者同盟是国际工人运动史上第一个用科学社会主义理论指导的国际无产阶级政党组织。它存在了 5 年多时间，影响深远。

12 月 10 日，马克思为《纽约每日论坛报》写《议会——11 月 26 日的表决——迪斯累里的预算案》，揭露了英国税收制度的阶级实质。

1853 年

1 月 28 日，马克思第一次用英文写《死刑。科布先生的小册子。一英格兰银行的措施》。文章分析了资本主义社会中犯罪行为增多的社会原因。

3 月一 4 月初，由于西方强国和沙皇俄国之间在巴尔干和近东的矛盾尖锐化，马克思和恩格斯在通信中就东方问题交换了意见。

4 月 12 日，恩格斯给魏德迈的信中在分析欧洲的经济和政治情况的基础上，表述了他对欧洲大陆新的革命的前途及无产阶级政党在德国未来革命斗争中的策略等一系列问题的看法。

4 月，美国波士顿出版马克思《揭露科伦共产党人案件》。

4—5 月，马克思对亚洲殖民地国家和附属国家的历史和发展前途很有兴趣，读了一些有关印度和中国的历史和经济的著作，并做了摘录。

5 月 20 日，马克思撰写《中国革命和欧洲革命》。文章分析“中国革命将把火星抛到现今工业体系这个火药装得足而又足的地雷上，把酝酿已久的普遍危机引爆，这个普遍危机一扩展到国外，紧接而来的将是欧洲大陆的政治革命。”

6 月 10 日，马克思为《纽约每日论坛报》撰写《不列颠在印度的统治》，揭露英国人在印度进行殖民主义统治的方法。随后又撰写《东印度公司，它的历史与结果》和《不列颠在印度统治的未来结果》，阐述英国统治阶级对印度进行的殖民统治必将崩溃。

8 月 30 日—9 月 27 日，马克思写一系列关于欧洲经济状况的文章。指出主要欧洲国家——英国和法国的经济中有经济危机日益迫近的征兆。

11 月 21 日，马克思写《高尚意识的骑士》，1854 年 1 月在纽约出版。他揭露了小资产阶级流亡者的领袖的宗派主义和玩弄革命的蛊惑手法以及冒险主义策略。

1854 年

1 月 8 日，针对英法舰队进入黑海，恩格斯写《欧洲战争》，载 2 月 2 日《纽约每日论坛报》。文章分析战争的前途和因战争而在欧洲引起革命的可能性。

3 月 6 日，英国宪章运动左翼在曼彻斯特召开全国宪章运动组织代表大会“工人议会”。大会做出了争取劳动保护和建立全国工人基金的决议。会议通过了邀请马克思作为名誉代表参加会议的决议，但马克思未能出席。

4 月 6 日—6 月 1 日，马克思在同拉萨尔辩论克里木战争的性质时指出，英国统治阶级由于害怕欧洲革命运动的加强而不愿意使沙皇政府在军事上遭到溃败，因而他们不能始终不渝地坚决地对俄作战。

4 月 7 日，马克思写《俄国和德意志强国。——粮食价格》，载 4 月 21 日《纽约每日论坛报》。马克思认为由于奥地利和普鲁士参战而使战争具有全欧性质并且可能加速全欧革命危机的到来。

4 月 18 日，马克思写《列施德－帕沙的照会。——意大利报纸论东方问题》，载 5 月 2 日《纽约每日论坛报》。马克思指出东方问题的正确解决对德意志、匈牙利和意大利的人民有着特别的利害关系。

5 月 9 日，马克思写《不列颠的财政》，载 5 月 23 日《纽约每日论坛报》，并被转载于 5 月 25 日《纽约时报》。文章揭露了格莱斯顿的财政措施的蛊惑性。

7 月 7 日，马克思观察了西班牙事件之后写《马德里起义的细节。——奥地利和普鲁士的要求。——奥地利的新公债。——瓦拉几亚》，载 7 月 21 日《纽约每日论坛报》。文章指出在西班牙业已开始的军事叛乱在人民群众的不满日益增长的情况下可能变成普遍起义。

下半月，马克思阅读了资产阶级历史学家梯叶里的《第三等级形成和发展的历史》做了很多摘录。他在 7 月 27 日给恩格斯的信中指出该书作者是能够在历史过程中最先发现阶级斗争存在的人之一，虽然他没有从这一点在理论上作出相应的结论。

7 月 21 日，马克思写《西班牙的革命。——土耳其和希腊》，指出在西班牙已经开始的革命运动正在超出普通的军事叛乱的范围，并且由于人民群众的参加而具有民主性。

7 月 29 日—8 月 1 日，马克思和恩格斯合写《无聊的战争》，指出西班牙的革命事件可以开辟欧洲革命的新纪元。

10 月 16 日，考茨基出生。考茨基是德国和国际工人运动理论家，第二国际领导人之一，《资本论》第四卷的编者。

12 月—1855 年 1 月，马克思重读他前几年作的有关政治经济学的笔记本。他作了简单的纲要，并且加上了“货币，信贷，危机”的标题，同时在每一个条目之后都援引了摘有不同作者的文章的有关笔记本，标出作者、著作名称和自己笔记本的页码。他后来在写“政治经济学批判纲要”和《资本论》第三卷时利用了这份材料。

12 月 15 日，马克思对恩格斯寄来的文章作了补充，文章以《战况的进展》为题载 1855 年 1 月 1 日《纽约每日论坛报》。该文再一次强调奥地利和普鲁士参战会有助于欧洲革命的开始。

本年，马克思继续研究政治经济学、系统地收集经济资料，他在给《纽约每日论坛报》写的文章中利用了其中的一部分。恩格斯加紧研究军事理论问题、并在给《纽约每日论坛报》写的军事评论中系统地阐述军事事件。

1855

1 月 8—22 日，马克思给德国资产阶级民主派报纸《新奥得报》写一组以“工商业危机”为题的文章。文章根据对英国商业的揭示经济周期又达到了“过度生产和过度投机为危机代替”的阶段。

2 月 14 日，由于帕麦斯顿内阁的组成，马克思给《新奥得报》寄去他的《帕麦斯顿勋爵》，揭露英国执政阶级寡头政治及其反动实质。

3 月 2 日，马克思为《新奥得报》写《不列颠宪法》。文章指出资产阶级和贵族之间的妥协构成英国政治制度的基础，这种妥协阻碍国家的进步发展。

3 月 20 日，马克思写关于在伦敦饭店举行的群众大会的文章。在文章中马克思引用宪章派领袖在大会上的讲话揭穿了资产阶级反对派的代表利用工人运动来实现自己目的的企图。

4 月 10 日，马克思为《纽约每日论坛报》写《法国和英国的最近前途》，提出无产阶级必须利用由于战争而造成的复杂形势来发展革命斗争的想法。

5 月 7—21 日，由于资产阶级商业金融界代表鼓吹行政改革，马克思就这个题目为《新奥得报》写了五篇文章，指出他们害怕工人阶级，准备同贵族妥协。

6 月 5 日，马克思为《新奥得报》写《行政改革协会。——人民宪章》。文章指出宪章派提出的英国政治制度民主化纲领有可能为工人阶级夺取政权开辟前景。

6 月 24 日，马克思和李卜克内西一起参加了在伦敦海德公园举行的群众性示威，反对有损人民群众利益的禁止星期日交易法案。马克思写文章指出这次运动的群众性以及宪章派在运动中所起的积极作用。

7 月 11—20 日，由于新的内阁危机，马克思写了一系列有关议会辩论的文章揭露了英国议会的反民主性质。

8 月 13 日，马克思写《波兰集会》，揭露帕麦斯顿政府对波兰民族运动的政策的挑衅性质，也谴责了波兰流亡者中保守的贵族君主派的立场。

10 月 2 日，马克思写《官方财政报告》，批评英国政府的税收政策，指出英国资产阶级报刊关于英国劳动者福利增长的断言是毫无根据的。

12 月 12 日—1856 年 1 月，马克思几次会见鲍威尔兄弟。马克思把他同鲍威尔兄弟谈话的情况写信告诉恩格斯，并对他们的思想观点作了批判性的评价，特别对布鲁诺·鲍威尔的蔑视工人运动的傲慢态度提出尖锐的批评。

1856 年

1 月 18 日，恩格斯写《欧洲战争》，指出克里木战争的进展并不能实现使这一战争变成争取欧洲的民主改革和被压迫民族的解放的战争的愿望。

2 月 17 日，海涅在巴黎逝世。海涅（1797 年—1856 年）德国著名诗人、思想家和政论家。

4 月 14 日，马克思应宪章派机关报《人民报》邀请，参加了该报创刊四周年纪念会。他发表了关于无产阶级的世界历史使命的演说，强调资本主义社会的矛盾必然导致社会革命和无产阶级胜利。

4 月 16 日，马克思在研究德国产生新的革命高潮的前景时进一步发挥了工人阶级同农民结成联盟的思想。他在给恩格斯的信中写道："德国的全部问题将取决于是否有可能由某种再版的农民战争去支持无产阶级革命。"

5 月中旬，恩格斯到爱尔兰旅行考察。他指出由于英国人进行的掠夺性战争和他们对爱尔兰施行的殖民政策，爱尔兰人民到处陷于破产和贫困，称爱尔兰为"英国的第一个殖民地"。

7 月上旬，马克思事先同恩格斯和威·沃尔弗作了研究，然后在给米凯尔的信中详细地论述了德国即将到来的革命的性质和动力问题，说明在未来的革命中农民是工人阶级唯一的同盟军。

10 月 30 日，鉴于英国政府准备出兵远征波斯湾，马克思写文章中揭露了英国在亚洲的侵略性的对外政策。

11 月 17 日，恩格斯告诉马克思一系列事实证明欧洲金融危机的尖锐化，法国危机的迫近，拿破仑三世的冒险政策和正在法国形成的有利于发动革命的条件，以及无产阶级政党在即将到来的革命中的策略。

12 月 9 日，卡贝逝世。卡贝（1788—1856 年）十九世纪法国著名空想社会主义者，著有《伊加利亚旅行记》。

12 月 11 日，普列汉诺夫出生。他在俄国最早传播马克思主义。

1857 年

1 月—5 月，马克思和恩格斯为《纽约每日论坛报》写了一系列关于反对英国殖民主义者对中国的侵略战争的文章。

1 月 7 日，马克思给《纽约每日论坛报》寄去一篇关于英中在广州发生冲突的文章。文章详细地分析了作为在中国爆发第二次鸦片战争的导火线的中国走私船"亚罗号"事件。

3 月 18 日左右，马克思给《纽约每日论坛报》写了一篇关于俄国对华贸易的文章。

3 月 21 日，马克思接到《纽约每日论坛报》德纳于 3 月 5 日的来信。该报编辑部把马克思的稿酬拆掉了一半。马克思由于物质生活状况困难，被迫同意这些条件。

3 月 22 日左右，马克思又为《纽约每日论坛报》写了一篇关于英中在广州发生冲突的文章。

4 月 7 日和 10 日，由于公布了 1856 年度英国工厂视察员的报告，马克思写了《工厂工人状况》和《英国工厂制度》，揭露了英国工厂主对工人的残酷剥削。

5 月 20 日左右，恩格斯应马克思的请求为《纽约每日论坛报》写了《波斯和中国》。

6 月 30 日，马克思为《纽约每日论坛报》写了一篇关于印度军队起义的文章。从这篇开始，马克思和恩格斯写了一组文章论述 1857—1859 年印度民族解放起义。

8 月 28 日—10 月 30 日，马克思为《纽约每日论坛报》写了八篇文章，论述印度起义、英国驻印当局对印度人民实行的压迫政策和东印度公司。

8 月底—9 月中旬，马克思着手写作他的经济学巨著，草拟了著作的“导言”。“导言”简要地分析了资本主义制度下生产、分配、交换、消费之间，生产力和生产关系之间，生产关系和法的关系、家庭关系以及其他等等关系之间的辩证联系问题。马克思在“导言”中还简单地说明了自己对经济现象的研究方法的实质。他在“导言”的末尾拟出了他的整个经济学著作计划的基本要点。

9 月 24 日左右，恩格斯为《美国新百科全书》写完“军队”条。在军事条目中，恩格斯第一个从唯物主义立场阐释了军事学术的全部历史。

10 月—1858 年 2 月底，马克思研究了普遍的经济危机的发展，搜集了大量有关危机过程的材料。他同恩格斯在通信中讨论了危机问题，认为这是新的革命高潮的开端。

10 月，马克思写“货币”一章，揭露了蒲鲁东关于在商品生产条件下实行“劳动货币”制的思想的空想性质，阐释了自己的价值理论和货币学说的基本原理。

11 月—1858 年 6 月，马克思写“资本”一章，分析了资本的一系列的重要问题，阐释了他的剩余价值学说的原理。在“资本”这一章的开头，马克思草拟了他的经济学著作的计划。

11 月 15 日，恩格斯把自己对于经济危机发展过程的观察告诉了马克思，他谈到经济危机在英国的表现、危机对人民群众的革命化的影响，他说革命已经在望，因此正在加紧研究军事。

1858 年

1 月上半月，马克思重读了黑格尔《逻辑学》。他在给恩格斯的信中表示他“很愿意用两三个印张把黑格尔所发现、但同时又加以神秘化的方法中所存在的合理的东西阐述一番，使常人的理智都能够理解”。

1 月 29 日，马克思写信给恩格斯请他解释各种企业中资本周转的问题和资本周转对利润和价格的影响问题。

1月29日—5月，马克思读了拉萨尔《爱非斯的晦涩哲人赫拉克利特的哲学》，在给恩格斯和弗莱里格拉特的信中批评这本书是用老黑格尔主义的精神写的幼稚粗糙。

2月22日，马克思在给拉萨尔的信中托他打听有无可能在柏林出版自己的政治经济学著作；马克思把自己写作的总计划告诉了拉萨尔。

3月上旬，马克思为了探讨工业再生产的周期而研究机器磨损问题，特别是阅读了拜比吉的《论机器和工业的经济》，请恩格斯说明机器设备更新的间隔时间。

3月4日，恩格斯在给马克思的信中，详细地解释了生产过程中机器设备的折旧问题。

4月2日，马克思在给恩格斯的信中说明了他的经济学著作的详细计划。著作将包括六册：（1）资本；（2）土地所有制；（3）雇佣劳动；（4）国家；（5）国际贸易；（6）世界市场。一、资本共分四篇：（a）资本一般（这是第一分册的题目）。（b）竞争……（c）信用……（d）股份资本……。第一册第一篇“资本一般”将包括三章：1. 价值、2. 货币、3. 资本。

5月6日—24日左右，马克思到曼彻斯特与恩格斯同住。马克思为了恢复健康而从事体育锻炼和骑马活动；他同时也从事“资本”这一章的写作。

5月31日，马克思在给拉萨尔的信中托拉萨尔告诉出版商敦克尔，他由于患病，延期交出他的经济学著作的第一分册的稿子，他保证将加紧进行工作；在同一封信里，马克思还谈了他对拉萨尔《爱非斯的晦涩哲人赫拉克利特的哲学》的意见，指出该书的重要缺点。

7月14日，恩格斯在给马克思的信中把自己研究比较生理学、物理学以及其他自然科学的情况告诉马克思。恩格斯得出结论说，自然科学的最新发现越来越证明用辩证唯物主义的态度研究自然界是正确的。

8月上旬—11月中旬，马克思从事自己的经济学著作第一分册的写作，他重新写了货币这一章。为了写这一章，他读了麦克拉伦的刚问世的著作《货币流通史大纲》。

8月17日和20日，马克思为《纽约每日论坛报》写了两篇关于中国和关于古巴奴隶买卖的文章。

8月31日—9月28日，马克思写了四篇关于对华鸦片贸易史和关于《天津和约》的文章。

9月20日和21日，马克思为《纽约每日论坛报》写了一篇论述对华条约的文章和一篇批评马志尼的新宣言的文章。

10 月 7 日，恩格斯就琼斯走上同资产阶级自由派密切合作的道路一事，在给马克思的信中指出英国工人阶级的资产阶级化，揭示了英国工人运动中的机会主义根源。恩格斯把英国工人运动中宪章运动的低落和机会主义的暂时胜利，直接同英国在世界市场上的垄断地位、同英国占有广大殖民地联系起来。

10 月 8 日—21 日，马克思和恩格斯在相互通信中讨论大陆上无产阶级运动的前景。

11 月 17 日，欧文逝世。欧文（1771—1858 年）是英国空想社会主义思想家和实践家。他在社会主义思想史上提出了用联合劳动消灭三大差别。

11 月中旬—1859 年 1 月 21 日，马克思写“商品”一章，修改了货币这一章，对全部手稿进行整理和最终定稿；他给这批稿子加上标题：“政治经济学批判。第一分册。第一册。资本。第一篇。资本一般”，然后寄交柏林出版商敦克尔。第一分册从原定的五六个印张扩充为十二个印张，并且不像预计的那样包括三章，而是两章：“商品”和“货币或简单流通”。第三章“资本一般”，马克思决定在第二分册里发表。

11 月底，恩格斯为《纽约每日论坛报》写文章，对 1858 年欧洲的社会政治运动做了总结；同时他指明了欧洲的普遍政治觉醒的征兆。

12 月 14 日，马克思为《纽约每日论坛报》写了一篇关于英中和约的文章。

1859 年

1 月 5 日左右，马克思写《意大利的统一问题》，指出意大利争取民族统一和驱逐奥地利人的运动正在加强，路易—拿破仑企图利用这一运动来为自己王朝的利益服务。

1 月 11 日，马克思写《欧洲的战争前景》。文章分析第二帝国的波拿巴统治集团力图发动一场新战争，但是，这场战争可能成为帝国的丧钟。

1 月 26 日，马克思把《政治经济学批判》的手稿寄给柏林出版商敦克尔。

2 月 1 日，马克思写信给约·魏德迈，告诉他已同宪章派领袖厄内斯特·琼斯断绝关系，因为琼斯企图和资产阶级急进派订立协议。

2 月 4 日，马克思在给拉萨尔的信中分析了欧洲的战争前景，战争将导致严重的，而且归根到底是革命的后果。

2 月 10 日，恩格斯写《德国的兵力》。他根据德国官方材料估计了一旦发生战争德国各邦可能用来反对波拿巴法国的武装力量，战争的进程可能会导致德国革命。

2 月 23 日，马克思把《政治经济学批判》的序言寄给柏林的敦克尔。马克思在这篇序言中对唯物主义历史观原理作了经典性的表述。

2 月 25 日左右，恩格斯写信告诉马克思打算以《波河与莱茵河》为题写一本小册子，来阐述他和马克思对正在策划中的法国和皮蒙特对奥地利的战争的观点。

2 月—12 月，马克思写研究资本诸问题的《政治经济学批判》第二分册。因此，马克思继续在大英博物馆里从事研究英国、法国、意大利以及其他国家的经济学家的著作，并且作了许多摘录。

2 月底—3 月 9 日，恩格斯写《波河与莱茵河》，4 月 5 日，这个小册子在柏林匿名出版。作者阐述了无产阶级政党在德国统一和意大利统一这个问题上的政治立场。

4 月 19 日，马克思写信给拉萨尔对他的剧本《弗兰茨·冯·济金根》提出了批评意见。马克思在信中指出拉萨尔歪曲地表现了宗教改革和农民战争时期德国的革命事件，否认农民运动的革命性质，力图把农民描绘成反动阶级。马克思在分析拉萨尔的剧本时阐述了一系列有关文学和美学问题的重要原理。

5 月 1 日以后，马克思召集一批德国流亡者、伦敦德意志工人教育协会会员开会。在会上他批评了该会机关报《新时代》，因为《新时代》变成了小资产阶级政论家埃德加尔·鲍威尔的工具。

5 月上旬，马克思看到了 1859 年 4 月出版的卡尔·福格特的《欧洲现状研究》。这本小册子使他确信福格特同波拿巴集团有联系。福格特从路易—拿破仑那里领取津贴一事，在 1871 年为文件所证实。

5 月 11 日，李卜克内西和德国政治家比斯康普拜访马克思，请他为比斯康普创办的伦敦德意志工人教育协会机关报《人民报》撰稿。马克思提出《人民报》要同站在亲普鲁士和亲波拿巴立场上的德国资产阶级民主派的代表进行斗争。

5 月 18 日，恩格斯写信给拉萨尔对他的剧本《弗兰茨·冯·济金根》提出批评意见。恩格斯也从党的立场出发分析了拉萨尔的剧本，指出剧本的根本缺点是低估了农民运动的作用。

5 月 18 日，鉴于拉萨尔的《意大利战争和普鲁士的任务》出版，马克思写信给恩格斯，建议出版“党的宣言”，阐述无产阶级革命者对战争的态度，并批判拉萨尔所维护的主张德国中立的立场。马克思认为拉萨尔所维护地对奥意法战争的观点是替拿破仑三世和普鲁士反革命统治集团的政策作辩护。

6 月 4 日，根据马克思的建议，《人民报》发表了他的《政治经济学批判》的序言的大部分。《〈政治经济学批判〉序言》中马克思对唯物主义历史观原理做了经典性的表述，阐明了生产力决定生产关系、经济基础决定上层建筑、人们的社会存在决定人们的社会意识等历史唯物主义基本原理。

6 月 11 日，马克思的著作《政治经济学批判》第一分册在柏林出版。

6 月 23 日左右，马克思为《人民报》写《斯普累河与明乔河》，认为随着意大利战争的结束，德国将成为新的革命事件的中心。

7 月 3 日左右，马克思从曼彻斯特返回伦敦后，担任了《人民报》的实际领导工作和编辑工作，他打算不仅利用这家报纸作为宣传革命无产阶级思想的讲坛，而且在一旦发生革命事件时就把它变成建立无产阶级政党的组织中心。

7 月 9 日左右，马克思写《一八五九年的爱尔福特精神》。文章揭露了德国自由资产阶级的代表以及同他们勾结在一起的资产阶级民主派所发动的主张在普鲁士领导下统一德国的运动的反革命性质。

7 月 12 日—8 月中旬，马克思为《纽约每日论坛报》写了五篇评论维拉弗兰卡初步和约的文章，说明拿破仑三世在 7 月间匆匆和奥地利签订和约，是因为他害怕革命震荡，同时还揭露了波拿巴集团对意大利人民的真正民族利益的敌视态度。

8 月 3—15 日，恩格斯给马克思《政治经济学批判》一书写评论，认为马克思的这一著作是无产阶级政党的卓越的科学成就和制定无产阶级的科学世界观的事业中的重要阶段。

8 月 23 日，马克思为《纽约每日论坛报》写《人口、犯罪率和赤贫现象》。他分析指出，尽管工业生产有所增长，但英国无产阶级贫困化的过程却加剧了。

9 月 3 日，让 · 饶勒斯生于法国塔恩省卡斯特尔市的一个资产阶级家庭。让 · 饶勒斯是历史学家和哲学家，法国社会党创始人和第二国际领导人。

9 月 5 日，马克思写《工厂工业和贸易》，根据官方统计资料，断定了资本主义生产周期发展所固有的某些规律性。

9 月 13—30 日，马克思以《新的对华战争》为题写一组文章，揭露了英法殖民主义者的行为，尖锐地抨击了帕麦斯顿政府掠夺性的殖民政策。

11 月中旬，马克思写《对华贸易》。文章以中国为例揭露了欧洲殖民主义者对亚洲各国的掠夺行为。

11 月，达尔文《物种起源》在伦敦正式出版。达尔文根据 20 多年积累的大量研究资料，以自然选择为中心，多方面论证物种起源和生命自然界的多样性与统一性。达尔文成功地证明了自然界的历史发展。

12 月 12 日左右，恩格斯写信告诉马克思，他正在研究达尔文的著作《物种起源》；他对这本书的评价很高，同时指出达尔文成功地证实了自然界的历史发展过程，从而给了神学以毁灭性的打击。

1860 年

1 月—2 月上旬，马克思继续写研究资本诸问题的《政治经济学批判》第二分册。为此，他经常到大英博物馆去研究工厂视察员的工作报告，研究斯密、魁奈、杜尔哥等资产阶级经济学家的著作。

1 月 11 日—26 日，马克思和恩格斯继续密切注视美国和俄国日益迫近的革命危机。

1 月底—2 月上旬，由于波拿巴的爪牙卡尔·福格特的诽谤性小册子《我对〈总汇报〉的控诉》出版，马克思开始收集文献材料撰写反击福格特的文章。

2 月 4—20 日，恩格斯写《萨瓦、尼斯与莱茵》，再次论证了无产阶级革命家在意大利以及德意志民族统一问题上的立场。

2 月 16 日—3 月 25 日，马克思居住在曼彻斯特恩格斯处。他们同威·沃尔弗一起讨论在报刊上抨击福格特的计划，为此，马克思重新阅读了有关福格特材料，并进行广泛的通信搜集材料。

4 月 10 日，马克思写《柏林的情绪》，指出德国各阶层人民中的革命风潮正在加强。

5 月 5 日—11 月，为了撰写抨击福格特的文章，马克思研究十九世纪的政治史和外交史，从有关拿破仑三世的对外政策的书籍、报纸和议会报告书中做了札记。

6 月 2 日，马克思写信给拉萨尔，在评述英国政治活动家戴·乌尔卡尔特的支持者的对外政策立场时，表述了无产阶级革命家对待资产阶级阵营的临时盟友的某些策略原则。

8 月 16 日，恩格斯写《奥地利病夫》，指出奥皇对内对外政策的反动性以及奥地利帝国中革命力量的增长。

10 底—1861 年 1 月上半月，恩格斯写《步枪史》，该文分八章载于《志愿兵杂志》。他以历史唯物主义的观点，深入研究了这种主要的小型火器的发展。

11 月 8 日，马克思写完《福格特先生》。11 月 17 日，马克思写《福格特先生》的序言。

11 月底—12 月 19 日，马克思研究自然科学，阅读达尔文的《物种起源》一书，马克思在给恩格斯的信中将此书描述为他的世界观的“自然历史的基础”。

12 月 1 日，马克思的《福格特先生》出版，在著作中马克思捍卫无产阶级政党，反击了资产阶级的诽谤性的进攻。他根据确凿的材料证实，福格特是领波拿巴津贴的走狗。

12 月 24 日和 1861 年 1 月底，恩格斯写了两篇文章论述奥地利和德国革命危机的增强。

1861

1 月 28 日，马克思接到《纽约每日论坛报》编辑德纳的通知，说停止在《纽约每日论坛报》上刊登马克思的通讯六个星期，马克思全家在经济上遭到严重的困难。

4 月 16 日左右—19 日，马克思在爱北斐特和巴门作短时期逗留后来到科伦，会晤 1852 年科伦共产党人案件的辩护人卡·施奈德尔律师等。

5 月 7—10 日，马克思和恩格斯就在德国出版报纸的问题通信交换意见，他们决定拒绝拉萨尔关于共同办报的建议，因为拉萨尔所提出的条件是不能接受的。

6 月中旬—1862 年 11 月，由于美国爆发战争，马克思和恩格斯特别注意研究美国内战发生的原因。马克思研究得出结论：美国战争的基本内容是奴隶制问题，美国人民反对黑奴制的斗争具有很大意义，他们在文章及通信中强调指出北部各州所进行的战争的进步性。

8 月—12 月，马克思在写作自己的经济学著作过程中，详细地研究了关于货币转化为资本、关于绝对剩余价值的生产等问题，并开始研究相对剩余价值的生产问题。

10 月 20 日和 10 月底，马克思开始给《新闻报》撰稿，寄给编辑部两篇文章——《北美内战》和《美国内战》。他在这两篇文章中揭示了美国国内战争的前提、性质和动力。

11 月 7 日和 8 日，马克思写两篇论英法西武装干涉墨西哥的文章，揭露武装干涉的殖民性质，并指出英国的帕麦斯顿政府是武装干涉的真正组织者。

12 月 10 日和 13 日，马克思为《新闻报》写《奴隶制问题的危机》和《美国近况》，指出北方要求消灭奴隶制的行动在发展。

1862 年

1—2 月，马克思着手写作《剩余价值学说史》，批判地探讨了十七世纪中叶以来的政治经济学史。

1 月 28 日，马克思写《伦敦的工人大会》，对英国工人阶级在面临武装干涉美国的威胁时所采取的国际主义立场给予高度评价。

2 月 15 日，马克思为《纽约每日论坛报》写《墨西哥的混乱》。文章指出，波拿巴使武装干涉墨西哥的参加者之间的矛盾尖锐化。

5 月中旬，马克思为《新闻报》写《英国报刊与新奥尔良的陷落》《制止奴隶买卖的条约》等文章，分析了美国国内战争和最终解决奴隶制问题的前景。

6 月，马克思重读洛贝尔图斯《给冯・基尔希曼的社会问题书。第三封信：驳李嘉图的地租学说和论证新的地租理论》。马克思在给拉萨尔的信中批判了洛贝尔图斯的地租理论和李嘉图的地租理论。

6 月，拉萨尔的代表作《工人纲领——论当前历史时期与工人等级思想的特殊联系》发表，论述工人阶级特殊的阶级地位和历史作用，主张通过普遍和直接的选举实现工人阶级的解放。

6—8 月，马克思在写作《剩余价值学说史》的过程中，发展了他关于平均利润和生产价格的理论，以及资本主义的级差地租和绝对地租的理论。马克思在 8 月 2 日和 9 日信中把自己研究的成果告诉给恩格斯。

6 月中旬，为了在自己的经济著作中批判马尔萨斯的反动观点，马克思重读达尔文的《物种起源》，并指出达尔文的理论是对马尔萨斯主义的驳斥。

7 月 9 日—8 月 4 日，马克思时常访问来伦敦参观世界工业展览会的拉萨尔。拉萨尔告诉马克思，他打算在德国的工人中间开始进行争取实现普选权的鼓动和借容克资产阶级的普鲁士国家之助组织生产协会，以期解决社会问题。马克思谴责拉萨尔的纲领和策略的改良主义实质。

9 月，马克思在批判分析李嘉图的积累理论的过程中，在《剩余价值学说史》写作中发展了自己关于资本主义积累和经济危机的理论。

10 月上半月—1864 年 9 月，马克思和恩格斯同从流亡中回到德国的李卜克内西保持经常通信，马克思指导李卜克内西在德国工人中宣传科学共产主义。

10 月 7 日，马克思写《北美事件》，欢迎美国总统林肯颁布解放黑奴宣言。

12 月 28 日，马克思给 1848—1849 年革命的参加者德国医生路・库格曼写信，他打算把《政治经济学批判》的下一分册作为单独的著作出版，用《资本论》做书名，并用《政治经济学批判》做副标题。

本月，马克思撰写“资本和利润”章的初稿，这一章的内容相当于后来的《资本论》第 3 卷头三篇。

1863 年

1 月 28 日，马克思阅读了拉萨尔的《工人纲领》之后，在给恩格斯的信中称它是《共产党宣言》的庸俗化。

本月，马克思结束了《剩余价值学说史》主要篇章的写作，他打算以后把这一著作作为《资本论》的结论部分、历史批判部分出版。同时他编写《资本论》第 1 和第 3 部分的提纲，这两部分成了后来《资本论》第 1 卷和第 3 卷的基础。马克思打算在第 1 篇里研究资本生产的过程，在第 3 篇里研究资本和利润的问题。

2 月中旬，马克思和恩格斯怀着热烈的同情欢迎了波兰开始起义的消息。他们认为用革命方法解决波兰问题的意义特别重大，于是决定以德意志工人教育协会的名义就波兰起义问题发表呼吁书。

3 月 3 日—7 月，马克思长时期在大英博物馆写作。马克思从有关政治经济学史的书籍中作补充摘录，这些摘录积成八本笔记。马克思利用这些资料写作单独的历史批判论文和短评，这些文章是《剩余价值学说史》主要篇章的补充。

4 月上旬—1864 年 9 月上半月，马克思和恩格斯继续密切地注视着德国工人运动的发展。马克思和恩格斯考虑到拉萨尔的鼓动对德国工人摆脱资产阶级进步派政党的影响有某种良好作用，决定暂时不公开地反对拉萨尔。

4 月 28 日，英国工联领袖发起，在伦敦圣·詹姆斯大厅召开工人集会，要求英国政府就沙俄镇压波兰起义进行干涉。政府借口没有法国参加不能采取行动。于是工联举行第二次群众大会，邀请法国工人参加，以表明法国人民也要求捍卫波兰人民的正义事业。会议期间，两国工人重申建立国际工人组织的必要，并达成关于建立无产阶级国际组织的协议。

5 月 23 日，德国十一个城市的工人代表在莱比锡成立了德国第一个全国性的工人组织全德工人联合会，拉萨尔为主席。

7 月 6 日，马克思在给恩格斯的信中，对社会资本的再生产过程作了说明和图解。

7 月 22 日，英国工人联合会伦敦理事会召开群众大会抗议沙皇俄国镇压波兰起义，声援波兰人民正义斗争。法国工人代表团参加大会，并与英国工联领袖就联合行动问题交换了意见。此后，英法两国的工人促成了第一国际的诞生。

8 月—1865 年 12 月，马克思决定用更有系统的形式来表述自己的经济著作的理论部分，着手撰写新稿。他在工作过程中写成了《资本论》（共 3 卷）的新手稿。

10 月底—11 月，马克思受伦敦德意志工人教育协会的委托，写声援波兰的呼吁书，号召为波兰起义的参加者募捐。

1864 年

5 月 3 日，由于战友威·沃尔弗患重病，马克思前往曼彻斯特。马克思在曼彻斯特逗留期间，会见了艾希霍夫、施特龙和德朗克等同志，并同厄·琼斯恢复了友谊。

5 月 9 日，德国工人活动家沃尔弗去世。威廉·沃尔弗（1809—1864 年），德国和国际工人运动早期活动家、共产主义者同盟领导人。

5 月 13 日，马克思、恩格斯同自己的朋友和战友一道参加沃尔弗的葬礼。在沃尔弗的墓前，马克思致诀别词。

6 月 3 日，马克思在给恩格斯的信中，提出对拉萨尔《巴师夏－舒尔采·冯·德里奇先生是经济学的尤利安——资本和劳动》批评意见，认为它是对自己著作《雇佣劳动与资本》的抄袭。

7 月 7 日，恩格斯被选为曼彻斯特德国政治流亡者席勒协会理事会的委员。

8 月 31 日，拉萨尔在日内瓦因决斗身亡。拉萨尔（1825—1864 年），普鲁士著名的政治家、社会主义者，德国早期工人运动著名领导人，全德工人联合会的创立者。

9 月 28 日，第一国际正式成立。这是第一个国际性的无产阶级革命组织，它的正式名称叫“国际工人协会”，简称“第一国际”。它是国际工人运动和马克思主义相结合的产物。英、法、德、意、波兰等国工人代表在伦敦召开盛大的国际性会议讨论了声援波兰人民和国际工人联合斗争的问题，大会决定成立国际性的工人组织，并选出临时中央委员会。这个工人组织后来被定名为“国际工人协会”。马克思出席在圣马丁堂举行的国际工人会议，起草了《成立宣言》和《共同章程》两个纲领性文件，规定了国际工人协会的政治方向和组织原则。马克思当选为协会临时中央委员会委员。

10 月 4 日，马克思在给佐林根工人卡·克林格斯的回信中说，尽管他没有可能接受关于在拉萨尔死后由他担任全德工人联合会主席职务的建议，但可以利用正式提名他为这一职务的候选人一事作为一次反对普鲁士政府剥夺马克思国籍的政治示威，并以此表示支持国际工人协会。

10 月 5 日，国际工人协会举行临时中央委员会第一次会议，选举代表各国的委员，还选出了一个纲领性文件的起草委员会。马克思被选入该委员会。

10 月 21 日和 27 日，受国际工人协会临时中央委员会委托，马克思重新起草国际工人协会的纲领性文件——《国际工人协会成立宣言》和《国际工人协会临时章程》。《国际工人协会成立宣言》指出：无产阶级要获得真正解放，必须废除生产资料的资本主义私有制，建立无产阶级政党，夺取政权，实现无产阶级的国际团结。《国际工人协会临时章程》简要说明了协会的目的和任务是团结各国工人，为完全解放工人阶级而斗争。这两个文件既坚持了《共产党宣言》的基本原则，又考虑到各国工人运动的发展水平和其他社会主义流派在工人运动中的影响。

11 月 1 日，国际工人协会临时中央委员会召开会议，一致通过马克思起草的《国际工人协会成立宣言》和《国际工人协会临时章程》。15 日，第一国临时中央委员会举行会议，讨论关于接纳工人组织以集体形式加入国际的条件。马克思参加会议并提出决议草案，被一致通过。决议发表于 11 月 26 日的英国工联机关报《蜂房报》上。该报也被宣布为第一国际的机关报。临时中央委员会按章程被确定为协会的领导机关（即第一国际总委员会；在 1866 年年底以前多半被称为中央委员会）。马克思在其中担任德国通讯书记职务。

11 月 3 日，马克思会见了阔别 16 年的米·亚·巴枯宁，并同他讨论了有关 1863—1864 年波兰起义、国际工人协会和社会主义运动的问题。

11 月 4 日，马克思写信给恩格斯，信中详尽地叙述了国际创立的情况和制定新的无产阶级组织的纲领性文件的经过。

11 月 7 日，恩格斯出席曼彻斯特德国政治流亡者的席勒协会理事会会议。他在 1864 年 7 月被选为理事会的主席。

11 月 14 日左右—24 日左右，马克思和恩格斯被邀请为全德工人联合会机关报《社会民主党人报》撰稿。马克思和恩格斯互相通信讨论，表示同意撰稿。他们指望利用该报在德国宣传科学共产主义的思想和建立无产阶级政党。

11 月 15 日和 22 日，马克思在第一国际总委员会会议上，参加讨论了关于接纳工人组织以集体形式加入国际的条件，并提出决议草案，该草案被一致通过。决议载 11 月 26 日英国《蜂房报》上。

11 月 22 日和 29 日之间，马克思起草第一国际总委员会就林肯再度当选美国总统致林肯的公开信。公开信在 12 月 23 日的英国自由资产阶级报纸《每日新闻》、1865 年 1 月 7 日的《蜂房报》上发表。

11 月，国际工人协会成立宣言和临时章程以单行本出版。

12 月 6 日，马克思在第一国际总委员会执行机关常务委员会会议上批评了福克斯以国际的英国会员的名义所草拟的致波兰人民的呼吁书，他指出福克斯把法国统治阶级对波兰的传统政策理想化，并揭露出沙皇俄国、普鲁士和奥地利政府在波兰问题上所采取的政策的反动实质。

12 月 18 日左右—1865 年 1 月，马克思在给约·巴·施韦泽和威·李卜克内西的一系列信件中，批评了《社会民主党人报》对拉萨尔的迷信和该报编辑部对俾斯麦政府的献媚行为。

本年，第一国际成立后，恩格斯同马克思一起参加了国际的领导工作，跟蒲鲁东派、巴枯宁派、工联派、拉萨尔派进行了路线的斗争，为马克思主义在国际工人运动中的主导地位奠定了基础。

1865 年

1 月 7—14 日，马克思在曼彻斯特恩格斯处。他们讨论了有关国际工人协会和德国工人运动的问题，会见了前宪章派首领琼斯。

1 月 19 日，蒲鲁东病逝于巴黎。蒲鲁东（1809—1865 年）法国政论家，经济学家，小资产阶级社会主义者，无政府主义奠基人之一。

1 月 24 日，马克思应《社会民主党人报》请求，撰写文章批判蒲鲁东的小资产阶级意识形态，同样也抨击了拉萨尔的机会主义。

1 月 27 日，恩格斯从马克思寄来的李卜克内西的信中知悉拉萨尔曾答应俾斯麦在实行普选制的条件下全德工人联合会支持普鲁士的侵略政策。恩格斯在给马克思的回信中评定拉萨尔的这种诺言是对德国工人阶级利益的背叛。

1 月 31 日，马克思在第一国际总委员会会议上参加讨论关于国际工人协会对英国选举法改革运动的态度问题。马克思发言表示赞同协会参加改革同盟的成立大会，但必须答应给全体男性居民以普选权，并让第一国际总委员会提议的候选人参加领导机关。

2 月 7 日，马克思在伦敦德意志工人教育协会纪念会上发表演说，批判了拉萨尔派只靠资产阶级国家援助工人生产合作社的观点。

2 月 13 日，马克思写信给施韦泽信中详尽地谈到了工会这在同资产阶级进行斗争中的作用，并强调指出在普鲁士争取联合权是反对君主制的一般民主斗争的一个部分。

2 月 18 日，由于《社会民主党人报》继续实行向俾斯麦政府献媚的政策，马克思恩格斯写了一篇声明指明拉萨尔主义是“普鲁士王国政府的社会主义”，并通知拒绝再为该报撰稿。

2 月，马克思在给居留曼彻斯特的琼斯的若干信件中，拟定了英国无产阶级争取改革选举法的斗争策略。

3 月 1 日，马克思出席了在圣马丁堂举行的纪念 1863—1864 年波兰起义一周年大会。

3 月 15 日，马克思关于同拉萨尔派报纸《社会民主党人报》的关系写了声明。声明揭示了他和恩格斯为该报撰稿的经过和同它决裂的原因。

3 月 29 日，恩格斯在给德国新康德主义哲学家弗·阿·朗格的信中，批驳了资产阶级经济学家关于经济规律永恒性和超历史性的论点，并特别指出，人口规律是由本社会中占统治地位的生产关系所决定的。

4 月 8 日，马克思写《人类的主席》，目的在抨击拉萨尔派的全德工人联合会的主席贝克尔。

4 月 11 日—1866 年 1 月 16 日，马克思受第一国际总委员会的委托临时担任比利时通讯书记。

4 月 12 日，马克思出席伦敦德意志工人教育协会大会。他在讲话中揭露了全德工人联合会拉萨尔派领导的机会主义。

5 月 20 日，马克思在给恩格斯的信中批评了韦斯顿提交给第一国际总委员会的关于工资的报告，报告企图证明工人争取提高工资的斗争是毫无意义的，并否定工联在无产阶级运动中的积极作用。

6 月 20 日和 27 日，马克思在第一国际总委员会会议上做关于工资、价格和利润的报告。报告驳斥了韦斯顿的错误观点，通俗地表述了他的剩余价值学说的实质。

7 月 31 日，马克思告诉恩格斯他写作《资本论》的情况。他说还需要写 3 章才能完成这部三卷本的著作的理论部分，此外，他还要写第四卷专门讲述政治经济学史。

8 月底，马克思当选为国际工人协会机关报《工人辩护士报》的理事会理事。

9 月 19 日，马克思在第一国际总委员会会议上被选入新的常务委员会。

9 月 25—29 日，第一国际在伦敦举行代表会议举行。马克思参加国际工人协会伦敦代表会议的各次会议，就各项重要的问题做了多次发言。马克思被选入为准备在《工人辩护士报》上报道有关国际的情况而成立的一个委员会。

11 月 20 日，马克思写信给恩格斯，请他寄去有关曼彻斯特棉纺织工业工人状况的实际资料，因为他写作《资本论》必需这些资料。

12 月底，马克思初步写完《资本论》的手稿。

1866 年

1 月 22 日，马克思出席纪念 1863—1864 年波兰起义两周年的大会，他支持以国际工人协会名义提出的对波兰人民解放斗争表示同情的决议案。

1 月底—3 月上旬，马克思由于紧张写作《资本论》而患重病。随着健康的恢复，他又继续第一卷的手稿工作。

1 月底—4 月 6 日，恩格斯为了揭露蒲鲁东主义者在民族问题上的虚无主义，写了一组关于波兰问题的文章，论证无产阶级对待被压迫民族的民族解放运动的立场。

本月，马克思开始准备《资本论》的付印工作。

2 月 13 日左右，马克思依照恩格斯的建议，决定首先发表《资本论》第一卷。

3 月 10 日，在马克思的住所举行了大陆国家的第一国际总委员会通讯书记会议。会上作出反击马志尼主义者沃尔弗的决定。会议委托马克思揭发沃尔弗和他在第一国际总委员会里的拥护者。

4 月 10 日，马克思在长时间的患病和治疗以后，重新参加第一国际总委员会的工作。他出席了第一国际总委员会讨论有关日内瓦代表大会召开日期和其他一些问题的会议。

5 月 4 日，马克思代表第一国际总委员会草拟呼吁书。呼吁书警告德国工人提防英国企业主招雇他们并利用他们充当罢工破坏者的任何企图。该呼吁书登载在 5 月 15 日《上莱茵信使报》及其他德国报纸上，标题是“警告”。

6 月 19 日，第一国际临时中央委员会根据奥哲尔和埃卡留斯的提议，于 19 日、26 日及次月 3 日、17 日多次召开会议，讨论由于普鲁士和奥地利竞争而加剧的战争问题，以及在战争中工人阶级应采取的立场和对策。会议最后通过的一项决议指出：“第一国际临时中央委员会认为，大陆上发生的冲突是政府间的冲突，因而建议工人保持中立，并且团结起来，以便从团结中汲取为工人的社会解放和政治解放所必需的力量。”

6 月 19 日和 26 日，马克思在第一国际总委员会会议上参加关于普奥战争问题的讨论。马克思在会议上的发言中批判了蒲鲁东主义者在民族问题上的观点。

7 月上半月，马克思研究风行于英国和法国的资产阶级实证论创始人孔德的哲学。孔德的观点已为工联改良派领导人接受，从而影响到英国工人阶级。

7 月底，马克思为写作《资本论》而研究刚刚发表的有关英国工业中的童工劳动以及英国无产阶级居住条件的官方报告。

8 月 31 日，马克思写信给约・菲・贝克尔建议不要选举改良主义者奥哲尔为代表大会的主席，并且强调指出奥哲尔和改革同盟里的其他工联领袖所起的妥协作用，他们已走上同资产阶级激进派妥协而损害工人利益的道路。

9 月 3 日到 8 日，第一国际在日内瓦召开第一次代表大会，这是历史上第一次公开的无产阶级的国际代表大会。参加这次大会的有第一国际的 22 个支部和 11 个其他工人团体的代表，共 60 人。法国蒲鲁东主义者向大会提出了共有十项原则的《备忘录》，公开兜售蒲鲁东反对罢工、反对无产阶级革命的谬论。马克思由于无法分身参加日内瓦大会，但在会前写好了《临时中央委员会就若干问题给代表的指示》，作为大会主要议程的正确决议的基础。在日内瓦代表大会上，拥护国际路线的代表以马克思《指示》为武器，与蒲鲁东主义者进行了针锋相对的斗争，通过了各项正确的决议，马克思主义取得重大胜利。

9 月 8 日，英国代表威・朗・克里默和詹・卡特在日内瓦代表大会上回击了蒲鲁东分子代表对知识分子的攻讦，强调指出马克思在创立国际中的杰出作用。马克思由代表大会选入第一国际总委员会。

9 月 25 日，马克思在第一国际总委员会会议上当选为德国通讯书记。

10 月 9 日，马克思在给库格曼的信中对日内瓦代表大会的工作作了评价。他着重指出代表大会在法国、英国和美国所产生的巨大影响，说明蒲鲁东的小资产阶级空想主义给工人运动带来的巨大危害。

10 月 13 日，马克思在给库格曼的信中叙述了《资本论》的总的结构，他说这部著作打算分四卷：（一）资本的生产过程；（二）资本的流通过程；（三）整个过程的形式；（四）学说史。

11 月中旬，马克思给汉堡出版家迈斯纳寄去《资本论》第一卷手稿的第一部分。

11 月 20 日，在第一国际总委员会会议上马克思被选入参加工联伦敦理事会会议的代表团。马克思在会上提议纪念 1863—1864 年波兰起义。

12 月 18 日，马克思在第一国际总委员会会议上报告说，登载在各种资产阶级报纸上的许多文章已经不得不承认，国际工人协会是这一世纪的重大现象。

1867 年

1 月上半月，马克思继续写作《资本论》，包括补充关于资本主义积累的一般规律的一章。为此，他读了英国历史学家罗杰斯《英国的农业史和价格史》。

1 月 22 日，马克思作为国际工人协会的代表出席伦敦纪念 1863—1864 年波兰起义三周年大会。他发表了演说并提出一项决议案。

2 月 28 日，马克思在伦敦德意志工人教育协会纪念会上发表演说，阐述了雇佣劳动和资本的问题，以及德国社会关系的问题。

4 月 2 日，马克思在信中告诉恩格斯他已写完《资本论》第一卷，并打算亲自将手稿送到汉堡出版商那里。

4 月 12 日—4 月 16 日左右，马克思住在汉堡，同迈斯纳商谈关于出版《资本论》第一卷的一些问题。

4 月 29 日，莱比锡奥·维干德印刷所开始印刷《资本论》第一卷。

4 月下半月—6 月，马克思和恩格斯采取各种办法通过报刊来报道《资本论》第一卷即将出版的消息，并做一些计划，以便能把该书译成英文和法文。

5 月 5 日，马克思收到印刷所送来的《资本论》第一卷的第一印张校样。

6 月 3 日，马克思把《资本论》的五个印张校样寄给恩格斯校阅，并请他指出在对价值形式的叙述中有些地方需要在附录中作通俗说明。

6 月 16 日，恩格斯在给马克思的信中，叙述了自己读完《资本论》第一卷第一批校样后的意见，以及对在第一卷附录中叙述有关价值形式问题的想法。

6 月 17—22 日，马克思按照恩格斯的意见写作《资本论》第一卷第一章的附录“价值形式”。

7 月 25 日，马克思写完《资本论》第一卷的序言，并把它寄给汉堡出版商。

8 月 13 日，马克思在第一国际总委员会会议上发言，并提出反对国际正式参加定于 9 月在日内瓦举行的资产阶级和平主义者的和平和自由同盟代表大会的决议案。马克思在发言中着重指出，“各国工人阶级的团结最终应该使各国之间的战争成为不可能”。

8 月 16 日，马克思看完《资本论》第一卷最后一个印张的校样。他在给恩格斯的信中衷心感谢恩格斯在他写作这部著作期间所给予的无私帮助。

8 月 24 日左右，马克思继续写作《资本论》第二卷。他考察了有关固定资本周转的问题。

8 月 26—27 日，恩格斯应马克思的请求，研究有关固定资本的补偿和折旧资金的利用的问题。他收集了曼彻斯特一些工厂的实际资料并把自己对这一问题所作的统计材料寄给马克思。

9 月 2—8 日，第一国际洛桑代表大会（第一国际第二次代表大会）在瑞士洛桑召开。在这次大会上，蒲鲁东主义者占了多数，在他们的操纵下，大会曾经通过了关于信贷和人民银行等决议，决议中反映了蒲鲁东主义者空想的反动的观点。但是他们企图在一些根本问题上全面修改日内瓦大会决议的阴谋没有得逞。9 月 6 日，马克思由洛桑代表大会选入第一国际总委员会。

9 月 9 日，和平和自由同盟成立大会在日内瓦举行。第一国际洛桑代表大会结束后约 1/3 代表按第一国际总委员会建议赴会。第一国际总委员会代表杜邦利用同盟代表大会的讲台，明确论证了无产阶级的立场，对抗资产阶级和平主义的空谈。

9 月 14 日，马克思的《资本论》第一卷在汉堡出版。书中深刻地分析了资本主义的发展历史，揭穿了资本主义迅速发展的“秘密”，暴露了资本主义残酷剥削工人阶级的丑恶本质，也指出了工人阶级之所以极其贫困的原因。

9 月 24 日，马克思在第一国际总委员会会议上重新当选为德国通讯书记。马克思在第一国际总委员会里同工联的改良派首领们斗争，终于使会议撤销工联伦敦理事会成员奥哲尔的职务。

10 月 6 日到 7 日，德意志工人协会联合会第四次代表大会在格拉举行。会上倍倍尔领导的革命派取得胜利，倍倍尔任理事会主席，从资产阶级分子手中夺回了联合会领导权。

10 月 12 日，恩格斯写了两篇书评普及和宣传《资本论》的思想，也是为了打破资产阶级报界对《资本论》第一卷的出版蓄意保持的沉默。

11 月 2 日，恩格斯写的《资本论》第一卷的书评在德国自由资产阶级报纸《爱北斐特日报》发表。

11 月 14 日和 26 日，马克思和恩格斯在互相往来的信件中，就工人约·狄慈根给马克思的信中所谈到的哲学观点交换了意见，对于这位自学成才的哲学家的世界观给予很高评价。

11 月 30 日，马克思在给恩格斯的信中确定了英国无产阶级在爱尔兰问题上的策略的主要点应该是争取消除英国对爱尔兰的殖民统治并给予爱尔兰以民族独立。

12 月 16 日，马克思在伦敦德意志工人教育协会上做了关于爱尔兰问题的报告。他在报告中阐述了英国奴役爱尔兰的历史，并论证了国际对于爱尔兰民族解放运动所采取的立场。

本月，约·狄慈根写信给马克思，就《资本论》和自己的哲学观点向马克思请教。

1868 年

2 月上半月，马克思和恩格斯在通信中就德国欧·杜林的《贬低凯里的功绩的人》《资本与劳动》等交换意见。

3 月中旬，马克思和恩格斯研究德国历史学家毛勒的《公社的、农户的、乡村的和城市的结构史绪论》等，给予很高的评价。

4 月底，马克思研究利润率和剩余价值率之间的关系问题。他在给恩格斯的几封信中把自己研究这个问题的结论以及《资本论》后两卷的计划告诉了恩格斯，并且特别详细地叙述了第三卷的内容。

5 月 20 日，马克思在伦敦德意志工人教育协会做工资问题的演讲。

7 月 7 日，马克思在第一国际总委员会会议上建议，对法国小资产阶级民主主义者费·皮阿以法国人支部的名义在伦敦发表的那些挑拨性和冒险性的讲话表示异议。马克思写的决议为第一国际总委员会通过。

7 月 11 日左右，马克思写《我对弗·巴师夏的剽窃》，驳斥了德国庸俗经济学家尤·孚赫的诬蔑，后者在他写的《资本论》第一卷书评中非难马克思从巴师夏那里抄袭了价值量的定义。

8 月 11 日，在第一国际总委员会会议上讨论布鲁塞尔代表大会议事日程的过程中，马克思提出关于在资本主义制度下使用机器的后果的决议草案，并且做了关于缩短工作日的发言。决议草案被第一国际总委员会通过。

8 月 30 日，维也纳工人教育协会召开大会，宣布成立奥地利社会民主党，并通过党纲。

9 月 6—13 日，第一国际布鲁塞尔代表大会（第一国际第三次代表大会）召开，这是第一国际历史上规模最大的一次会议。大会听取了由马克思草拟的第一国际总委员会的报告，报告特别是强调了无产阶级国际团结的重大意义。大会还通过了一项专门的决议号召各国工人学习新出版的马克思的《资本论》。马克思再度被代表大会选入第一国际总委员会。

9 月 16 日，恩格斯声明退出席勒协会理事会，因为该协会邀请卡·福格特作演讲，马克思早就揭发了卡·福格特是路易·波拿巴政府领津贴的暗探。

9 月 19 日—10 月 12 日，马克思和恩格斯在通信中讨论了与德国工人运动发展有关的问题，并且制订了对待全德工人联合会和它的领导人施韦泽的策略。

9 月 23 日，马克思在给李卜克内西的信中指出他在对待拉萨尔派的全德工人联合会时所应当遵循的策略。

9 月 29 日，马克思在第一国际总委员会会议上再度当选为德国通讯书记。

10 月 13 日，马克思在致信施韦泽答复对方请求他劝说李卜克内西停止反对全德工人联合会的斗争时声称：作为德国通讯书记，他在施韦泽和李卜克内西的关系上只应当起公正的评判人的作用。

10 月下半月，马克思和第一国际总委员会的委员们讨论关于所谓在伦敦的法国人支部的活动问题。第一国际总委员会授权马克思，必要时得公开通过报刊声明跟这个已与国际失去任何联系的小资产阶级集团断绝关系。

11 月上旬，马克思研究有关地租和土地关系的文献，他非常注意村社，以及在不同的时代村社在某些民族（其中包括斯拉夫各民族，特别是俄罗斯民族）的社会经济制度中的地位和作用。

11 月 23 日，马克思给伦敦德意志工人教育协会寄去一封信，信中声明：鉴于协会对拉萨尔派的妥协态度，他退出协会。

12 月 15 日，第一国际总委员会根据马克思的建议拒绝了巴枯宁在日内瓦建立的国际性团体即社会主义民主同盟的请求，同盟请求把它当作独立的组织接受它加入国际。

12 月 18 日，应马克思的请求，恩格斯把自己对社会主义民主同盟的纲领性文件的批评意见寄给马克思，并坚决表示反对接受这一组织到国际队伍中来。

12 月 22 日，第一国际总委员会在会议上一致赞同马克思写的关于拒绝巴枯宁的同盟加入国际的决议草案。决议中强调，接受国际性的组织加入国际会使国际陷于瓦解。

1869 年

1 月底，马克思准备重版自己的著作《路易·波拿巴的雾月十八日》。他重新通读和校订单行本的全文，然后把它寄给在汉堡的迈斯纳。

2 月 13 日左右—8 月，马克思在因病休息了几个星期以后重新从事《资本论》的写作；他研究有关信贷问题和银行流通问题的文献。

2 月 17 日和 21 日之间，由于从鲁高来的德国矿工向第一国际总委员会呼吁，恩格斯应马克思的请求用英文写了“关于萨克森煤矿工人行业协会的报告”，报告揭露了矿主们的残暴，并指出工人联合会的当前任务。恩格斯的报告于 2 月 23 日第一国际总委员会会议上由马克思宣读，并获批准。

3 月 5 日，马克思将社会主义民主同盟写给第一国际总委员会的信以及他给同盟的复信的草稿寄给恩格斯，让他知道这事。复信认为只有在解散同盟的组织并把它的纲领中的“各阶级平等”的要求改为“消灭阶级”的要求的条件下，它的支部才可以加入国际。

4 月 10 日，马克思在读了英国基督教社会主义创始人之一约·马·拉德劳在《双周评论》上发表的一篇评论拉萨尔的文章后，给该文作者寄去《资本论》第一卷。在附函中指明这样一个事实：拉萨尔在大量抄袭马克思的著作的同时，还歪曲马克思的观点，而在马克思那里却与拉萨尔的政治策略毫无共同之点。

4 月 13 日，马克思在第一国际总委员会会议上报告北德意志联邦国会中工人议员的活动，提醒第一国际总委员会注意所谓的在伦敦的法国人支部损害国际工人协会名誉的活动；实际上这个支部是在国际之外。

5 月 11 日，马克思在第一国际总委员会会议上发言，揭露美国共和党领袖们的反英备战活动。第一国际总委员会一致通过马克思提出的号召为保卫和平而斗争的“致合众国全国劳工同盟的公开信”。

5 月 14 日左右—6 月 23 日，马克思看自己的著作《路易·波拿巴的雾月十八日》的再版校样并写序言；该版于 1869 年 7 月底问世。

7 月 1 日，恩格斯彻底结束了在曼彻斯特公司里的工作，从此他把自己完全献给工人阶级的活动。

7 月 2 日左右，马克思接到李卜克内西请他去参加德国社会民主党爱森纳赫代表大会的信。马克思谢绝了邀请，他给李卜克内西指出了独立的德国工人政党所必须依据的一些原则。同时马克思还建议实现德国各工人协会的纽伦堡代表大会关于加入国际的决议。

7 月 6 日，在第一国际总委员会会议上讨论行将召开的巴塞尔代表大会的议程时，马克思就土地所有制问题做了两次发言，他强调向土地集体所有制过渡是经济的必然性。

7 月 20 日，为了给巴塞尔代表大会做准备，马克思在第一国际总委员会会议上开展关于废除继承权问题的辩论，并且表示无论是从理论上还是从策略上考虑，他都反对巴枯宁的这一口号。

7 月 27 日，马克思在致倍倍尔的信中批判约·菲·贝克尔提出的按语言原则建立国际的建议，并要他防止在爱森纳赫代表大会上对这个问题可能作出的错误决定。

7 月 28 日，恩格斯对他在 1868 年 7 月底写成的介绍马克思生平的文章进行加工。文章载 8 月 2 日《未来报》。

8 月 7 到 9 日，全的社会民主派在德国爱森纳赫城召开代表大会。大会决定成立德国社会民主工党，并通过了倍倍尔起草的党纲。大会还通过决议，宣布该党为第一国际的一个支部。大会选举产生主要领导人是倍倍尔、李卜克内西和白拉克。大会最后决定将《民主》周刊更名为《人民国家报》作为党的机关报。

8 月 10 日和 17 日，由于为巴塞尔代表大会做准备，马克思做关于在资本主义制度下普及教育问题的演讲和总结发言。他阐明了实行国家义务和免费的小学教育的必要性，以及智育同体力劳动和综合技术教育相结合的必要性，他反对在小学中讲授宗教。

8 月 18 日，马克思在致恩格斯的信中指出工人阶级经济斗争中的无产阶级团结对于克服民族偏见的意义。

9 月 6—11 日第一国际巴塞尔代表大会（第一国际第四次代表大会）在瑞士的巴塞尔召开。这次大会主要讨论了 3 个问题：土地所有制问题、继承权问题和扩大第一国际总委员会的职权问题。马克思未出席大会，巴枯宁作为法国代表出席。大会一致通过《关于加强第一国际总委员会职权的决议》。马克思再度全票当选为第一国际总委员会委员。

9 月底，恩格斯准备再版自己的著作《德国农民战争》，该书第二版于 1870 年 10 月在莱比锡出版。

10—12 月，恩格斯写他立意要写的《爱尔兰史》。恩格斯在研读大量历史文献的同时还研究了古爱尔兰文的第一手材料。

10月 2 日，德国社会民主工党中央机关报《人民国家报》创刊号在莱比锡出版。

10月24日，马克思参加在海德公园举行的人数众多的伦敦工人示威大会，大会的口号是：释放被囚禁的芬尼亚社社员。

10月26日，马克思在第一国际总委员会会议上发言，指出英国资产阶级报刊隐瞒和歪曲关于英国工人争取爱尔兰解放的运动的消息。总委员会委托以马克思为首的专门委员会起草关于爱尔兰问题的决议。

10月30日，鉴于德国资产阶级报刊掀起反对巴塞尔代表大会关于把土地变为公有的决议的运动，马克思在致恩格斯的信中尖锐地批评李卜克内西和《人民国家报》所采取的犹豫不决和动摇不定的立场。马克思强调说，在德国的主要任务之一就是埋葬大土地所有制。

11月1日，恩格斯读了邦霍尔斯特致马克思的信之后，写信给马克思，谈到巴塞尔代表大会的各项决议对社会民主工党在农民问题上制定正确的策略的巨大意义，并在具体分析的基础上表述了对不同类型的农民加以区别对待的必要性。

12月14日，在第一国际总委员会会议上讨论日内瓦《平等报》（巴枯宁派在该报编辑部中占多数）对第一国际总委员会的攻击时，马克思正式宣布：李卜克内西是国际工人协会的会员，而巴枯宁分子所袒护的施韦泽并未加入协会，并且不承认第一国际总委员会在他与李卜克内西的冲突中作为仲裁人。

1870年

1月1日左右，马克思受第一国际总委员会委托写给瑞士罗曼语区联合会委员会一封通告信，信中驳斥了巴枯宁派在《平等报》上对第一国际总委员会提出的诽谤性指控。马克思阐明爱尔兰人民民族解放斗争的国际意义，以及这一斗争与英国的反对资本主义制度的斗争的关系。

2月11日左右，恩格斯为自己的著作《德国农民战争》德文第二版写序言。他在序言中揭示了作为无产阶级的同盟军的农民的作用，并指出无产阶级在农民问题上的策略。

2月27日—4月19日，在马克思的参与下，他的大女儿燕妮为法国左派共和党的报纸《马赛曲报》写了一组专论爱尔兰问题并揭露英国狱吏残酷对待被囚禁的芬尼亚社社员的文章。

3月16日，马克思为自己的著作《路易·波拿巴的雾月十八日》第二版写的序言发表在《人民国家报》。

3月24日，马克思通知不久前在日内瓦建立的俄国支部，第一国际总委员会已决定接受它加入国际，他自己也同意担任俄国支部驻第一国际总委员会的代表；马克思特别提到车尔尼雪夫斯基和弗列罗夫斯基的著作对俄国社会主义运动发展的意义。

4 月 9 日，马克思在写给在美国的国际德国人支部的领导人齐·迈耶尔和奥·福格特的信中阐明国际在爱尔兰问题上的立场，并指示他们必须在美国工人中正确说明这一立场。

4 月 22 日，弗拉基米尔·伊里奇·乌里扬诺夫（列宁）诞生于俄国伏尔加河畔的辛比尔斯克。列宁是他参加革命后的笔名。

4 月 26 日，马克思在第一国际总委员会会议上发言，建议国际工人协会与业已变为资产阶级报纸《蜂房报》断绝关系，建议被一致通过。

5 月—7 月上半月，恩格斯写《爱尔兰史》。他原来计划写四章，但普法战争爆发，巴黎公社，以及国际中浩繁的实际工作使恩格斯未能完成他的著作。

5 月 4 日左右，马克思坚决劝告李卜克内西在《人民国家报》上对巴枯宁及其追随者采取更明确的态度。

5 月 19 日，恩格斯在致马克思的信中评价法国统治集团为了巩固摇摇欲坠的第二帝国制度而进行的全民投票的结果时，大大赞扬了法国工人的行动，因为他们积极地表达了对波拿巴政权的不满。

6 月 4 到 7 日，德国社会民主工党在斯图加特举行党的第一次代表大会。大会高度重视党的群众工作，专门讨论了农民问题。并通过了根据第一国际巴塞尔大会决议精神写成的决议，承认土地国有化的要求。

7 月 5 日，马克思受第一国际总委员会委托起草告欧洲和美国工人书，号召他们支持与企业主作斗争的日内瓦建筑工人。

7 月 22 日，恩格斯在给马克思的信中分析了交战双方的力量对比，得出波拿巴法国在普法战争中必败的结论。

7 月 26 日，马克思向第一国际总委员会宣读了他所写的关于普法战争的宣言。第一国际总委员会批准了宣言。

7 月 28 日，马克思在给保尔·拉法格和劳拉·拉法格的信中分析了法国和德国的政治形势，说明这两个国家的阶级斗争发展的程度都已使得任何战争也不能够长期地倒转历史车轮了；第二帝国战败可能引起法国革命。

8 月 15 日和 17 日，马克思和恩格斯在相互通信中就德国无产阶级在普法战争问题上的策略交换意见，强调必须坚持不懈地为德法工人利益的一致性而斗争。

8 月 22 日和 30 日之间，马克思赴曼彻斯特到恩格斯那里住了一个时期。他们共同起草了给德国社会民主工党委员会的信。他们在信中论述普法战争的将告结束的第一阶段时指出，这场战争有变成德国方面的侵略战争的危险；阐述了德国无产阶级作为反对兼并和索赔政策的先进战士所负的国际任务。

9 月 1 日，马克思以国际第一国际总委员会负责联系在美国的德国人支部的通讯书记身份，写信给霍布根的国际支部领导人弗·阿·左尔格。信中阐述了普法战争的后果引发俄国和普鲁士发生冲突，而这场冲突将加速俄国社会革命。

9 月 5 日，马克思收到国际会员沙·龙格从巴黎打来的关于法国第二帝国已被推翻，共和国已宣告成立的电报。

9 月 5—10 日，马克思领导第一国际总委员会组织英国工人进行保卫法兰西班牙共产党和国和争取英国政府承认共和国的运动。

9 月 6 日，马克思在第一国际总委员会会议上参加讨论发表关于普法战争的第二篇宣言的问题。马克思在发言中揭露了普鲁士政府和德国资产阶级的兼并计划，并确定了在普法战争的新阶段开始的情况下工人阶级和国际的任务。

9 月 7 日，恩格斯在给马克思的信中论述了法国的局势。他批评了某些法国工人运动活动家所表现的沙文主义，揭露了保皇分子的阴谋和奥尔良派的复辟计划，预言了资产阶级国防政府的即将投降。

9 月 12 日，恩格斯在给马克思的信中谈到在法国同普鲁士媾和时法国无产阶级应采取的策略。

9 月 13 日，马克思出席伦敦工人保卫法兰西班牙共产党和国的大会。

9 月 20 日，恩格斯终于把停止商行工作的一切事务办理妥当，结束了二十年的经商生活。他从曼彻斯特迁居伦敦，住在离马克思家不远的地方，与马克思一起参加国际工人协会的领导工作。

10 月 4 日，恩格斯经一致通过被选为第一国际总委员会委员，任比利时、意大利、西班牙、葡萄牙和丹麦的通讯书记和第一国际总委员会财务委员。

10 月 11 日，恩格斯第一次出席第一国际总委员会会议。马克思做了关于里昂起义的报告。里昂起义是由于领导者——巴枯宁派的盲动主义策略而以失败告终的。

10 月 15 日左右，恩格斯的著作《德国农民战争》连同他为该书再版所写的一篇序言，由《人民国家报》出版单行本。

11 月 1 日，马克思在第一国际总委员会会议上宣读论述美国工人运动状况的信函和文件，并指出，在美国由于工人和资本家之间的对抗加剧，存在着进行国际原则的宣传的广泛可能性。

12 月 19 日，恩格斯写信给李卜克内西夫人，当时李卜克内西刚刚因在国会发言反对军事贷款而同倍倍尔一起被捕；恩格斯在信中指出德国工人及其领袖们在战争时期所表现的高度无产阶级觉悟。

1871 年

1 月 16 日，马克思给伦敦自由派报纸《每日新闻》投去《关于德国的出版自由和言论自由》。文章揭露俾斯麦的警察制度，并列举社会民主党人因要求同法兰西共和国签订光荣的和约而遭到迫害的事实。

1 月 25 日，魏特林于美国纽约逝世。魏特林（1808—1871 年）是空想社会主义代表，德意志早期工人运动的著名活动家。

1 月 31 日，第一国际总委员会委派恩格斯暂时执行西班牙通讯书记的职务。

2 月 4 日，马克思在给保·拉法格和路·库格曼的信中严厉谴责国防政府由于惧怕巴黎工人而签订献出巴黎的协议这一叛变行为。

2 月 13 日，恩格斯同西班牙联合会委员会建立通讯联系，他在信函中强调在每一个国家建立执行独立政策的无产阶级政党的重要性，同时还向西班牙联合会委员会介绍国际及其各国支部的活动情况。

2 月 14 日，马克思在第一国际总委员会会议上报告了奥地利和德国的工人运动参加者遭到警察迫害的事情以及赛拉叶在巴黎的活动情况。马克思强调指出以共和政体代替君主政体还是工人阶级利益攸关的事情。

3 月 5 日，罗莎·卢森堡出生。她是杰出的马克思主义理论家、革命家，德国工人运动领袖。

3 月 18 日，法国巴黎的无产阶级和人民群众举行武装起义，推翻了资产阶级反动统治。18 日凌晨，梯也尔政府派兵偷袭蒙马特尔高地的停炮场，企图解除工人武装。巴黎工人在国民自卫军中央委员会领导下击溃了政府军，举行武装起义，占领了巴黎市政府。梯也尔政府逃往凡尔赛。巴黎公社革命取得了胜利。

3 月 19 日—5 月，马克思和恩格斯仔细研究了所有关于巴黎局势和 3 月 28 日宣布成立的巴黎公社活动的情报，同公社社员们建立了联系，并在国内外政策的各种问题上帮助他们想办法。马克思和恩格斯组织各个国家的工人举行保卫巴黎革命无产阶级和巴黎公社的群众大会和活动。马克思给一切建立有国际支部的国家写了几百封关于巴黎公社的信，信中阐明公社的无产阶级性质和历史意义，呼吁对公社给以支持；与此同时，马克思也批评了公社所犯的错误。

3 月 21 日，恩格斯在第一国际总委员会会议上做了关于巴黎革命和关于政权转入无产阶级机构——国民自卫军中央委员会手中的发言。根据马克思的提议，向伦敦工人团体派出代表团解释巴黎革命的实质，号召各国工人举行集会声援和赞助巴黎革命。

3 月 26 日，巴黎举行公社选举，以“创立真正代表人民”的机构。全巴黎有近 23 万人参加投票，共选出 86 名公社委员，其中第一国际会员 37 人，大多数是工人，或是公认的工人阶级的代表。

3 月 28 日，巴黎公社正式成立。巴黎 20 万居民在巴黎市政厅广场举行公社成立大会，人类历史上第一个无产阶级专政的政权——巴黎公社宣告成立。巴黎公社是无产阶级推翻资产阶级统治，建立无产阶级专政的一次伟大尝试。巴黎公社成立后的两个月里施行了许多具有深远影响的重大措施，这些措施为无产阶级政权建设提供了宝贵经验，丰富了马克思主义关于无产阶级革命和无产阶级专政的学说，发展了科学社会主义理论。梯也尔政府重新纠集武装力量，并勾结普鲁士军队于 5 月 21 日攻入巴黎市区。巴黎公社失败。

3 月 28 日，马克思和恩格斯参加第一国际总委员会关于国际如何对待英国的共和运动问题的讨论。恩格斯在发言中强调，必须使这个运动具有符合工人阶级利益的方向。马克思在发言中指出，任何共和运动，如果不变为社会运动就不能成为重大的力量。

3 月 30 日，巴黎公社弗兰克尔写信给马克思表示：公社必须对社会关系进行根本的改造，以奠定社会共和国的基础；并征求马克思关于公社实行各项社会改革的意见。

4 月 2 日左右，马克思接到巴黎公社劳动和交换委员会委员弗兰克尔的来信，信中请求就公社应当实行的社会改革问题提供意见。

4 月 6 日，马克思在给李卜克内西的信中详细地分析了巴黎公社的错误，这些错误使凡尔赛人得以转入进攻。

4 月 10 日，马克思在给李卜克内西的信中通知说，证实卡·福格特接受拿破仑第三政府秘密津贴的官方文件发表了。马克思关于福格特同波拿巴政府勾结的这些新证据的报道，由李卜克内西以短评形式发表于 4 月 12 日《人民国家报》。

4 月 12 日，马克思在给库格曼的信中，援引了自己在《路易·波拿巴的雾月十八日》中做出的无产阶级必须摧毁资产阶级的军事官僚国家机器的结论，着重指出巴黎公社为把这一点付诸实践做了尝试。马克思赞扬公社社员们的英雄气概，同时也指示了公社活动中的错误和弱点。

4 月 13 日，为了提高德国工人的一般理论水平，马克思在给李卜克内西的信中建议他在《人民国家报》上刊登《资本论》的片段，特别是“所谓原始积累”那一章。

4 月 17 日，马克思在给库格曼的信中强调巴黎公社的世界历史意义；他指出，工人阶级反对资本家阶级和资产阶级国家的斗争由于巴黎公社而进入了新阶段。

4 月 18 日—5 月 29 日，马克思受第一国际总委员会的委托，起草关于法兰西内战的宣言。宣言的目的是为了揭示巴黎公社的世界历史意义和对公社的经验进行理论的概括。

4 月 25 日，第一国际总委员会通过了恩格斯写的关于把已经转向资产阶级方面的右派蒲鲁东分子托伦开除出国际的决议草案。马克思在第一国际总委员会会议上做了关于巴黎公社的发言，他在发言中分析了巴黎的局势，论述了公社的措施。

5 月上旬，马克思会见了俄国民粹主义者拉甫罗夫。拉甫罗夫是因受巴黎公社委托，从巴黎来同第一国际总委员会建立联系的。

5 月 9 日，恩格斯在第一国际总委员会会议上报告了巴黎公社社员反抗凡尔赛军队的斗争进程；参加了关于派代表团出席欧文诞生一百周年纪念会问题的讨论，在发言中对欧文在发展社会主义思想方面的功绩给予很高的评价。

5 月 11—13 日，马克思写信给巴黎公社委员弗兰克尔和瓦尔兰，在信中把俾斯麦和法夫尔进行秘密会谈的事告诉了他们，同时还就如何巩固公社和减少同凡尔赛人斗争的困难提出一系列具体建议；马克思告诉他们，他在进行向各国工人解释巴黎公社历史意义的工作，请他们向他提供为公开揭露凡尔赛刽子手们所必需的材料。

5 月 16 日，根据恩格斯的提议，第一国际总委员会指定马克思暂时担任荷兰通讯书记。

5 月 21 日，由于公社叛徒的叛卖以及普鲁士军队的配合，凡尔赛军进入巴黎市区，工人们奋起反击。史称“五月流血周”的保卫巴黎战斗开始。28 日，最后一批巴黎公社战士在巴黎拉雪兹神父墓地直到弹尽粮绝全部牺牲。巴黎公社失败。

5 月 23 日，马克思在第一国际总委员会会议上做了关于巴黎公社的发言，强调指出，公社所宣布的原则是永存的，即使公社遭到失败，这些原则也是消灭不了的。

5 月 29 日，马克思撰写完成《法兰西内战》。该书是全面总结巴黎公社的战斗历程和历史经验，阐发马克思主义关于阶级斗争、国家、无产阶级革命和无产阶级专政理论的重要文献。马克思强调指出，工人阶级不能简单地掌握现成的国家机器，并运用它来达到自己的目的，必须建立自己的政权机构来代替统治阶级的国家机器；同时充分肯定了巴黎公社所采取的各项民主措施。

5 月 30 日，马克思在第一国际总委员会会议上宣读他所写的《法兰西内战》。经第一国际总委员会一致通过后《法兰西内战》用英文出版单行本，并同时刊载在国际的许多机关刊物上。

6—12 月，马克思和恩格斯组织了对流亡的巴黎公社活动家的援助；他们领导由第一国际总委员会成立的流亡者委员会的工作，为还在法国处于非法境地的公社社员办理出国护照。

6 月初，巴黎公社社员、工人诗人鲍狄埃在巴黎郊区创作完成无产阶级革命诗篇——《国际歌》。1888 年 6 月由法国工人作曲家狄盖特谱曲。从此，《国际歌》成为激励全世界无产阶级和人民大众争取解放的战歌。

6 月中旬—7 月中旬，恩格斯把《法兰西内战》译成德文，把译文寄交李卜克内西在《人民国家报》发表。

6 月 30 日，恩格斯给《人民国家报》写了一篇通讯指出，尽管资产阶级报刊妄想对《法兰西内战》这篇宣言表示缄默，这篇宣言在英国仍然产生了巨大的影响。

7 月 1—3 日，恩格斯在给卡菲埃罗的信中说明了宗派主义对工人运动的危害，严厉批评了巴枯宁的观点，揭露了马志尼想把国际置于自己影响之下的企图。

7 月底—8 月上旬，马克思和恩格斯设法把即将在凡尔赛举行地对公社社员的审判记录予以出版。

8 月 1 日，马克思在第一国际总委员会会议上发言反驳奥哲尔。第一国际总委员会按照马克思的建议，免去恩格斯所担任的比利时通讯书记的职务，委任他担任意大利的通讯书记。

8 月 22 日，恩格斯在第一国际总委员会会议上报告了国际西班牙支部在美国支部来信的内容，建议呼吁美国工人援助流亡的公社社员。第一国际总委员会委托马克思起草这份呼吁书。

8 月 25 日和 29 日，马克思写信给在纽约的国际德国支部成员弗·波尔特和在伦敦的美国作家蒙·丹·康威尔，请他们组织募捐来救济流亡的公社社员，并帮助公社社员安排工作。

9 月 17—23 日，国际工人协会代表会议在伦敦秘密召开。马克思和恩格斯领导伦敦代表会议的工作。会议从政治上组织上有力地打击了巴枯宁集团的分裂阴谋；并根据巴黎公社失败的教训，提出在各国建立无产阶级政党的任务；会上还坚决回击了巴枯宁派和其他宗派主义分子对国际的策略原则和组织原则的蓄意侵犯，这也是对巴枯宁集团宗派分裂活动的沉重打击。

9 月 25 日，马克思在伦敦的国际工人协会成立七周年纪念会上发表演说，论述国际的任务和目的，阐明巴黎公社的阶级实质。在演说中高度评价巴黎工人的革命首创精神和英雄气概，阐明公社的历史意义。

9 月 26 日，马克思在第一国际总委员会的会议上报告国际丹麦支部的活动。在关于国际在德国的活动的报告中，马克思着重指出必须召集德国工人群众大会，抗议资产阶级刊物对国际的诬蔑。马克思又被选为德国通讯书记，恩格斯被选为意大利通讯书记；恩格斯还被选入第一国际总委员会的财务委员会。

9 月底—10 月，马克思受第一国际总委员会之委托起草了《国际工人协会共同章程》。该章程于 1864 年 10 月用英文写成，同年 11 月 1 日，经中央委员会批准为临时章程。章程根据协会成立以来的实践经验，进一步阐明了第一国际的目的、任务和组织原则。

10 月 3 日，在第一国际总委员会会议上，马克思又被选为俄国通讯书记，恩格斯被选为西班牙通讯书记。

11 月 23 日，马克思在写给在美国的波尔特的信中，指出国际在与宗派主义斗争中的作用，并且强调建立国际就是为了用名副其实的工人阶级的组织代替社会主义的、半社会主义的宗派来进行斗争。

12 月 17 日，倍倍尔、威·李卜克内西等德国社会民主工党领导人因抗议德国政府参与镇压巴黎公社革命、反对增加战争拨款而以叛国罪遭政府逮捕。

12 月 19 日，马克思向第一国际总委员会报告了英国政府开始对流亡的公社社员进行迫害的意图；说明了俾斯麦对无产阶级采取的反动政策，认为这种政策必然会使工人阶级进一步团结在国际的周围。

本月，马克思为《资本论》德文第二版修改第一卷中的第一章。

1872 年

1 月 3 日左右，恩格斯写《桑维耳耶代表大会和国际》。文中揭露了巴枯宁派桑维耳耶通告的分裂性质和危害性。

1 月 14 日，恩格斯给在都灵的工人团体“无产者解放社”书记写信。信中批评了巴枯宁派的无政府主义思想，并指出无产阶级为了通过革命夺取政权必须在组织上团结一致。

1 月 15 日—2 月 15 日，马克思通过龙格同约·卢阿商洽把《资本论》第一卷译成法文，并同巴黎出版商莫·拉沙特尔签订合同，以单行本的分册形式出版这本著作。

1 月 24 日，恩格斯在给库诺的信中对巴枯宁派在国家问题上的观点做了详尽的批判，并揭露他们在国际内部进行的破坏活动。

1 月 28 日 第一国际布宜诺斯艾利斯支部在阿根廷建立。

2 月 15 日，恩格斯在给李卜克内西的信中揭露了巴枯宁及其拥护者斯蒂凡诺尼在意大利进行的反对第一国际总委员会的阴谋活动。恩格斯建议李卜克内西同斯蒂凡诺尼公开断绝关系。李卜克内西用恩格斯这封信在意大利报刊上批评了斯蒂凡诺尼。

3 月，马克思审阅《资本论》第一卷德文第二版的校样，同时大力准备出版《资本论》第一卷的法文版。在德文第二版中马克思对第一版全卷的结构做了重大的更改，把书中某些篇名改得更加确切，对价值和各种价值形态作了更加详尽而严密的科学分析。

3 月 5 日，马克思和恩格斯共同起草的通告揭穿了巴枯宁主义这种同工人运动不相容的小资产阶级宗派主义的实质；第一国际总委员会一致决定公布这个通告。

3 月 12 日，根据马克思的提议，第一国际总委员会会议通过了关于北美联合会中的分裂的决议的第二部分。决议指出必须把资产阶级改革派分子从国际中清洗出去，因此决定开除纽约第十二支部。

3 月 13 日和 18 日之间，马克思起草巴黎公社一周年纪念大会的决议，把公社称为“伟大的社会革命的曙光”。决议在 3 月 18 日伦敦的国际会员和流亡公社社员大会上一致通过。

3 月 18 日，马克思致函《资本论》第一卷法文本的出版者莫·拉沙特尔，同意把《资本论》法译本定期分册出版，因为这样可以使工人们更容易买得起《资本论》。

3 月 18 日，根据第一国际总委员会决议，第一国际会员和前巴黎公社社员在巴黎公社流亡者协会会址隆重集会，纪念巴黎公社革命一周年。大会通过了马克思起草的巴黎公社一周年纪念大会的决议，决议指出巴黎公社运动是把人类从阶级社会中永远解放出来的伟大的社会革命的曙光。

3 月 27 日，《资本论》第一卷俄文第一版在俄国出版，这是该书的第一个外文译本。

4 月，马克思把《资本论》第一卷的 42 页手稿寄给德国出版者奥·迈斯纳，当时正准备出版《资本论》第一卷的德文第二版。

4 月 13 日，马克思所著《哲学的贫困》的一部分以《阶级斗争论》为题，载西班牙《解放报》。

4 月底—5 月，马克思用很大一部分时间来校订《资本论》第一卷的法译文，同时审阅德文第二版的校样。

5 月上半月，恩格斯打算写一本著作来反对在德国工人阶级中散布蒲鲁东思想的企图，因此他研读蒲鲁东的《十九世纪革命的总观念》。

5 月 14 日，恩格斯在第一国际总委员会会议上参加讨论关于英国的爱尔兰支部同不列颠联合会委员会的相互关系问题；他发言捍卫无产阶级国际主义原则，并揭露第一国际总委员会中某些英国委员的沙文主义观点。

5 月下半月—1873 年 1 月，恩格斯写“论住宅问题”一组文章，这组文章从 1872 年 6 月至 1873 年 2 月陆续发表在《人民国家报》上。文章中恩格斯对整个资本主义制度作了毁灭性的批判，阐明了无产阶级专政的历史规律性，只有在无产阶级专政的条件下工人阶级的一切社会经济要求才可能得到满足。

5 月，在第一国际总委员会的会议上，马克思提议下次会议专门讨论召开应届代表大会的问题。根据马克思的提议和恩格斯的支持，第一国际总委员会通过决议，承认合众国临时联合会委员会是国际北美联合会的唯一领导机关。

6 月 18 日，由于马克思和恩格斯提议第一国际总委员会应把注意力完全集中在筹备代表大会的共同问题上，所以第一国际总委员会一致决定把代表大会的日常事务和组织筹备工作交给常务委员会主持，从此以后，常务委员会就定名为第一国际总委员会执行委员会。

6 月 18 日—9 月 1 日，马克思和恩格斯领导执行委员会筹备应届代表大会的工作，他们特别注意揭露巴枯宁主义者的秘密组织在西班牙的活动，力争把一切真正革命的力量团结在执行委员会周围。

6 月 21 日，马克思写信告诉左尔格应届代表大会在 9 月 2 日召开，强调指出这次代表大会对国际今后的命运具有决定意义，请他保证北美联合会派代表出席。

6 月 24 日，马克思和恩格斯为 7 月间将在莱比锡出版的《共产党宣言》德文版写序言。在序言中马克思和恩格斯强调指出，巴黎公社经验的意义在于证明工人阶级必须摧毁旧的国家机器。

7 月 10 日，恩格斯被选为德意志工人共产主义教育协会出席英国联合会诺定昂代表大会的代表。

7 月中旬，《资本论》第一卷德文第二版第一分册（共 5 印张）出版。

7 月 23 日，马克思和恩格斯在第一国际总委员会会议上支持瓦扬提出的把伦敦代表会议关于工人阶级的政治行动的决议列入共同章程的建议。为了防止资产阶级分子钻进国际中来，马克思提议对章程第九条作一点补充：凡是新接受的支部，其成员中雇佣工人不得少于三分之二；建议被通过了。

8 月 4—6 日，恩格斯受执行委员会委托写告国际全体会员书，揭露了巴枯宁主义者的秘密组织的活动。呼吁书于 8 月 6 日在第一国际总委员会会议上以 4

票的多数通过。

8 月下半月，马克思和恩格斯被选为出席海牙代表大会的代表，马克思代表莱比锡支部，恩格斯代表布勒斯劳支部。

8 月 27 日，马克思在第一国际总委员会会议上参加讨论应缴纳多少会费的问题。他在批评了英国工联主义者活动的时候，提出了工会组织的任务在于成为劳资斗争中的组织核心的思想。

9 月 1 日，马克思和恩格斯到海牙参加国际第五次年度代表大会。预备会上通过了马克思提出的召开代表大会第一次秘密会议来选举代表资格审查委员会的建议。

9 月 2—7 日，国际工人协会在海牙召开代表大会。马克思、恩格斯第一次出席了第一国际的代表大会，领导海牙代表大会的工作，在大会上他们捍卫无产阶级的党性原则，反对小资产阶级宗派主义，为击败巴枯宁阴谋集团，通过关于政治问题和组织问题的决议，力争把 1871 年伦敦代表会议关于必须建立工人阶级独立政党以争取无产阶级专政的极其重要的决议列入国际章程，同时还力求扩大第一国际总委员会的权力。

9 月 8 日，马克思和恩格斯同海牙代表大会的大多数代表一起参加国际阿姆斯特丹地方支部在当地召开的群众大会。马克思发表了关于海牙代表大会总结的演说，揭示了关于工人阶级的政治行动的决议对工人运动的意义，代表大会已经把这一决议列入国际共同章程。

9 月 13 日，费尔巴哈去世。费尔巴哈（1804 年—1872 年）德国哲学家，其哲学思想是马克思主义重要来源之一。

9 月 17 日，《资本论》第一卷法文版第一辑（共五分册）出版。

10 月，恩格斯写《论权威》，并把它寄给比尼亚米。

10—11 月，恩格斯领导不列颠联合会委员会委员和曼彻斯特各支部成员同反对海牙代表大会决议的不列颠委员会的改良主义领导作斗争。

10 月 26 日，西班牙《解放报》以“马克思的《资本论》”为总标题发表了马克思为《资本论》第一卷德文第一版所写的序言和他 3 月 18 日给拉沙特尔的一封信。

11 月 14 日，恩格斯为《人民报》撰写一篇关于爱尔兰的国际会员在海德公园召开群众大会要求释放被囚禁的芬尼亚社社员的文章；恩格斯指出英国工人参加这次群众大会是第一国际总委员会为确立无产阶级国际主义原则而斗争的结果。

12 月，应比尼亚米的请求，马克思写《政治冷淡主义》，向意大利工人揭露了放弃政治斗争的无政府主义学说的含义，论证了建立无产阶级专政的历史规律性。

1873年

1月5日，第一国际总委员会委任恩格斯为第一国际总委员会负责意大利事务的全权代表。

1月24日，马克思为《资本论》第一卷德文第二版写跋。

2—6月，由于拉萨尔分子在德国社会民主工党的领导机构中和《人民国家报》编辑部中积极活动起来，恩格斯分别写信给李卜克内西和赫普纳，严厉批评了编辑部的某些成员和李卜克内西本人对拉萨尔分子和巴枯宁分子所采取的调和主义立场。

2月12日，马克思写信给第一国际总委员会委员弗·波尔特，指出海牙代表大会的伟大成绩在于把“腐烂分子”从国际中清除出去。

2月23—25日，恩格斯写信给梅萨，阐述了自己对西班牙发生的革命的性质的看法，确定了无产阶级在这次革命中的策略及其具体要求；指出建立独立的政党是西班牙工人阶级的极其重要的任务。

3月24日，马克思和恩格斯应不列颠联合会委员会的邀请，出席伦敦的国际会员和流亡公社社员举行的巴黎公社两周年纪念大会；大会通过了由马克思的《法兰西内战》一书的个别篇章构成的宣言。

4—7月，马克思和恩格斯受海牙代表大会的委托，写一本关于巴枯宁主义者在国际国内的秘密活动的小册子，对第一国际总委员会五年来所进行的反对巴枯宁的组织——社会主义民主同盟——的斗争做了总结。小册子8月底用法文出版。

4月5日，马克思把《资本论》第一卷德文第二版的最后一批校样寄给迈斯纳。

5月30日，恩格斯写信给马克思，阐述了他的著作《自然辩证法》的构思。他打算在这部著作中对理论自然科学的成就作辩证唯物主义的概括，并且批判自然科学领域中的形而上学和唯心主义观点。恩格斯着手收集资料并在一年中写出了许多片段。

6月1—2日，国际工人协会不列颠联合会第二次代表大会在曼彻斯特举行。大会通过关于必须建立独立的无产阶级政党的决议，并做出关于对土地及一切生产资料实行国有化的决定，这在英国工人运动史上还是第一次。恩格斯高度评价了这次代表大会的成果。

6月1—3日，根据第一国际各支部倡议，瑞士各工人组织、工会组织和合作社组织在俄尔顿举行代表大会。会上成立了第一国际瑞士工人联合会。这次会议为瑞士社会民主党的建立奠定了基础。

6 月初，《资本论》第一卷德文第二版在汉堡出版。

6 月 20 日，恩格斯写信给倍倍尔，指出德国社会民主工党在争取广大工人群众的斗争中的策略的基本方针，批判了该党个别领导人对于拉萨尔派所采取的调和主义立场，警告不要在同全德工人联合会联合的问题上急于求成；指出了把无政府主义的宗派分子从国际中清除出去了的海牙代表大会的意义。

9 月 8—13 日，第一国际日内瓦代表大会（即国际工人协会第六次代表大会）在日内瓦召开。由于巴黎公社失败后欧洲各国工人组织处境十分困难，几乎所有联合会均未派代表参加。第一国际总委员会也未派代表出席。大会因不具国际性质而以失败告终。

9—10 月，恩格斯写《行动中的巴枯宁主义者》，10 月 31 日在德国社会民主党《人民国家报》发表。他以巴枯宁主义者在 1873 年夏天西班牙起义期间的活动作为例证，揭穿了无政府主义的原则和策略是毫无根据的。

9 月 27 日，马克思写信给左尔格分析了国际当前的状况。他表示确信，国际作为工人运动的组织形式在历史上已经过时了；请求左尔格把美洲各家报纸评论美国经济危机的剪报寄给他。

10 月—1874 年 2 月，恩格斯由于打算写有关德国史的著作，花了很多时间去研究经济和统计资料。恩格斯为自己的未来著作写草稿题为“关于德国的札记”，其中揭示了德国经济落后的原因，对于笼罩着德国的反动势力、沙文主义和普鲁士主义做了评述。

11 月底，恩格斯修改《人民国家报》出版社寄给他的《社会主义民主同盟和国际工人协会》的德文译文；德文版以《一个反对国际的阴谋》为题于 1874 年在不伦瑞克出版。

12 月上旬，马克思阅读比利时社会主义者塞·德·巴普的《关于十九世纪社会问题的探讨和研究》，并写信给恩格斯对这一著作提出批评意见。

12 月，恩格斯《论权威》发表在意大利《1874 年共和国年鉴》文集。作者驳斥无政府主义者反对一切权威的谬论，论证什么叫权威、能不能不要权威、权威的内容和实质、权威的重要作用。

本年

巴枯宁发表《国家制度和无政府状态》，系统地宣传无政府主义观点。

狄慈根发表《科学社会主义》。

拉布里奥拉发表《论道德自由》和《道德和宗教》等论著。

1874

1—4月，马克思为了完成《资本论》以后各卷而收集和研究各种资料；研究土地所有制问题。

1月27日，恩格斯写信给李卜克内西说明1874年1月10日德国帝国国会的选举结果，是以独立政党身份参加选举活动的德国工人的巨大胜利。

2月21—22日，恩格斯写《英国的选举》，阐明了英国政治力量的对比情况并揭示了英国工人运动中的机会主义的社会根源。

5月中旬，恩格斯写了五篇文章组成《流亡者文献》为题的一组文章，考察了欧洲民主运动和无产阶级运动发展中的新趋向。在第一篇文章《波兰宣言》中，恩格斯指出波兰的社会问题和民族问题只有通过革命的途径才能获得解决，并再次强调指出了无产阶级国际主义原则的意义。

6—7月，马克思和恩格斯写信给李卜克内西、威·布洛斯和赫普纳，警告他们要提防小资产阶级政论家杜林对德国社会民主工党的影响的危险，并对杜林的"国民经济学和社会主义批判史"一书表示了坚决否定的意见。

7月1日，由于准备付印《德国农民战争》第三版，恩格斯对他在1870年为该书第二版所写的序言作了补充；在补充中他阐明了德国工人阶级在国际工人运动中的先锋作用，指出了把无产阶级的阶级斗争的三种形式结合起来的必要性，提出掌握革命理论并在群众中加以传播是社会民主工党领导的刻不容缓的义务。

8月4日，恩格斯写信给左尔格，阐明了欧洲各国工人运动发展的形势。

9月12—17日，恩格斯写信给左尔格，阐明了第一国际的历史意义，表示确信将来必然会出现以马克思主义原则为依据的共产主义的国际无产阶级组织。

9月22日和10月上旬之间，马克思从卡尔斯巴德回来时在莱比锡会见了李卜克内西和刚刚出狱的布洛斯以及莱比锡党组织的代表，同他们交谈了党内状况和同拉萨尔主义作斗争的必要性。

10月28日—12月18日，马克思的著作《揭露科伦共产党人案件》第一次在德国的《人民国家报》发表，并指出了作者的姓名。

本年

马克思阅读巴枯宁《国家制度和无政府状态》，做了许多批注，其中论证了关于无产阶级专政的历史必然性的原理和工农联盟是社会主义革命胜利的必要条件的原理。

1874年—1875年初，恩格斯继续写作《自然辩证法》。在这段时期中他写了 50 篇以上的札记和片段。

1875 年

1 月 8 日，马克思为《揭露科伦共产党人案件》第二版写跋，跋发表在 1 月 27 日《人民国家报》。该书于 1875 年出版。

2 月 14 到 15 日，社会民主工党（爱森纳赫派）与全德工人联合会（拉萨尔派）各 9 名代表在哥达举行合并预备会议。爱森纳赫派代表放弃“要统一，不要合并”的口号，决定与拉萨尔派合并，并通过合并后的党纲草案，即《哥达纲领》草案。

2 月—3 月上旬，马克思阅读俄国民粹主义者彼·特卡乔夫的小册子《给弗里德里希·恩格斯先生的公开信》，并加上自己的意见把它寄给恩格斯，建议给予回答。恩格斯写了《流亡者文献》这一组文章的第四篇和第五篇作为答复，文中探讨了俄国的社会关系和在改革以后的时期中资本主义的发展，尖锐地批判了民粹派在这些问题上的观点。

3 月—1876 年，恩格斯继续写 1873 年已经开始的《自然辩证法》。1875—1876 年他写完了两章（“导言”和“劳动在从猿到人转变过程中的作用”）。

3 月 18—28 日，由于社会民主工党（爱森纳赫派）和全德工人联合会（拉萨尔派）这两个德国工人组织准备合并，恩格斯在致社会民主工党领导人奥·倍倍尔的信中，以他个人和马克思的名义，阐明了他对德国工人运动中两派合并的原则立场，尖锐地批判了妥协性的纲领草案，批判了纲领草案中拉萨尔派教义的整个体系、关于国家问题的机会主义论点和放弃无产阶级国际主义原则的观点，批评了党内某些领导人追求无原则合并的错误。

4 月 28 日，马克思给亲自校订的法文版《资本论》第一卷写了跋。

5 月 5 日，马克思寄给威·白拉克一封信，信中附有寄给爱森纳赫派整个领导的对德国工人党纲领的批评意见，后来这些批评意见被称为《哥达纲领批判》。马克思的这一著作给拉萨尔主义和其他机会主义观点以致命的打击，论证并进一步发展了马克思主义关于无产阶级专政和从资本主义到共产主义过渡时期的学说，科学地预见到共产主义社会发展的一些最重要的规律，指出了共产主义社会的两个阶段——社会主义和共产主义——的历史必然性。

5 月 20 日—8 月，马克思作了多次计算，以便说明剩余价值率同利润率的差别。他所做的这项工作，以后成为《资本论》第三卷第三章（“利润率与剩余价值率的关系”）的基础。

5 月 22—27 日，德国社会民主工党（爱森纳赫派）与全德工人联合会（拉萨尔派）在哥达城召开合并大会。大会通过了《哥达纲领》草案，并一致决定建立统一的“德国社会主义工人党”（1890 年哈雷代表大会改称德国社会民主党）。

6 月 18 日，马克思特别重视德国化学家和生理学家摩·特劳白关于制造人造细胞的试验；在给拉甫罗夫的信中，他指出这种试验对解释地球上生命的起源具有重大意义。

8 月上旬，马克思在恩格斯参加下修订了德国社会主义者约·莫斯特所著《资本和劳动》一书，准备出第二版。该书是对《资本论》第一卷的通俗概述，于 1876 年在克姆尼茨出版，1878 年在美国出版了英译本。

9 月 20 日以后—10 月，马克思又开始研究政治经济学，特别是花费许多时间研究俄国的土地关系。

10 月 11 和 12 日，恩格斯在给白拉克和倍倍尔的信中声明，他和马克思像以前一样对哥达代表大会通过的纲领抱否定的态度，但是他们不准备公开反对这个纲领，因为工人是把它作为共产主义的纲领来理解的，因为他们希望真正的共产主义宣传在工人中获得成功。

10 月 15 日，恩格斯在给倍倍尔的信中强调必须密切注视俄国的事态，因为俄国人民群众的处境、俄国政府的政策和革命运动的状况，使人们有理由认为俄国将是第一个爆发革命的国家。

11 月末，马克思亲自校订的法文版《资本论》第一卷最后一分册出版。在该书的跋中，马克思指出《资本论》法文版和原文版一样具有独立的科学价值。

1876 年

1 月 22 日，恩格斯在伦敦举行的一八六三年波兰起义纪念会上发表演说，演说 2 月 15 日刊登在伦敦出版的《前进报》。

2 月 7 日，马克思和恩格斯在伦敦德意志工人共产主义教育协会创立三十六周年纪念大会发表演说，强调了德国第一批无产阶级组织特别是共产主义者同盟所遵循的国际主义原则。

4 月 4 日，马克思写信给左尔格，说他为了写作《资本论》打算研究美国农业、土地关系和信贷方面的资料，并请他寄一些有关这些问题的书目。

5 月 24—26 日，考虑到德国小资产阶级思想家杜林的反马克思主义观点，在德国社会主义工人党部分党员中间得到流行，影响日益扩大，马克思和恩格斯得出结论，必须在报刊上批判杜林的观点。

5 月 28 日，恩格斯在给马克思的信中，拟定了他批判杜林的著作的大纲和性质。

5 月底—8 月底，恩格斯中断了《自然辩证法》的写作，并着手为批判杜林的观点收集材料。为此，他读了杜林的《哲学教程》《国民—社会经济学教程》《国民经济学和社会主义批判史》。

6—11 月，恩格斯写《威廉·沃尔弗》，叙述这位德国无产阶级革命家、马克思和恩格斯的战友的生平事业。文章于 7 月连载在威廉·李卜克内西主编的社会主义杂志《新世界》。

7 月 1 日，巴枯宁在伯尔尼去世。巴枯宁（1814—1876 年）无政府主义重要代表人物，他把无政府主义推行于国际革命运动。

7 月 15 日，第一国际费城代表会议（第七次代表大会）在美国费城举行。1871 年巴黎工人暴动，第一国际的法国支部不仅参加，而且占据领导地位。巴黎公社失败第一国际受到了极大打击。自 1872 年海牙代表大会后，第一国际实际上已停止活动。因此，1876 年 7 月 15 日，根据马克思的建议，在美国费城代表会议上宣布第一国际解散。会议通过了《告国际全体会员书》，标志着第一国际正式解散。

9 月—1877 年 1 月上旬，恩格斯写《反杜林论》第一编（“哲学”）。这组文章发表在 1877 年 1 月 3 日至 5 月 11 日的德国社会主义工人党中央机关报《前进报》。恩格斯批判杜林的唯心主义先验论和小资产阶级社会主义时，系统地阐发了马克思主义的哲学理论。

11 月 20 日，恩格斯在给德国无产阶级革命家约·菲·贝克尔的信中，表示了他和马克思的共同意见，即国际的全体积极活动家应该努力的不是恢复以前的国际组织，而是建立和巩固各国群众性的工人党。马克思和恩格斯认为这一阶段的主要任务是，完成一定的科学工作，以加强无产阶级运动的理论方面。

12 月 21 日，恩格斯在给约·菲·贝克尔的信中批判了英国工联的机会主义以及工联领袖在自由资产阶级面前的谄媚行径。

1877 年

1 月 9 日，恩格斯把《反杜林论》关于哲学的第一编的最后一部分寄给李卜克内西，以便在《前进报》发表。

3 月 5 日，马克思把《反杜林论》第二编第十章第一部分寄给恩格斯，这一部分批判了杜林对政治经济学史的看法。

3 月 6—14 日之间，恩格斯按照马克思的建议写了《意大利的情况》。该文叙述了意大利国内社会主义运动的成就以及克服无政府主义影响，为建立意大利工人党创造了前提。

3 月底，马克思又开始整理《资本论》第二卷的手稿。

5 月 27 到 29 日，德国社会民主党在哥达召开代表大会，李卜克内西与杜林分子进行了针锋相对的斗争。大会最后通过了倍倍尔的折中提案:《反杜林论》以后若干篇将刊登在《前进报》副刊上。

6—8 月，恩格斯写《反杜林论》第二编（“政治经济学”）。这组论文先后发表于 7 月 27 日至 12 月 30 日《前进报》的副刊。

6 月中旬，根据白拉克的请求，恩格斯为《人民历书》写了卡尔・马克思传略。传略于 1878 年发表。

8 月—1878 年 4 月，恩格斯写作《反杜林论》第三编（“社会主义”）。这组论文先后发表于 1878 年 5 月 5 日至 7 月 7 日《前进报》的副刊。

9 月，马克思写信告诉左尔格，他正在根据俄国原文资料研究俄国的局势，说俄国正处在革命的前夜，革命的一切因素都已具备。

10 月 19 日和 23 日，马克思在给左尔格和白拉克的信中，评述了德国社会民主党由于同拉萨尔派、杜林派妥协而开始“发出霉味”，批评了《未来》杂志和出版该杂志的社会主义改良主义者卡・赫希柏格，指出该杂志的主要倾向是以“正义”等等词句偷换唯物主义的认识。

11 月，马克思写信给《祖国纪事》杂志编辑部，对俄国政论家和文艺批评家、民粹派思想家之一尼・康・米海洛夫斯基的文章《卡尔・马克思在尤・茹柯夫斯基先生的法庭上》做了答复。马克思在信中就俄国是否能绕过资本主义发展道路的问题，说明了自己的观点。

1878 年

1 月 11 日，恩格斯在给贝克尔的信中对组成瑞士工人党表示满意；他分析了法国工人运动的状况，指出了德国社会民主党活动中的错误。

1 月 12 日，恩格斯在给比尼亚米的信中分析了德国、法国和美国工人运动的状况，特别关切俄国业已成熟的革命形势所造成的国内时局。

2 月中旬—3 月中旬，恩格斯写了《一八七七年的欧洲工人》。文章说明欧洲各国工人运动状况证明无政府主义教条和策略的失败，以及国际政治路线的完全胜利；国际所奠定的国际无产阶级在反对压迫者的斗争中团结一致的原则，在各国工人阶级政党中得到贯彻。

4 月 15—20 日，马克思和恩格斯同从德国来的李卜克内西会面。

5—6 月上旬，恩格斯写了《反杜林论》第一版单行本序言初稿。后来恩格斯把这个初稿当作《自然辩证法》的材料（“《反杜林论》旧序。论辩证法”）。

6 月 11 日，恩格斯完成《反杜林论》第一版单行本序言定稿。

7 月上旬，马克思写了《乔治·豪威耳先生的国际工人协会史》，揭露豪威耳虚假的论断，强调指出世界各国正在组织的工人阶级政党无时无刻不在实现国际无产阶级团结的伟大思想。

7 月，莱比锡出版恩格斯《欧根·杜林先生在科学中实行的变革》(《反杜林论》）第一个单行本。该书第一次全面系统地阐述了马克思主义的三个组成部分——辩证唯物主义和历史唯物主义、马克思主义政治经济学和科学共产主义，揭示了它们之间的内在联系，是一部马克思主义的百科全书。

8 月，恩格斯在完成《反杜林论》以后，打算着手系统整理《自然辩证法》的材料，为此他拟订了这一著作的总计划草稿。

10 月 21 日，德国议会通过俾斯麦提出的《反对社会民主党企图危害治安法令》，使社会民主党被置于非法地位。德国社会民主党进行了长期反抗斗争。

10 月底，马克思和恩格斯鉴于反社会党人非常法已经被通过，建议李卜克内西在瑞士出版党的秘密机关报。

11 月 15 日和 28 日，马克思在给丹尼尔逊的信中，指出《资本论》第一卷中的一些修改在准备出版新的俄文版本时必须加以考虑，并请他注意美国在国内战争结束后垄断组织的增长和英国的工业危机。

11 月下半月—12 月，马克思写作《资本论》第二卷和第三卷，研究了土地关系史料，还阅读了许多有关法国历史的著作。

12 月—1879 年 1 月，马克思继续仔细地研究金融和银行业，做了大量摘录和笔记。

1878—1882 年，马克思努力地系统地钻研代数学，做了许多专门笔记。在代数学中或在有限量分析中，马克思研究了分析无穷小的概念和运算的基本数学原形。

1879 年

是春，德国社会民主党的赫希柏格、施拉姆和伯恩施坦在德国《反社会党人非常法》公布后，逃至瑞士苏黎世，遂组成小集团（即苏黎世三人团）。本年夏，他们发表《德国社会主义运动的回顾》，提出了一个机会主义纲领。他们认为党应服从《反社会党人非常法》，应同资产阶级和解；应放弃革命斗争，走非暴力道路；竭力宣扬右倾投降主义，主张把党改变为一个资产阶级的改良政党。

3 月 21 日，恩格斯为《人民报》写了《德国反社会党人非常法。——俄国的状况》，向意大利工人介绍德国工人运动的成就和俄国革命的在成熟。

4 月 10 日，马克思在给丹尼尔逊的信中解释延期出版《资本论》第二卷的理由，说明欧洲和美洲经济危机的原因和后果，并谈到铁路的发展及其对资本积聚、对外贸易增长和人民群众状况的影响。

5 月 2 日，西班牙社会主义工人党成立。

6 月中旬—9 月，马克思和恩格斯给工人运动活动家的信中批评莫斯特领导的“左派”的无政府主义立场，批评莫斯特在他编辑的“自由”周报上攻击德国社会民主党领导的全部活动。

6 月 17 日，恩格斯在给伯恩施坦的信中指出英国工联放弃参加任何政治斗争，并把他们的全部活动局限为争取提高工资和缩短工作日的罢工斗争。

下半年—1880 年 11 月，马克思对已出版的瓦格纳的《政治经济学教科书。第一卷。国民经济的一般性的或理论性的学说》一书提出批评意见。马克思表述并发展了《资本论》中所阐述的一系列价值论原理。

8 月 4 日，恩格斯在给倍倍尔的信中说他和马克思拒绝为准备出版的德国社会民主党中央机关报《社会民主党人报》写稿，因为该报将由赫希柏格、施拉姆、伯恩施坦机会主义集团领导，将成为党内小资产阶级分子的喉舌。

8 月 28 日，列宁进入辛比尔斯克古典中学一年级。

9 月 9 日，恩格斯写信通知马克思关于赫希柏格出版的《社会科学和社会政治年鉴》的内容，这些人声明：德国社会民主党以其无产阶级的阶级立场自行招致反社会党人非常法，社会民主运动应当具有完全和平的和改良的性质，领导这个运动的应当是资产阶级分子。恩格斯建议立即反对机会主义者。

9 月 17—18 日，恩格斯以自己和马克思的名义，给倍倍尔、李卜克内西、白拉克等人写了一封通告信，信中抗议领导方面对党内赫希柏格、伯恩施坦和施拉姆领导的机会主义派别采取调和主义的态度，尖锐地批评自从实行反社会党人非常法以后，党内出现的机会主义的动摇性。马克思和恩格斯的批评，帮助德国社会民主党领导人纠正了自己的立场，打击了机会主义者。

9 月 28 日，德国社会民主党机关报《社会民主党人报》在瑞士苏黎世创刊。该报 1890 年停刊。

10 月 20—31 日，在社会主义者盖得和拉法格领导下，法国工人在马赛召开第三次全国工人代表大会（社会主义工人代表大会）。会议决定成立法国社会主义者工人党联合会，并通过党的章程。

10 月 26 日，托洛茨基出生。列夫·达维多维奇·托洛茨基出生在俄国犹太富农家庭，俄国著名的工人领袖。

10月—1880年10月，马克思为了专门研究地租问题和整个土地关系问题，阅读了柯瓦列夫斯基的著作《公社土地占有制，它的瓦解原因、过程和结果》，做了关于公社的性质、关于公社在各时代各民族中的地位和社会经济作用的详细摘记。

10月到1880年10月，马克思编写了“印度历史大事记”（664—1858年）。他特别注意英国人征服和奴役印度的历史。

11月14日和24日，恩格斯在给倍倍尔的信中尖锐地批评了社会民主党议员在帝国国会中所作的抹杀社会民主党任务的阶级性质的发言，以及他们在保护关税问题上的模糊立场。为此，恩格斯规定了社会民主党议员在资产阶级议会中必须遵循的一个基本原则，即不投票赞同加强政府对人民的统治的任何措施，并且发展了关于无产阶级政党的一系列原则性的论点。

12月21日（俄历9日），约瑟夫·维萨里昂诺维奇·斯大林出生在俄国格鲁吉亚古老的城镇哥里一个鞋匠家里。斯大林1888年进入东正教小学读书，1894年毕业后进入梯弗里斯（第比利斯）东正教中学读书。斯大林1898年加入了俄国社会民主工党在梯弗里斯的组织。

本年

倍倍尔《妇女与社会主义》在莱比锡秘密出版。作者认为妇女同工人一样，都是被压迫者，在历史发展进程中，被压迫者往往会认识到自己在受压迫，这会促使他们有所觉醒，并且设法改变自己的处境。

1880年

1—3月上半月，为了宣传科学共产主义的思想，恩格斯应法国社会主义者拉法格的请求，把《反杜林论》一书中的三章（“引论”的第一章及第三编的第一、二两章）改编成独立的著作——《社会主义从空想到科学的发展》。此书用法文（由拉法格翻译）发表在《社会主义评论》杂志，后来又用《空想社会主义和科学社会主义》的书名出版了单行本。恩格斯全面分析和论述了社会主义怎样从空想发展为科学；阐明了资本主义必然灭亡，社会主义必然胜利的客观规律；描绘了未来共产主义社会的某些特征，对传播科学社会主义起了巨大作用。

2月底，恩格斯为法国工人党机关报《平等报》写《俾斯麦先生的社会主义》，揭露俾斯麦政府的所谓“社会措施”的真正实质。

3月底，马克思为《平等报》发表他的著作《哲学的贫困》写前言。前言作为编辑部的按语在报纸上发表。

5月上旬，在恩格斯住所和盖得举行了会议，盖得为了讨论法国工人党的纲领而来到伦敦的。马克思、恩格斯、盖得和拉法格参加了这次会议。马克思给法国工人党纲领写出了理论性的导言，这个纲领在哈佛尔代表大会上通过。

5月4—5日左右，马克思给恩格斯的《社会主义从空想到科学的发展》的法文版单行本写导言。恩格斯的著作和马克思的导言于5月底出版。

6月27日，马克思在给荷兰社会民主党创始人多·纽文胡斯的信中支持他准备用荷兰文通俗地叙述《资本论》第一卷的意图。

8月20—23日，德国社会民主党在瑞士维登举行秘密代表大会。大会决定以《社会民主党人报》作为党的中央机关刊物。大会撤销了苏黎世三人团所担任的党报编辑职务，同时将无政府主义集团的头子莫斯特和哈塞尔曼等人开除出党。这次大会结束了党内一度混乱和动摇的状态。

9月底，马克思、恩格斯和前来伦敦的李卜克内西讨论党内问题，了解了德国社会民主党所进行的组织改组，这种改组为改善党的各方面工作提供了可能。

10月—1881年3月，马克思继续写《资本论》第二卷和第三卷，研究了大量官方文件（蓝皮书）和关于美国经济发展的文献。

11月5日，马克思向左尔格介绍必须给在受残酷迫害的条件下进行工作的德国社会民主党以经济援助。马克思请求左尔格供给他关于加利福尼亚经济状况的内容丰富的材料，以便研究在那里飞快进行的生产的资本主义集中的过程。

11月14日，法国工人党在哈佛尔召开代表大会。

11月27日，马克思、恩格斯和拉法格、弗·列斯纳联名给11月29日在日内瓦举行的纪念一八三〇年波兰起义五十周年大会寄去了一封贺信，信中希望波兰人民在争取民族解放的斗争中，同俄国工人联合行动。

12月9—16日左右，倍倍尔、伯恩施坦及以后来的保·辛格尔抵达伦敦，会见马克思和恩格斯，讨论党的事务和加强《社会民主党人报》的工作。

本年，马克思写《资本论》第二卷和第三卷。他重新写第二卷的第三编，马克思阅读了政治经济学著作，并做了摘录。

1880—1881年，恩格斯写《自然辩证法》一书中的三章（“运动的基本形态”“运动的量度。——功”和“潮汐摩擦”）以及一系列的札记和片段。

1881年

1月1日，布朗基与世长辞，送葬的人数将近二十万。布朗基（1805—1881）法国工人运动活动家，空想社会主义者。

2 月 18 日左右，马克思收到查苏利奇的信。她在信中以俄国社会主义者的名义，请求马克思谈谈对俄国社会经济发展前景的看法，特别是对俄国农民公社命运的看法。2 月底—3 月上旬，马克思根据查苏利奇的请求，概括他所研究的有关俄国农民公社的资料，写了回信的四个草稿，内容是关于农业生产集体形式及其在俄国实现的条件的结论。

2 月 19 日，马克思在给丹尼尔逊的信中，以俄国为例，分析了资本主义农业的停滞性质和收成的周期性问题、铁路建设同英美国债制度的关系问题以及资本主义生产积聚的增长问题。

3 月 8 日，马克思寄信给查苏利奇，谈到他所研究的资本主义发展的理论的意义，谈到在一定的历史条件下，俄国公社可能成为俄国社会复兴的起点。

4—5 月，马克思读亨 · 乔治的《进步和贫困》。在给斯温顿和左尔格的信中，说明该书在社会主义的假面具掩饰下企图挽救资本家的统治。

5 月—1882 年 2 月中旬，为了研究原始公社制度问题，马克思对摩尔根《古代社会》写了摘要，并附有自己的许多评语和结论，还读了其他有关原始文化史的著述，并且做了摘录和评注。

5 月 20 日左右，恩格斯写《工联》。恩格斯号召英国工人不要局限于维持一定水平的工资，而要继承宪章运动的战斗传统，建立自己的阶级政治组织，使无产阶级争得政治统治权。该文发表在 5 月 28 日和 6 月 4 日的《劳动旗帜报》上。

6 月，马克思研究美国大工业的发展，阅读了波士顿出版的《大西洋月刊》中关于“美孚油公司”、美国丝织工业和童工等方面的文章。

7 月中旬，恩格斯写《工人党》和《俾斯麦和德国工人党》。恩格斯号召英国无产阶级成立独立的群众性的革命政党，利用德国工人阶级在政府和警察经常迫害的条件下继续顺利进行斗争的经验。

8—9 月，马克思对殖民地人民的发展史和处境感到很大兴趣，从 G. 马尼的《爪哇》、约 · 菲尔的《印度和锡兰的雅利安人农村》两部著作中做了许多摘记，并加了评注。

8 月 1—2 日，恩格斯写《必要的和多余的社会阶级》。该文使英国工人阶级得出一个结论，即没有资本家阶级，他们自己能够把国家的生产力管理得很好；

10 月 25 日，恩格斯把他和马克思对法国工人运动的态度和法国工人党内以马隆和布鲁斯为首的机会主义分子的分裂活动，告诉《社会民主党人报》编辑伯恩施坦。

11 月 30 日，恩格斯在给伯恩施坦的信中在估价德意志帝国国会的例行选举时指出，社会民主运动和工人运动的重心转到大工业城市是件好事情。

12 月 2 日，马克思的妻子燕妮·马克思逝世。马克思受到很大打击。

约 1881 年底—1882 年底，马克思研究世界通史。研究的成果，是“编年大事记”这一著作。

1881 年底—1882 年，马克思写“关于俄国一八六一年改革和改革后的发展的札记”，这是有系统地整理和概括他所研究的关于俄国的资料和文献的开始。

1881—1882 年，恩格斯研究德国史，收集资料并写研究著作《论日耳曼人的古代历史》和《法兰克时代》，试图阐明日耳曼民族和欧洲其他民族的历史。

本年，恩格斯写《自然辩证法》中的两章（“热”和“电”）和许多短评及片段。

1882 年

1 月 21 日，马克思和恩格斯为普列汉诺夫翻译《共产党宣言》俄译本写序言。序言指出“假如俄国革命将成为无产阶级革命的信号而双方互相补充的话，那么现今的俄国土地公共所有制便能成为共产主义发展的起点”。

1 月 25 日，恩格斯在给伯恩施坦的信中揭示了造成德国工人运动中的一些所谓“领袖”机会主义的原因，指出工人群众是党的最可靠的支柱。

2 月 10 日，恩格斯在给贝克尔的信中指出尽管第一国际停止活动，无产阶级的国际团结，由于各国工人党之间的联系而仍然保持着；恢复国际时机尚未成熟。

4 月 19 日，达尔文逝世。达尔文（1809—1882 年），英国生物学家，进化论的奠基人，出版《物种起源》。恩格斯将“进化论”列为 19 世纪自然科学的三大发现之一。

4 月下半月，恩格斯写《布鲁诺·鲍威尔和早期基督教》，科学地阐明了基督教的起源和实质问题。

5 月 14 日，恩格斯向德国来的德国社会民主党人辛格尔说明他和马克思对保护关税、铁路国有化和其他类似措施的看法，指出这些措施完全不超出资产阶级国家范围，同社会主义毫无共同之处。

5 月 17 日，意大利工人党成立。该党于 1892 年 8 月同另两个组织合并后改称意大利劳动人民党。1895 年又更名为意大利社会党。

6 月 18 日，季米特洛夫诞生在保加利亚一个小手工业者家庭。他后成为保加利亚共产党领袖，国际共产主义的杰出活动家。

6 月 21 日，恩格斯在给倍倍尔的信中答应他和马克思支持同德国社会民主党右派分子的斗争，告知倍倍尔法国工人党内部发生分裂。

7 月 25 日，恩格斯通知流亡美国的德国社会民主党人阿·赫普纳，说他和马克思允许赫普纳在美国用铅版翻印他们的著作。

8 月，波兰"无产阶级党"成立。

9 月 12 日，恩格斯在给卡·考茨基的信中，表述了他对殖民地问题的看法，无产阶级取得政权后对殖民地和附属国人民的政策的观点。

9 月 21 日，恩格斯基本上完成《社会主义从空想到科学的发展》德文第一版正文的准备工作后，写该版序言。该著作于 1882 年底问世。

9 月 25 日，法国工人党在圣亚田代表大会上发生分裂。

10—11 月，马克思研究原始文化史，阅读并摘录了约·拉伯克的《文明的开始和人的原始状况》一书；阅读了解英国在埃及的财政政策，并写提要。

10 月 20 日，恩格斯在给《社会民主党人报》编辑的信中谈到法国工人运动的状况和法国工人党的分裂，对资本主义条件下无产阶级政党的发展和党内两种倾向——革命倾向和机会主义倾向的斗争做了一系列总结。

10 月 28 日，恩格斯在给倍倍尔的信中评述了德国社会民主党的右翼，说明了他对可能发生的无产阶级革命进程的观点，分析了法国工人党内部的事件。

11 月 4 日，恩格斯在给《社会民主党人报》编辑的信中宣称他认为德国社会民主党领导人拟议的修改党纲的运动是不适时宜的（在废除反社会党人非常法之前）。

11 月 23 日，恩格斯在给马克思的信中表示他打算很快就写完《自然辩证法》，他时断时续地写这部极其重要的理论著作已将近十年。

12 月 6 日，勃朗去世。路易·勃朗（1811 年—1882 年）是小资产阶级空想社会主义者，法国政治学家和历史学家。

12 月 17 日，马克思阅读《马尔克》手稿，在给恩格斯的信中他对该文给以很高的评价。《马尔克》作为 1883 年 4 月出版的德文版《社会主义从空想到科学的发展》的附录发表。

本年，马克思很注意报刊上发表的关于俄国社会经济关系方面的文章，阅读俄国的农村土地公社、俄国资本主义的书籍。

1883 年

1 月 12 日，马克思获得自己女儿燕妮·龙格于 1 月 11 日去世的消息后返回伦敦，他的健康状况急剧恶化。

1 月，德国社会民主党理论刊物《新时代》创刊，由狄茨在斯图加特按月出版。1890 年以前为月刊，以后改为周刊。《新时代》由考茨基编辑到 1917 年，接着由亨·库诺接任编辑。1923 年 8 月停刊。

2 月 8 日和 10 日，恩格斯在给伯恩施坦的信中解释交易所在资本的集中和积聚方面的作用。

3 月 1 日，恩格斯在给《社会民主党人报》编辑的信中指出电能对进一步发展工业和最终消灭城乡对立的巨大意义。

3 月 14 日，马克思当天下午逝世。卡尔·马克思（1818 年— 1883 年）马克思主义的创始人之一，第一国际的组织者和领导者，全世界无产阶级和劳动人民的革命导师，无产阶级的精神领袖，国际共产主义运动的开创者。

3 月 14—15 日，恩格斯把马克思逝世的消息通知国际工人运动活动家（李卜克内西、倍倍尔、贝克尔和左尔格等），说这是国际无产阶级的巨大损失。

3 月 17 日，卡尔·马克思安葬在伦敦的海格特公墓燕妮的坟墓的旁边。恩格斯发表了墓前讲话，代表全世界无产阶级对于马克思的逝世表示了深切的哀悼，对于马克思一生为无产阶级事业所作的伟大贡献作了崇高的评价和热情的赞颂，说明了科学共产主义奠基人的理论遗产和实际革命活动的世界历史意义。

4 月 28 日和 5 月 12 日，恩格斯写《卡尔·马克思的逝世》，报道了马克思的后期生活和世界各国发来的电唁。

4—12 月，恩格斯认为完成马克思未完成的理论著作和出版他的遗著对于国际工人运动具有巨大的意义，因此放下了自己的研究工作，着手整理马克思遗留下来的文献和手稿，尤其是《资本论》的手稿。

5 月 10 日，恩格斯写信给德国社会民主党领导人奥·倍倍尔指出必须同机会主义者进行坚决斗争，同他们的分裂是不可避免的。

6 月—10 月中旬，恩格斯审阅《资本论》第一卷德文第三版的校样，这一版的准备工作马克思没有做完。

6 月上半月，为了使《资本论》第一卷英文本早日出版，恩格斯同伦敦基根出版公司商谈；他打算让他的朋友赛·穆尔担任本卷的翻译工作。

6 月 12 日—8 月 27 日，恩格斯多次写信给德国社会民主党领导人，阐明关于在即将来临的德国革命中无产阶级的同盟军问题和无产阶级政党的策略问题。

6 月下半月，恩格斯审阅由意大利社会主义者帕·马尔提涅蒂翻译的《社会主义从空想到科学的发展》的意大利文译文，并对译文质量给以好评。该译本于 7 月在贝内万托出版。

6 月 28 日，恩格斯为《共产党宣言》德文第三版写序言；《共产党宣言》德文第三版于 1883 年在苏黎世出版。

8 月中旬—10 月上旬，恩格斯阅读法国社会主义者加·杰维尔写的《资本论》第一卷浅说的手稿。他指出作者写得草率、马虎，其中有许多东西被简单化了，甚至被歪曲了。

8 月 30 日，恩格斯把英国社会主义运动的状况告诉倍倍尔，同时指出亨·迈·海德门领导的民主联盟声明它承认马克思主义理论这一事实具有积极意义。

9 月下半月，恩格斯开始准备出版未经马克思审订的《资本论》第二卷的手稿；在几乎两年中，他核对手稿中各种不同的方案，确定全卷的结构，根据马克思的最后研究成果写出定稿，以及对全文进行总校订。

9 月 19 日和 23 日，俄国民粹派革命家洛帕廷拜访恩格斯。洛帕廷在他写的信中说恩格斯在同他谈话时表示相信，新的社会改造的首倡权理所当然地属于资产阶级民主革命正在酝酿成熟的俄国。

9 月 25 日，俄国革命家普列汉诺夫和查苏利奇、阿克雪里罗德等人在总结工人运动经验的基础上，在日内瓦创建了俄国第一个马克思主义团体——“劳动解放社”，为在俄国传播科学社会主义、批判民粹主义发挥了积极作用。劳动解放社还于 20 世纪初与列宁等人一起创办了俄国无产阶级报刊《火星报》和《曙光》杂志。在 1903 年 7 月俄国社会民主工党第二次代表大会上，劳动解放社因已完成历史使命正式宣告解散。

约 10 月，恩格斯认为吸引德国农业工人和劳动农民参加革命斗争具有巨大的意义，因此准备把他的著作《马尔克》印成新的普及本，这一著作以《德国农民。他过去怎样？他现在怎样？他将来会怎样？》为题，于 11 月在苏黎世印成单行本出版。

11 月 7 日，恩格斯为《资本论》第一卷德文第三版写序言。

11 月 13 日，恩格斯写信给查苏利奇指出俄国政治局势紧张，并预料命危机在那里可能很快就会到来。

12 月—1884 年 10 月，恩格斯一面做其他工作，一面审订马克思的著作《哲学的贫困》的最早的德文译文，并为这本书写注释和序言。

本年

普列汉诺夫《社会主义和政治斗争》出版，表明他已从民粹主义者转向马克思主义者。

考茨基写作《动物世界中的社会本能》，试图用达尔文的生存斗争理论解释人类社会的历史。

1884

1 月 28 日，恩格斯通知波兰社会主义者克尔日维茨基，表示同意出版《资本论》第一卷波兰文译本。

本月，英国费边社成立。该组织主张用渐进改良的方法把资本主义社会改造为社会主义社会。费边社会主义是英国和国际工人运动中修正主义的思想来源之一。1889 年费边社出版《费边论丛》，系统地阐述了费边社会主义理论。1900 年，费边社以集体成员资格加入工党。

2—3 月，恩格斯仔细研究马克思在 1861—1863 年写的、作为《资本论》各卷第一个系统草稿的经济学手稿；这些以《剩余价值理论》为题的手稿，大部分都是批判性的经济学说史，是马克思打算在《资本论》第四卷中叙述的。

2 月，恩格斯拒绝了德国流亡者农涅要恩格斯支持建立一个国际社会主义组织的企图。后来农涅槃揭露是德国政府驻巴黎的警探。

2 月上半月，恩格斯研究马克思在 1881—1882 年所做的摩尔根《古代社会》一书的摘要。恩格斯根据马克思在这个摘要中提出的意见，从历史唯物主义立场出发对原始社会以及私有制和国家起源的历史做一个扼要的概述。

2 月中旬—3 月上旬，恩格斯写《马克思和〈新莱茵报〉》，发表在 3 月 13 日《社会民主党人报》。文中揭示了马克思和他所领导的无产阶级革命家在 1848—1849 年资产阶级民主革命中的策略。

2 月底—3 月上旬，恩格斯阅读摩尔根的《古代社会》。他在摩尔根的著作中找到了新的事实根据，可用以证实马克思和他自己对原始社会历史的观点。

3 月 6 日，恩格斯写信给查苏利奇，对俄国对社会主义理论的兴趣日益浓厚一事表示满意，欢迎“劳动解放社”用俄文出版马克思的著作《哲学的贫困》的想法。

3 月 7 日，恩格斯把英国和法国社会主义运动的状况告诉左尔格，指出以盖得和拉法格为首的法国工人党进行着卓有成效的马克思主义的宣传工作。

3 月底—5 月 26 日，恩格斯写作《家庭、私有制和国家的起源》。书中对古代人类社会的历史、对抗性阶级和阶级统治的产生做了马克思主义的分析，阐明了国家的阶级本性以及它随着私有制的消灭而消亡的历史必然性。

4 月 11 日，恩格斯获悉《反杜林论》在德国和其他国家，特别是在俄国，产生了巨大影响以后，通知《社会民主党人报》编辑说他决定准备再版这一著作。

5 月 26 日，恩格斯写完《家庭、私有制和国家的起源》。

6 月，恩格斯准备重新出版马克思《雇佣劳动与资本》，阅读这一著作后写了一篇简短前言。小册子于 10 月在苏黎世出版。

6 月 5—6 日，恩格斯在给倍倍尔和该党其他领导人的信中要求对机会主义分子进行不调和的斗争，首先对他们损害和攻击党的机关报《社会民主党人报》的行为予以坚决的反击。

8 月 13 日和 20 日之间，恩格斯答应设在日内瓦的波兰流亡者社会民主派团体“阶级斗争”的代表的请求，同意把《家庭、私有制和国家的起源》译成波兰文。

9 月,《新时代》刊载编辑部文章“弗里德里希・恩格斯的一本新书”，是为正在印刷中的恩格斯的著作《家庭、私有制和国家的起源》而写的。

10 月，由于德意志帝国国会选举日益临近，恩格斯在给该党领导人倍倍尔、李卜克内西等的信中强调指出社会民主党在选举中获得成功对整个国际工人运动将有很大的意义。

10 月 2 日，为了进行国会选举的竞选活动,《社会民主党人报》刊登了恩格斯《家庭、私有制和国家的起源》的片段。这些片段说明无产阶级应当利用普选制以利于开展革命斗争。

10 月 23 日，恩格斯写完卡・马克思《哲学的贫困》德文第一版的序言，他尖锐地批判了洛贝尔图斯的庸俗空想主义的观点。这篇序言以《马克思和洛贝尔图斯》为题发表在 1885 年 1 月《新时代》杂志。

10 月，恩格斯《家庭、私有制和国家的起源》在苏黎世出版。本书科学地阐明了家庭、私有制、阶级的起源与国家产生的关系，极大地丰富了马克思主义的政治学说。

11 月 8—18 日，恩格斯写信给倍倍尔以及社会民主党其他活动家，认为该党在选举中所获得的成就证明，虽然有反社会党人非常法，但是该党由于运用革命策略而得以大大巩固了自己在工人中间的阵地并赢得了一系列新的选区；恩格斯建议社会民主党国会党团在帝国国会的讲坛上揭露政府和统治阶级的行为。

11 月 12 日，恩格斯开始进行《资本论》第二卷第三篇的最终审订工作，这一篇的内容是分析社会总资本的再生产和流通。

12 月 11—30 日，由于德国社会民主党国会党团的机会主义多数派决定不反对政府关于给予轮船公司以国家津贴的法案，恩格斯写信给倍倍尔和李卜克内西尖锐地斥责了这一立场是对德国统治阶级的殖民政策的实际支持。

12 月 30 日，英国社会主义同盟成立。

1885 年

1 月 25 日，恩格斯写《帝俄高级炸药顾问》，文中揭露了沙皇政府力图使英国统治集团引渡俄国政治流亡者的阴谋。

2 月 4 日，恩格斯写信给李卜克内西，批评他对德国社会民主党内的机会主义分子采取调和态度。

2 月底，恩格斯开始整理《资本论》第三卷手稿准备付印。这一工作进行了十年左右。

4 月 5 日，比利时工人党在布鲁塞尔成立。其前身是 1879 年由佛来米社会主义党和布拉格班特社会党等组织合并而成的比利时社会党。

4 月 13 日，卢卡奇出生。他是西方马克思主义的创始人之一，著作有《历史和阶级意识》《理性的毁灭》等。

4 月 23 日，恩格斯写信给查苏利奇对俄国出现马克思理论的拥护者一事深表满意，认为这对革命运动的进一步发展将具有伟大的意义；同时他还指出俄国革命危机的因素正在增长，真正的人民革命必然来临。

5 月初，普列汉诺夫《我们的意见分歧》出版，这是为反对自由主义的民粹派分子而写的。

5 月 5 日，恩格斯写完《资本论》第二卷序言。在这篇序言中他戳穿了企图诬蔑马克思剽窃洛贝尔图斯的德国资产阶级讲坛社会主义者的诽谤，同时还证明洛贝尔图斯的观点在科学上是站不住脚的。

5 月 15 日，恩格斯写信给《社会民主党人报》编辑，建议应当把主要的注意力放在捍卫马克思主义理论，放在维护党在一切实际问题上的彻底革命的路线上面。

6 月 13 日左右，恩格斯认为正确阐明关于马克思主义的哲学来源问题并且揭穿把德国古典哲学同马克思主义对立起来的企图是一个重要的任务，因此他答应给《新时代》编辑部写一篇关于费尔巴哈哲学的文章。后来他写了《路德维希·费尔巴哈和德国古典哲学的终结》。

7 月—9 月中旬，恩格斯审订由法国社会主义者爱·福尔坦翻译的马克思的《路易·波拿巴的雾月十八日》的法译文。1891 年这个译文在《社会主义者报》发表并印成单行本出版。

7 月 1 日，恩格斯为小册子《卡尔·马克思在科伦陪审法庭面前》写序言。小册子收集了马克思以及 1849 年民主主义者莱茵区域委员会案件中其他被告的发言。

7 月上旬，恩格斯整理的《资本论》第二卷在汉堡出版。

9 月 23 日，恩格斯写完《反杜林论》德文第二版的序言，他在序言中强调指出必须在自然科学中运用辩证法，并指出自然科学的最新成就证明必须这样做。

10 月 8 日，恩格斯写完共产主义者同盟历史概要《关于共产主义者同盟的历史》。这篇概要是作为马克思的小册子《揭露科伦共产党人案件》德文第三版的导言而写的。

10 月 8 日和 12 日，恩格斯分别写信给《社会民主党人报》编辑和拉法格，分析了法国在 10 月 4 日众议院初选后的政治形势。恩格斯指出，选举结果有可能使激进党执政，这将为社会主义者的活动造成有利的形势。

10 月 28 日，恩格斯写信给倍倍尔分析了英国的经济状况和工人运动的状况，指出联合了熟练工人的旧工联实质上起着反动的作用；同时他尖锐地批评了社会民主联盟领导的宗派主义立场和脱离工人群众。

11 月 17 日，恩格斯写信给倍倍尔分析了欧洲国际形势，指出有爆发欧洲战争的危险；如果统治阶级终于发动了这样的战争，那么战争将加速资本主义制度的崩溃。

11 月 26 日，恩格斯写信给德国女作家敏·考茨基指出社会主义文学在现实主义地和真实地描写资产阶级社会的现实关系时，应当通过这种描写揭露这些关系的真正本质，不仅要表明资本主义的非正义性，而且要向人们灌输社会主义制度必然代替资本主义的信念。

12 月 2 日左右，恩格斯的《反杜林论》一书第二版在苏黎世出版。

本年，拉法格撰写《卡尔·马克思的经济唯物主义》出版。

1886 年

1 月 7 日和 2 月 25 日之间，恩格斯审订准备在美国出版的《英国工人阶级状况》英文译文，并为这一版写了跋。该书于 1887 年 5 月在纽约出版。

1 月 20—23 日，恩格斯在给倍倍尔的信中再次强调指出把德国劳动农民作为工人阶级的同盟军吸引到革命斗争中来具有巨大意义，在保持生产资料和土地国有制的条件下建立小农和农业工人合作社的要求只有社会民主党才能实现，这样的要求应当是向共产主义经济过渡的必经阶段。

2 月 25 日—8 月 5 日，恩格斯审订《资本论》第一卷英译文的手稿，他在审订时特别利用了马克思在 1877 年当美国最初有人试图从事这部著作的翻译时所做的书面指示。

3 月中旬，恩格斯多次写信给拉法格劝告法国马克思主义者继续争取团结无产阶级革命力量的斗争，孤立可能派机会主义集团并揭露他们妨碍工人阶级团结的行动。

4—5 月，《新时代》杂志发表恩格斯《路德维希·费尔巴哈和德国古典哲学的终结》。该书阐明了马克思主义同它的哲学先驱的关系，并考察了辩证唯物主义和历史唯物主义的基本问题。

4 月上旬，恩格斯研究了德意志帝国国会关于延长反社会党人非常法问题的讨论情形，他赞同倍倍尔和李卜克内西对政府和反动议员进行尖锐驳斥的言论；他指出法国德卡兹维耳矿工的罢工和法国工人议员在议会中的行动，对德国社会民主党的活动正在产生革命化的影响。

4 月底—9 月，恩格斯密切注意美国争取八小时工作日的群众性斗争的扩展，芝加哥、费拉得尔菲亚、波士顿、纽约和其他城市工人的五一罢工、示威游行和群众集会。他写信给左尔格、倍倍尔和其他著名社会主义者，强调美国无产阶级的这些行动具有重大的国际意义。

5 月 1 日，美国工人举行以争取 8 小时工作制为内容的全国总罢工。罢工席卷美国主要工业中心，参加罢工工人达 40 万。这次罢工的直接结果是使 20 万工人缩短了工作日，并成为后来“五一”国际劳动节的来源。

5 月上旬，由于社会主义者候选人在 5 月 2 日巴黎市镇选举中获得了大量选票，恩格斯写信给拉法格和李卜克内西，认为这是一个重大的胜利，它证明工人正日益摆脱资产阶级激进主义影响。

8 月 15 日，科尔施生于汉堡一个银行职员的家庭。他是西方马克思主义创始人之一，其代表作是《马克思主义和哲学》和《卡尔·马克思》。

8 月下半月—10 月，恩格斯仔细研究欧洲的国际形势，指出全欧战争有爆发的现实危险，战争将滋长沙文主义和民族主义，从而会使国际工人运动遭到沉重打击，但同时也必然会加速法国以及其他欧洲国家，特别是俄国革命危机的成熟。

8 月 18 日，恩格斯写信给倍倍尔强调指出美国和法国阶级斗争的尖锐化证实了马克思的下述论点，即民主共和国是无产阶级和资产阶级在其范围内进行决战的资产阶级国家的一种形式。

10 月 2 日，由于巴黎陪审法庭宣判因公开揭露政府和大银行有联系而受法院审讯的拉法格和盖得无罪，恩格斯在给劳拉·拉法格的信中指出，组织起来的无产阶级能够利用资产阶级各个派系之间的矛盾；同时恩格斯警告法国社会主义者要防止过高估计这些矛盾的危险。

10 月 25 日，恩格斯写欧洲国际形势简评。恩格斯分析了俄国同奥匈帝国之间以及德国同法国之间矛盾尖锐化的情形，并指明了全欧战争的日益增长的危险。

11 月—12 月上旬，恩格斯写《法学家的社会主义》。恩格斯批判奥地利资产阶级法学家安·门格尔的《十足劳动收入权的历史探讨》一书对马克思和他的学说的歪曲攻击。由于健康状况不好，恩格斯未完成，由考茨基把该文写完。

11 月底—12 月，恩格斯写信给左尔格和其他社会主义者分析了美国工人运动斗争蓬勃高涨和最广泛的工人组织——“劳动骑士团”缺乏有理论根据的社会主义纲领的条件下，在美国传播科学社会主义理论具有特别重要的意义。同时恩格斯批评了北美社会主义工人党的教条主义和宗派主义。

12 月 9 日，约翰·菲利浦·贝克尔去世，恩格斯撰文纪念这位著名的德国无产阶级革命家。文章发表在 12 月 17 日《社会民主党人报》第 51 号。

12 月，美国劳工联合会成立。

本年

普列汉诺夫《唯物主义论丛》出版。

考茨基《卡尔·马克思的经济学说》出版。

1887 年

1 月上旬，恩格斯主持出版《资本论》第一卷英译本。

1 月 10 日，恩格斯写完《论住宅问题》第二版的序言。他在序言分析资本主义的发展不仅使工人阶级革命化而且也使小农革命化，因此小农是无产阶级在反对资本主义的斗争中的天然同盟军。

1 月 26 日，恩格斯写完《英国工人阶级状况》美国版的序言。他揭露美国经济学家亨·乔治提出的土地国有化的要求的资产阶级性质，指出美国工人阶级和社会主义者的最重要的任务是建立全国规模的无产阶级政党。

2 月，恩格斯写信给劳·拉法格、左尔格和其他社会主义运动活动家，分析了 2 月 21 日举行的德意志帝国国会选举过程中尽管警察当局逞凶肆虐，社会民主党的选票仍得到了巨大的增长，恩格斯认为这是社会民主党的巨大胜利，它证明该党在工人中的影响正不断增长。

3 月 18 日，由于巴黎公社纪念日来临，恩格斯打电报给法国工人党巴黎组织，电文如下：“3 月 18 日于伦敦。公民们！我和你们一起衷心地纪念三月十八日。”

5 月上旬，恩格斯《英国工人阶级状况》的第一个英译本在纽约出版。

5 月 20 日，列宁的哥哥，俄国民意党人亚历山大·乌里扬诺夫因参加谋刺沙皇亚历山大三世案被捕，并被处死刑。

6 月 22 日，列宁毕业于辛比尔斯克古典中学，荣获金质奖章。

8 月 25 日，列宁进入喀山大学。9 月 6 日开始在喀山大学法律系上课。

9 月中旬，恩格斯在给左尔格以及凯利—威士涅威茨基夫人的信中说，亨·乔治同社会主义者的决裂并组织资产阶级改良派类型的政党将对美国工人运动的发展产生有利影响，因为这样一来会向工人们暴露出乔治的真面目，阻止他去领导运动。

11 月 6 日，法国革命家鲍狄埃在贫困中逝世。鲍狄埃（1816—1887）是法国的革命家，巴黎公社的主要领导人之一，《国际歌》的词作者。

12 月上旬，恩格斯把《路德维希·费尔巴哈和德国古典哲学的终结》的手稿寄给德国社会民主党出版者约·狄茨，以便出版单行本，同时还把作为附录收入该书的关于费尔巴哈的提纲寄给他。

12 月 15 日，恩格斯写完波克罕的小册子《纪念一八〇六至一八〇七年德意志极端爱国主义者》第二版的引言。他在引言中对日益迫近的全欧战争的规模和可能的结局做了深刻的预测，并表示深信这场战争一旦爆发，迟早必然会导致无产阶级的胜利。

12 月 17 日，列宁因参加学生运动而被捕。19 日接到喀山大学开除学籍的通知，并于当晚被驱逐出喀山。

12 月底—1888 年 3 月，恩格斯写《暴力在历史中的作用》的第四章，该书的前三章本为《反杜林论》第二篇中的几章，这几章总称“暴力论”。在这一章中，恩格斯以德国 1848 年以后的历史为例说明在《反杜林论》中所做的关于经济与政治的相互关系的理论结论是正确的。因忙于《资本论》手稿的工作，恩格斯没有写完这一章。

1888 年

1 月 4 日，恩格斯写信给罗马尼亚社会民主党人若·纳杰日杰，对马克思主义理论在罗马尼亚社会主义者中的传播表示满意；他强调指出用革命方法推翻俄国沙皇制度，将会推动革命事件在德国、奥地利和全世界的开展。

1 月 30 日，恩格斯写《共产党宣言》英文版序言。序言载于 1888 年在伦敦出版的该书中。

2 月 21 日，恩格斯为《路德维希·费尔巴哈和德国古典哲学的终结》单行本写序言。恩格斯把马克思 1845 年写的《关于费尔巴哈提纲》作为该书附录于 5 月在斯图加特出版。

4 月上旬，恩格斯写信给英国女作家玛·哈克奈斯，对她的小说《城市姑娘》给予好评，并发挥了他自己对艺术中的现实主义的观点，他指出现实主义的作品应该表现活动于典型环境中的典型性格，把巴尔扎克评为现实主义大师。

5 月—7 月中旬，由于聚集在与保皇派集团有联系的前陆军部长若·布朗热将军周围的一批复仇主义分子在法国大肆活动，恩格斯写信给拉法格夫妇，强调指出布朗热主义是波拿巴主义的变种，要求法国社会党人同布朗热主义进行坚决的斗争并且揭穿布朗热及其拥护者的蛊惑性的复仇主义口号。

是秋，列宁参加尼·叶·费多谢也夫组织的一个马克思主义小组，开始研究马克思的著作和普列汉诺夫的《我们的意见分歧》。

9 月 19 日，恩格斯对《纽约人民报》的代表、前第一国际活动家泰·库诺发表谈话。恩格斯强调指出英国无产阶级的阶级觉悟正在提高，认为爱尔兰的土地运动是一种资产阶级民主主义运动，并表示深信俄国革命一定会对整个欧洲的局势产生巨大的影响。

10 月—1889 年 1 月上旬，恩格斯进行《资本论》第三卷第一篇付印前的准备工作；确定这一篇的结构和各章的标题。

10 月 9 日，尼古拉·伊·布哈林出生于莫斯科的一个教员家庭。他是联共（布）党和共产国际的领导人之一，马克思主义理论家和经济学家。

10—12 月，恩格斯写信给拉法格夫妇，批评了某些社会党人打算同布朗热分子结成竞选联盟的意图，继续坚持要法国工人党的领袖们正式地和公开地声明谴责布朗热主义是极端敌视无产阶级的派别。

11 月 6—10 日，英国工联发起在伦敦召开国际工人代表大会。

12 月 31 日至 1889 年 1 月 1 日，奥地利各工人组织在海因菲尔德举行统一代表大会，会上建立了奥地利社会民主党，并通过党的纲领即《原则宣言》。党纲肯定马克思主义，主张废除私有制，实行社会主义。该党成立后领导争取普选权的斗争，组织全国工会委员会，发动群众示威游行，成为奥地利工人阶级的领导力量。该党始终回避暴力革命和无产阶级专政问题。

是冬，列宁攻读马克思《资本论》第一卷和马克思、恩格斯的其他著作，研究查理·达尔文、亨利·巴克尔和大卫·李嘉图等人的著作。

1889 年

1 月 5 日，恩格斯写信给倍倍尔认为可能派是同政府当局有联系的、资产阶级在工人运动中的直接代理人，并且坚决地主张德国社会民主党人同可能派断绝关系，参加由法国马克思主义者召开的国际代表大会。

2 月 28 日，德国社会民主党国会党团代表根据恩格斯提议，由法、德两党领导人发起，在荷兰海牙举行国际社会主义者代表会议的预备会议。前来参加会议的有德国、法国、比利时、荷兰和瑞士等国的社会主义运动代表。会议一致通过在巴黎召开国际社会主义工人代表大会的决议，并决定邀请各国工人和社会主义组织参加这次代表大会。

3 月—7 月 14 日，恩格斯认为不让以法国可能派和英国社会民主联盟领导人为代表的机会主义分子占据国际工人运动的领导地位是一个极其重要的任务，因此他积极参加由法国马克思主义者召开的代表大会的筹备工作，为此同各国著名的社会主义活动家进行广泛的通信揭露可能派及其同盟者的机会主义实质，批评德国、荷兰、比利时和其他国家的某些社会主义者对可能派所抱的调和主义情绪，也批评了法国马克思主义者因为不了解在这个问题上必须采取灵活的策略而犯的宗派主义错误。

4 月，瑞典社会民主工党成立。

5 月 4 日，德国鲁尔煤矿工人举行大罢工。

5 月下半月—6 月上旬，恩格斯积极参加将以代表大会组织委员会的名义印发的关于在巴黎召开国际社会主义工人代表大会的通知书的起草和审订工作，安排把这个文件译成各种文字，印刷和散发等事，并争取各国社会主义者在通知书上签名。

7 月 14 日到 21 日，有 22 个国家 393 名代表出席在巴黎召开的社会主义者代表大会，会议宣告第二国际诞生。第二国际是一个松散的联盟，成立 11 年之后，才设立执行机构即国际社会党执行局，总部设于布鲁塞尔。第二国际初期，在恩格斯的指导下，积极开展反对无政府主义的斗争，传播马克思主义，推动各国工人运动的发展。当时资本主义正处于比较和平发展的时期，右倾机会主义思潮在第二国际内日益滋长。1895 年恩格斯逝世后，这种思潮占据了第二国际的领导地位，篡改和攻击马克思主义，宣扬资产阶级改良主义，使第二国际蜕化变质。第一次世界大战期间，除塞尔维亚和以列宁为代表的俄国布尔什维克党，其他各国社会党都支持本国资产阶级政府，拥护帝国主义战争，使第二国际堕落成为社会沙文主义。

7 月 17 日，由于国际社会主义者代表大会 7 月 14 日在巴黎开幕，恩格斯写信给左尔格，认为这次代表大会是马克思主义者争取各国社会主义者在科学社会主义基础上的国际团结事业中的一次重大胜利；他指出可能派妄想夺取国际工人运动领导权的企图遭到了彻底的失败。

7 月，第二国际通过关于“五一”国际劳动节的决议。为纪念美国芝加哥工人 1886 年 5 月 1 日为争取 8 小时工作制举行的总罢工斗争，支援美国劳工联合会决定在 1890 年 5 月 1 日举行总罢工，在第二国际成立大会上，通过了关于“五一”国标劳动节的决议。

8 月底—10 月上旬，由于法国众议院选举即将来临，恩格斯继续注视法国政治局势和法国社会党人的活动，并从拉法格夫妇处收到详细报道；写信给他们，表示深信布朗热主义的拥护者在选举中必将遭到彻底的失败；他建议法国社会党人执行独立的路线，并为他们组织金钱上的帮助。

9 月底—10 月上旬，恩格斯写《资产阶级让位了》。他以伦敦码头工人罢工的经验和英国工人运动的其他一些事实为依据，说明英国资产阶级开始失去国家领导阶级的作用。

9 月，列宁来到俄国民粹主义堡垒萨马拉，立即开始了反对民粹主义的斗争。

10 月 8 日和 29 日，恩格斯写信给劳拉・拉法格，对 9 月 22 日和 10 月 6 日举行的法国众议院选举做了评价。他指出尽管社会党人失掉一些当选证，但是选举的结果对他们说来还是一个相对的胜利，因为马克思主义者得到的选票比可能派多一倍；恩格斯强调布朗热分子遭到彻底失败这个事实是选举的主要结果。

12 月 7 日，恩格斯写信给左尔格指出在奥地利工人运动中马克思主义者获得了成就，而无政府主义者的影响在急剧下降。

12 月 18 日，恩格斯写信给丹麦社会主义者格・特利尔阐述了自己对无产阶级政党的策略的观点。他强调无产阶级只有建立独立的阶级政党，才能实现自己的解放；只要不做原则性的让步，可以同其他政党结成暂时的联盟，以便共同为实现某些对无产阶级有利害关系的进步措施而斗争。

1889 年底—1890 年初，列宁在萨马拉继续研究马克思恩格斯著作，翻译《共产党宣言》，在萨马拉青年当中宣传马克思主义。

1890 年

1 月，恩格斯在给德国和美国的社会主义运动活动家海・施留特尔和给德国社会民主党的领导人之一倍倍尔的信中指出，这些非熟练工人的新工联同那些代表工人贵族利益的旧工联完全不同，它们是按无产阶级团结精神进行活动的，它们的进一步发展能够使工联代表大会摆脱改良主义者的领导。

1 月 11 日—2 月 8 日，恩格斯在给施留特尔、左尔格，以及给倍倍尔的信中，赞同 1889 年秋天从北美社会主义工人党中开除他原先的一批领导人——那些执行宗派主义政策的德国流亡拉萨尔主义者。他把这件事看作是美国无产阶级建立独立的社会主义政党的重要条件之一。

1 月底—2 月 8 日，恩格斯阅读英国费边社的创建人之一悉·维伯寄给他的一本书《费边社的社会主义研究》，认为这本书企图根据庸俗的经济学理论推翻马克思的学说，并且企图证明能够通过改良主义道路、通过同资产阶级妥协来实现社会主义思想。

2 月 17 日，恩格斯在给倍倍尔的信中分析 2 月 17 日在巴黎举行的法国众议院复选的结果；他指出同保皇党和军界相勾结的布朗热主义者的当选是沙文主义思想在巴黎工人中传播的结果。恩格斯认为同这种沙文主义情绪进行斗争，是法国社会主义者的最重要的任务之一。

3 月 30 日，恩格斯写信给意大利社会主义者帕·马尔提涅蒂，强调指出社会主义者必须坚决反对金融巨头和大股份公司对殖民地的奴役。

4 月 17 日，恩格斯收到查苏利奇的信，信中对于《社会民主党人报》4 月 5 日发表的俄国民粹主义者别克的一篇攻击格瓦·普列汉诺夫和其他俄国马克思主义者的文章表示不满，恩格斯在回信中建议查苏利奇和她的同道者在该报驳斥别克。恩格斯建议他们积极为《社会民主党人报》和《新时代》撰稿，以便加强俄国社会主义者同其他国家的社会主义者的联系。

4 月底—5 月初，恩格斯积极参加根据 1889 年国际社会主义工人代表大会的决议在伦敦举行五一节示威游行和群众大会的准备工作。

5 月 1 日，恩格斯为《共产党宣言》德文第四版写序言，序言简单地回顾了 1848 年以后国际工人运动的发展和马克思主义的传播。序言刊载在 5 月于伦敦出版的《共产党宣言》单行本。

5 月 1 日，根据第二国际关于“五一”国际劳动节的决议，欧洲多国的工人举行了历史上第一次群众性的示威游行。年近 70 岁高龄的恩格斯参加了 5 月 4 日在伦敦举行的“五一”节示威游行和群众大会。恩格斯把首次举行的五一节庆祝活动看作是工人阶级战斗力量的检阅，是英国工人运动的重大胜利。

5 月 19 日，胡志明出生于越南义安省南檀县金莲村。他后来成为越南共产主义革命领袖。

6 月 5 日，恩格斯在给德国社会民主党人“青年派”的领导者之一保·恩斯特的复信中，坚决反对他把历史唯物主义庸俗化。

6 月 25 日，恩格斯给《资本论》第一卷德文第四版写序言。

8 月—10 月初，恩格斯十分重视预定于 10 月在哈雷举行的德国社会民主党应届代表大会的准备工作；他在给李卜克内西和党的其他领导人的信中指出必须同“青年派”作斗争，因为它对党的领导进行了蛊惑性的批评。

8 月 5 日、9 月 21—22 日和 10 月 27 日，恩格斯写信给德国的社会民主党人康·施米特和德国大学生约·布洛赫，他们二人曾请求他阐明历史唯物主义的几个原理。恩格斯在信中批评那些把马克思主义理论庸俗化的人，这些人硬说马克思主义理论认为经济因素是历史过程的唯一动力；恩格斯解释说经济基础归根到底是历史发展的决定性因素，但是上层建筑也影响历史的进程和经济本身的发展。

9 月 7 日，恩格斯答复“青年派”机关报《萨克森工人报》上的一篇编辑部文章，认为“青年派”的观点是对马克思主义的粗暴歪曲。答复发表在 9 月 13 日的《社会民主党人报》。

9 月 9 日左右—10 月中，恩格斯积极参加定于 1891 年在布鲁塞尔召开的国际社会主义工人代表大会的准备工作；为此他同各国社会主义政党的活动家广泛地通信。恩格斯认为有可能召开一次有可能派参加的统一的代表大会，他深信在社会主义运动高涨的条件下，马克思主义者必定是代表大会上的多数。

10 月 1 日，在大规模的德国工人运动的压力下，德国“反社会党人非常法”被废除。

10 月 11—19 日，恩格斯密切注意 10 月 11 日和 12 日在利尔举行的法国工人党代表大会的进程，以及 10 月 13 日至 18 日在加来举行的法国工团（工会）代表大会的进程。这两个代表大会通过的决议中有关于庆祝五一节的决议，恩格斯认为这两个代表大会是法国马克思主义者对工人阶级的影响日益扩大的标志。

10 月 12 日至 18 日，德国社会民主党代表大会在哈雷举行。这次代表大会通过了新的党章，并且通过决议要在 1891 年党的下届代表大会以前拟定新的党纲。

11 月 27 日—12 月初，德国社会民主党的领导人倍倍尔、李卜克内西和保·辛格尔在恩格斯家里做客，他们是代表德国社会民主党到伦敦去祝贺他的七十寿辰的。根据恩格斯的倡议，他们会见了英国工人运动的活动家。

12 月 7—8 日，匈牙利社会民主党成立。

1890 年 12 月—1891 年 1 月 6 日，恩格斯整理发表马克思于 1875 年写的《哥达纲领批判》的手稿。这本著作阐述了自己关于无产阶级专政和向共产主义过渡的观点。恩格斯认为发表这个纲领性的文件是自己的义务，这样做是为了帮助党制定一个真正革命的、有科学根据的马克思主义纲领，帮助党同党内猖狂的机会主义分子作斗争。这一著作连同恩格斯的序言于 1891 年 1 月底发表在《新时代》杂志。

12 月上半月，恩格斯回答法国社会主义者、马克思《路易·波拿巴的雾月十八日》的译者福尔坦的请求，同意在法国报纸《社会主义者报》上发表这一著作；该报从 1891 年 1 月至 11 月发表了这一著作。

12 月 25 日，恩格斯写信给匈牙利工人运动和国际工人运动的著名活动家列·弗兰克尔，指出只有使可能派的领导者们孤立，才能消除法国社会主义运动中的分裂。

本年

恩格斯用很大一部分时间和精力继续从事整理出版马克思《资本论》第三卷手稿的工作。这项工作他早在 1885 年就已开始，一直继续到 1894 年春天。

列宁在俄国萨马拉市继续研究马克思和恩格斯著作，并在萨马拉青年秘密小组中做关于马克思《哲学的贫困》的报告，批判民粹派的空想社会主义思潮。

1891 年

1 月 1 日，德国社会民主党中央机关报《前进·柏林人民报》正式出版。李卜克内西任主编。

1 月 23 日，葛兰西生于意大利撒丁岛一个小职员家庭。葛兰西家境贫寒，靠勤工和奖学金读到都灵大学，他后来成为意大利共产党领袖。

1 月 31 日，恩格斯不顾德国党内某些领导人的反对和阻挠，迫使考茨基在《新时代》发表曾被埋没 15 年之久的《哥达纲领批判》，以回击国际工人运动中，特别是德国社会民主党内的右倾机会主义思潮。

2 月 5 日—4 月 8 日，由于德国社会民主党的某几个领导者不赞成在《新时代》上发表马克思的著作《哥达纲领批判》，而在该党内引起了辩论，恩格斯就这一辩论同《新时代》杂志的编辑考茨基，同左尔格、施留特尔、拉法格等社会主义运动活动家通信。恩格斯在信中说明发表这一著作的必要性。

3 月初，列宁在牙医卡茨涅尔松家参加秘密集会，就俄国经济发展道路问题发言，批驳民粹派分子罗西涅维奇的观点。

3 月 7 日，恩格斯写信给意大利社会主义运动的领导者之一菲·屠拉梯，同意把自己的某些著作译成意大利文，并且编入计划出版的科学社会主义丛书。该信于 3 月 10 日发表地意大利社会主义杂志《社会评论》。

3 月 17 日，恩格斯写信向法国工人祝贺巴黎公社二十周年；他表示深信社会主义革命将在全世界获得胜利；贺信发表在 3 月 25 日的《社会主义者报》。

3 月 18 日，恩格斯完成了为他所准备出版的马克思《法兰西内战》德文第三版写导言的工作。在这篇旨在反对德国社会民主党中机会主义分子的导言中，恩格斯揭示了资产阶级国家的阶级本质，把资产阶级国家与作为建立无产阶级专政的第一次尝试的巴黎公社相对比。导言发表在3月的《新时代》和5月出版的《法兰西内战》一书中。

3月25日和5月15日之间，恩格斯和拉布里奥拉通信。拉布里奥拉告诉他一些关于意大利的工人运动和马克思主义宣传的情况。

4月30日，恩格斯为由他准备付印的马克思《雇佣劳动与资本》单行本写导言。导言发表在5月13日的《前进报》副刊和6月底出版的《雇佣劳动与资本》。

5月1—2日，恩格斯写信给倍倍尔指出李卜克内西等在发表马克思的著作《哥达纲领批判》这个问题上的错误立场，同时指出倍倍尔本人也很不了解发表这一著作的重要性。强调指出马克思的这一著作对于提高党员的思想理论水平的意义。

5月3日，恩格斯参加伦敦庆祝五一节的群众游行和集会。

6月，恩格斯阅读德国资产阶级社会学家保·巴尔特《黑格尔和包括马克思及哈特曼在内的黑格尔派的历史哲学》，并且在给施米特的信中严厉批评这本书企图把马克思的历史唯物主义加以歪曲和庸俗化，批评它错误地解释黑格尔哲学的本质。

6月16日，恩格斯结束了为《家庭、私有制和国家的起源》第四版写序言的工作。他在序言中从历史编纂学的角度评论家庭史研究和原始社会史研究的几个重要派别，特别强调著名的美国历史学家和民族学家路·亨·摩尔根所进行的研究的意义。序言于6月发表在《新时代》杂志。

6月18日和29日之间，恩格斯研究主要德国社会民主党的纲领草案。恩格斯指出草案大体上消除了哥达纲领的最严重的错误，同时也批评草案中没有提出无产阶级夺取政权的要求、国家制度民主化的要求和建立单一的民主共和国的要求，并且强调这些缺点带有向机会主义让步的性质。

6月26日，恩格斯写信祝贺6月28—30日在维也纳举行的奥地利社会民主工党第二次代表大会。他赞扬奥地利社会主义运动的巨大成就和无产阶级国际主义的增长。贺信发表在7月3日的《工人报》。

6月29日，恩格斯写信给考茨基批评巴伐利亚的社会民主党领导者、机会主义者格·福尔马尔6月1日在慕尼黑的社会民主党人的集会上发表的沙文主义演说。恩格斯要求党取消福尔马尔用党的名义发表意见的权利。

7月21日，保加利亚社会民主党成立。

8月16日—22日，第二国际第二次代表大会在比利时的布鲁塞尔召开。来自 15 个国家的 380 名代表参加了会议。会议号召各国无产阶级加强团结，把反对军国主义的斗争同争取社会主义的斗争结合起来。大会通过的一系列决议标志着马克思主义反对机会主义和无政府主义取得重大胜利。

10 月 13 日和 22 日之间，恩格斯写《德国的社会主义》，在其中就全欧战争的威胁拟定了社会主义者的策略。该文于 12 月初用法文发表在《1892 年工人党年鉴》。

10 月 14—21 日，德国社会民主党在爱尔福特召开代表大会。大会通过了新党纲（即《爱尔福特纲领》），以代替 1875 年的《哥达纲领》。新党纲摒弃了拉萨尔主义信条，同时也批判了无政府主义。大会把反对派的一部分领导人开除出党。

10 月 14 日，由于在《前进报》转载《新时代》编辑部拟定的德国社会民主党纲领草案，恩格斯写信给考茨基抗议把这个草案原先没有的一个拉萨尔论点加进去，这个论点认为其他一切阶级对无产阶级说来都是反动的。

10 月 24 日，恩格斯在给左尔格的信中指出美国工人运动之所以有些落在欧洲无产阶级斗争的后面，原因之一是美国土生土长的工人的生活水平比较高。

11 月 1 日，恩格斯应施米特的请求，帮助他研究黑格尔的著作，在这个问题上向他提出许多建议；恩格斯一方面强调正确理解黑格尔哲学的积极方面的重要性，另一方面也强调马克思的辩证唯物主义和黑格尔的唯心主义辩证法之间的原则区别。

11 月 27 日，列宁参加彼得堡大学法律系课程的秋季国家考试后，彼得堡大学法律系考试委员会决定发给列宁一级毕业证书。

1892 年

1 月 6 日，恩格斯写信给左尔格指出在美国资产阶级两党制的情况下，要在最近期间建立起农民和小资产者的巩固的第三党是行不通的。

1 月 11 日，恩格斯为《英国工人阶级状况》的英国版写序言；序言刊印在 3 月底伦敦出版的该书英国版上。

1 月 11 日，由国际妇女运动活动家蔡特金领导创办的《平等》杂志第 1 期在德国出版。该杂志是宣传马克思主义和妇女运动的主要刊物。

1 月 26 日，列宁获得彼得堡教学区当局颁发的大学甲等毕业证书

1 月，恩格斯阅读德国庸俗资产阶级经济学家尤・沃尔弗的《马克思的平均利润率的谜》；恩格斯在稍后为《资本论》第三卷写的序言中尖锐地批评了这篇文章。

2 月 6 日，意大利资产阶级自由主义报纸《论坛报》刊登了资产阶级政论家和哲学家卓·博维奥的文章硬说德国的社会党人不重视无产阶级政治统治的形式。为此恩格斯写文章答复博维奥，指出他的说法是毫无根据的。该文发表在 2 月 16 日的《社会评论》杂志。

2 月 10 日，恩格斯应在伦敦的波兰流亡社会主义者的请求为《共产党宣言》波兰文版写序言，他指出只有无产阶级能够争得波兰的真正独立。序言刊印在伦敦出版的该书波兰文版，并于 2 月 27 日发表在波兰社会主义杂志《黎明》。

2 月 11 日，根据萨马拉地方法院的决定，列宁注册为哈尔金律师的律师助理。

2 月中，恩格斯校订《社会主义从空想到科学的发展》的英文译本；译者是艾威林。

2 月 19 日，恩格斯写信告诉阿德勒，他决定把狄茨出版社给他的全部稿费交给奥地利社会民主工党作为党的经费。

3—4 月，由于临近庆祝五一节，恩格斯帮助艾威林和爱·马克思－艾威林以及他们所领导的争取八小时工作日同盟制定策略路线，以期同英国的其他工人和社会主义组织采取一致的行动。

3 月 5 日和 16 日之间，恩格斯阅读德国社会民主党人和历史学家弗·梅林的许多著作，给予这些著作以很高的评价。

3 月 5 日—4 月 19 日，恩格斯在给拉法格夫妇的几封信中对法国马克思主义者在众议院中同一批以厄·格朗热为首的带沙文主义情绪的布朗基主义者（原先是布朗热主义者）结成同盟的行动进行了批评；恩格斯表示反对这样的同盟，他建议采取同以爱·瓦扬为首的所谓老派布朗基主义者接近的策略。

3 月 15 日—9 月 25 日左右，恩格斯和丹尼尔逊通信，恩格斯在给他的信中指出资本主义在俄国的迅速发展必然引起农业中的资本主义关系的发展，因此，必然引起农民公社的解体和大批农民的无产阶级化。

3 月 29 日，恩格斯为马克思《哲学的贫困》德文第二版写一个按语；该版于 1892 年在斯图加特出版。

3 月 30 日，恩格斯在给施留特尔的信中揭示了阻碍美国社会主义运动发展的原因，他指出美国资产阶级分化工人阶级，收买美国本地工人，唆使他们去反对各国侨民工人，同时挑拨后者自相倾轧。

4 月中，恩格斯接见俄国民粹派革命家尼·谢·鲁萨诺夫，和他谈论俄国的经济情况和社会主义运动的几个问题；恩格斯指出民粹派的幻想必定要破产，因为他们否认俄国资本主义发展的历史必然性。

4 月 20 日，恩格斯为《社会主义从空想到科学的发展》英文版写完导言。该版于 1892 年在伦敦出版。

本月，何塞·马蒂在美国纽约成立古巴革命党，宣布将以革命战争赢得古巴完全独立。

5 月 1 日，恩格斯参加在伦敦举行的五一节示威游行和群众大会；在以后几天，他写信给劳拉·拉法格和倍倍尔认为五一节的庆祝活动是工人运动的巨大成就。

5 月 21 日，拉法格在巴黎地理学会大厅同“反社会主义联盟”奠基人德里连进行关于社会主义的辩论，并发表《赞成共产主义和反对共产主义》的演说。

5 月 25 日，约瑟普·铁托生于克罗地亚库姆罗韦茨村的贫苦农民家庭。他后来成为南斯拉夫共产党总书记，南斯拉夫联邦总统。

6 月 5 日至 9 日，奥地利社会民主工党第三次代表大会在维也纳举行。代表大会研究了奥地利社会主义运动的策略问题和组织问题，通过了章程并对党纲作了补充。

6 月初，恩格斯把自己为《社会主义从空想到科学的发展》英文版写的导言翻译成德文，译文以《论历史唯物主义》为题于 9 月发表在《新时代》杂志。

7 月 21 日，恩格斯写完《英国工人阶级状况》德文第二版序言，该版于 8 月出版。

夏季到冬季，列宁撰写批判民粹派观点的文稿，并在各秘密小组中宣读。这些文稿是《什么是“人民之友”，以及他们如何攻击社会民主主义者？》一书的准备材料。

8 月 12 日和 9 月 4 日，恩格斯在给考茨基的两封信中，对于在《新时代》杂志上刊登艾威林夫妇关于英国选举结果的文章时删掉其中批评社会民主联盟领导和费边社的段落表示不满意；恩格斯认为费边社是对未来无产阶级革命感到恐惧的资产阶级“社会主义者”的集团，他们企图使工人阶级从属于自由资产阶级，而不容许在英国建立一个独立的工人政党。

8 月，意大利工人运动中各派社会主义代表在热那亚召开代表大会宣告成立意大利劳动党。会上，以屠拉梯为首的改良主义派占了上风，企图用“合法的”和温和的手段来实现阶级斗争。该党于 1895 年改称意大利社会党。1918 年，以塞拉蒂为首的最高纲领主义派占了优势，1919 年加入共产国际。1921 年以波尔迪加、葛兰西、陶里亚蒂为首的左派因为不满塞拉蒂领导的多数派包庇改良主义派而退党，另成立了意大利共产党。

9 月 5—26 日，英国工联代表大会在格拉斯哥举行。大会做出关于拒绝参加将于 1893 年在苏黎世举行的国际社会主义工人代表大会。恩格斯认为这个决议的目的是企图阻碍新工联同欧洲各社会主义政党建立更密切的联系；因此，恩格斯劝告德国、法国和其他国家的社会主义者不要接受这个计划。

9 月 24—28 日，法国工人党第十次代表大会在马赛举行。大会主要讨论了农村工作问题，并通过土地纲领（即马赛土地纲领）。

10 月 6 日和 15 日之间，恩格斯应拉法格的请求帮助他准备在众议院的演说，演说的目的是揭露法国沙文主义者和阐明德国社会民主党的国际主义立场。

11 月 9 日和 25 日之间，恩格斯为《社会政治科学手册》写马克思的传略，传略发表在 1892 年耶拿出版的该手册第四卷上。

11 月 14 日至 21 日，德国社会民主党代表大会在柏林举行。恩格斯在给倍倍尔的信中指出这次代表大会的水平比以往各次低。

12 月 3—4 日，鉴于德国社会民主党的某些领导人计划把《新时代》变成通俗的政治和文艺杂志，恩格斯在给倍倍尔和考茨基的信中指出，在这种情况下，除了这样的杂志以外，必须创办一种理论刊物，以便在那里深入研究马克思主义的理论问题。

12 月 24 日，恩格斯写信给考茨基，请他归还马克思的《剩余价值理论》——《资本论》第四卷的手稿；恩格斯曾委托他辨认其中笔迹不清楚的地方。1893 年 1 月初，恩格斯通过倍倍尔收到了这份手稿。

本年

在列宁领导下，萨马拉马克思主义小组成立，积极宣传马克思主义，对伏尔加河流域的进步青年产生很大影响。

俄国无政府主义者克鲁泡特金《面包和自由》出版。

拉法格《共产主义和经济演变》出版。

倍倍尔《基督教和社会主义》出版。

1893 年

1 月 20 日，列宁领到 1893 年在萨马拉地方法院承办诉讼案件权证书。开始承办诉讼案件，并出庭辩护。

1 月 23 日，恩格斯出席纪念伦敦德意志工人共产主义教育协会成立五十三周年的晚会。

1 月，英国独立工党成立。

2 月 1 日，恩格斯写作《共产党宣言》意大利文版序言，该版于 1893 年在米兰出版。

2 月 6 日左右，恩格斯读到倍倍尔 2 月 3 日在帝国国会发表的提出对社会进行社会主义改造的纲领的演说，以及社会民主党其他议员就这个问题所作的发言。恩格斯把这看作是德国工人运动的重大胜利；对倍倍尔的演说给予很高的评价。

2 月 24 日，恩格斯写信给丹尼尔逊，说明后者试图证明俄国在沿着非资本主义道路发展，是站不住脚的；他指出俄国的农民公社只有在较发达的国家推翻了资本主义之后，才可能在某种程度上成为新的社会发展的基层单位；在现存条件下，资本主义道路对俄国是不可避免的。

3 月 31 日，德国、法国和英国的社会主义者——倍倍尔、拉法格和白恩士在恩格斯家里会晤；恩格斯把这次会晤本身看作国际工人运动取得巨大胜利的证明。

3 月 31 日，罗马尼亚社会民主党成立。

4 月，波兰王国社会民主党成立。

4 月，恩格斯给法国、奥地利和西班牙工人写五一节贺信，他强调指出庆祝这一节日对无产阶级国际团结的意义。

是夏，列宁创建了萨马拉第一个马克思主义小组，并撰写了《农民生活中新的经济变动——论弗·叶·波斯特尼柯夫的书》，揭示了俄国资本主义正在不可遏制地发展，用事实驳斥了民粹派的谬论。该文是保存下来的列宁的第一篇著作。

5 月 7 日，恩格斯参加伦敦的五一节示威游行。

6 月中，恩格斯注意德国选举的进行情况。他在给拉法格夫妇的信中提到德国社会民主党的胜利，并强调指出党的影响，尤其是在农业区的影响不断增长。

7 月 14 日，恩格斯写信给梅林，对寄给他《莱辛传奇》单行本表示感谢，对这部著作评价很高，并举出德国和法国历史上的例子阐明历史唯物主义的一系列原理。

7 月 19 日，德国资产阶级经济学家鲁·迈耶尔来信对倍倍尔《妇女和社会主义》中的某些原理提出批评，恩格斯在复信中指出迈耶尔关于不可能对农业进行社会主义改造的论断是站不住脚的，恩格斯强调消灭城乡对立的最重要条件是，不仅使工业生产资料归社会公有，而且使农业生产资料归社会公有。

7 月 29 日，恩格斯立遗嘱；他把一部分财产和藏书遗赠给德国社会民主党，把大部分财产留给马克思的几个女儿和外孙。

8 月中，恩格斯在苏黎世时几次拜访“劳动解放社”成员查苏利奇和巴·波·阿克雪里罗得。

8 月 6—12 日，在苏黎世召开的第二国际的第三次代表大会。这是恩格斯唯一的一次参加第二国际的代表大会。他在大会闭幕词中希望各国无产阶级在反对共同的敌人、争取解放的斗争中加强团结、互相学习，遵守共同的革命原则，同时各国无产阶级应该以独立自主的形式组织起来，坚持“自由联合”和“自愿联系”的原则。

9 月 12 日，列宁自萨马拉经下新城抵达俄国政治和工人运动中心圣彼得堡。他在此积极从事马克思主义学说的宣传，成为圣彼得堡马克思主义者公认的领导。

9 月 14 日，恩格斯出席维也纳社会民主党人为庆祝苏黎世国际社会主义工人代表大会胜利闭幕而举行的大会。他在会上讲话指出社会主义者在奥地利、匈牙利、德国和其他国家的影响显著增长。讲话刊载在 9 月 22 日的《工人报》。

9 月 22 日，恩格斯出席柏林社会民主党人为欢迎他到德国而组织的大会，他在会上讲话指出马克思对社会主义运动的发展的巨大作用，并赞扬德国社会民主党的成就。讲话刊载在 9 月 26 日《前进报》副刊。

10 月 7 日至 9 日，法国工人党第十一次代表大会在巴黎举行。大会通过了关于无产阶级采取国际行动的必要性的宣言。大会强调各派社会主义者团结一致的必要性，主张社会主义者议员组成议会党团。

10 月 17 日，恩格斯在读了作者丹尼尔逊本人寄的《我国改革后的社会经济概论》以及俄国合法马克思主义者彼别司徒卢威就这本书写的批评文章之后，写信给丹尼尔逊指出丹尼尔逊否认俄国资本主义发展的进步性的民粹主义观点是站不住脚的，资本主义发展不可避免地同广大群众的贫困化联系在一起，尤其是在像俄国这样经济落后的国家里更是如此。

10 月 22 到 28 日，德国社会民主党代表大会在科伦举行。大会讨论了关于工会运动和社会民主党对工会运动的支持，以及庆祝 1894 年“五一”节等问题，还讨论了倍倍尔《反犹太主义和社会民主党》的报告。

10 月，列宁加入彼得堡工艺学院学生马克思主义小组。10 月底，他在彼得堡工艺学院学生马克思主义小组的会议上，批评格·波·克拉辛所作的《市场问题》报告。

11 月 8 日，法国各派社会主义者建立了单一的社会主义议会党团“社会主义联盟”。恩格斯赞成这一做法，但一再告诫法国工人党领导人，不应忽略自己同党团中的激进派和激进社会党人之间的原则分歧，应尽力保持政治上的独立性，夺回米勒兰、饶勒斯在议会党团中的领导地位。

12 月 2 日，恩格斯在给左尔格的信里分析了在美国阻碍建立群众性的社会主义政党的原因。

12 月 19 日，在日内瓦举行的国际社会主义者大学生代表大会邀请恩格斯莅临指导，恩格斯复信祝贺大会。

本年，弗朗茨·梅林的《论历史唯物主义》在其《莱辛传奇》一书中作为附录出版。

1894 年

1 月上半月，恩格斯为他发表在 1871—1875 年《人民国家报》上论文集写的《论俄国的社会问题》序里，阐述他对资本主义在俄国的发展和俄国农民公社的命运的观点。论文集于 1 月底出版。

1 月 25 日，恩格斯应布勒斯劳（弗罗茨拉夫）的德国大学生 W. 博尔吉乌斯的请求给他写复信，信中考察了历史唯物主义的若干原理，其中包括政治和意识形态上层建筑对经济基础（历史发展的决定因素）的反作用问题，历史上必然性和偶然性辩证地相互作用的问题等等。这封信 1895 年 10 月发表在《社会主义大学生》杂志。

1 月 26 日，屠拉梯和他的妻子曾请求恩格斯就社会主义者在意大利正在展开的劳动人民群众性运动的条件下应采取什么策略的问题谈谈他的意见。恩格斯写文章强调指出酝酿中的意大利革命的资产阶级性质，同时指出社会主义者应该执行的策略是，保证无产阶级积极参加这一革命并保持它的阶级独立性。文章以恩格斯致屠拉梯的信的形式表在 2 月 1 日的《社会评论》杂志。

1 月，列宁领导一个彼得堡马克思主义小组和一个工人中心小组，给工人小组上课。

2 月 23 日—5 月 21 日，由于英国议会选举即将举行，恩格斯在给左尔格、阿德勒、普列汉诺夫及其他社会主义者的信里，分析了自由党和保守党之间的斗争；他指出，自由党力图保持执政地位，因此将被迫对工人阶级做些让步。

2 月底，列宁参加在克拉桑工程师住宅召开的彼得堡马克思主义者的集会。列宁在这里第一次会见了克鲁普斯卡娅。

本月，列宁结识“合法马克思主义者”代表，同他们取得暂时协议，以便共同反对民粹派。

3 月 6 日，恩格斯读到法国社会主义者改良派首领之一让·饶勒斯在众议院所作的建议规定谷物进口由国家垄断的发言之后，写信给拉法格批评这一建议。恩格斯指出在资产阶级共和国的条件下，任何国家垄断将只对资本家阶级有利；只要政权在资产阶级手里，实行任何社会主义措施都不可能。

3 月 10 日，波兰王国社会民主党第一次代表大会在华沙召开。代表大会通过了卢森堡等起草的党的纲领，把通过社会革命推翻资本主义社会，建立社会主义社会作为党的最高纲领。

3 月 25—31 日，奥地利社会民主工党第四次代表大会在维也纳举行。大会就争取普选权问题通过一项决议，指出奥地利工人将用包括总罢工在内的一切可能手段来争取普选权。

4 月，列宁研读恩格斯的《家庭、私有制和国家的起源》一书，并将个别章节由德文译成俄文。

4 月 17 日，尼基塔·谢尔盖耶维奇·赫鲁晓夫生于俄罗斯库尔斯克。父母是贫苦的农民，他早年长期在乌克兰工作。

4 月，列宁写完《什么是"人民之友"以及他们如何攻击社会民主党人？》第一编。

是春，列宁主持工人马克思主义小组组织员会议。会议在工人马克思主义小组成员瓦·安·舍尔古诺夫的家里举行。

5 月 11 日，恩格斯把《资本论》第三卷最后一部分手稿寄给出版社。

5 月 23 日，恩格斯为《反杜林论》德文第三版写序，该书于 7 月出版。

6 月 19 日和 7 月 16 日之间，恩格斯写《论早期基督教的历史》，刊载在 9 月底《新时代》杂志。它是恩格斯对基督教的产生和本质问题多年研究的成果的总结。

6 月，列宁《什么是"人民之友"》第一编第一版在彼得堡秘密出版。本书批判了民粹派，阐明了无产阶级是最先进、最革命的阶级，第一次提出了工农联盟是推翻沙皇制度和地主、资产阶级统治的最重要力量。

8 月 7 日左右—22 日，恩格斯了解了 8 月 5—6 日举行的社会民主联盟代表大会的结果后，批评联盟领导者的宗派主义政策，其中包括代表大会所作的两个决定。

9—11 月，恩格斯注视中日战争的战况发展；他在给劳拉·拉法格、左尔格和其他社会主义者的信里指出，不管战争结局如何，这场战争将推动资本主义在中国的发展。

9 月 14—16 日，法国工人党第 12 次代表大会在南特举行。大会指出法国劳动者反对旨在迫害社会党人的 1893—1894 年通过的所谓"惩恶法"的斗争正在加强。大会对马赛土地纲领做了新的补充，并通过了新的《土地纲领（即南特土地纲领）》。

是秋，列宁在彼得堡马克思主义小组中宣读自己的著作《什么是"人民之友"以及他们如何攻击社会民主主义者？》。

是秋，列宁在彼得堡马克思主义小组的一次集会上宣读《马克思主义在资产阶级著作中的反映》的论文，对司徒卢威的《俄国经济发展问题的评述》用资产阶级观点歪曲马克思主义予以批判。

10—11 月，恩格斯多次接见从瑞士被驱逐出境后暂住伦敦的普列汉诺夫。

10 月 4 日，恩格斯写成《资本论》第三卷序言。

10 月 27 日，恩格斯应屠拉梯的请求给《社会评论》杂志编辑部写信，驳斥意大利资产阶级报刊企图把意大利社会主义者的革命斗争同德国社会民主党的议会活动对立起来，并以此来分裂国际工人运动。这封信于 11 月 1 日刊载在该杂志。

11 月 10 日，恩格斯在给左尔格的信里评述英国工人运动情况。他指出建立同自由党、保守党相对立的群众性的工人政党的必要性；他批评社会民主联盟的领导者们仍然站在宗派主义的立场，把马克思主义理论变成僵死的教条，而独立工党的领导则摇摆不定，并且放弃独立的无产阶级的策略，同资产阶级政党相勾结。

11 月 15 日和 22 日之间，为了答复福尔马尔的发言，并且鉴于法国工人党于 9 月在南特举行的代表大会通过的土地纲领的绪论部分和补充中包含有机会主义性质的错误，恩格斯撰写《法德农民问题》批评这些发言和错误，并制定马克思主义的土地纲领的基本原理。《法德农民问题》刊载在 11 月《新时代》杂志。

11 月下半月—12 月上半月，恩格斯密切注意德国社会民主党内关于土地问题的辩论。在反对福尔马尔的斗争中，他给倍倍尔出了许多主意，并批评李卜克内西的调和立场，强调为了党的真正统一必须坚决反击机会主义和分裂主义分子。

12 月，经恩格斯整理的《资本论》第三卷在德国汉堡出版。

年底，为反对俄国“合法马克思主义”，列宁在圣彼得堡撰写《民粹主义的经济内容及其在司徒卢威先生的书中受到的批判》。该书揭露了以司徒卢蔚为代表的俄国“合法马克思主义”的自由资产阶级本性，指出他们打着马克思主义旗号阉割马克思主义的革命内容；借批判民粹主义之名行诱使工人运动服从资产阶级经济利益之实，妄图把马克思主义变成资产阶级改良主义的卑劣目的。他还强调马克思主义政党必须坚持唯物主义的党性原则。

本年，恩格斯《路德维希·费尔巴哈和德国古典哲学的终结》由拉法格译为法文。译文经恩格斯审阅后在巴黎的《新纪元》杂志第 4、5 期上发表。

1895 年

1 月 3 日，恩格斯在给德国社会民主党人保·施土姆普弗的信里指出党内机会主义倾向趋于活跃的原因之一是补充党的队伍的不仅有工人，而且有小资产阶级分子；恩格斯强调同这些倾向作斗争的必要性并表示相信革命派必将胜利。

1 月 12 日，拉法格《唯心史观和唯物史观》发表。这一著作是对饶勒斯 1894 年 12 月间在巴黎的集体主义者学生小组的集会上就这个问题做的演讲的回答。

1 月，列宁在亚・尼・波特列索夫的住所宣读自己的论文《民粹主义的经济内容及其在司徒卢威先生的书中受到的批判》。

1 月，普列汉诺夫以别尔拉夫为笔名出版《论一元论历史观的发展》。书中系统阐述历史唯物主义原理，说明全部社会生活的基础是物质生产力的发展，只有在这个基础上并依赖生产力的水平才能构成其他的社会生活。阐明社会意识由社会存在所决定，也是社会存在的反映，由经济关系派生的观念在其发展中能够对社会发展产生巨大影响。书中批判了俄国改良主义民粹派的“主观社会学”。列宁称赞这本书“培养了一整代俄国马克思主义者”。

2 月 14 日，霍克海默出生。他是法兰克福学派的重要领导人，著有《唯物主义和形而上学》《启蒙的辩证法》等。

2 月 14 日—3 月 6 日，恩格斯为马克思《1848 年至 1850 年的法兰西阶级斗争》单行本写导言。恩格斯在这篇导言里详细分析在变化了的条件下工人运动的策略基础，指出从 1848—1849 年革命时期以来无产阶级斗争条件已经变化，其中包括由于军事发展而发生的变化。恩格斯批判了议会主义，阐明了马克思主义关于利用议会进行合法斗争的策略思想。导言于 3 月刊载在《新时代》杂志，并收在 4 月中出版的书里。

3 月 2 日，列宁参加在彼得堡举行的彼得堡、莫斯科、基辅和维尔诺社会民主党人小组成员会议。列宁在发言中反对机会主义性质的论点，证明必须把经济鼓动和政治鼓动结合起来。

3 月 11 日和 4 月 6 日，由于施米特和德国资产阶级经同级学家桑巴特发表的《资本论》第三卷书评里，对价值规律、利润率和生产价格作了错误的解释，恩格斯写信给他们，批判这些错误观点，并阐明对这些范畴的马克思主义理解的实质。

3 月底—4 月初，恩格斯读拉法格《财产的起源与发展》，并写信给他。对该书总的给以好评，同时也对作者的个别见解提出批评。

4—5 月，恩格斯写《资本论》第三卷增补两篇文章：“价值规律和利润率”和“交易所”。恩格斯在第一篇文章里剖析了许多对《资本论》第三卷的书评；在第二篇以草稿形式保存下来的文章里，恩格斯分析交易所已经变化了的作用和股份公司的迅速扩展，他把这点看作资本主义社会发展中新的特征。

4 月 1 日，恩格斯在给考茨基的信里，坚决抗议事先未经他同意而在 3 月 30 日《前进报》上以任意挑选的摘录形式发表他为马克思的著作《1848 年至 1850 年的法兰西阶级斗争》写的导言，因为这给人造成一种印象，仿佛他是无论如何要采取和平策略的拥护者。

5 月，恩格斯读考茨基的《现代社会主义的先驱》。他在给考茨基的信里指出该书的缺点，其中包括对构成无产阶级先驱的中世纪城市的最无权分子的作用以及对十五、十六世纪德国和欧洲其他国家的经济状况的问题研究得不够。

5 月 7 日，列宁由莫斯科启程出国。5 月，列宁在瑞士结识了“劳动解放社”成员，在日内瓦访晤了普列汉诺夫。

5 月 21 日，恩格斯得知考茨基和伯恩施坦瞒着他准备出版一套关于社会主义历史的书，他在给考茨基的信里对这事表示愤慨；他说考茨基和伯恩施坦的行为是力图在实际上不让他参与工人运动史和社会主义思想史的研究工作。

5 月底—6 月，列宁住在巴黎，结识了法国工人运动和国际工人运动活动家、马克思的女婿拉法格。

5 月和 9 月 19 日之间，列宁研究马克思和恩格斯的著作《神圣家族，或对批判的批判所做的批判。驳布鲁诺·鲍威尔及其伙伴》，并作摘录。

7 月 28 日，恩格斯不顾病情严重，仍同爱·马克思–艾威林谈论英国独立工党内的状况。

7 月—9 月初，列宁在柏林停留期间，常到普鲁士国立图书馆研究国外出版的马克思主义书刊，出席工人的集会，了解德国工人的生活状况。

8 月 5 日，恩格斯逝世。弗里德里希·恩格斯（1820—1895 年），德国思想家、革命家，全世界无产阶级和劳动人民的伟大导师，马克思主义的创始人之一。恩格斯为马克思从事学术研究提供了大量经济上的支持。在马克思逝世后，将马克思的大量手稿、遗著整理出版。

8 月 10 日，恩格斯的遗体在伦敦附近的沃金火葬场火葬。追悼大会在滑铁卢车站大楼举行，恩格斯的亲友以及欧洲大多数国家的社会主义和工人政党、团体的代表参加了追悼大会。

9 月 14 日和 19 日之间，列宁持普列汉诺夫写的介绍信，到柏林附近的夏洛滕堡访问德国社会民主党领袖李卜克内西。

9 月 19 日，列宁为悼念恩格斯，撰写《弗里德里希·恩格斯》。文中列宁扼要叙述了恩格斯的生平及其对科学社会主义和国际共产主义运动所建树的伟大功勋，对恩格斯的历史地位做了全面的科学的评价。

10 月 6—12 日，德国社会民主党代表大会在布勒斯劳举行。会议讨论的土地纲领草案有严重的错误，遭到蔡特金等人的严厉批判。大会以多数票否决了这个草案。

10 月 11 日，列宁回到圣彼得堡，开始为结束圣彼得堡各马克思主义小组的分散状态，并为建立无产阶级政党做大量工作。后来正式成立彼得堡全市社会民主党人组织。

12 月 7 日，彼得堡全市社会民主党人组织正式定名为“工人阶级解放斗争协会”。该协会由彼得堡将近 20 个马克思主义工人小组统一组成，是俄国无产阶级革命政党的萌芽。

12 月 20 日，由于内奸告密，列宁在戈罗霍瓦亚街 61 号的住所被捕。警察抄获了准备付排的《工人事业报》创刊号稿件。列宁被捕后在牢房关押了 14 个月。

本年

拉法格《财产的起源和发展》在巴黎出版。本书分析了资本形成的道路以及它奴役社会大多数成员的作用，论述未来共产主义社会的特征。

意大利马克思主义者拉布里奥拉写了四篇论述唯物史观的文章汇编成《论唯物主义历史观》。其中第一篇《纪念〈共产党宣言〉》本年首先发表；第二篇是《论历史唯物主义》；第三篇是《关于社会主义和哲学的对话》；第四篇是讲课内容，被整理出版为《从一个世纪到另一个世纪》。本书中第一次把马克思主义比较系统地带进了意大利的思想领域，推动了意大利的无产阶级解放运动的发展。

第二章　马克思主义的传播与发展（1896年—1916年）

19世纪末到20世纪初是资本主义经济、社会、政治、文化等方面发生剧烈变化的时期，资本主义由自由竞争向垄断过渡，出现了许多新的情况和新的特点，马克思主义面临着严峻的挑战。恩格斯去世后，第二国际内部领导层产生了很多理论分歧，对于马克思主义发展带来了很多负面影响。伯恩施坦等对马克思主义的“修正”受到了资产阶级的欢迎，但同时也激起了德国社会民主党内及国际范围内一批马克思主义理论家对伯恩施坦修正主义理论的反击，卢森堡、倍倍尔、考茨基、拉法格、普列汉诺夫等马克思主义者纷纷撰文，在抨击修正主义的基础上发展了马克思主义理论。特别是列宁深入地批判修正主义及其在俄国的变种，集中阐述了他对马克思主义的根本观点和根本看法，科学回答了马克思主义的历史命运等重大理论问题，深刻地批判驳斥“马克思主义过时论”，捍卫马克思主义。

19世纪末以来先后进入垄断阶段的主要资本主义国家，为了争夺殖民地和世界霸权，相互争斗日益激烈，最终爆发了第一次世界大战。战争引起革命，无产阶级革命成为许多国家马克思主义指导的工人阶级政党的直接的实践任务。世界历史进入帝国主义和无产阶级革命的新时代，列宁主义是马克思主义在新时代发展的产物。列宁主义是俄国无产阶级革命和社会主义建设实践经验的哲学理论总结，是马克思主义理论的应用、丰富和发展。列宁在批判民粹主义中捍卫和发展历史唯物主义，在《唯物主义和经验批判主义》等著述中通过批判马赫主义系统阐述辩证唯物主义认识论。第一次世界大战的爆发，促使列宁对主要资本主义国家经济和技术、历史和地理、政治和外交、工人运动和民族解放运动等方面进行系统研究。列宁还根据帝国主义时期新的历史条件和新的情况，把民族问题同帝国主义时代的殖民地问题联系起来，细致地考察并阐述了殖民地和民族解放运动的关系，在总结前人研究成果的基础上，经过深刻思考，丰富了马克思主义帝国主义理论。1915 年，列宁在全面研究帝国主义问题时，发现了资本主义经济政治发展不平衡规律，进而把这个不平衡规律和社会主义革命之间的联系，提出了社会主义革命有可能首先在几个或者在单独一个资本主义国家内获得胜利的论断。第一次世界大战的爆发后，战争的进程不断地激化各国的阶级矛盾、民族矛盾和社会矛盾，使各国的革命形势日益成熟。列宁正确地判断了战争的性质，确定了无产阶级对待战争的态度和战争期间的策略方针，提出了“变帝国主义战争为国内战争”等口号。

大事编年

1896 年

2 月，《新时代》杂志发表恩格斯《新德意志帝国建立时期的暴力和经济》。

3 月，列宁在 1895 年秋写成的《弗里德里希·恩格斯》发表在《工作者》丛刊第 1—2 期。

7 月 27 日—8 月 1 日，第二国际第四次代表大会在伦敦召开。18 个国家的 532 名代表出席会议。大会主要讨论了工人阶级的政治经济斗争问题以及殖民地问题。

10 月到 1898 年 6 月，伯恩施坦在《新时代》以《社会主义问题》为总题目发表 6 篇文章。文章借口时代发生变化，宣扬夺取政权还为时过早，无产阶级只能谋求点滴的改良，以便“和平长入社会主义”，要求“修正”马克思主义。

本年，奥地利经济学家庞巴维克《卡尔·马克思和他的体系的终结》出版。这是西方经济学者全面批判马克思经济学的第一部著作，希法亭在 1904 年出版的《马克思研究》第 1 卷上发表《庞巴维克对马克思的批判》，对庞巴维克的批判进行回击。

1897 年

2 月 10 日，沙皇政府批准判决把列宁流放到西伯利亚东部，在该地受警察的公开监视，流放期为三年。

2 月 26 日—3 月 1 日，列宁召集彼得堡“斗争协会”成员会议，批判“青年派”中间出现的“经济主义”。

3 月 1 日—5 月 20 日，列宁从彼得堡前往流放地，在途中继续《俄国资本主义的发展》的撰写。

4 月—7 月，列宁《评经济浪漫主义》在《新言论》杂志第 7—10 期上连续发表。

5 月 20 日，列宁到达指定的流放地舒申斯克村，被安置在当地农民家里，受警察公开监视。

是夏，列宁撰写《新工厂法》。这本小册子于 1899 年由“劳动解放社”在日内瓦出版。

8 月，片山潜在《太阳》杂志上发表《论工人联合起来的必要性》。

12 月 22 日，列宁写信告诉母亲、姐姐，他觉得拉布里奥拉的《论唯物主义历史观》有条理有趣味，建议姐姐安娜把该书第二部分译成俄文。

年底，列宁写作《俄国社会民主主义者的任务》。这本小册子于 1898 年在国外由“劳动解放社”出版。

本年

片山潜和高野房太郎等人在日本成立了“劳动组合（工会）达成会”，并创办刊物《劳动世界》，以此刊物为舆论阵地宣传社会主义思想，建立了日本工人运动史上第一批工会。

1898 年

2 月 5 日，列宁写信问姐姐安娜有无可能出版他的文集。列宁的计划后来实现了，文集定名为《经济评论集》。

2 月，片山潜参加和领导日本铁路系统 400 多名工人参加的铁路罢工，取得了胜利。之后成立了“日铁矫正会”（工会）。

3 月 1 日到 3 日，俄国彼得堡、莫斯科和基辅的工人阶级解放斗争协会、基辅《工人报》小组代表在明斯克秘密举行会议，宣告俄国社会民主工党成立，并发表宣言。大会选出了中央委员会，批准《工人报》为机关报。这是该党第一次代表大会。

7 月 19 日，马尔库塞出生于柏林一个中产阶级家庭。马尔库塞是德国哲学家，法兰克福学派的重要成员。

7 月 30 日，《新时代》第 44 期发表普列汉诺夫《伯恩施坦与唯物主义》，批判伯恩施坦哲学上的修正主义。

8 月 21 日，列宁完成《俄国资本主义的发展》初稿。

10 月 3 日，德国社会民主党代表大会在斯图加特召开。大会就伯恩施坦和修正主义问题展开激烈辩论。

10 月，俄国出版了列宁的第一本文集——《经济评论集》，署名为弗拉基米尔·伊林。

10 月，片山潜和幸德秋水、安部矶雄等 11 人在日本成立了“社会主义研究会”。1900 年 1 月发展为“社会主义协会”。这是日本第一个研究传播社会主义的学术团体。1901 年，日本社会民主党成立。

是秋，列宁的小册子《俄国社会民主主义者的任务》在日内瓦出版。

本年

弗兰茨·梅林《德国社会民主党史》分两卷出版。书中详尽叙述了德国工人运动和德国社会民主党的产生和发展。

普列汉诺夫《论个人在历史上的作用问题》在《科学评论》杂志第 3、4 期发表。文章批判了俄国自由民粹派的英雄史观、机械论和宿命论等错误观点。

1899 年

1 月，列宁《市场理论问题述评（评杜冈——巴拉诺夫斯基先生和布尔加柯夫先生的论战）》在《科学评论》杂志第 1 期发表。

3 月，伯恩施坦《社会主义的前提和社会民主党的任务》出版。该书对马克思主义进行了全面的攻击和修正。哲学上，企图以康德的唯心主义代替唯物主义，以庸俗的进化论代替革命的辩证法；政治经济学上，否定马克思关于经济危机和剩余价值的原理，认为"托拉斯"能够消除经济危机；科学社会主义上，以阶级调和论代替马克思主义的阶级斗争学说，反对无产阶级专政，主张资本主义"和平长入社会主义"。

3 月，《开端》杂志第 3 期以《现代俄国农业中资本主义经济对徭役经济的排挤》为题，发表列宁《俄国资本主义的发展》第三章前六节。

4 月，列宁《俄国资本主义的发展》出版。列宁指出俄国已成为资本主义国家，无产阶级革命是不可避免的。该书从思想上完成粉碎民粹主义的任务。

4 月，列宁的小册子《新工厂法》在日内瓦出版。

4 月，罗莎·卢森堡《社会改良还是社会革命》在德国出版。本书是第二国际左派系统批判伯恩施坦主义的代表作。

4 月，考茨基《土地问题》在德国狄茨出版社出版。

6 月，法国发生米勒兰入阁事件，给工人运动带来不良影响。

7 月 9 日，列宁写信给波特列索夫，表示站在普列汉诺夫一边，支持他批判新康德主义，认为必须在国外创办马克思主义的刊物来同经济主义和修正主义作斗争。

8 月 19—22 日之间，列宁组织召开米努辛斯克州马克思主义者流放政治犯的会议，讨论谴责由库斯柯娃起草的"经济主义者"的宣言，通过了列宁起草的《俄国社会民主党人抗议书》。

9 月 13 日，列宁在给母亲的信中对伯恩施坦的《社会主义的前提和社会民主党的任务》作了尖锐的批评。

9 月，列宁翻译的悉·维伯和比·维伯《英国工联主义的理论和实践》第一卷出版。

9 月，考茨基《伯恩施坦和社会民主竞的纲领》出版。该书虽从哲学和经济学方面批评了伯恩施坦，但完全回避了无产阶级专政。

10月9—17日，德国社会民主党代表大会在汉诺威召开。大会通过了谴责伯恩施坦修正主义的《汉诺威决议》。

12月3—8日，法国各社会主义组织第一次代表大会召开。

年底，列宁撰写《书评。卡尔·考茨基伯恩施坦与社会民主党的纲领。反批评》。

本年

蔡特金发表《反对社会主义理论和策略》，批驳伯恩施坦所宣扬的改良主义策略。

意大利学者金蒂雷《马克思的哲学：批判研究》出版。作者依照黑格尔模式来解读马克思。

1900年

2月10日，列宁流放期满。列宁同克鲁普斯卡娅和岳母一起离开舒申斯克村赴欧洲。

2月27日—28日，英国工人代表委员会成立。该委员会拥有50万工联会员和7万社会主义组织成员，领导权掌握在工人贵族手中。1906年改名为英国工党。

3月23日，弗罗姆出生于德国。弗罗姆是精神分析学家，法兰克福学派的代表人物。他提出“弗洛伊德的马克思主义”。

4月初，列宁会见马尔托夫，介绍在国外出版《火星报》和《曙光》杂志的计划，交谈社会民主党的工作任务。

本月，列宁召集和主持革命的马克思主义者与合法马克思主义者的会议（“普斯科夫会议”）。会上，列宁宣读了《〈火星报〉和〈曙光〉编辑部声明草案》，会议赞同这个声明草案。

5月—6月，列宁的《非批判的批判（评1899年“科学评 论”第12期巴·斯克沃尔佐夫先生的论文“商品拜物教”）》发表在1900年的《科学评论》第5、6期。

6月3日，列宁因非法进入首都被捕。13日获释，由警官解送到莫斯科附近波多利斯克列宁母亲的住所。

7月26日，列宁从波多利斯克启程出国。

8月7日，威廉·李卜克内西逝世。威廉·李卜克内西（1826—1900年）德国工人运动和国际工人运动的著名活动家、德国社会民主党领袖、第二国际创始人之一。

8 月，列宁在日内瓦同普列汉诺夫商谈出版《火星报》和《曙光》杂志以及劳动解放社参加这两个报刊的问题，双方发生分歧。

8 月 28 日，列宁在日内瓦参加同劳动解放社举行的最后一次会议，达成关于组成编委会、共同出版文集、制定新的协议草案等方面的协议。

9 月 23—27 日，第二国际第五次代表大会在巴黎召开。21 个国家的 791 名代表出席大会。针对米勒兰入阁事件，大会在讨论后形成以盖得、卢森堡等人为代表的左派，以饶勒斯等人为首的右派和以考茨基为首的中派。

9 月，第二国际巴黎代表大会决定成立社会党国际局。国际局是一个权力有限的联络和情报交流机构，机构设在布鲁塞尔。

11 月，列宁筹备出版《曙光》杂志第一期。撰写《火星报》创刊号社论。

12 月 24 日，由列宁创办的全俄第一个马克思主义政治性秘密报纸《火星报》创刊号在德国莱比锡出版，载有列宁的三篇文章。

本年，克罗齐《马克思主义的经济学与历史唯物主义》出版。

1901 年

3 月 23 日，俄国马克思主义的理论杂志《曙光》杂志第一期在斯图加特出版，刊登了列宁所写的总标题为《时评》的三篇文章。

5 月 26 日—28 日，列宁的《从何着手？》作为社论在《火星报》第 4 号上发表。该文论述了在俄国建立工人阶级革命政党的具体计划。

5 月，列宁在慕尼黑的施瓦宾第一次会见罗莎·卢森堡，商谈请她给《曙光》杂志撰稿。

5 月，在片山潜、安部矶雄和幸德秋水等人的努力下，日本第一个社会主义政党——日本社会民主党宣告成立。但当天被反动政府勒令解散。1906 年 2 月，片山潜和幸德秋水、堺利彦等人等另组社会党。1907 年 2 月，社会党又被取缔。

6 月 16 日，列斐伏尔于法国加斯科尼地区的黑格特莫出生。列斐伏尔是法国哲学家，存在主义的马克思主义的代表人物。

6 月—9 月，列宁撰写《土地问题和“马克思的批评家”》，批评修正主义者，捍卫马克思主义关于土地问题的理论。

7 月，列宁会见路过慕尼黑的考茨基，同他就社会民主党的各种活动包括他为《曙光》杂志撰稿的问题交换意见。

7 月 29 日，美国社会党成立。

9 月 22— 28 日，德国社会民主党在吕贝克举行代表大会。大会通过谴责伯恩施坦修正主义的决议案。

9 月 29 日—10 月 2 日，列宁从慕尼黑到苏黎世出席俄国社会民主工党国外组织“统一”代表大会。

10 月 4—5 日，俄国社会民主工党国外组织（《火星报》和《曙光》杂志、“社会民主党人”“俄国社会民主党人联合会”“崩得”和“斗争”社）“统一”代表大会召开。5 日，列宁同《火星报》和《曙光》杂志代表及“社会民主党人”代表一起宣读同“联合会”决裂的声明后退出会场。

12 月 22 日，列宁《地方自治机关的迫害者和自由主义的汉尼拔》《内政评论》和《土地问题和“马克思的批评家”》前 4 章（题为《土地问题上的“批评家”先生们》，这是第一篇用“尼·列宁”署名的著作）在《曙光》杂志第 2—3 期上发表。

12 月，在写给戈尔德曼的信中，列宁指出改进国内《火星报》组织的工作和建立巩固核心的重要性。

1902 年

1 月中旬，列宁在 1901 年 5 月开始写作的《怎么办？我们运动中的迫切问题》全部脱稿。该书 3 月在斯图加特由狄茨出版社出版。在书中批判了经济派的自发论，论述了无产阶级新型政党的思想原则。

2 月—3 月上旬，列宁写作《俄国社会民主党的土地纲领》，这篇文章被称作俄国社会民主工党纲领的土地部分。

3 月 2—4 日，法国社会主义工人联合会（布鲁斯派）、法国独立社会党人联盟及其他一些改良主义团体联合在图尔举行代表大会，宣告合并成立改良主义的法国社会党。

6 月 14 日，《火星报》第 21 号发表俄国社会民主工党的纲领草案，这个草案是按照列宁的倡议，由《火星报》和《曙光》杂志编辑部拟定的。

7 月 22 日，列宁写倍给拉德琴柯，指示必须对彼得堡委员会中的“经济主义”进行斗争，与此同时要加强争取彼得堡工人组织靠拢自己。

9 月 14 日和 24 日之间，列宁写《就我们的组织任务给一位同志的信》阐述了《火星报》的建党计划。这封信在彼得堡社会民主党人中间广泛流传。

9 月 28 日，法国工人党和法国革命共产主义联盟等组织在科芒特里召开代表大会，决定成立法兰西社会党。

12 月 27 日，列宁写信给林格尼克，信中说必须同“经济主义”进行坚决斗争，借以保证火星派思想倾向的胜利。

本年，梅林编辑《卡尔·马克思、弗里德里希·恩格斯和斐迪南·拉萨尔遗文集》（四卷）开始出版。这是出版的马克思恩格斯的第一个文集，收入了马克思恩格斯1841年到1850年的著作，首次发表了马克思的博士论文，还收入《神圣家族》。

本年，考茨基《社会革命》和《爱尔福特纲领》出版。

1903年

1月14日，《火星报》第31号刊载列宁《莫斯科的祖巴托夫分子在彼得堡》以及他为俄国社会民主工党顿河委员会宣言《告全俄公民书》写的导言。

2月，巴利尼奥等创建古巴第一个传播马克思主义的组织“社会主义宣传俱乐部”。1905年，在巴利尼奥的努力下，工人党接受马克思主义改名为“社会主义工人党”。1922年，巴利尼奥建立哈瓦那社会主义同盟。

4月3日，列宁在给克尔日扎诺夫斯基的信中写道应该加速召开俄国社会民主工党第二次代表大会，并准备在大会上同绷得进行斗争直到同他们分裂。

4月底，由于《火星报》迁到日内瓦出版，列宁和克鲁普斯卡娅也从伦敦迁到日内瓦。

5月，列宁的小册子《给农村贫农》在日内瓦出版。

6月，德国社会民主党在议会选举中获得空前胜利，获得81个席位，成为议会中第二大党。

7月30一8月23日，俄国社会民主工党第二次代表大会在布鲁塞尔和伦敦召开。代表大会通过第一个党纲和党章。会议在选举中央领导机关时候，拥护列宁的一派获得了多数票，称为“布尔什维克”，少数派则被称为“孟什维克”。

8月24日，列宁和代表大会其他代表（布尔什维克）前往海格特公墓晋谒卡尔·马克思的墓地。

9月11日，阿多诺在德国美因河畔的法兰克福出生。阿多诺是德国哲学家、社会学家、法兰克福学派主要代表人物。

11月1日，普列汉诺夫对孟什维克采取调和主义态度，列宁向普列汉诺夫送交一份声明，声称自己辞去党总委员会委员和中央机关报《火星报》编辑部编委的职务。

12月8日和12日之间，列宁给孟什维克《火星报》编辑部写了一封公开信——《我为什么退出了〈火星报〉编辑部？》。该编辑部拒绝发表这封信。12月这封信印成单页发行。

本年

日本片山潜写成《我的社会主义》。

幸德秋水出版《社会主义精髓》。

1904 年

2 月 12 日，拉布里奥拉在罗马逝世。拉布里奥拉（1843—1904 年），意大利哲学家、政治家。意大利最早的马克思主义宣传者之一。

5 月，列宁《进一步，退两步“我们党内的危机”》在日内瓦出版。该书批判孟什维克机会主义组织路线，阐述无产阶级政党学说，奠定布尔什维克党的组织理论基础，是马克思主义党建设理论的重要著作。

7 月 10 日，卢森堡针对列宁《进一步，退两步（我们党内的危机）》而撰写的《俄国社会民主党的组织问题》在俄国孟什维克的《火星报》发表。文章对列宁的建党思想提出了不同看法。

8 月 14—20 日，第二国际第六次代表大会在荷兰阿姆斯特丹召开。出席大会的有 24 个国家的 476 名代表。俄国布尔什维克派代表出席了大会。大会就社会党策略的国际原则问题展开辩论。

8 月，列宁领导在日内瓦附近举行的布尔什维克会议。会议通过列宁起草的《告全党书》。《告全党书》当即被寄往俄国务委员会，成为布尔什维克为召开党的第三次代表大会而斗争的纲领。

9 月 15 日，列宁写《进一步，退两步。尼・列宁给罗莎・卢森堡的答复》，评罗莎・卢森堡的文章《俄国社会民主党的组织问题》。

11 月，《平民新闻》一周年号上刊登了幸德秋水、堺利彦合译的最早的日文版《共产党宣言》，翻译了《共产党宣言》的英文版序言，正文的第 1、2、4 章，但缺少第 3 章。1906 年《社会主义研究》杂志在创刊号上刊载《共产党宣言》全文翻译。

12 月 12 日，列宁主持布尔什维克会议，会上决定出版党的多数派机关报《前进报》。

本年

国际共产主义运动内部出现试图用马赫主义“补充”马克思主义哲学的思潮。波格丹诺夫写《经验一元论》，宣传马赫主义。列宁等对此进行了批判。

奥地利阿德勒和希法亭编辑的《马克思研究》创办，奥地利马克思主义的早期主要论著发表于这个杂志。《马克思研究》从 1904 至 1923 年出了 5 卷共 6 册：第 1 卷（1904 年）发表希法亭《庞巴维克对马克思的批判》、卡尔・伦纳

《法律制度的社会功能》和阿德勒《科学争论中的因果关系和目的论》；第 2 卷（1907 年）发表奥托·鲍威尔《民族问题与社会民主党》；第 3 卷（1910 年）发表希法亭《金融资本》和塔蒂亚娜·格里戈罗维奇《马克思与拉萨尔的价值学说》；第 4 卷第 I 册（1918 年）发表阿德勒《卡尔·马克思关于解放的社会主义观》、古斯达夫·埃克施坦《实践的马克思主义》和考茨基《战争马克思主义》；第 4 卷第 II 册（1922 年）发表阿德勒《马克思主义的国家观—论社会学方法和法学方法的区别》；第 5 卷第 I 册（1923 年）发表奥托·赖契特《社会主义社会的经济核算》。

1905 年

1 月 6 日，列宁主编《前进报》在日内瓦创刊出版。创刊号上发表了列宁的《专制制度和无产阶级》等文章。

1 月 22 日，（俄历 1 月 9 日），俄国彼得堡工人连同其家属为抗议沙皇政府镇压罢工工人，组成和平请愿队伍前往冬宫向沙皇呈递请愿书。沙皇公然下令枪击工人群众，打死 1000 多工人，2000 多工人受伤。这一天称为“流血星期日”。

1 月 23 日，在接获彼得堡发生的“流血星期日”事件消息之后，列宁当即为《前进报》第 3 号写了《俄国革命》。

1 月 23—30 日，列宁就俄历 1 月 9 日彼得堡事件写了一系列文章，总标题为《革命的日子》。

1 月 25 日，列宁写《俄国革命的开始》，号召准备武装起义。

1 月 31 日，《前进报》第 4 号上发表列宁写的社论《俄国革命的开始》和列宁写的以《革命的日子》为总标题的一组文章。

2 月 8 日，列宁致函倍倍尔，拒绝他提出的在布尔什维克和孟什维克之间设立仲裁法庭的建议。

2 月 14 日，列宁撰写《最初的几点教训》，对 20 年来（1885—1905 年）的俄国工人运动进行了总结，并号召准备武装起义。

2 月 15 日，《新时代》杂志发表考茨基《农民与俄国革命》。文章表面上承认工农联盟是俄国革命胜利极其重要的条件，但又警告俄国无产阶级不要渴望对农民运动起领导作用。

2 月 22 日，列宁以多数派委员会常务局委员的名义，就倍倍尔提出要为布尔什维克和孟什维克进行调解问题，起草给倍倍尔的信。列宁希望倍倍尔能利用他的巨大威望来敦促孟什维克出席这次党的代表大会。

2 月—4 月 20 日，列宁分析研究马克思和恩格斯有关土地问题和农民运动的观点，因为考茨基在《俄国农民与革命》中对马克思和恩格斯的观点加以歪曲。

3 月 8 日，列宁《新的任务和新的力量》发表在《前进报》第 9 号。文中第一次提出了布尔什维克在资产阶级民主革命中的战略口号——建立无产阶级和农民的革命民主专政。

4 月 23 日—25 日，法兰西社会党和法国社会党代表大会在巴黎举行，宣告成立统一社会党。大会通过的《关于统一的公约》中规定，党不应该是改良的党，而是“阶级斗争和革命”的党。

4 月 25 日—5 月 10 日，俄国社会民主工党第三次代表大会在伦敦举行。出席大会的有二十四名代表，代表着二十个布尔什维克委员会。孟什维克拒绝参加大会。大会谴责了孟什维克是“党内分裂出去的部分”，讨论了制定党的策略的问题的议题。大会选出中央委员会，委任列宁为中央机关报《无产者报》主编和中央委员会驻国外代表。

5 月 10 日以后，列宁自伦敦返回日内瓦途经巴黎时，同克鲁普斯卡娅等一起参谒巴黎公社战士被枪杀的地方——拉雪兹神父墓地“公社战士墙”。

5 月 27 日，根据俄国社会民主工党第 3 次代表大会决议，列宁主编的党中央机关报《无产者报》创刊号在日内瓦出版，刊载了列宁写的《关于俄国社会民主工党第三次代表大会的通知》《第三次代表大会》《关于代表大会的组成》等文件，以及俄国社会民主工党第三次代表大会的主要决议。该报于本年 11 月 25 日停刊。

6 月 21 日，萨特出生于法国巴黎。萨特是法国哲学家，法国存在主义马克思主义的主要代表人物，著名社会活动家。

6 月 25 日，倍倍尔以第二国际国际局名义出面排解布尔什维克和孟什维克的冲突。对此，列宁于 7 月 24 日复函国际局，再次指出德国社会民主党首领们在俄国社会民主工党分裂问题上的成见和偏颇。列宁表示他是赞成联合的，但是，他所主张的联合是以不模糊革命问题上的分歧为条件的。

上半年，伯恩施坦在德国《社会主义月刊》上诽谤俄国革命，宣称俄国革命就其基础而言只能是资产阶级自由民主革命；俄国无产阶级即使有农民阶级的帮助，也不可能在革命中起领导作用；并断言农民阶级是极不可靠的。

8 月，列宁《社会民主党在民主革命中的两种策略》在日内瓦出版。列宁系统地提出了无产阶级在民主革命中的领导权的学说，以工人阶级为领导的工农联盟的学说和资产阶级民主革命转变为社会主义革命的学说。

9 月 14 日，列宁发表《社会民主党对农民运动的态度》，论证指出由民主革命开始向社会主义革命过渡恰恰是按照有觉悟有组织的无产阶级的力量开始过渡的。

9 月 17—23 日，德国社会民主党在耶纳举行代表大会。经过争论，大会通过了倍倍尔提出的承认群众政治罢工的决议。

10 月 23 日，俄国社会民主工党莫斯科代表会议召开，通过实行总政治罢的决议。从此，罢工浪潮从莫斯科席卷全国所有的工业中心城市，形成了 10 月全俄总政治罢工。

11 月 21 日，列宁回到彼得堡。拜谒彼得堡普列奥布拉任斯基墓地的“流血星期日”殉难者墓。在俄国社会民主工党彼得堡委员会扩大会议上，就党对工人代表苏维埃的态度问题发言。

11 月 22 日，列宁出席俄国社会民主工党中央委员会会议，会议一致通过关于召开俄国社会民主工党第四次代表大会的《告各级党组织和全体工人社会民主党人书》。

11 月 22 日，列宁主持《新生活报》编辑部多数派和党的积极分子联席会议，会上制定了报纸今后工作的纲领。列宁参加编辑《新生活报》第 9—28 号。

12 月 10 日，列宁参加俄国社会民主工党中央委员会会议，会上讨论了关于准备武装起义、关于改组《新生活报》编辑部成员和关于在莫斯科出版布尔什维克的《斗争报》的问题。在这里，列宁会见了高尔基。

12 月 22 日，在布尔什维克领导下莫斯科工人起义，俄国第一次民主革命达到了的高峰。1905 年 10 月全俄政治总罢工后，革命持续高涨。12 月 20 日莫斯科工人在布尔什维克领导下宣布政治总罢工，22 日发展为武装起义。工人坚持战斗一周，终为优势的沙皇军队所镇压。俄国其他城市的起义也遭镇压。俄国革命转入低潮。

12 月 25 日—30 日，俄国社会民主工党第一次代表会议在芬兰的塔墨尔福斯召开。列宁在代表会议上做关于目前形势的报告和关于土地问题的报告。会议通过了有关土地问题、召开党的统一代表大会和抵制国家杜马的决议。斯大林出席了会议，第一次见到了列宁。

12 月，托洛茨基在狱中写的《总结和展望》一文中提出了“不断革命论”的思想。1929 年，托洛茨基被驱逐到土耳其，“不断革命论”在那里得到系统阐发。

本年，马克思《剩余价值理论》第 1 卷和第 2 卷出版，第 3 卷和 4 卷 1910 年出版。

1906 年

2 月 20 日，列宁《俄国的目前形势和工人政党的策略》在《党内消息报》

第 1 号发表。

2 月 24 日，俄国社会民主工党彼得堡市第一次代表会议举行。列宁提出自己起草的关于抵制杜马的策略的决议案。代表会议多数赞成抵制杜马。

2 月 24 日，日本社会党成立。3 月，日本《社会主义研究》创刊，刊登《共产党宣言》全文。7 月，《社会主义研究》杂志介绍恩格斯的《社会主义从空想到科学的发展》。

4 月 10 日，列宁完成《立宪民主党人的胜利和工人政党的任务》。该书阐述了 1905 年革命的经验，指出苏维埃是“人民独有的创造力的产物”，是用革命方法建立起来的“政权机关”。

4 月 23—5 月 8 日，俄国社会民主工党第四次（统一）代表大会在斯德哥尔摩召开。为了工人阶级的统一行动，布尔什维克同孟什维克取得形式上的联合，所以这次大会也称统一代表大会。会后，布尔什维克与孟什维克仍各自保持独立性。会上通过了征用土地，支持地主资产阶级的杜马，放弃武装起义准备等决议。

5 月—7 月，列宁编辑在彼得堡出版的布尔什维克合法报纸《浪潮报》《前进报》《回声报》。

6 月 21 日，列宁《前夜》一文用电报从彼得堡发往基辅，在基辅布尔什维克《工作者报》创刊号发表。

6 月 24 日—25 日，列宁领导俄国社会民主工党彼得堡组织区际代表会议。列宁起草的关于对待国家杜马的态度的决议和关于杜马组阁问题的决议成为会议讨论的策略纲领。

6 月底，列宁参加彼得堡党的布尔什维克领导干部会议，会上讨论了党的策略问题。列宁在这次会议上会见了卢森堡。

9 月 3 日，列宁的《暴风雨之前》（社论）、《政治危机和机会主义策略的破产》《谈最近的事件》等文章在芬兰出版的《无产者报》创刊号发表。

11 月 16 日—20 日，俄国社会民主工党第二次代表会议（“第一次全国代表会议”）在塔墨尔福斯召开。列宁在第一次会议上被选入主席团，在代表会议体会期间主持布尔什维克派会议，批判绷得分子支持立宪民主党内阁和支持孟什维克策略的错误立场。

11 月，列宁《社会民主党和选举协议》在彼得堡由前进出版社出版。

本年，考茨基《伦理学和唯物史观》出版。本书旨在批判康德伦理学和伦理社会主义，试图用唯物主义历史观解释人类道德现象。

1907年

1月19—27日之间，列宁写作《彼得堡工人政党的选举运动》。文章在1月27日的《实话报》周刊创刊号上发表。

2月，日本社会党分裂为以片山潜为代表的议会政策派和以幸德秋水为代表的直接行动派（即无政府主义派）。后来，天皇政府下令解散社会党。

2月，李卜克内西《军国主义和反军国主义——特别就国际青年运动加以考察》出版。该书首次在社会主义文献中详细研究了帝国主义条件下的军国主义。

3月5日，列宁写《第二届杜马的开幕》，该文在当天作为社论在《新曙光报》创刊号发表。

5月13日—6月1日，俄国社会民主工党第五次代表大会在伦敦召开。会议上选出了以列宁为首的布尔什维克中央。

6月16日，沙皇政府内务大臣斯托雷平发动政变，强行解散第二届国家杜马，逮捕了社会民主工党杜马党团的代表，审讯后流放西伯利亚。此后俄国孟什维克中出现了取消派，布尔什维克中出现了要求从国家杜马中召回社会民主工党代表的召回派。

8月3日—5日，俄国社会民主工党第三次代表会议在芬兰科特卡召开。布尔什维克派同意列宁提出的关于参加第三届国家杜马选举问题的决议草案。

8月18日—24日，第二国际第七次代表大会在德国斯图加特举行。列宁作为俄国布尔什维克党代表团团长第一次出席了国际大会。大会在讨论反对军国主义问题时，以列宁、卢森堡为代表的左派对以饶勒斯、福尔马尔为代表的右派进行了坚决的斗争，批判了宣扬护国主义精神和主张保卫“祖国”的谬论。决议要求各国无产阶级及其在议会中的代表通有力的、一致的行动来阻止战争。大会通过的决议谴责殖民政策，号召各国党同殖民主义进行斗争，并帮助被压迫民族争取独立。

9月15—21日，德国社会民主党在埃森召开代表大会。大会讨论了党对战争和殖民地问题的态度，并坚持了第二国际斯图加特代表大会关于殖民地问题决议的原则。

11月18日—25日，俄国社会民主工党第四次代表会议在芬兰赫尔辛福斯召开。列宁起草关于第三届国家杜马中社会民主党党团的策略的决议被代表会议通过。

11月29日至12月6日，列宁的文集《十二年来》第1卷（署名弗·伊林）在彼得堡出版，收入了列宁在1895—1905年的论文和小册子。

本年

奥地利社会民主党领导人奥托·鲍威尔《民族问题与社会民主党》在《马克思研究》丛刊发表。作者构建了民族文化自治纲领来解决民族问题，但呈现出改良主义倾向。

考茨基出版《社会主义革命》。

界利彦与森近运平《社会主义纲要》出版。本书与片山潜《我的社会主义》、幸德秋水《社会主义精髓》被称为明治时期社会主义理论三大著作。

1908 年

1 月 7 日，列宁和克鲁普斯卡娅抵达日内瓦，开始第二次侨居生活。

1 月 24 和 31 日之间，列宁的文集《十二年来》第 2 卷上册以《土地问题》为标题在彼得堡出版。

3 月初，俄国社会民主工党秘密中央机关报《社会民主党人报》创刊。由于列宁反对取消主义，担任编辑的孟什维克代表马尔托夫和唐恩于 1911 年 6 月退出编辑部。从 1911 年 12 月起，该报由列宁主编，一直到 1917 年 1 月停刊。

3 月 14 日，梅洛 - 庞蒂出生在法国西南部罗舍福尔的一个天主教家庭。他是法国哲学家，法国马克思主义理论家。

3 月 18 日，列宁出席日内瓦为三个纪念日（马克思逝世 25 周年、1848 年革命 60 周年、巴黎公社 37 周年）组织的国际群众大会，在会上代表俄国社会民主工党做关于公社的意义的报告。

3 月 24 日，列宁致函高尔基，严厉抨击马赫主义者的《关于马克思主义哲学的论丛》文集，强调同马赫主义者在哲学问题上的斗争是不可避免的。

4 月 7 日，斯大林遭斯托雷平反动政府宪兵逮捕，并于本年秋被流放至沃洛果达省，由警察公开监视。次年夏，斯大林出逃。

5 月，普列汉诺夫《马克思主义的基本问题》我们的生活出版社出版。

9 月 13–19 日，德国社会民主党在纽伦堡召开代表大会。大会通过了蔡特金提出的关于坚决反对统治阶级对各国人民进行沙文主义的鼓动和无产阶级有义务采用一切手段确保和平的决议案。

10 月，载有列宁《马克思主义和修正主义》一文的《卡尔·马克思（1818—1883 年）》文集在彼得堡出版。列宁批判了伯恩施坦修正主义对马克思主义的篡改，分析了修正主义的实质和产生的根源。

11 月，列宁写完《唯物主义和经验批判主义（对一种反动哲学的批判）》一书。

本年

《关于马克思主义哲学的概论》（收有卢那察尔斯基、波格丹诺夫、尤什凯维奇等人的文章）在彼得堡出版。列宁阅读后指出这些文章所宣扬的哲学背离了马克思主义。

波格丹诺夫发表《一封给普列汉诺夫同志的公开信》。普列汉诺夫以《战斗唯物主义》为题，写了三封答波格丹诺夫的信，比较系统地批判了俄国马赫主义者。

卡尔·考茨基《基督教的基础——关于基督教起源的研究》出版。本书以历史唯物主义的观点分析基督教起源和演进，揭示它由一种革命组织而变为僧侣政治的工具。

1909 年

1 月 3—9 日，俄国社会民主工党第五次全国代表会议在巴黎召开。列宁作《关于目前形势和党的任务》的报告，揭露孟什维克政策的取消主义实质。

5 月 18 日，列宁致函在柏林的卢森堡，告知给她挂号寄去一本《唯物主义和经验批判主义》，对卢森堡的《革命后的头晕》给予好评。

5 月，列宁《唯物主义和经验批判主义》莫斯科环节出版社出版。列宁为粉碎俄国马赫主义者对马克思主义哲学的进攻，1908 年 2 月，在瑞士日内瓦开始著述此书。书中批判了马赫主义在认识论上的唯心主义先验论和不可知论，从哲学上概括了从恩格斯逝世以来革命经验和社会、自然科学发展的成果；论证了物质第一性和精神第二性、物质世界及其规律的可知性；第一次给哲学范畴"物质"下了经典性的定义。

6 月 21 日，列宁在巴黎主持召开《无产者报》编辑部扩大会议，讨论召回派和最后通牒派的行为。

夏天，列宁和克鲁普斯卡娅去巴黎附近的德拉韦尔拜访保尔·拉法格和劳拉·拉法格。

9 月 24 日，列宁《论拥护召回主义和造神说的派别》载于《无产者报》第 47—48 号增刊。

本年

考茨基《取得政权的道路》出版。本书论述了无产阶级阶级斗争的原理。

拉法格《卡尔·马克思的经济决定论》出版。

俄国立宪民主党人论文集《路标》出版，由此而产生宣扬宗教神秘主义路标派。列宁在《论〈路标〉》《路标派和民族主义》等文章中对路标派进行分析批判。

1910 年

1 月 15 日—2 月 5 日，列宁参加在巴黎召开的俄国社会民主党中央委员会全体会议；被选为中央机关报《社会民主党人报》编辑部委员和俄国社会民主党派驻国际社会党执行局的代表。

5 月，日本发生“大逆事件”。1908 年以后，日本反动政府不断破坏社会主义运动，制造了“大逆事件”逮捕了数百名社会主义者，经过特别审判后判处幸德秋水等人死刑。

8 月 28 日到 9 月 3 日，第二国际第八次代表大会在丹麦首都哥本哈根召开。列宁再次出席了大会。大会着重讨论了反对军国主义和战争，工会运动和合作社的性质问题。

8 月，在丹麦哥本哈根召开的第二届国际社会主义妇女代表大会上，国际妇女联合会书记处书记德国革命家蔡特金倡议，为纪念 1909 年 3 月 8 日美国芝加哥纺织女工要求男女平等权利而举行的示威游行，将每年的 3 月 8 日作为全世界妇女的斗争日，得到与会代表的拥护。从此以后“三八”妇女节就成为世界妇女争取权利、争取解放的节日。

本年

考茨基整理的马克思《剩余价值理论》第 3 卷出版，至此，马克思的《剩余价值理论》全部出版。考茨基受恩格斯委托，将马克思《资本论》第四卷单独整理出版，取名为《剩余价值理论》。1905 年出版了《剩余价值理论》的第 1 卷、第 2 卷。

卢森堡在《新时代》杂志发表《还要做什么？》等，要求把在德国建立民主共和国直接作为工人阶级的行动口号。

卢森堡发表《疲劳还是斗争》，论述了无产阶级所采取的议会斗争形式和议会外斗争形式之间的辩证统一性。

考茨基发表《现在怎么办？》，主张把工人阶级局限于争取普选权、集会结社自由的议会斗争。

希法亭《金融资本》在维也纳出版。本书认为现代资本主义的典型特征就是集中，造成银行资本和产业资本之间日益紧密的联系，资本采取了其最高级也最抽象的表现形式——金融资本。

倍倍尔的回忆录《我的一生》第 1 卷出版。第 2 卷次年出版。

1910 年至 1930 年，卡尔·格律恩贝尔格在莱比锡出版了《社会主义和工人运动历史文库》十五卷。这是登载当时有关社会主义和工人运动历史的专题论文和文献资料的丛刊。它对于社会主义思想发展史、工人运动史和国际共运史的研究有很高的价值。

1911 年

1 月 1 日，梁赞诺夫联合奥地利马克思主义者提交给德国社会民主党委员会“维也纳出版计划”，第一次正式提出了出版一套符合科学要求、系统编排的马克思著作全集。

1 月，日本社会党领导人幸德传次郎（幸德秋水）等 11 人被日本政府控判“大逆罪”，处以死刑。日本统治阶级企图用杀害社会主义活动家的办法来扼杀社会主义运动。

2 月 9 日—5 月 10 日，列宁每星期四在巴黎社会科学讲习班讲授《政治经济学原理》，每次都有 100 多人出席。

5 月 5 日，列宁《马克思主义和〈我们的曙光〉杂志》发表在《现代生活》杂志第 3 期。

11 月 25 日，拉法格去世。拉法格（1842—1911 年）马克思主义思想家和宣传家，法国工人党和第二国际的主要领导人之一。主要著作有《马克思的经济唯物主义》《财产及其起源》等。

12 月 3 日，列宁代表俄国社会民主工党在保尔・拉法格和劳拉・拉法格的葬礼上发表演说。

12 月 30 日，布尔什维克的杂志《启蒙》第 1 期在彼得堡出版，刊载了列宁的三篇文章。

本年，约・普伦格在图宾根《马克思和黑格尔》出版。作者认为是黑格尔的必然性思想把二人连在一起，这是他们共同思想基础。

1912 年

1 月 18 日—30 日，俄国社会民主工党第六次全国代表会议在布拉格召开。代表会议把列宁选进中央委员会，并选他担任该党驻社会党国际局的代表。

4 月 15 日，金日成出生于朝鲜平安南道大同郡古平面南里（今平壤市万景台）一个农户家庭。他后来成为朝鲜劳动党领袖。

5 月 5 日，列宁创办的布尔什维克的《真理报》第 1 号在彼得堡出版。1914 年 7 月该报被封闭，1917 年 3 月又复刊，正式成为俄国社会民主工党（布）中央机关报。1918 年 3 月迁至莫斯科。后来一直是苏联共产党中央委员会机关报。

7 月 11 日和 28 日之间，列宁写《中国的民主主义和民粹主义》，载 7 月 28 日《涅瓦明星报》第 17 号。

7 月 24 日，列宁致函《涅瓦明星报》编辑部，批评《真理报》和《涅瓦明星报》缺乏战斗力；指出必须同取消派进行论战，强调报纸应当走在大家前面。

8 月 1 日，列宁致函在卡普里岛的高尔基，谈到 1908—1912 年间发生的思想斗争，对各种小资产阶级思潮和它们的刊物进行评价，把社会民主党内部各种思潮之间所进行的原则性斗争同其他党派内发生纠纷进行对比。

11 月 24—25 日，第二国际在巴塞尔召开第九次代表大会。会议主要讨论了反对军国主义问题，通过反战宣言。宣言揭露帝国主义发动大规模战争的严重危险，指出正在酝酿的战争具有帝国主义掠夺性质，确定了国际无产阶级和各国社会党防止战争、保卫和平方面的任务。第二国际各国党的多数领导人口头上赞成宣言，但在 1914 年第一次世界大战爆发之后，却公开背叛宣言，堕落为帝国主义战争的支持者。

1913 年

1 月 8 日—14 日，俄国社会民主工党中央委员会克拉科夫会议召开。列宁在会上作题为《关于革命高潮、罢工和党的任务》和《关于对取消主义的态度和关于统一》的报告。

3 月 10 日，沙夫出生于利沃夫。他是波兰马克思主义哲学家，提出“马克思的人的哲学”，认为马克思主义是一种人道主义。

3—5 月，斯大林在《启蒙》杂志第 3—5 期发表《民族问题与社会民主党》。首次使用了“斯大林”（意为“钢铁”）这一笔名。斯大林给民族下了定义，揭示了资产阶级民族运动的实质。

3—5 月，列宁在《真理报》上相继发表《马克思学说的历史命运亚洲的觉醒》《落后的欧洲和先进的亚洲 》等重要著作，总结了国际共产主义运动的历史经验，提出了亚洲是世界革命风暴的新泉源、亚洲的觉醒是马克思主义的新胜利等重要思想。

4 月 19 日，列宁《马克思主义的三个来源和三个组成部分》发表在《启蒙》杂志第 3 期。

8 月 13 日，倍倍尔在瑞士去世。倍倍尔（1840—1913 年）德国社会民主党创始人之一。列宁受俄国社会民主工党中央委员会的委托为倍倍尔的逝世写的唁函刊登在《前进报》第 211 号。

9 月 25 日，列宁《马克思主义和改良主义》发表在《劳动真理报》第 2 号。

10月6日—14日，列宁主持召开俄国社会民主工党中央委员会波罗宁会议。会议通过列宁起草的关于组织问题和党代表大会、关于罢工运动、关于民粹派等决议。

本年

伯恩斯坦和考茨基编辑的四大卷《马克思恩格斯通信集》在斯图加特由狄茨出版社出版了。共收入马克思和恩格斯的 1300 多份信。

卢森堡《资本的积累》在德国出版。1959 年中国三联书店出版中文版。作者认为资本积累仅仅在资本主义生产方式内部是无法实现的，只能通过非资本主义生产方式的外部市场来实现，也就是说资本主义的发展是离不开非资本主义。这种资本主义的发展离不开非资本主义的思想启发了后来的依附论、世界体系论等。

1914 年

1 月 26 日—2 月 2 日，列宁代表俄国社会民主工党中央委员会在拉脱维亚边疆区社会民主党第四次代表大会上做报告。在报告中批评拉脱维亚边疆区社会民主党中央委员会在同取消派斗争问题上采取机会主义立场。

5 月，列宁《论民族自决权》（前 4 章）、《德国工人运动中的哪些东西是不应该模仿的》以及对鲁巴金的《书林概述》第 2 卷的书评发表在《启蒙》杂志第 4 期。列宁批判了机会主义者在民族问题上的错误观点，论证了马克思主义关于民族问题的纲领。

7 月 16—18 日，第二国际国际局在布鲁塞尔召开有俄国、波兰、拉脱维亚的 11 个社会民主工党组织参加的“统一”会议。由于议案违背了会议原定目的，布尔什维克和拉脱维亚社会革命党人拒绝参加议案表决。但决议仍以多数票强行通过，反对布尔什维克的派别组成了联盟。

7 月 18 日，列宁编辑的《马克思主义和取消主义》文集第 2 册出版。

7 月 29—30 日，第二国际国际局紧急会议在布鲁塞尔召开。会议没有能够使第二国际采取任何决定性的反战措施，是第二国际暴露矛盾和背叛行为的开始。

8 月 7 日，根据一项捏造的告密，列宁被指控为间谍，奥地利当局在新塔尔克把列宁拘捕投入监狱。案子因“无起诉根据”而告结束，19 日列宁获释出狱。

8 月，第二国际破产。第一次世界大战爆发，参战双方都打着“保卫祖国”“拯救民族”的旗号煽动沙文主义。第二国际的 27 个党中有 24 个党的领导集团背叛了无产阶级革命，蜕化为社会沙文主义者，站在资产阶级政府的立场上，高喊保卫祖国鼓吹国内和平，充当帝国主义侵略战争的帮凶。完全背弃了无产阶级国际主义和巴塞尔大会上通过的决议和宣言。

9 月，考茨基发表《帝国主义》一文，提出“超帝国主义”论。

9 月—11 月，列宁继续写作《卡尔·马克思》。

9 月—1915 年，列宁研究哲学问题的著作，编写《黑格尔“逻辑学”一书摘要》《黑格尔“哲学史讲演录”一书摘要》《费尔巴哈“对莱布尼茨哲学的叙述、分析和批判”一书摘要》和对其他作者著述的摘要；写作《谈谈辩证法问题》片段。

10 月 31 日，列宁在写给施略普尼柯夫的信中指出革命社会民主党的首要任务就是同用“保卫祖国”的口号掩盖起来的普列汉诺夫、盖得、考茨基的“社会主义的沙文主义”进行战斗。

10 月，列宁改写俄国社会民主工党中央委员会的宣言《战争和俄国社会民主党》，11 月 1 日在《社会民主党人报》第 33 号发表。宣言揭露了第一次世界大战的帝国主义性质，谴责了各国社会民主党领袖的背叛行为，提出“变现实的帝国主义战争为国内战争”的口号。

11 月 17 日，列宁把《卡尔·马克思》一文寄到俄国格拉纳特百科辞典编辑部。列宁致函编辑部秘书，希望能保留本文中所有从马克思和恩格斯的著作和书信中引用的引文，因为它们包括了马克思主义最重要的论述。

12 月 2 日，在德国议会进行第 2 次战争拨款表决时，李卜克内西独自一人投反对票，并在议会上发表反战演说，号召“全世界无产者，不顾一切地重新联合起来反对帝国主义战争”。不久，各国左派给他寄来 103 封贺信，赞扬他的革命精神。

本年，布哈林写成《食利者的经济学》。本书指出垄断资本主义时代，资产阶级内部形成一个寄生的、多余的食利者集团的兴趣全在消费领域，强调消费者的偏爱。边际效用学派就是这种靠投资坐吃红利社会集团的利益在经济学上的反映。

1915 年

1 月，国际工人运动的著名活动家梅林和卢森堡、李卜克内西合写了《尤尼乌斯》的小册子，揭露和批判了军国主义制度。

2 月 27 日，俄国社会民主工党（布）根据列宁倡议，在瑞士伯尔尼举行国外支部代表会议。列宁作了《战争和党的任务》的报告，会议通过了列宁起草的关于战争的决议。

2 月，考茨基发表《民族国家、帝国主义国家和国家联盟》论述“超帝国主义论”。考茨基认为“超帝国主义”阶段将不再存在矛盾、危机、战争和侵略，资本主义将成为和平合作、裁减军备并帮助落后国家发展生产的“超帝国主义”，这样世界永久和平的“新纪元”就到来了。针对考茨基这些机会主义谬论，列宁在《帝国主义是资本主义的最高阶段》等著作中给予批判。

3 月 26—28 日，国际社会主义者妇女代表会议在伯尔尼召开。

4 月 4—6 日，国际社会主义者青年代表会议在伯尔尼召开。

4 月，卢森堡在狱中写成《社会民主党的危机》（次年 2 月以尤尼乌斯为笔名在苏黎世出版）。书中系统地揭露了第一次世界大战的帝国主义性质，谴责了德国社会民主党的背叛行为，指出帝国主义、军国主义和战争紧密相连，绝不可能在帝国主义条件下通过“协议”和“裁军”来开创所谓“和平新纪元”。

7 月 26 日，列宁在《社会民主党人报》第 43 号发表《关于本国政府在帝国主义战争中的失败》和《关于俄国社会民主党的状况》。

7 月，布哈林写完《世界经济和帝国主义》，首次对帝国主义做系统阐述。该书缩写本于本年 9 月出版。布哈林 1915 年春在布尔什维克《共产党人》杂志上发表了第一篇论述世界经济和帝国主义的文章，在此基础上写成《世界经济和帝国主义》。12 月，列宁为此书写了序言，指出本书考察了世界经济中有关帝国主义的事实，“把帝国主义看成一个整体看成极其发达的资本主义的一定的发展阶段”。书中提出了“垄断资本——帝国主义战争——无产阶级革命”公式。

8 月 23 日，《社会民主党人报》第 44 号发表了列宁《论欧洲联邦口号》。该文首次提出由于资本主义经济政治发展不平衡的绝对规律，社会主义可能首先在少数或者在单独一个资本主义国家内获得胜利。

8 月，列宁的《社会主义与战争》《俄国社会民主工党对战争的态度》小册子德文版出版。小册子提出“变帝国主义战争为国内战争”的口号和建立第三国际的主张，并批判了社会沙文主义和社会和平主义。

9 月 5 日到 9 月 8 日，第二国际于瑞士齐美尔瓦尔德村举办世界社会主义者的会议被称作齐美尔瓦尔德会议，一般将这次会议视为左翼社会主义（共产主义）与右翼社会主义（社会民主主义）不和的开端。会议通过的宣言认为世界大战是帝国主义战争，并谴责了社会党人投票赞成军事拨款和参加资产阶级政府的行为，号召欧洲工人展开反战斗争。由这次会议所建立起来的各国社会主义者之间的联系被称为齐美尔瓦尔得国际联盟。

9 月 12 日，列宁的《第二国际的破产》《一位法裔社会党人诚实的呼声》《意大利的帝国主义和社会主义（短评）》三篇文章发表在《共产党人》杂志第 1—2 期合刊。

10 月 18 日，列宁和齐美尔瓦尔德左派常务局成员签署致齐美尔瓦尔德左派全体成员和小组的《第一号通告》。

12 月 21 日，列宁《用国际主义词句掩饰社会沙文主义政策》发表在《社会民主党人报》第 49 号。

1916 年

1 月 1 日，德国社会民主党国际派发起召开全国各地左派代表会议，也就是斯巴达克派成立大会。会后他们以“斯巴达克信札”为名发表了秘密的《政治书信》，组织也改名为“斯巴达克同盟”。

1 月 25 日以后，列宁《机会主义与第二国际的破产》发表在拥护齐美尔瓦尔德左派纲领的刊物《先驱》杂志第 1 期。

4 月 24 日—30 日，国际社会党第二次代表会议（昆塔尔会议）在昆塔尔召开；列宁主持齐美尔瓦尔德左派的一系列会议；组织并团结代表会议中的左翼。

4 月，罗莎·卢森堡在苏黎世出版《社会民主党的危机》。

5 月 1 日，列宁《社会主义革命和民族自决权》提纲发表在 1916 年《先驱》杂志第 2 期。

5 月 12 日，墨西哥社会主义工人党成立。

6 月，梅林《马克思传》完稿。但直到 1918 年春天才公开出版。

7 月 2 日，列宁写完《帝国主义是资本主义的最高阶段》，把手稿寄给波克罗夫斯基，由他转寄孤帆出版社。

8 月 5 日和 31 日之间，列宁致函波克罗夫斯基，要求孤帆出版社出版《帝国主义是资本主义的最高阶段》保持约稿时谈妥的篇幅，要求保留注释和参考书目。

10 月，列宁的《社会主义革命和民族自决权》提纲以及《论尤尼乌斯的小册子》和《关于自决问题的争论总结》两篇文章发表在《〈社会民主党人报〉文集》第 1 辑。

10 月，布哈林完成了《帝国主义国家理论》手稿。

11 月 30 日，列宁致函在克拉伦的阿尔曼德，指出她关于“保卫祖国”和关于齐美尔瓦尔德左派内部的相互关系问题的观点是不对的；强调必须具体地、历史地对待“祖国”和“保卫祖国”的口号，认为民族解放战争是不可避免的。

12 月，《〈社会民主党人报〉文集》第 2 辑出版，刊载列宁多篇文章。

本年，德波林出版《辩证唯物主义哲学入门》。

第三章　马克思主义的丰富与发展（1917 年—1953 年）

1917 年俄国发生了二月革命。在列宁及时地提出的由革命的第一阶段“向革命的第二阶段过渡”的方针和路线方针指引下，布尔什维克领导工农群众进行武装起义，十月革命取得了伟大的胜利，在全国范围内建立了苏维埃政权。俄国十月革命，是马克思主义同工人运动相结合，在正确理论指导下爆发的强大的革命运动。十月革命胜利和社会主义制度诞生，开辟了人类历史新纪元，马克思主义真正对世界产生重大而深远的影响，这也为马克思主义发展提供了更好的机会。

列宁在十月革命胜利后的三年多时间里，对经济文化落后俄国取得社会主义革命胜利后如何建设社会主义进行了初步的探索。1918 年春提出“向社会主义建设进军”的最初构想，1918 年夏至 1920 年底实施“战时共产主义”政策，1921 年春实施“新经济政策”的重大战略转变是具体探索的几个阶段。在列宁领导下的俄国社会主义建设实践为马克思主义的发展提供了新鲜经验。列宁的一系列的全新构想为马克思主义理论体系增添了崭新的内容。

第一次世界大战结束以后，苏维埃俄国的崛起和西方一些国家无产阶级革命的失败引起西方国家左翼知识分子和马克思主义者的强烈反思，“西方马克思主义”的思潮应运而生。匈牙利思想家和革命家卢卡奇、德国的学者和社会活动家柯尔施以及意大利共产党重要领导人葛兰西是“西方马克思主义”的主要创始人。他们的理论探索始于第一次世界大战前后，比较注重讨论理论与实践的辩证关系，并试图通过这一讨论来回应革命理论的危机和马克思主义的不足。此后，他们的学生或者同路人在某些方面继承他们的思想，对马克思主义做了多种形式的探索与思考。其中持续最久影响最大的是法兰克福学派。

与此同时，在西方资本主义国家的马克思主义性质社会组织或者工人阶级政党的领导人也对资本主义制度进行批判探求本国工人阶级解放的道路，与此主题相关的各种理论思潮应运而生。在列宁和苏联共产党的帮助下共产国际的成立了，共产国际对于欧美、亚非拉马克思主义、工人阶级政党在社会主义革命和民族解放运动实践产生重要影响，指导这些政党进行反对帝国主义和法西斯斗争等。这也是这一时期革命运动在各个国家发展的重要特征，同时影响到马克思主义在这些地区发展的面貌。

20 世纪 20 年代到 50 年代初，是苏联进行社会主义建设的重要年代。而这一时期，国际形势十分严峻，国内斗争异常复杂。从列宁逝世一直到 1929 年，围绕苏联社会主义建设道路问题，斯大林先后同托洛茨基、布哈林等人展开了激烈的理论争论，争论的主题涉及列宁主义问题、新经济政策问题、一国能否建成社会主义问题和如何选择社会主义建设方式和道路问题等。斯大林在理论上、政治上取得了胜利，逐步确立了在苏联共产党内的领袖地位。苏联是第一个社会主义国家，斯大林在无所前鉴的情况下，根据马克思恩格斯以及列宁提出的一些理论设想，结合苏联的具体实际，领导苏联人民对社会主义建设理论与实践作了长期的探索，提出并实施了建设社会主义的方针、政策，建立了社会主义基本制度和运行体制，形成了苏联模式。这一基本框架在苏联一直延续到 20 世纪 80 年代中期。苏联社会主义模式是 20 世纪社会主义建设道路的一种探索。这种探索是国际共产主义运动的重要历史实践，为社会主义建设道路的各种探索提供了可资借鉴的有益经验和深刻教训。

第二次世界大战后，在苏联帮助或者影响下，东欧一些国家包括波兰、捷克斯洛伐克、保加利亚、匈牙利、罗马尼亚、德意志民主共和国，南欧的南斯拉夫、阿尔巴尼亚，亚洲的中国、越南、朝鲜、老挝、蒙古和拉丁美洲的古巴等国家建立社会主义制度。马克思主义指导的各国无产阶级政党领导人民群众将社会主义从一国实践发展为多国实践，形成包括欧洲、亚洲、拉丁美洲三大洲 15 个国家在内的世界社会主义体系，一度可以和世界资本主义体系相抗衡。在探索适合本国社会主义道路过程中，各国共产党工人党对马克思主义进行多方面丰富与发展。

大事编年

1917 年

1 月 19 日，列宁致函在克拉伦的阿尔曼德，指出她攻击恩格斯为马克思《1848 年至 1850 年的法兰西阶级斗争》写的导言是错误的，信中论述了三种类型的战争。

1 月 30 日，列宁致函在克拉伦的阿尔曼德，详细说明瑞士社会民主党内由于全党表决而出现的形势；赞赏恩格斯的著作《论住宅问题》。

1 月—2 月，列宁在苏黎世继续研究马克思和恩格斯的著作和书信，摘录有关这一问题的重要论点，写下自己的结论。列宁在写《国家与革命》时，利用了这本笔记中的材料。

2 月 2 日，列宁致函在克拉伦的阿尔曼德，说齐美尔瓦尔德派于在奥尔滕召开会议，会议揭露了格里姆的机会主义立场。

2 月 3 日，列宁致函在克拉伦的阿尔曼德，称赞她的关于和平主义的报告提纲，指出最重要的任务是支持和发展各种各样的革命的群众性行动，以便使革命早日到来。

2 月 12 日，列宁致函在日内瓦的拉维奇，感谢她来信介绍了瑞士社会民主党日内瓦组织的情况；指出瑞士左派的困难和弱点，强调与群众联系的重要性等。

2 月 19 日，列宁致函在克拉伦的阿尔曼德，告知自己在研究马克思主义对国家的态度问题，并打算就这个问题写一篇文章；并对托洛茨基作了评价。

3 月，俄国发生二月（俄历）革命。第一次世界大战末期，俄国社会矛盾极度尖锐，广大人民迫切要求推翻沙皇专制制度，尽快结束帝国主义战争。1917 年 1 月 9 日，为了纪念 1905 年的“流血星期日”，彼得格勒、莫斯科等地的工人举行了大规模的罢工示威。3 月 10 日，这一行动发展为彼得格勒全市政治总罢工，提出“打倒沙皇”“打倒战争”等口号。11 日，武装工人武装起义。12 日晚，彼得格勒士兵代表苏维埃宣布成立，各地工人和士兵相继摧毁沙皇地方政权建立苏维埃。统治俄国三百多年的罗曼诺夫王朝被推翻，俄国二月资产阶级民主革命取得了胜利。然而资产阶级在孟什维克和社会革命党人的帮助下成立了临时政府，因而二月革命后俄国形成工兵代表苏维埃和资产阶级临时政府两个政权并存的局面。二月革命胜利为俄国进行社会主义革命创造了有利的条件。

3 月 4 日，列宁致函柯伦泰指出必须帮助瑞典左派认清社会和平主义和考茨基主义的庸俗见解，认清齐美尔瓦尔德多数派的卑鄙行为，帮助他们为自己制定新政党的纲领和策略。

3 月 15 日，列宁获悉二月革命取得胜利，决定立即回国。

3 月 16 日，列宁写信给柯伦泰，指出二月革命的国际意义，以及二月革命后布尔什维克面临的任务和应采取的策略。

3 月 18 日，列宁早晨抵达瑞士的拉绍德封。下午 2 时，在工人俱乐部做关于巴黎公社和俄国革命发展前景的报告《俄国革命会走巴黎公社的道路吗？》。

3 月 20 日，列宁开始为《真理报》撰写一组文章，总标题为《远方来信》。写《远方来信。第一封信。第一次革命的第一阶段》。

3 月 31 日，列宁打电报告诉格里姆，布尔什维克接受关于俄国政治流亡者取道德国回国的建议，请他立即同德国驻瑞士公使进行交涉，并告结果。

4 月 6 日 -8 日，德国社会民主党内反战议员在哥达召开会议，正式成立了反战的德国独立社会民主党，从社会民主党中分离了出去，考茨基为此被免去《新时代》主编职务。

4 月 7 日，列宁在伯尔尼民众文化馆同左派社会民主党人代会商俄国政治流亡者取道德国回国事宜，向他们说明情况。与会代表传阅了关于取道德国回国的过境谈判议定书，共同起草并签署了一项声明指出，俄国同志不仅有权而且应当利用提供给他们的机会返回俄国。

4 月 9 日，列宁同克鲁普斯卡娅一起离开伯尔尼去苏黎世。到苏黎世以后，同准备回国的同志举行筹备会议。列宁第一个在取道德国回国人员的具结书上签字。下午，列宁夫妇同一批俄国政治流亡者一起离开苏黎世回国。

4 月 13 日，列宁上午抵达斯德哥尔摩中央车站。在车站上，列宁接见瑞典《政治报》记者回答了提问，并把关于这次回国情况的正式公报交给《政治报》发表，这份公报刊登在 1917 年 4 月 14 日《政治报》第 85 号头版，标题为《俄国革命者取道德国回国。集体公报》。

4 月 16 日，列宁晚 11 时许抵达彼得格勒芬兰车站，受到热烈欢迎。列宁站在装甲车上向欢迎群众发表演说，他向俄国革命无产阶级和革命军队致敬，号召他们为社会主义革命进行斗争。

4 月 17 日，列宁回到彼得格勒，在塔夫利达宫出席全俄工兵代表苏维埃会议的布尔什维克代表的会议上做《论无产阶级在这次革命中的任务》（又称《四月提纲》）的报告，阐述了自己的提纲。

4 月 17 日和 18 日，列宁写《论无产阶级在这次革命中的任务》，《四月提纲》

就包含在这篇文章中。

4 月 17 日，列宁开始主编布尔什维克党中央机关报《真理报》。

4 月 18 日，列宁写《两个世界》，揭露和驳斥资产阶级报刊在政治流亡者取道德国回国问题上对布尔什维克党的无耻诽谤。

4 月 19 日，列宁出席俄国社会民主工党中央委员会会议讨论《四月提纲》。列宁批评了加米涅夫在关于俄国革命的性质和前途以及党的任务的问题上所持的机会主义立场。

4 月 23 日，列宁出席俄国社会民主工党中央委员会会议。会上列宁批评加米涅夫，捍卫《四月提纲》的基本论点。

4 月 27 日—5 月 5 日，俄国社会民主工党（布）彼得格勒市第一次代表会议在克舍辛斯卡娅公馆举行。

4 月 27 日，列宁出席俄国社会民主工党（布）彼得格勒市第一次代表会议第一次会议，当选为大会名誉主席。会上，列宁做关于目前形势和对临时政府的态度的报告及总结发言。

4 月 28 日，列宁出席俄国社会民主工党（布）彼得格勒市第一次代表会议第二次会议。列宁两次发言捍卫自己起草的关于对临时政府的态度的决议案。会议通过列宁起草的《关于对临时政府的态度的决议》草案。

4 月 29 日，彼得格勒的工人、士兵和水兵举行示威游行，抗议资产阶级报纸诽谤攻击布尔什维克。示威游行群众汇集在克舍辛斯卡娅公馆前。列宁站在阳台上向他们发表演说。

5 月 3 日，列宁参加俄国社会民主工党（布）中央委员会紧急会议，讨论由于临时政府 5 月 1 日照会各盟国引起的政治危机问题。会议通过列宁起草的关于这个问题的决议草案和《告各交战国士兵书》。

5 月 4 日，列宁出席俄国社会民主工党（布）中央委员会会议，讨论当前的政治局势问题。会议通过列宁起草的关于党在临时政府 5 月 1 日致各盟国政府照会引起的政治危机而产生的任务的决议草案。

5 月 6 日，列宁出席俄国社会民主工党（布）第七次全国代表会议（四月代表会议）预备会议，发表关于四月危机的讲话。

5 月 7 日—12 日，俄国社会民主工党（布）第七次全国代表会议（四月代表会议）在女子医学院召开。列宁在代表会议上做关于目前形势的报告的总结发言。

6 月 9 日，霍布斯鲍姆出生于埃及亚历山大港。霍布斯鲍姆后来成为马克思主义历史学家。

6 月 16 日—7 月 7 日，全俄工兵代表苏维埃第一次代表大会在彼得格勒举行。列宁率领布尔什维克代表团出席了大会，并就对临时政府的态度问题和战争问题发表讲话。

6 月 19 日，列宁出席俄国社会民主工党（布）中央委员会、中央委员会军事组织和彼得堡委员会执行委员会联席会议。列宁赞成举行和平游行示威，口号是：反对资产阶级部长，反对同立宪民主党人妥协，政权归苏维埃。

6 月 22 日，列宁出席全俄工兵代表苏维埃第一次代表大会，发表关于战争的讲话，指出临时政府在为资本家的利益继续进行非正义的掠夺战争。

7 月 4 日，俄国发生七月事变。临时政府公开用暴力镇压了工人和士兵的示威，打死、打伤工人和士兵 400 多人，并解除了首都工人的武装，解散了参加示威的军队，捣毁了布尔什维克党中央的所在地及党中央机关报《真理报》编辑部，封闭了布尔什维克的报纸，搜查和逮捕布尔什维克和革命工人。同时下令逮捕列宁，布尔什维克被迫转入地下进行斗争。

7 月 18 日—11 月 6 日，列宁处于地下状态，同党中央保持密切联系，指导党的活动，继续为各家布尔什维克报纸撰稿，研究社会主义革命最重要的理论问题，领导武装起义的准备工作。

7 月 19 日，列宁出席在“俄国雷诺”工厂警卫室举行的俄国社会民主工党（布）彼得堡委员会执行委员会会议，讨论停止政治总罢工问题。

7 月 23 日—8 月 21 日，列宁起初匿居在叶梅利亚诺夫家，不久搬到叶梅利亚诺夫在拉兹利夫湖对岸搭起的窝棚里，装成一个芬兰割草人。通过党中央委派的人同党中央保持联系。撰写《国家与革命》一书。

7 月 23 日，列宁写《政治形势》，分析七月事变后反革命取得国家政权、小资产阶级政党彻底叛变、无产阶级和布尔什维克党遭到镇压的急剧变化的政治形势，明确提出布尔什维克党的准备举行武装起义夺取政权的新的策略路线。

7 月 26 日—27 日，俄国社会民主工党（布）中央委员会举行扩大会议，讨论列宁的《政治形势》。会议的决议反映了列宁关于新的政治形势和党的策略的结论。

7 月，列宁写《论口号》，说明在实际政权已经转到军事独裁者手中以后，“全部政权归苏维埃！”这个革命和平发展的口号已经不正确了，用和平的方法已经不可能取得政权，唯一的办法就是进行坚决的斗争，战胜实际的执政者。

8 月 8 日—16 日，俄国社会民主工党（布）第六次代表大会举行。列宁处于地下状态，不能出席大会，只能从隐藏地通过党中央特派人员同彼得格勒保持联系，领导大会的工作。代表大会选举列宁为名誉主席并写信慰问。

7月—9月，列宁撰写《国家与革命》以及该书的提纲和纲要。

8月23日—10月20日，列宁隐藏在芬兰。继续写作《国家与革命》，给布尔什维克报刊写文章，秘密会见芬兰革命运动的一些领导人。

9月12日，列宁写信给俄国社会民主工党（布）中央委员会，认为科尔尼洛夫叛乱以后形势变化了，党的策略也要随之改变。

9月14日和16日，列宁写《论妥协》，指出在科尔尼洛夫叛乱被平定以后，在俄国革命进程中再一次出现革命和平发展的可能性，为了利用这种可能性，认为布尔什维克可以而且应当与其他政党实行妥协。

9月28日，俄国社会民主工党（布）中央委员会会议讨论列宁的信《布尔什维克应当夺取政权》和《马克思主义和起义》。

9月底—10月14日，列宁写《布尔什维克能保持国家政权吗？》和后记，发表在10月《启蒙》杂志第1—2期，并于同年出版单行本。

10月13日，列宁写《告工人、农民、士兵书》，号召推翻克伦斯基政府，把全部政权交给工兵代表苏维埃。

10月14日，列宁写信给中央委员会、莫斯科委员会、彼得堡委员会以及彼得格勒、莫斯科苏维埃布尔什维克委员，号召立刻举行起义。

10月20日，列宁从维堡秘密回到彼得格勒。俄国社会民主工党（布）彼得格勒第三次全市代表会议开幕，列宁被选为名誉主席。这次代表会议对于准备十月武装起义具有重大意义。

10月23日，列宁处于地下状态三个月以后第一次参加俄国社会民主工党（布）中央委员会的会议；做关于目前形势的报告；提出关于武装起义的决议案，由中央委员会通过。在这次会议上，成立了以列宁为首的由七人组成的中央政治局，对起义进行政治领导。

10月29日，列宁出席俄国社会民主工党（布）中央委员会扩大会议；就中央委员会10月23日会议通过的关于武装起义的决议作报告；在讨论时三次发言，坚持党所采取的立即准备武装起义的方针，批驳了季诺维也夫和加米涅夫反对立即举行起义的理由。

11月6日，俄国社会民主工党（布）中央在早晨举行紧急会议，要求所有中央委员留在斯莫尔尼宫。会议听取了军事革命委员会关于最近情况的报告，要求各中央委员分工负责领导起义的各个重要岗位。列宁未能出席会议，写便条一再请求中央准许他去斯莫尔尼宫。深夜，列宁来到起义领导中心斯莫尔尼宫，领导彼得格勒的工人、士兵和水兵的武装起义。

11月7日，列宁以军事革命委员会的名义起草《告俄国公民书》，宣告临时政府已被推翻，政权转到军事革命委员会手中。同日下午，出席彼得格勒工兵代表苏维埃会议。军事革命委员会向会议报告：起义军民已经推翻临时政府，革命取得胜利。会上，列宁作《关于苏维埃政权的任务的报告》。

11 月 8 日，列宁出席全俄工兵代表苏维埃第二次代表大会布尔什维克党团的会议，会议讨论了苏维埃政府的组成问题。

同日晚 7 时，列宁出席俄国社会民主工党（布）中央委员会会议（左派社会革命党代表应邀列席会议）。鉴于左派社会革命党代表拒绝参加苏维埃政府，会议决定完全由布尔什维克组成政府，提出政府成员的人选。

同日晚，列宁出席全俄工兵代表苏维埃第二次代表大会会议，作《关于和平问题的报告》《关于和平问题的报告的总结发言》和《关于土地问题的报告》。大会讨论并通过列宁起草的《和平法令》《土地法令》和《关于成立工农政府的决定》。大会宣布组成世界上第一个工农政府——以列宁为首的人民委员会。列宁当选为全俄工兵代表苏维埃中央执行委员会委员。

11 月 8 日，列宁出席彼得格勒工会和彼得格勒工厂委员会中央理事会工作人员联席会议。会议研究了工人监督法令的几个草案，最后采纳列宁提出的草案作为制定工人监督法令草案的基础。

11 月 9 日，人民委员会第一次会议讨论并通过列宁起草的《工人监督条例草案》，批准《出版法令》和《政府关于如期召开立宪会议的决定》。

同日下午，俄国社会民主工党（布）中央委员会、人民委员会和军事革命委员会成立以列宁为首的委员会来直接领导各个组织保卫彼得格勒，平息克伦斯基—克拉斯诺夫的反革命叛乱。

11 月 11 日，全俄中央执行委员会布尔什维克党团会议讨论全俄铁路工会执行委员会提出的建立所谓“清一色的社会党人政府”的建议。列宁讲话批评建立“清一色的社会党人政府”的妥协政策。

11 月 14 日，列宁出席俄国社会民主工党（布）彼得堡委员会会议，发表讲话阐明苏维埃政权的实质，揭露加米涅夫和季诺维也夫要求在建立“清一色的社会党人政府”问题上同孟什维克和社会革命党人妥协的投降立场。

11 月 27 日，列宁签署《工人监督条例》；签署人民委员会致各交战国政府和人民书，吁请各交战国政府参加苏维埃俄国同德奥同盟各国定于 1917 年 12 月 2 日举行的停战谈判。

12 月 24 日，葛兰西在《前进报》米兰版发表《反对〈资本论〉的革命》。文章认为十月革命在不同于《资本论》的结论（社会主义革命首先在先进的资本主义国家发生）的情况下取得了胜利，宣告第二国际庸俗经济决定论的破产。

12月24日，俄国社会民主工党（布）中央委员会会议讨论布尔什维克立宪会议党团内部的右倾机会主义情绪问题。列宁建议撤销布尔什维克立宪会议党团临时委员会，阐明党中央对立宪会议的态度。

1918年

1月5—6日，阿根廷社会党左派在首都布宜诺斯艾利斯召开代表会议，决定组建阿根廷国际社会党。这是拉丁美洲地区最早建立的共产主义政党。

1月18日，列宁出席布尔什维克立宪会议党团会议。会议宣读列宁起草的《被剥削劳动人民权利宣言》，并且通过决定：如果立宪会议于当天开幕时不通过这个宣言，全体布尔什维克代表就退出立宪会议。

1月18日，俄国立宪会议开幕，715名当选代表中410人出席，社会革命党人切尔诺夫当选为立宪会议主席。会议多数拒绝讨论全俄中央执行委员会提出的批准《被剥削劳动人民权利宣言》的建议，拒绝批准全俄工兵代表苏维埃第二次代表大会关于和平的法令、关于土地的法令和政权归苏维埃的法令，布尔什维克党团当即退出了会议。

1月19日，列宁出席全俄中央执行委员会会议，发表关于解散立宪会议的讲话。会议批准列宁起草的《解散立宪会议的法令草案》。

1月23日，全俄工兵农代表苏维埃第3次代表大会在彼得格勒召开。大会宣布俄国为俄罗斯苏维埃联邦社会主义共和国。

1月27日，芬兰爆发无产阶级革命。

3月3日，苏俄与德国及其盟国签订了《布列斯特——里托夫斯克和约》。

3月6日—8日，俄国社会民主工党（布）第七次代表大会在彼得格勒召开。大会通过了接受《布列斯特和约》的决议，并提交苏维埃代表大会批准。大会还通过决议，把俄国社会民主工党（布）改名为俄国共产党（布尔什维克），简称俄共（布）。

3月，列宁《国家与革命》由生活和知识出版社出版。本书全面地总结了1848—1917年间马克思主义国家学说的发展历程，并根据新的革命经验发展了马克思主义的国家学说，科学地阐明了无产阶级专政在由资本主义过渡到共产主义整个历史时期中的作用，精辟地分析了国家消亡和经济基础变化的关系。

3月—8月，俄国苏维埃政权进行反对外国武装干涉和国内反革命叛乱的斗争。

4月4日，列宁参加党中央委员和“左派共产主义者”集团举行的联席会议。列宁就国家资本主义问题发言，指出必须利用托拉斯组织者的经验。

5 月 5 日，列宁写《论“左派”幼稚性和小资产阶级性》，刊登在《真理报》第 88、89 号和 90 号。

夏季，战时共产主义政策实施。

7 月 27 日，安东尼奥·葛兰西《俄国的乌托邦》刊发于《人民呼声》报。

8 月 29 日，芬兰共产党成立。侨居苏俄的芬兰革命者联合国外的芬兰社会主义组织在莫斯科召开芬兰社会民主党国外组织代表会议，宣布成立芬兰共产党。

8 月 30 日，列宁在位于莫斯科米海尔松工厂工人集会上发表讲演后在这家工厂的大门口遇刺，身中 3 颗子弹。

8 月，考茨基《无产阶级专政》发表小册子，把对布尔什维克的攻击升级到新阶段。

9 月，卢森堡在狱中写《俄国革命》，阐述对俄国革命的观点，但直至出狱尚未写完。该书 1922 年由保尔·列维根据抄本首次出版，书名为《俄国革命。批判的评价》。

10 月 16 日，阿尔都塞出生于阿尔及利亚的阿尔及尔附近的比曼德雷小镇。阿尔图塞以结构主义解释马克思的著作与思想发展，是结构主义马克思主义代表人物。

10 月底，列宁签署俄共（布）中央委员会《给德国“斯巴达克派”和德意志奥地利共产党的信》。

11 月初，列宁接见无政府主义著名活动家和理论家克鲁泡特金，同他谈革命恐怖手段问题。

11 月 1 日，列宁在法文版《国家与革命》出版者前言中批判了考茨基和王德威尔得。

11 月 3 日，奥地利共产党成立。

11 月 3 日，德国基尔港的水兵反对同英国舰队作战，举行起义，建立全德第一个工兵代表苏维埃，揭开十一月革命的序幕。革命浪潮迅速席卷全国，柏林、汉堡、不来梅、莱比锡和慕尼黑等地工人和士兵奋起斗争，成立工兵代表苏维埃。德国“十一月革命”是以无产阶级为主体的群众革命运动。由于右翼社会民主党人的反对和缺乏一个独立的革命政党的领导，革命遭到失败。

11 月 6 日以前，列宁多次就共产主义和共产主义革命等问题同俄共（布）匈牙利组主席库恩·贝拉谈话。

11 月 20 日，匈牙利共产党成立。

11 月，列宁《无产阶级革命和叛徒考茨基》由共产党人出版社出版。这是列宁针对批驳考茨基《无产阶级专政》的小册子而写的。列宁针对考茨基的攻击，指出无产阶级专政是马克思主义的精髓；列宁运用大量的事实论证了“民主”“平等”“自由”的阶级性质，驳斥了考茨基。

12 月 16 日，波兰共产主义工人党成立。

12 月 29 日，斯巴达克同盟在柏林召开全国会议，决定建立一个独立的党，并于 30 日至 1919 年 1 月 1 日在柏林召开了德国共产党（斯巴达克同盟）建党代表大会。卢森堡做了关于党纲问题的报告。大会决定以她起草的《斯巴达克同盟要求什么》作为党纲的基础。

本年

布洛赫《乌托邦的精神》出版。本书书混合了弥赛亚主义、社会主义和改造过的黑格尔主义。

梅林《马克思传》正式出版，这是第一部全面介绍马克思生平的传记。

1919 年

1 月 15 日，德国共产党创始人李卜克内西和卢森堡被捕后被杀害。

1 月 24 日，俄共（布）中央委员会、波兰共产主义工人党国外局、匈牙利共产党等 8 个党和组织的代表签署，并向 39 个共产党和组织发出召开新的国际第一次代表大会的邀请书，提出了所要建立的新的国际的行动纲领。

1 月 28 日，梅林因肺炎医治无效逝世。 梅林（1846—1919 年）他是德国社会民主党左派领袖和理论家，他的《马克思传》是第一部全面介绍马克思生平的传记。

2 月 3—10 日，原第二国际 26 个国家社会民主党右翼代表在瑞士的伯尔尼召开会议，决议恢复第二国际，被称为伯尔尼国际。

2 月 5 日，列宁同法国《时报》记者路易·诺多谈话，表示愿意同资本主义国家建立外交关系、调整经济关系，还谈到未来社会主义运动等问题。

2 月，列宁写《共产国际第一次代表大会议程草稿》《对〈第三国际基本原则〉提纲的意见》和《新党纲的特点》。

3 月 2—6 日，共产国际第一次代表大会在莫斯科召开。有来自 21 个国家的 35 个政党和团体的 52 名代表参加。大会通过了《告国际无产阶级宣言》《共产国际行动纲领》等文件，宣告第三国际成立。大会选出执行局作为共产国际的领导机关。季诺维也夫当选为共产国际执委会主席。共产国际又称第三国际，它实际上是统一的世界共产党组织，各国共产党是它的支部。

3 月初，列宁接见以中国工人组织领导者的身份受邀列席共产国际第一次代表大会的华人刘泽荣。在3月5日的第四次全体会议上，刘泽荣做了发言。

3月18—24日，俄共（布）第八次代表大会召开，选举新的中央委员会。

3月21日，匈牙利社会民主党与共产党举行会谈，决定在承认无产阶级专政的条件下两党合并，改称匈牙利社会党，并签订了建立苏维埃政权的协议。共产党人库恩·贝拉领导建立匈牙利苏维埃政府后，采取了一系列激进的革命措施。乔治·卢卡奇出任匈牙利共和国的人民教育委员。后来右翼社会民主党人背叛革命，匈牙利苏维埃共和国存在了130多天，在国内外反革命势力的夹击下被扼杀。

4月13日—5月1日，德国巴伐利亚苏维埃共和国成立。

4月15日，列宁为《共产国际》杂志创刊号撰写《第三国际及其在历史上的地位》。

4月20—25日，塞尔维亚、克罗地亚、斯洛文尼亚社会主义工人党第一次统一代表大会在贝尔格莱德举行。大会通过关于成立统一的南斯拉夫社会主义工人党（后来改名为南斯拉夫共产党。1955年又改名为南斯拉夫共产主义者联盟）和关于南斯拉夫社会主义工人党加入共产国际的决议。

5月25日，保加利亚共产党成立。

6月28日，列宁写完小册子《伟大的创举（论后方工人的英雄主义。论"共产主义星期六义务劳动"）》。

7月14日，列宁写《论第三国际的任务（拉姆赛·麦克唐纳论第三国际）》。

8月，列宁写《论粮食自由贸易》。

9月14日，墨西哥共产党成立。

10月28日，列宁致函洛里欧同志和所有参加第三国际的法国朋友，指出共产党员必须反对任何形式的机会主义。

10月30日，列宁写《无产阶级专政时代的经济和政治》，11月7日发表于《真理报》和《共和国你》杂志。本文从理论上总结了苏维埃俄每两年来对无产阶级专政实践的经验教训，论述了过渡时期的特点和必要性。

10月，布哈林、普列奥布拉任斯基著《共产主义ABC》出版，此书原名为《共产主义入门》。

11月7日，列宁写作《无产阶级专政时代的经济和政治》。

11月9日，丹麦左派社会主义党成立。

11月17日，荷兰共产党成立。

11月19日，列宁第二次接见旅俄华工联合会会长刘绍周（刘泽荣），同他谈中国革命、中国工人生活和联合会的工作等问题。

是秋，列宁参与编制斯维尔德洛夫共产主义大学的教育大纲，同意在大纲中加入自然科学的课程，强调不掌握自然科学原理就不能成为一个好的唯物主义者。

12 月 2 日—4 日，俄共（布）第八次全国代表会议召开。

12 月 5 日，全俄苏维埃第七次代表大会召开。

12 月 16 日，列宁写完《立宪会议选举和无产阶级专政》。

本年，意大利共产党《新秩序》周刊在意大利都灵创刊，由葛兰西、陶里亚蒂等编辑。

约翰·里德报告文学集《震撼世界的十天》出版。这是他于 1917 年访问俄国后，写的关于十月革命的著作。

1920 年

1 月 2 日，美国共产主义劳工党和美国共产党均被美国当局宣布为非法，70 个城市的共产党人遭到大逮捕，两党被迫转入地下。

3 月 29 日—4 月 5 日，俄共（布）第九次代表大会在莫斯科召开。大会研究了从军事斗争转向恢复和发展国民经济的问题。大会还做出了关于出版《列宁全集》的决定。

3 月—4 月，列宁写《论妥协》。

4 月 15 日，西班牙共产党成立。

4 月 27 日，列宁写成《共产主义运动中的“左派”幼稚病》一书（增补部分 于 5 月 12 日写成）。

4 月，意大利都灵工人为反对企业主企图限制工厂委员会的权利，在左派社会党人安东尼奥·葛兰西和陶里亚蒂等人领导下举行总罢工。

5 月 23 日，印度尼西亚共产党成立。

5 月，布哈林《过渡时期经济学》由莫斯科国家出版社出版。作者分析资本主义社会转变为社会主义社会的主要规律，揭示过渡时期经济的基本特点。

6 月 5 日，列宁为共产国际第二次代表大会草拟《民族和殖民地问题提纲初稿》。

6 月，列宁《共产主义运动中的“左派”幼稚病》出版。书中总结了俄国三次革命和苏维埃国家成立初期的经验，阐述了马克思主义关于策略问题的一系列重要原理，指明了领袖、政党、阶级、群众之间的关系，剖析了“左倾”思潮的表现及其危害，为各国共产党人克服小资产阶级片面性指明了方向。

7 月 5 日，列宁读到意大利社会党都灵支部给该党全国委员会的报告的译文

（报告由葛兰西起草《为了社会党的革新》），在译文上批示必须在共产国际第二次代表大会以前在《共产国际》杂志上或以专页的形式发表这篇报告。

7 月 19 日至 8 月 7 日，共产国际第二次代表大会在苏联莫斯科召开。列宁出席第一次会议被选为代表大会主席团常务委员，做了关于国际形势和共产国际基本任务的报告。大会通过列宁关于《民族和殖民地问题提纲》。

7 月 25 日，列宁主持共产国际第二次代表大会民族和殖民地问题委员会会议。会议就落后国家资产阶级民主运动和落后国家能否避免资本主义发展阶段等问题展开热烈讨论。

7 月，刘泽荣代表俄共（布）华员局列席共产国际第二次代表大会，并第三次被列宁接见。

9 月 1—7 日，共产国际在俄国巴库召开东方各民族代表大会。中国、印度、土耳其、波斯等国 32 个民族的 1891 名代表出席。大会发表了对东方民族的宣言，号召他们团结起来展开反对帝国主义的革命斗争。大会还通过了《告欧美劳动者宣言》，阐述了东西方反帝斗争的相互依存关系。

9 月 22—25 日，俄共（布）第九次代表会议在莫斯科举行。列宁作政治报告，阐述了同波兰缔结和约与准备彻底粉碎弗兰格尔白卫军的问题。在《关于党的建设的当前任务》的决议中，对于发扬党内民主、巩固党的团结和纪律、开展苏维埃机关中反官僚主义斗争等方面规定了一系列实际措施。

10 月 17 日，印度共产党成立。

10 月 30 日，澳大利亚共产党成立。

11 月 2 日，列宁接见中国军事外交使团团长张斯麐将军，同他进行友好的谈话，认为中国军事外交使团的来访是与苏维埃俄国接近的一个步骤，相信这种关系会巩固起来，因为反对帝国主义压迫的共同目的把中国和俄罗斯联结在一起。

11 月 2-6 日，全俄工会第五次代表会议在莫斯科举行。会上出现了俄共（布）党内关于工会问题的争论。托洛茨基认为工会的主要任务是组织和管理生产；列宁认为工会是共产主义的学校；布哈林认为两种职能都有。该争论一直延续到 1921 年 3 月，俄共（布）十大对这场争论做了总结。

12 月 4—7 日，德国共产党（斯巴达克同盟〉和德国独立社会民主党在柏林召开两党合并代表大会。大会决定取消独立社会民主党，建立统一的共产党。恩斯特·台尔曼当选中央执行委员会领导。大会通过了加入共产国际的决议。

12 月 22 一 29 日，全俄苏维埃第八次代表大会在莫斯科召开。列宁代表全俄中央执行委员会和人民委员会做关于国内外政策的报告。

12 月 25—30 日，法国社会党在图尔举行代表大会，以福罗萨和马赛尔·加香为首的多数派经过斗争，决定加入共产国际。次年 5 月改称法国共产党。

12 月，俄国开始出版二十卷（二十六册）的《列宁全集》。

1921 年

1 月 1 日，葛兰西任《新秩序报》报社社长。

1 月 2 日，在十月革命的影响下，卢森堡社会工人党内的左翼革命派在尼德尔科尔创建共产党，同年加入共产国际，创始人是倍贝纳德·泽浓等。

1 月 16 日，《真理报》发表托洛茨基与布哈林共同签署的工会问题提纲《论工会的任务与结构》，提出所谓“工会国家化”的纲领。

1 月 21 日，意大利社会党在里窝那召开第 17 次代表大会。会上，左派要求无条件加入共产国际，并把改良主义派开除出党，最高纲领派主张加入共产国际，但反对把改良派开除出党。大会表决时最高纲领派获胜，左派退出大会，宣布脱离社会党，并于当天在莱亨召开大会，宣布成立意大利共产党。这也是意大利共产党第一次代表大会。葛兰西、陶里亚蒂参加大会并被选为中央委员。

1 月，俄共（布）中央委员会将 1920 年通过决议建立的马克思主义博物馆改称马克思恩格斯研究院。1919 年，达维德·梁赞诺夫在社会主义学院图书馆内部组织了“马克思主义史研究室”，这是马克思恩格斯研究院的雏形。1922 年 6 月，马克思恩格斯研究院正式成为一家独立的研究机构。研究院 1923 年开始着手拍摄保存在德国社会民主党档案中与个别领导人那里的马克思和恩格斯遗著。研究院 1925 年将《自然辩证法》第 1 次出版，1932 年将《德意志意识形态》第 1 次全文出版。研究院 1931 年与列宁研究院合并。

2 月 8 日，列宁给中央政治局会议写了《农民问题提纲初稿》，建议用粮食税代替余粮收集制，允许农民自由地“运用其纳税以外的余粮”。

2 月 11 日，列宁签署教育人民委员会关于筹建红色教授学院的法令。该学院于 1921 年 10 月 3 日正式创建，与斯维尔德洛夫共产主义大学、东方劳动者共产主义大学一起，成为苏俄培养党政干部的摇篮。

2 月 22—27 日，德、法、意等 13 个国家的中派政党和集团在维也纳召开代表会议，成立了“社会党国际工人联合会”。参加联合会的政党和集团虽在革命工人群众的压力下退出第二国际，但在最重要的问题仍然执行第二国际的机会主义路线，故史称第二半国际（又称维也纳国际）。1923 年，第二半国际与第二国际合并。

2 月 28 日，苏俄海军要塞喀琅施塔得发生反革命叛乱。由农村新来的水兵参加了叛乱，反映了农民对余粮收集制的不满。3 月 18 日，叛乱被红军平定了。

3 月 6 日，葡萄牙共产党成立。1922 年加入共产国际。

3 月 8—16 日，俄共（布〉第十次代表大会在莫斯科召开。通过以实物税代替余粮征集制的报告。大会还讨论从战时共产主义向新经济政策过渡等重要问题，作出了施行新经济政策的决议。

3 月 12 日，新西兰共产党成立。

3 月 21 日，蒙古人民党召开第一次全国代表大会，确定党的宗旨，强调依靠苏俄和接受共产国际的领导。这次大会的召开标志着蒙古人民党的成立。

3 月 23 日，全俄中央执行委员会颁布实施《关于以实物税代替粮食和原料的收集制》的法令，规定农民缴纳粮食税后，可在市场上自由出售余粮。

5 月 8—13 日，罗马尼亚社会党代表大会在布加勒斯特举行。大会决定成立罗马尼亚共产党，参加共产国际。

5 月 14—17 日，捷克斯洛伐克社会民主党左翼在布拉格召开代表大会。大会决定将捷克和斯洛伐克的左翼社会民主党人团结起来，共同组成统一的捷克斯洛伐克共产党。

5 月 26 日，俄共（布）第十次全国代表会议在莫斯科召开。列宁致开幕词，作了《关于粮食税的报告》。列宁指出新经济政策的全部意义，在于在一个小农占优势的国家里采取特殊的办法实现向社会主义的过渡。

5 月，列宁《论粮食税》单行本出版，该著作系统阐述了实行新经济政策的意义、实质和内容。

6 月 3 日，共产国际执行委员会委员马林到达中国上海。与此同时，受国际工会联合会驻赤塔远东书记处派遣的弗兰姆堡和尼科尔斯基也先后到达上海。马林、尼科尔斯基与李达、李汉俊取得了联系，通过交谈了解到中国共产党筹建的情况后，建议及早召开全国代表大会，宣告中国共产党的成立。

6 月 22 日，共产国际第三次代表大会开幕。出席大会的有 52 个国家的 605 名代表。列宁率俄共（布）代表团出席大会，并被选为大会名誉主席。大会讨论了世界经济危机和共产国际的新任务、策略问题等问题。

7 月 3 日，红色（又称赤色）工会国际成立大会（也是第一次代表大会）在莫斯科举行。大会通过了红色工会国际章程，选出领导机构中央理事会和理事会执行局。季米特洛夫被选为宣传委员会委员和中央理事会理事。

7 月 30 日，非洲第一个工人政党南非共产党成立。该党由南非工党左翼“国际社会主义联盟”、社会民主联合会等白人团体组成。

9 月 4 日，比利时工人党左翼和比利时共产主义小组在共产国际帮助下，召开统一代表大会，宣布比利时共产党成立。

10 月 18 日，《真理报》发表列宁《十月革命四周年》。文中指出向共产主义过渡，需要经过国家资本主义和社会主义一系列过渡阶段。

10 月 29 日，列宁在莫斯科省第七次党代表会议上做了《论新经济政策》的报告。报告指出过去所作的退却不够，必须再退却，从国家资本主义转到国家调节商业和货币流通。

12 月 19—22 日，俄共（布）第十一次代表会议在莫斯科举行。列宁因病未能出席这次会议。代表会议讨论了在新经济政策条件下恢复国内经济，主要是恢复大工业的当前任务。

12 月 28—31 日，法国共产党第 1 次代表大会在马赛召开。大会选出了新的中央委员会，福罗萨为总书记。但在中央委员会中，中派得势，并反对共产国际。

本年

共产国际机关刊物《国际新闻通讯》创刊，用法、英、德、俄等多种文字出版。

奥地利社会民主党的右翼首领奥·鲍威尔反对布尔什维克的著作《布尔什维主义还是社会民主主义？》在维也纳出版。

布哈林写成《历史唯物主义——一种社会学体系》。本书是一部通俗的马克思主义理论著作。

1922 年

1 月 21 日，共产国际远东革命组织第 1 次代表大会在莫斯科（后移至彼得格勒）召开。中国、朝鲜、日本等支部的代表 148 人出席了大会。大会讨论了国际形势、民族殖民地问题和共产党人同民族革命政党的合作问题。

本月，苏俄哲学和社会科学月刊《在马克思主义旗旗帜下》在莫斯科创刊。1944 年 6 月停刊。列宁在《在马克思主义旗帜下》杂志第三期发表《论战斗唯物主义的意义》一文，提出新时期马克思主义哲学的任务。

3 月 20—24 日，意大利共产党举行第 2 次代表大会。意大利共产党主要领导人亚马多·波尔迪加在大会上提出了“左”的脱离群众的宗派主义政策，致使后来党在反法西斯斗争中造成重大损失。

3 月 25 日，巴西国内几个共产主义小组在里约热内卢举行代表大会。会上建立了巴西共产党。

3 月 27 日—4 月 3 日，俄共（布）第 11 次代表大会在莫斯科举行。这是列宁最后一次参加的代表大会。列宁为大会致开幕词。斯大林在大会上被选为苏联共产党中央委员会总书记。

4 月 2–5 日，共产国际为争取在第二国际影响下的工人群众，与第二国际和第二半国际在柏林召开 3 个国际的代表会议，讨论"联合行动"问题。由于第二国际和第二半国际的破坏，会议未取得任何成果。

7 月 15 日，日本各地的共产主义小组在共产国际帮助下，在东京秘密召开第 1 次代表大会，成立了日本共产党。日本共产党被接纳为共产国际支部。

8 月 4—7 日，俄共（布）召开第十二次代表会议，提出了"在较短的时期内彻底消灭社会革命党和孟什维克这些政治力量"的任务。

10 月 15 日—19 日，法国共产党在巴黎举行第 2 次代表大会。大会的任务是解决党内争端问题。大会未取得积极成果。各派一致要求由共产国际进行仲裁。

11 月 5 日，共产国际第 4 次代表大会在彼得格勒（9 日起改在莫斯科）召开。列宁参加大会，并于 13 日作了《俄国革命 5 周年和世界革命的前途》的报告，阐述了新经济政策的理论和意义。大会批准了《关于工人阶级统一战线的策略提纲》。

11 月 15 日，列宁《俄国革命五周年和世界革命的前途》发表。

12 月 23—27 日，全俄苏维埃第 10 次代表大会在莫斯科举行。列宁因病未能出席。大会通过《关于建立苏维埃社会主义共和国联盟（简称苏联）的决议》。

12 月 23 日—1923 年 3 月 6 日，列宁在病中口授《给代表大会的信》等书信和文章，在谈到斯大林时，列宁说"斯大林同志当了总书记，掌握了无限的权力，他能不能永远十分谨慎地使用这一权力，我没有把握"，"斯大林太粗暴……我建议同志们仔细想个办法把斯大林从这个职位调开"。

12 月 30 日，苏维埃社会主义共和国联盟首次苏维埃代表大会在莫斯科召开。列宁因病未出席大会，被推为大会的名誉主席。大会决定建立苏维埃社会主义共和国联盟，并通过了苏维埃社会主义共和国联盟成立宣言和条约。最初加入联盟的有：俄罗斯苏维埃联邦社会主义共和国、乌克兰苏维埃社会主义共和国、白俄罗斯苏维埃社会主义共和国和外高加索苏维埃社会主义共和国等 4 个加盟共和国。

本年

科尔施和卢卡奇、佐尔格等参加了法兰克福社会研究所创始人 F・韦尔发起的“第一届马克思主义研究周”，并积极参加了法兰克福学社会研究所的活动。

瞿秋白以《晨报》驻莫斯科特派记者身份，在苏俄实地考察后所写的《饿乡纪程——新俄国游记》《赤都心史》由上海商务印书馆出版。这是中国人第一次关于列宁和苏俄的社会主义实践的直接考察。

河上肇《社会组织与社会革命》出版。本书分析了十月革命后苏俄社会主义的组织与建设。

麦克斯·阿德勒出版《马克思主义的国家观——论社会学方法和法学方法的区别》。

萨拉比扬诺夫《历史唯物主义》在莫斯科出版。

罗莎·卢森堡《俄国革命》出版。

1923 年

1 月 2 日至次月 9 日，列宁口授《论合作制》《宁肯少些，但要好些》等最后的 5 篇论文。列宁在这些论文中对当时的国际形势作了深刻分析，确定了布尔什维克党带有根本性的战略和策略路线，提出了在苏联全面建设社会主义的设想和计划，提出革命辩证法是马克思主义中有决定意义的东西，总结俄国革命经验，对俄国社会主义建设作出新的探索。

1 月 28 日—2 月 1 日，德国共产党在莱比锡举行第 8 次代表大会。以台尔曼为首的马克思列宁主义派同布兰德勒—塔尔海默集团的机会主义在会议上进行了斗争。

2 月 2—5 日，捷克斯洛伐克共产党在布拉格举行第 1 次代表大会。大会接受了共产国际提出的建立“统一战线”和“工人政府”的方针。

3 月 9 日，由中风引起的右侧瘫痪和语言障碍，迫使列宁离职。列宁自 1922 年 5 月第一次患中风病以来，病魔一直在折磨着他。

4 月 1 日，原处于地下的美国共产党恢复合法地位，并宣布同公开的美国工人党合并。1925 年改称美国工人（共产）党。鲁登堡任总书记。

4 月 17—25 日，俄共（布）第 12 次代表大会在莫斯科举行，列宁因病未能出席。大会通过《关于工农检察院和中央监察委员会的任务》的专门决议。在 4 月 26 日召开的中央委员会第 1 次全会上，选举斯大林为中央书记处总书记。

5 月 21 日，第二国际和第二半国际在德国汉堡举行统一代表大会，宣布两个组织合并，改名为“社会主义工人国际”。

5 月，列宁《论合作制》出版。该书论述了无产阶级专政条件下合作社的性质，提出了俄国农业社会主义改造的纲领。

6月28日，德拉戈斯拉夫·马尔科维奇出生。他是南斯拉夫哲学家，实践派代表人物之一。

7月，西班牙共产党在马德里召开第2次代表大会。大会提出要警惕出现反动统治的危险，号召劳动者团结起来。

7月6日，苏维埃社会主义共和国联盟中央执行委员会举行会议，批准共和国联盟宪法，选举了共和国联盟人民委员会。列宁当选为人民委员会主席。

10月8日，托洛茨基致信俄共（布）中央委员会和中央监察委员会，提出党内民主和“官僚化”问题，要求更新党的领导机构。15日，他又召集“工人反对派”“民主集中派”等人开会，讨论并通过致中央政治局的《四十六人声明》，要求重新审查新经济政策以来党的基本路线。

10月23日，在德共领导人台尔曼领导下，汉堡工人发动武装起义。

10月25日，俄共（布）中央委员会和中央监察委员会召开联席全会，讨论托洛茨基给党中央的信和《四十六人声明》，认为“它是派别分裂政策的一个步骤”，中央决定就托洛茨基提出的问题在全党进行讨论。

11月4日，由于挪威工党右派在党内取得优势并决定退出共产国际，左派脱离工党，成立挪威共产党。

11月28日，共产国际执委会主席团通过《关于中国民族解放运动和国民党问题》的决议，分析了中国革命的任务和国民党在中国民族运动中的作用，提出中国共产党、工人、农民应支持国民党的斗争。

12月5日，俄共（布）中央政治局和中央监委主席团召开联席会议，通过《关于党内争论问题》的决议。决议提出关于活跃党内思想生活、改正自己错误、加强集体领导和实现党内民主的原则和措施。

12月8日，托洛茨基在《真理报》发表以《新方针》为题给全党的公开信。俄共（布）中央认为这是一个把矛头指向党中央和分裂党的派别宣言。18日，俄共（布）中央在《真理报》上发表《反对党内斗争尖锐化》的决议，谴责托洛茨基进行派别活动、扩大党内斗争的错误，号召全党加强团结，维护党的统一。

本年

卢奇卡《历史和阶级意识》由柏林马里克出版社出版。该书在马克思主义理论界内外引起了极大的争论，因此卢奇被认为是“西方马克思主义”的奠基人。

科尔施在《社会主义和工人运动史文献》上发表了长篇文章《马克思主义和

哲学》，后来出版单行本。文章分析了第二国际理论家的实证化倾向所导致的“马克思主义的危机”，并从总体性原则出发，重新阐述了马克思主义与哲学的关系。该文一经发表就在德国共产党和共产国际内部遭到激烈的批判。科尔施1926 年 4 月被开除出德国共产党，苏联开始出版二十四卷本的普列汉诺夫著作全集。

1924 年

1 月 1—18 日，俄共（布）第 13 次代表会议在莫斯科举行。会议通过了《关于党内争论总结和小资产阶级倾向》的决议，宣布党内存在以托洛茨基反对派为代表的脱离马克思主义的小资产阶级倾向。

1 月 20—14 日，法国共产党在里昂召开第 3 次代表大会。皮埃尔 · 色马尔被选为党的总书记。

1 月 21 日，列宁在莫斯科附近的哥尔克村逝世，终年 54 岁。列宁（1870—1924 年），伟大的无产阶级革命家、政治家、理论家、思想家。

1 月 26 日—2 月 2 日，全苏苏维埃第 2 次代表大会在莫斯科举行。斯大林在会上发表《悼列宁》的演说。大会决定出版《列宁全集》，将彼得格勒改名为彼得格勒，在莫斯科红场建造列宁墓。大会讨论了政府工作报告，批准了苏联宪法。

1 月，英国工党开始第一次执政。1923 年底，在英国国会的选举中，工党在自由党的支持下，获得多数席位。以拉 · 麦克唐纳为首组成了英国历史上第一个工党政府。

1 月，葛兰西从莫斯科回国。他成为意大利共产党最高领导人，领导意大利共产党与党内以波尔迪加为首的宗派主义集团进行斗争，创办了新机关报——《团结报》。

2 月 3 日，E.P. 汤普森出生于牛津。他是英国著名的马克思主义历史学家、社会主义者。

2 月 17 日，布哈林在共产主义科学院纪念会上做《马克思主义者列宁》的报告，指出作为马克思主义者的列宁的最突出的特性是认清每一种理论体系和理论原理的实践意义。

4 月初，斯大林在斯维尔德洛夫大学作《论列宁主义基础》的演讲。他论述了列宁主义的历史根源、方法理论、无产阶级专政等问题，并给列宁主义下了一个定义：列宁主义是帝国主义和无产阶级革命时代的马克思主义。确切些说，列宁主义一般是无产阶级革命的理论和策略，特别是无产阶级专政的理论和策略。

4 月 17 日，布哈林在莫斯科组织积极分子会议上做《新经济政策和我们的任务》的报告。他指出新经济政策的意义在于利用农民、小生产者、甚至资产阶级的主动性，从而允许私人积累，这样使他们客观上为社会主义国营工业和整个经济服务。

4 月，俄共（布）中央政治理论杂志《布尔什维克》创刊。1952 年改名为《共产党人》。

5 月 23—31 日，俄共（布）第 13 次代表大会在莫斯科举行。大会选出新的中央委员会，斯大林被选为中央书记处总书记。

大会通过决议要求马克思恩格斯研究院筹备出版《马克思恩格斯全集》，就是后来的俄文第一版《马克思恩格斯全集》。1924 年 7 月 7 日，共产国际第五次大会一致通过决议，委托梁赞诺夫进行原文版《马克思恩格斯全集》即 MEGA1 的编辑出版工作。

6 月 17 日—7 月 8 日，共产国际第 5 次代表大会在莫斯科举行。参加大会的有 49 个国家的 60 个组织和 40 个共产党以及其他国际性组织的 510 名代表。大会讨论了使各国党“布尔什维克化”的任务和进一步发展整顿统一战线问题。大会最后选举产生了共产国际执行委员会和主席团。在会上第一次使用了“马克思列宁主义”的提法，以表明列宁对马克思主义的重大发展。

卢卡奇的《历史与阶级意识》、柯尔施的《马克思主义与哲学》在莫斯科召开的共产国际第五次代表大会上受到批评。

8 月，葛兰西根据共产国际执委会提名担任意大利共产总书记。

9 月 16 日，在罗马尼亚共产党人领导下，比萨拉比南部爆发大规模农民起义。起义者组成了革命委员会，宣布成立苏维埃政权。起义很快遭反动当局镇压。

9 月，托洛茨基发表《一九一七年》一书序言《十月的教训》，在党内挑起新的争论。

10 月 24 日，在黎巴嫩工人运动中产生的第一批共产党人召开会议，成立了黎巴嫩人民党。

10 月 30 日—11 月 4 日，捷克斯洛伐克共产党第 2 次代表大会在布拉格举行。大会纠正了上届代表大会的错误，修改党的章程，选出左派占优势的中央委员会。

11 月 8 日，蒙古第一届大呼拉尔在库伦召开。26 日，通过了蒙古的第一部宪法，正式宣布废除君主立宪，成立蒙古人民共和国。

11 月 19 日，斯大林以《托洛茨基主义还是列宁主义？》为题在全苏工会中央理事会共产党党团会议上发表演说。他把托洛茨基主义定义为同列宁主义不相容的思想体系，并指出党的任务就是要埋葬托洛茨基主义。此后，揭露批判托洛茨基的文章充斥报刊。

11 月 30 日，季诺维也夫在《真理报》发表《布尔什维主义还是托洛茨基主义？》。他把托洛茨基主义与布尔什维主义对立起来，认为托洛茨基的《十月的教训》企图修正列宁主义基础。

12 月 17 日，斯大林发表《十月革命和俄国共产党人的策略》，他以托洛茨基的“不断革命论”为靶子，发展了列宁关于社会主义可以在一国首先胜利的论断。

本年

印度尼西亚东印度共产党在巴达维亚郊区举行代表大会。大会决定改名为印度尼西亚共产党，并通过了党的新纲领。

匈牙利共产党领导人拉科西·马加什从国外秘密回国，重新恢复匈共的地下组织，并建立了反对霍尔蒂法西斯统治的领导核心——地下中央委员会。

《德意志意识形态》第一卷第一章《费尔巴哈》由苏共中央马克思恩格斯研究院第一次译成俄文发表，并于 1926 年在《马克思恩格斯文库》第 1 卷中以德文原文发表。1932 年，《德意志意识形态》全书第一次以原文发表于《马克思恩格斯全集》历史考证版（MEGA1）第 1 部分第 5 卷。

卡尔·格律恩堡被任命为法兰克福社会研究所的第一任所长，1928 年由于中风而不得不辞职。1910 年至 1930 年，格律恩在莱比锡出版了《社会主义和工人运动历史文库》，共十五卷。这是登载当时有关社会主义和工人运动历史的专题论文和文献资料的丛刊，收集了那个时期主要马克思主义者的论著。

考茨基出版《唯物主义历史观》。

科尔施发表《第一国际的马克思主义》。

卢卡奇《列宁：对他思想的统一性的研究》出版。

阿斯穆斯《辩证唯物主义和逻辑学》出版。

1925 年

1 月 17 日，俄共（布）中央委员会举行全体会议，揭露托洛茨基的错误言论，决定给予他最严重的警告。

1 月，在共产国际和片山潜的指导下，日本共产党人在中国上海举行代表会议，批判了山川均、赤松克磨等右倾机会主义，通过了重建党的决议。会议后不久由渡边政之辅、市川正一、德田球一等人重建了党的政治局，并出版机关报《无产者新闻》。

1 月，布哈林的论文集《论托洛茨基主义问题》出版。

3 月 12 日，中国杰出的民主主义革命家孙中山在北京逝世。14 日，苏联《真理报》发表俄共（布）中央哀悼孙中山逝世致中国国民党中央执行委员会的唁电。

3 月 21 日—4 月 6 日，共产国际第 5 次执行委员会扩大全会在莫斯科举行。全会提出《共产国际所属各国党布尔什维克化（提纲）》，批评了一些党内存在着不重视理论的现象。全会完全赞同俄共（布〉本年 1 月中央全会通过的《关于托洛茨基言论》的决议。

3 月，波兰共产主义工人党举行第 3 次代表大会。大会决定把波兰共产主义工人党改名为波兰共产党，并选举了新的中央委员会。

4 月 17 日，朝鲜第一批马克思主义小组和共产主义小组举行会议，成立朝鲜共产党，并于 1926 年 3 月加入共产国际。由于日本当局的残酷镇压，该党于 1928 年 12 月宣告解散。

4 月 27—29 日，俄共（布）第 14 次代表会议在莫斯科举行。会议通过了《关于合作社》《关于农业税》等决议，会议批判了托洛茨基的“不断革命”的理论。

5 月 13 日 –20 日，苏维埃社会主义共和国联盟第三次代表大会在莫斯科举行。大会讨论了苏联工业状况、苏维埃建设和红军等问题。

6 月，胡志明在广州成立了越南第一个马克思主义组织越南革命青年同志会。该会成立后，在越南工农群众中传播马克思主义。

8 月 16 日，古巴社会主义工人党左派和若干共产主义小组在布哈瓦那召开第 1 次代表大会，宣布成立古巴共产党。

8 月 21 日，美国工人党（共产党）第 4 次代表大会在芝加哥举行。大会着重讨论了党如何全面地转向工会工作问题，为实现“布尔什维克化”采取措施。

9 月 26—28 日，捷克斯洛伐克共产党第 3 次代表大会在布拉格举行。大会接受独立社会党并入捷共，选举了新的中央委员会。

9 月，季诺维也夫出版《列宁主义（列宁主义研究导论）》。本书以托洛茨基为靶子，全面阐述他对列宁主义的认识。

12 月 1—2 日，法国共产党中央委员会举行扩大全会。全会讨论了在执行工人统一战线策略中的问题和错误。

12 月 18—31 日，联共（布）第 14 次全国代表大会在莫斯科举行。大会批判了季诺维也夫、加米涅夫为首的“新反对派”。决定把党的名称改为苏联共产党（布尔什维克），简称 联共（布）。次年 1 月 1 日举行了第 1 次中央全会，选出了领导机构，斯大林为书记处总书记。

12 月，印度各共产主义小组代表在康普尔市开会，成立了印度共产党中央委员会。

本年

布哈林《到社会主义之路和工农联盟》出版。

恩格斯《自然辩证法》首次在苏联出版。

1926 年

1 月，意大利共产党第三次代表大会在里昂举行，以葛兰西、陶里亚蒂为代表的列宁主义派清算了波尔迪加的宗派主义思想和策略。大会选出以葛兰西为首的新的中央委员会。意大利共产党开始走上独立自主的发展道路。

2 月 11 日—3 月 15 日，共产国际执行委员会第 6 次扩大全会在莫斯科举行。全会讨论的中心问题是各国共产党如何根据共产国际统一战线的策略，争取国际工会运动统一的问题。全会讨论了中国问题，共产国际驻中国代表维经斯基和中共代表蔡和森、李立三出席了会议。3 月 13 日全会通过了《中国问题决议案》，指出中国民族解放运动的基本问题是农民问题。

2 月，斯大林《论列宁主义的几个问题》发表。文中进一步论述了列宁主义的定义、列宁关于社会主义在一国胜利的学说；证论了苏联建成社会主义社会的可能性；把社会主义“一国胜利”与“最终胜利”区分开来，认为一国可以建成社会主义，但不能取得“最终胜利”。

5 月 17 日，南斯拉夫共产党召开第 3 代表大会。大会选出了“革命派”和“改良派”的联合领导机构。不久，党内派别斗争激化，党又处于分裂状态，

6 月 20—26 日，法国共产党第 5 次代表大会在里尔举行。大会根据共产国际执行委员会的建议，讨论了整党运动和统一战线问题。

10 月 14 日，葛兰西以意大利共产党“政治办公室”的名义致信共产国际和联共（布）领导人，希望联共（布）党在同托洛茨基、季诺维也夫和加来涅夫的斗争中，要考虑到列宁建立起来的党的领导作用，考虑到苏联问题的国际性，考虑到无产阶级的国际利益。

10 月 26 日—11 月 3 日，联共（布）第 15 次代表会议在莫斯科举行。托洛茨基在会上发言，反对“一国建成社会主义”的理论。会议通过了《关于联共（布）党内的反对派联盟》等决议。会议号召全党为党的统一，为坚决反对托洛茨基——季诺维也夫联盟而斗争。

10 月，安东尼奥·葛兰西写作《南方问题的一些情况》。

11 月 6 日，反对意大利共产党的“紧急法令”颁布。意大利共产党领导人葛兰西等被法西斯政府逮捕，大批共产党人被流放。意大利共产党被迫转入地下。

11 月 22 日—12 月 16 日，共产国际执行委员会第 7 次扩大全会在莫斯科举行。全会听取了关于国际形势和共产国际的任务，赞同联共（布）党内同托——季反对派所作的斗争。全会决定解除季诺维也夫共产国际主席职务。11 月 30 日，斯大林在中国问题委员会上做了《论中国革命的前途》的报告，12 月 16 日，全会通过了《关于中国状况》的决议，强调指出中国革命要重视农民问题和土地革命，中国革命的特点是武装的革命反对武装的反革命。

12 月，由于共产国际和片山潜的努力，日本共产党第 3 次代表大会召开，重新建立了日本共产党。

本年，卡尔·科尔施帮助创办了反斯大林主义的理论杂志《共产主义政治》，并且组织了德国共产党内的“坚定的左派”组织。

1927 年

1 月 1 日，印度尼西亚共产党在西苏门答腊发动反帝武装起义。起义持续了一个月，最后遭到荷兰殖民统治者镇压。印尼革命进入低潮。

3 月 2 日，美国工人（共产）党总书记鲁登堡逝世，杰伊·洛夫斯顿任党的总书记。1928 年，他抛出“美国例外论”，宣称美国资本主义正在向上发展，不会出现尖锐的阶级斗争。

3 月 25—28 日，捷克斯洛伐克共产党第 4 次代表大会在布拉格举行。大会选出了新的中央委员会。“极左派”伊雷克和波伦在中央书记处拥有决定性的影响，而中央书记处实际上代替中央政治局并推行错误路线。

4 月 21 日，《真理报》发表斯大林《中国革命问题》。文章指出蒋介石的政变表明民族资产阶级已退出革命，为了革命而利用右派的政策已不适用，必须坚决实行把国民党右派驱逐出国民党、在政治上给予消灭干净的政策。

5 月 18—30 日，共产国际执行委员会第 8 次全会在莫斯科举行。24 日，斯大林在会上做《中国革命和共产国际的任务》报告，不指名地批评了陈独秀的右倾机会主义错误，再次提出中国革命的中心问题是农民问题，是武装的革命反对武装的反革命。全会在会议期间先后给中国共产党发出两个紧急指示。

8 月，波兰共产党举行第 4 次代表大会，大会总结了党在对待毕苏斯基分子政变方面所犯的错误，指出这是无产阶级的严重失败。大会制定了同法西斯暴力政策和战争政策进行斗争的纲领。

11 月 10—12 日，由赴苏联参加十月革命 10 周年庆祝典礼的外国工人代表团发起的“苏联之友”世界代表大会在莫斯科举行。出席大会的有来自 43 个国家的 947 名代表。大会通过宣言，号召全世界劳动者用一切手段、一切方式进行斗争，保卫并维护苏联。

12 月 2—19 日，联共（布）第 15 次代表大会在莫斯科举行。大会批准了中央监委 11 月 14 日联席全会作出的关于开除托洛茨基和季诺维也夫两人党籍的决定。斯大林被选为书记处总书记。

12 月 8 日，保加利亚共产党全国代表会议在柏林举行。季米特洛夫在会上作保共中央工作的总结报告。

本年

考茨基《唯物主义历史观》由柏林狄茨出版社出版。

莫斯科出版《马克思恩格斯文库》第三卷，收入《1844 年经济学哲学手稿》的部分内容，题为《〈神圣家族〉的预备著作》。

野吕荣太郎完成《日本资本主义发展史》，1930 年正式出版。此书为日本马克思主义史学的重要著作。

《马克思恩格斯全集》历史考证版试编卷即第Ⅰ部分第 1 卷的上册出版，标志着《马克思恩格斯全集》历史考证版（MEGA1）开始出版。《马克思恩格斯全集》历史考证版也称原文版或国际版，全称是《马克思恩格斯历史考证性全集》。在试编卷的前言中，梁赞诺夫介绍了 MEGA1 将分为四部分出版。第Ⅰ部分包括马克思恩格斯的所有哲学、经济学、历史学和政治学著作，《资本论》除外。这一部分预计有 17 卷。第Ⅱ部分是马克思的经济学代表作《资本论》的大量手稿以及《资本论》的全部准备材料，预计不少于 13 卷。第Ⅲ部分是马克思和恩格斯的通信，预计 10 卷。第Ⅳ部分是关于整部 MEGA1 的详尽的主题和人名索引，共计两卷。后因法西斯主义干扰，到 1935 年，原计划编辑出版 40 卷只出版了 12 卷 13 册（第 1 卷为 2 册）。一般对上述版本简称为“MEGAl”，以示区别后来重新编辑出版的《马克思恩格斯全集》历史考证版“MEGA2”。

1928 年

1 月 17 日，托洛茨基被流放至阿拉木图。

2 月 1 日，日本共产党中央委员会机关报《色旗报》在东京创刊，1946 年 1 月改名为《赤旗报》。

3 月 15 日，日本共产党在日本政府策动的所谓“三・一五”大检举中，遭到第 2 次大规模镇压。10 月，日共总书记渡边政之辅在台湾遭逮捕时牺牲。

3 月 17 日，红色工会国际举行第 4 次代表大会。大会讨论了国际工会运动的当前任务等问题。

6 月 4 日，意大利 37 名共产党人被法西斯“特别法庭”判刑，总刑期为 238 年，葛兰西、乌姆贝尔托·特拉奇尼、斯科奇马罗和党的其他领导人各被判处 20 年徒刑。

7 月 9 日，斯大林在中央全会上发表《论工业化和粮食问题》的讲话，强调新经济政策条件下的阶级斗争，提出了“阶级斗争尖锐化”的观点。

7 月 17 日，共产国际第 6 次代表大会在莫斯科举行。参加大会的代表有 532 名，来自 57 个国家 65 个组织。日本代表片山潜代表日本等支部，向大会宣读了《告中国工农书》，谴责蒋介石背叛革命、捕杀共产党员的暴行，支持中国共产党的革命斗争。大会通过了《国际形势和共产国际的任务》等决议。9 月 1 日，大会选出共产国际执行委员会。

9 月 30 日，布哈林在《真理报》上发表《一个经济学家的札记》，全面阐述了他的市场经济平衡论以及关于社会主义建设的基本主张，对强制推行工业化等主张进行了激烈批评。

10 月 7 日，秘鲁社会党成立大会正式举行。何塞·卡洛斯·马里亚特吉当选为党的总书记。1930 年 5 月 20 日，社会党改称秘鲁共产党。1935 年加入共产国际。

11 月 6 日，南斯拉夫共产党召开第 4 次代表大会。大会谴责了党内派系斗争，大会选举加科维奇为中央书记。

11 月 19 日，斯大林在联共（布）中央全会上发表《论国家工业化和联共（布）党内的右倾》的讲话，强调迅速发展整个工业特别是发展生产资料的生产，是国家工业化的主要基础和关键。

本年

苏联马克思恩格斯研究院编辑的世界上第一部《马克思恩格斯全集》俄文版开始出版，直到 1946 年全部出齐，共二十八卷（三十二册），收载一千二百多篇著作和三千二百多封信件。

卢卡奇起草“勃鲁姆提纲”，提出匈牙利共产党的目标不是建立苏维埃共和国，而应建立不超出资产阶级社会的无产阶级和农民的民主专政，不应对资产阶级民主持“虚无主义”态度，而应用资产阶级民主去代替匈牙利当时的半法西斯政权。由于“勃鲁姆提纲”同共产国际当时的路线相抵触，受到共产国际的公开斥责，说它是“取消主义的提纲”。

罗马尼亚共产党召开第 4 次代表大会。大会批判了党内取消主义的思想倾向，确定了由战争危险而产生的党的任务。

列斐伏尔等人在法国创办刊物《马克思主义杂志》。

鲁宾《关于马克思价值论的论文集》出版。作者强调经济学不再是有关物与物之间的研究，而是变成生产过程中人与人之间关系的研究。

马尔库塞《论历史唯物主义的现象学》发表。作者试图将海德格尔的决断概念与阶级的自觉意识联系起来。

1929 年

1 月 18 日，苏联国家政治保卫局宣布，将托洛茨基驱逐出境。22 日，托洛茨基离开阿拉木图赴土耳其。

1 月 21 日，布哈林在莫斯科举行的列宁逝世 5 周年纪念会上做关于《列宁的政治遗嘱》的报告。报告综述了列宁口授的最后几篇论文的思想，认为这些思想构成了列宁关于苏维埃俄国社会主义建设的“战略和策略的一个大的计划”。

2 月 18—23 日，捷克斯洛伐克共产党第 5 次代表大会在布拉格举行。大会彻底清算了伊雷克集团推行的机会主义路线。大会选举哥特瓦尔德为总书记。

3 月 1—10 日，美国工人（共产）党第 6 次代表大会在纽约举行。毕特尔曼——福斯特派同洛夫斯顿——佩帕尔派在会上进行了激烈的争论。但毫无结果，决定提交共产国际裁决。

4 月 7 日，法国共产党第 6 次代表大会在圣得尼举行。大会宣布必须对“右派和托洛茨基主义倾向”进行无情的斗争，尽一切努力实现基层的统一战线。

4 月 8—13 日，苏联召开全苏马克思列宁主义科学院研究机构会议。会议最后决议谴责机械论者，宣布辩证法派在争论中胜利。两派 1924—1929 之间的争论告一段落。

4 月 23—29 日，联共（布）第 16 次代表会议在莫斯科举行，会议讨论的主要问题是第一个五年计划。

6 月 3—16 日，德国共产党第 12 次代表大会在柏林举行。大会决定把“右倾机会主义分子”布兰德勒和塔尔海默开除出党，并选出以台尔曼为首的新的中央委员会。

6 月 18 日，哈贝马斯生于德国杜塞尔多夫。他是德国哲学家，法兰克福学派第二代代表人物。

6 月，美国工人（共产）党在共产国际帮助下将洛夫斯顿集团开除出党，建立了由福斯待等 4 人组成的美共中央执行书记处，结束了美共从 1923—1929 年党内宗派斗争的局面。

7 月 3-19 日，共产国际执行委员会第 10 次扩大全会在莫斯科举行。全会批判了布哈林和他在共产国际中的追随者，决定撤销布哈林共产国际执行委员会主席团委员和书记的职务。

8 月，西班牙共产党第 3 次代表大会在巴黎召开。大会确定西班牙革命的性质为资产阶级民主革命，革命的任务是反对君主制，进行土地革命。

11 月 10—17 日，联共（布）中央委员会召开全会。全会通过了《关于布哈林集团》的决议，决定撤销布哈林的中央政治局委员职务。

11 月 25 日，布哈林、李可夫和托姆斯基发表声明，表示承认有错误。至此，斯大林在列宁去世后的联共（布）党内的数次斗争中取得最终胜利，斯大林模式开始取代新经济政策。

12 月 5 日，联共（布）中央做出《关于改组工业管理》的决定，工业管理体制向集中化、计划化、行政化方向发展；联共（布）中央政治局成立全盘集体化地区委员会，专门研究有关集体化的问题和制定具体办法。

12 月 21 日，为庆祝斯大林 50 岁寿辰，《真理报》用 8 个版面刊登为斯大林祝寿的文章，把斯大林说成是列宁的唯一助手、唯一继承者，是活着的列宁，对斯大林的造神运动开始。

12 月 27 日，斯大林在马克思主义者土地问题专家代表会议上发表《论苏联土地政策的几个问题》的讲话，批评国民经济各种成分“平衡”论、社会主义建设“自流”论和小农经济“稳固”论，提出要“从限制富农剥削趋向的政策过渡到消灭富农阶级的政策”，强调富农是“集体农庄运动的死敌”。

12 月，英国共产党召开第 11 次代表大会，提出“阶级对抗阶级”的口号。选举哈里·波立特为党的总书记

本年

拉丁美洲各国共产党的第一次代表大会在阿根廷首都布宜诺斯艾利斯召开。出席会议的有阿根廷、墨西哥、巴西等国 14 个共产党组织的 28 名代表。会议为加强拉美各国共产党之间的联系和团结奠定了基础。

奥地利赖希《辩证唯物主义和精神分析》出版。作者试图把马克思主义的社会批判理论和弗洛伊德的心理分析方法综合起来。

格罗斯曼出版《资本主义的积累和崩溃的规律》，引发了马克思主义经济学对资本主义分析的争论。

柯尔施在《社会主义和工人运动史文库》第十四卷上发表《唯物主义历史

观：同卡尔·考茨基的一个争论》，批判考茨基的《唯物主义历史观》一书。

托洛茨基《不断革命》出版。

1930 年

1 月，联共（布）中央通过《关于集体化速度和国家帮助集体农庄建设的办法》的决议，决议确定实行农业全盘集体化。

2 月 3 日，受共产国际的委托，在阮爱国（胡志明）领导下，在香港九龙召开会议，将印度支那共产党、安南共产党、印度支那共产主义联盟 3 个组织合并成为统一的越南共产党。同年 10 月改称印度支那共产党。1931 年全国各级组织悉遭破坏。1934 年在中国澳门成立海外领导委员会，担负临时党中央的任务。

2 月，匈牙利共产党举行第 2 次代表大会。大会通过新的党章，选出了中央领导机关

3 月 2 日，《真理报》发表了斯大林的《胜利冲昏头脑》。文中指出集体农庄运动中出现的偏向和错误，把责任完全推给了下面，没有承担中央“左”的指导思想应该承担的责任。

4 月 30 日，马来亚共产党在森美兰州爪拉庇拉的乡村召开代表大会，宣告共产党成立。

6 月 20 日，美国工人（共产）党第 7 次代表大会在纽约举行。大会选举了新的中央领导机构，决定将美国工人（共产）党改名为美国共产党。

6 月 26 日至 7 月 13 日，联共（布）第 16 次代表大会在莫斯科举行。大会揭露和批判了党内的“右倾反对派”；选出新的领导机构。

7 月 6 日，金日成在伊通县组建了朝鲜革命军，是朝鲜共产主义者的第一个武装军事组织。

7 月 15 日，雅克·德里达出生于阿尔及利亚的埃尔比亚。德里达是哲学家，代表作有《马克思的幽灵》等。

7 月 17 日，哥伦比亚共产党成立。

9 月 28 日，伊曼纽尔·莫里斯·沃勒斯坦出生于美国纽约。沃勒斯坦是新马克思主义代表人物，世界体系理论的主要创始人。

10 月，越南共产党在香港举行会议决定将党名改为印度支那共产党，并通过了党的总书记陈富起草的《资产阶级民主革命大纲》。

11 月 7 日，菲律宾共产党宣告成立。伊万赫利斯塔当选首任党中央书记。

12 月 9 日，斯大林接见苏联哲学和自然科学红色教授学院支部委员会委员，就社会科学和自然科学战线的形势和任务发表谈话，提出要展开全面的批判，

批判的对象有普列汉诺夫、布哈林、梁赞诺夫、德波林等，甚至点了恩格斯的名，宣称“恩格斯也不是全部正确”。这次谈话是 20 世纪 30 年代苏联学术界全面开展大批判和“大清洗”的动员令。

本年

苏联开展批判德波林派的运动，斯大林称德波林为“孟什维克式的唯心主义者”。德波林 1933 年做公开的自我批评。

柯尔施重新出版《马克思主义与哲学》，并补充发表《〈马克思主义与哲学〉问题的现状——一个反批评》一文，对列宁的学说提出非难。书中使用“西方马克思主义”概念，并与“苏联的马克思主义”相对。

霍克海默尔出任法兰克福大学社会研究所所长，提出从现代工业社会的整体进行跨学科的综合研究。

1931 年

1 月 25 日，联共（布）中央委员会通过《关于〈在马克思主义旗帜下〉杂志》的决议，指出杂志在德波林学派把持下，在许多重要问题上滚到孟什维克唯心主义立场上去了。为此，决定撤销原编辑部，组成新编辑部。

2 月 4 日，斯大林在全苏社会主义工业工作人员第 1 次代表会议上做了《论经济工作人员的任务》演说，提出“技术决定一切”的口号。

3 月 5 日，委内瑞拉共产党成立。委内瑞拉首都加拉加斯等地共产主义小组，联合成立了共产党组织委员会。

3 月 8—18 日，全苏苏维埃第 6 次代表大会在莫斯科召开。大会通过了《关于集体农庄建设》的决议，指出计件制应该是“集体农庄中组织劳动的唯一正确方法”。

3 月 25 日，共产国际执行委员会第 11 次全会在莫斯科召开。全会主要讨论世界资本主义经济危机全面爆发后，一些国家革命高潮不断增长，各国党应担负的任务等问题。

3 月，捷克斯洛伐克共产党召开第 6 次全国代表大会。大会拟订了如何在实践中实现“五大”制定的推翻资产阶级政权、建立工人阶级政党的总路线的具体方法手段。

4 月，意大利共产党第 4 次代表大会在德国秘密举行。大会决定把党的力量集中到国内，由路易吉·隆哥等组成国内领导核心。

5 月 2—3 日，菲律宾共产党在马尼拉秘密举行第 1 次全国代表大会。大会选举克里山托·伊凡赫利斯塔为中央总书记。

11 月 3 日，苏联中央执行委员会决定成立马克思恩格斯列宁研究院。

12 月 3—24 日，罗马尼亚共产党第五次全国代表大会在莫斯科召开。

12 月，在中国东北地区进行革命斗争的朝鲜金日成，在明月沟举行会议，提出武装斗争的方针。次年 4 月 25 日，朝鲜人民抗日游击队正式宣告成立，金日成是游击队领导人。

1932 年

1 月 30 日—2 月 4 日，联共（布）第 17 次代表会议在莫斯科召开会议。通过了《关于制定发展苏联国民经济第二个五年计划的指示》的决议。

3 月，西班牙共产党第 4 次代表大会在塞维亚举行。大会批评了布列霍斯集团的宗派主义错误。何塞·迪亚斯和伊巴露丽当选为西班牙共产党中央领导。

3 月，法国共产党第 7 次代表大会在巴黎举行。大会通过了关于加强共产党人在改良主义工人组织中的工作、建立工人阶级统一战线、反对战争威胁等决议。

5 月，共产国际讨论了日本问题，片山潜、野坂参三等日本共产党代表参加讨论。10 月，日共在热海召开全国代表会议。由于特务告密，到会代表全部被捕，日共受到沉重的打击。

8 月 27 日，共产国际执行委员会第 12 次全会在莫斯科召开。全会讨论了关于国际形势和共产属际各支部的任务，关于远东战争和共产党人在反对帝国主义战争中的任务等问题。

8 月 30 日，75 岁高龄的蔡特金在德国国会开幕时发表演说，提醒德国人民要防止法西斯进攻的危险，号召建立全体劳动人民的统一战线，以便击退法西斯主义。

11 月，波兰共产党第 6 次代表大会召开。大会通过的党纲提出了争取波兰劳动人民社会解放和民族解放的斗争任务。

12 月 18 日，伯恩施坦在柏林去世。伯恩斯坦（1850 年—1932 年）是德国社会民主主义理论家，德国社会民主党成员，是改良社会主义的创立者之一。

12 月，丹麦共产党第 13 次代表大会召开。通过这次大会，党在组织上进一步巩固。

本年

英国共产党举行第 12 次代表大会。大会通过的决议指出要克服宗派主义倾向和脱离工人运动的状态，要为建立工人阶级统一战线努力工作。

南斯拉夫共产党中央书记加科维奇被反动当局杀害。共产国际遂指定米兰·戈尔基奇为南共新领导。

马克思的《1844 年经济学哲学手稿》首次在德文本《马克思恩格斯全集》（第三卷）上发表，在西方学术界引起强烈反响。

霍克海默尔提出以开创“新型理论”（即“社会批判理论”）为法兰克福社会研究所的新方向，并创办《社会研究杂志》在德国莱比锡出版。

马尔库塞《黑格尔存在论与历史性理论》出版。本书对黑格尔所作的阐释虽受海德格尔影响，但主要是依据黑格尔与马克思主义的劳动概念来处理历史问题。

卡尔·科尔施发表《〈资本论〉导言》。

河上肇《资本论入门》出版。

1933 年

1 月 30 日，德国总统兴登堡任命法西斯头子阿道夫·希特勒为德意志帝国总理。为此，德国共产党发表《为反对建立法西斯专政而举行总罢工的号召书》，呼吁德国人民举行反对法西斯恐怖统治的总罢工。

2 月 27 日，德国希特勒党徒当晚放火烧毁国会大厦，旋嫁祸于德国共产党和在德国的保加利亚共产党领导人季米特洛夫，制造了“国会纵火案”。其后，德国共产党被迫转入地下，继续坚持反对希特勒法西斯独裁的斗争。

3 月初，德国共产党在事实上被禁止的情况下，仍参加国会选举，并获得 81 个议席。3 日，德国共产党领袖台尔曼被希特勒政府逮捕。9 日，希特勒政府宣布德国共产党议员当选证无效，德国共产党正式被禁止。

3 月 5 日，共产国际执行委员会发表告各国共产党书，号召各国努力争取同社会民主党建立反法西斯主义和反战的统一战线。

6 月 15 日，爱尔兰共产党因内战爆发而解体后，在都柏林召开特别代表大会，宣布重建爱尔兰共产党。该党不久即加入共产国际。

9 月 21 日，“国会纵火案”审讯在莱比锡进行。季米特洛夫在敌人的法庭上宣传革命真理，阐述共产主义，并把镇压共产党的审讯变成公开对法西斯进行的面对面的斗争。在确凿事实面前，在世界舆论的压力下，法庭不得不宣告季米特洛夫无罪。

11 月 5 日，片山潜病逝于莫斯科。片山潜（1859—1933 年），日本共产党创始人之一，国际共产主义运动活动家。1922 年在苏联创立日本共产党。

12 月，共产国际执行委员会第 13 次全会在莫斯科举行。主要讨论了同法西斯作斗争、揭露社会民主党上层分子的背叛政策和争取从下面同社会民主党人士建立统一战线等问题。

本年

威尔海姆·赖希《法西斯主义的群众心理学》出版。作者力图把马克思主义和弗洛德的心理学结合起来，并据之考察和分析法西斯主义。

卢卡奇重新回到苏联科学院哲学研究所工作。在《我走向马克思主义的道路》一文中再度就《历史与阶级意识》一书中的问题做了检查。

在马克思逝世50周年之际，英国工会组织、共产党、工党等党派人士举行会议，决定在伦敦克勒肯威尔—格林街设立一处纪念图书馆。这座图书馆被命名为“马克思纪念图书馆暨工人学校”。

美国学者悉尼·胡克《对卡尔·马克思的理解》出版，作者以实用主义攻击马克思主义。

全苏联共产党主义学院哲学研究所主持编写的高校马克思主义哲学原理教科书《辩证唯物主义和历史唯物主义》出版，标志着苏联马克思主义哲学原理体系的形成。

1934年

1月26日—2月10日，联共（布）第17次代表大会在莫斯科举行。大会讨论和通过了斯大林作的《中央委员会工作总结报告》，宣布苏联已经从农业国变成了工业国。斯大林当选为书记处总书记。

2月3日，在法国共产党号召下，巴黎工人举行声势浩大的反法西斯游行示威，6名工人被警察枪杀。12日，法国工人举行反法西斯总罢工，有450万工人参加。

3月，希腊共产党举行第5次全国代表大会，大会决定把组织反法西斯统一战线和动员劳动群众为防止在希腊建立法西斯独裁作为全党工作的中心任务。

3月，法国共产党中央委员会通过《关于共产党在争取反法西斯统一行动斗争中的任务》的决议，指出要把反对法西斯主义的斗争和争取工人阶级经济要求的斗争结合起来。

4月20—22日，古巴共产党召开第二次代表大会，通过了党纲，制定了建立工农政府的策略等要求。大会批准布·罗加担任中央委员会总书记。

4月，美国共产党召开第8次全国代表大会。白劳德在报告中鼓吹共产主义是20世纪的美国主义的谬论。大会选举白劳德为美共总书记。

5月，法国共产党在伊弗里召开全国代表会议，提出了“不惜一切代价实现统一行动”的口号。7 月 27 日，法国共产党同法国社会党在巴黎签订“统一行动公约”，巩固了在反法西斯斗争中建立起来的工人阶级的行动统一。

7 月，印度共产党被反动当局宣布为非法。

8 月 17 日，意大利共产党和意大利社会党签订反法西斯独裁的“统一行动公约”，共同号召反对法西斯发动战争，为实现工人运动的统一和建立反法西斯人民阵线奠定了基础。

9 月，拉丁美洲各国共产党召开代表会议。会议批评了拉美各国党内存在的宗派主义、社会改良主义和工团主义等错误倾向，确定今后的任务和策略方针。

9 月，在西班牙共产党领导下，北部阿斯都利亚矿工举行起义，并建立了“工农苏维埃政权”。但仅存在 20 天就遭到反动政府的血腥镇压。西班牙共产党再一次被打入地下。

12 月 24 日，南斯拉夫共产党召开第 4 次全国代表大会。党的书记戈尔基奇为首的南共领导成员大部分当选。约瑟普·布罗兹·铁托也选进了中央委员会和政治局，并被派驻共产国际工作。

本月，在美国共产党支持下，“美国反战反法西斯同盟”更名为“美国争取和平与民主同盟”。这是美国人民最大的统一战线组织。

本月，芬兰共产党领导人托依沃·安蒂凯宁遭反动政府逮捕。当局判处安蒂凯宁终身监禁，后又改判服 8 年苦役。

本年

苏联马列研究院院长阿多拉茨基主编的《卡尔·马克思年表》出版。

苏联哲学家米丁和拉祖莫夫斯基主编的马克思主义哲学原理教科书《辩证唯物主义和历史唯物主义》（上下）出版。

1935 年

1 月 15 日，苏联最高法院军事审判庭对季诺维也夫、加米涅夫等人，以叛国和阴谋罪进行了审讯，并判处他们 5—10 年徒刑。

3 月 27 日至 31 日，越南共产党第一次全国代表大会在中国澳门召开，黎鸿峰当选中央委员会总书记。1936 年 10 月，越南共产党中央委员会推选何辉集为总书记。1938 年，越共中央委员会推选阮文渠为总书记。1940 年 11 月，越共中央委员会第七次全体会议，长征被选入中央委员会，并任代总书记。

5 月 30 日，在法国共产党人倡议下召开的法国各激进党会议上决定成立法国“人民阵线”，6 月在市政选举中取得很大胜利。

7月25日—8月25日，共产国际第7次代表大会在莫斯科召开，这是共产国际最后一次代表大会。出席大会的有68个国家和地区的共产党代表510名。共产国际总书记季米特洛夫在会上作报告，指出为了反对和战胜法西斯必须建立包括工人，劳动农民，城市小资产阶级、知识分子和其他反法西斯力量在内的各国的反法西斯人民阵线和国际的反法西斯统一战线。大会号召各国共产党为实现这一策略路线而斗争。

8月，苏联掀起斯达汉诺夫运动。

11月，西班牙共产党遵照共产国际“七大”决议，促成社会党领导的劳工联合会与西班牙共产党领导的统一职工会合并，组成拥有100万以上会员的统一的劳工联合会。

本年

荷兰阿姆斯特丹国际社会史研究所成立。该所后来从德国社会民主党那里购买了马克思恩格斯的主要原始手稿与档案加以保存。该所也是个研究机构，研究重点是社会主义运动史及其领导人的思想，一般的劳工运动史、各国工人的状况、罢工运动等等。

葛兰西的《狱中札记》写成（1929年2月至1935年夏），共32个笔记，《狱中札记》于1947—1951年陆续出版。

布洛赫《这个时代的遗产》出版。本书分析了纳粹主义兴起的文化根源。

美国学者帕利顿《从黑格尔到马克思》出版。

1936年

1月16日，西班牙人民阵线公约正式签订。这是在西班牙共产党倡导下，从1935年初起开始组织人民阵线的结果。

1月22—25日，法国共产党第8次代表大会在罗尼省市镇维勒班举行。大会的口号是：“通过人民阵线向苏维埃共和国过渡。”大会恢复了多列士总书记的职位。

1月，法国共产党、社会党和激进社会党联合组成人民阵线，并制定了人民阵线纲领。

2月底，保加利亚共产党中央委员会举行第6次全体会议。会议根据共产国际七大的决议和季米特洛夫的指示，制定了《关于建立统一战线的纲领草案》。

3月，由于法国共产党的积极工作，法国总工会和法国统一总工会在图卢兹召开统一代表大会，决定两个总工会合并成为统一的法国总工会。

4月9日，挪威共产党召开第5次代表大会，大会主要议题是建立工人阶级的统一战线。大会选举埃・洛夫钵为党的总书记。

4 月，瑞典共产党召开代表大会。大会根据共产国际七大决议，主张在即将来临的议会选举中一切工人政党应该采取团结一致的行动。

4 月，捷克斯洛伐克共产党第 7 次代表大会召开。哥特瓦尔德在会上做了党的工作报告。大会根据共产国际七大决议，通过了人民统一阵线的纲领。

5 月 5 日，金日成为团结中国东北地区朝侨和人民参加抗日救国斗争，建立祖国光复会，金日成任会长。这是朝鲜第一个由共产主义者领导的抗日民族统一战线组织。

6 月，美国共产党召开第 9 次全国代表大会。大会遵照共产国际"七大"决定，号召把工人阶级、农民、小资产阶级以及黑人的力量组织起来，成立民主统一战线。

7 月 18 日，在德、意法西斯支持下，以法西斯分子佛朗哥为首的西班牙驻摩洛哥殖民军发动反共和国叛乱。次月，德、意法西斯发动对西班牙的武装干涉，西班牙共产党组织人民开展反法西斯民族革命战争。

7 月 29 日，印度支那共产党召开中央委员会全体会议，根据共产国际七大决议成立包括各党派、各阶级、民主人士的广泛的统一战线，共同反对法西斯。

10 月，阿尔及利亚共产党成立。法国共产党阿尔及利亚支部的共产党人召开特别会议，宣告脱离法国共产党，成立独立的阿尔及利亚共产党。

11 月 25 日，德国法西斯和日本法西斯政府在柏林签订了"德日关于反共产国际协定"，标志着"东京——柏林"轴心的形成。1937 年 11 月 6 日，意大利正式加入这个"协定"。德、意、日三个法西斯国家为发动第二次世界大战正式结成军事集团。这个协定既是反共的，又是帝国主义国家之间争霸的产物。

11 月 25 日—12 月 5 日，全苏苏维埃第 8 次非常代表大会在莫斯科召开。斯大林在会上做了《关于苏联宪法草案的报告》，宣布苏联"基本实现了社会主义，建立了社会主义制度"。大会通过了《苏维埃社会主义共和国联盟宪法》，是苏联社会主义建成后第一部社会主义宪法。

本年，悉尼・胡克《从黑格尔到马克思：关于马克思思想发展历程的研究》出版。

1937 年

4 月，苏联第二个五年计划提前完成。经过两个五年计划，基本实现了对整个国民经济的技术改造，城乡资本主义经济成分被消灭。工业产值跃居欧洲第 1 位，世界第 2 位，成为强大的工业化国家。

4 月 27 日，意大利共产党创始人葛兰西去世。葛兰西（1891 年—1937 年），意大利共产党创始人，西方马克思主义创始人。

7 月 26 日，意大利共产党和社会党签订关于在争取消灭法西斯主义和资本主义的斗争中一致行动的新协定。

8 月 17 日，西班牙共产党和社会党签订《共同行动纲领》。纲领要求两党在国会、省议会和众议院中的党团恢复亲密关系，为实现纲领要求而共同工作。

12 月 25—29 日，法国共产党第 9 次代表大会在罗尼河省阿尔举行。多列士在会上做了《人民阵线的法国及其在世界上的使命》的报告。这是法国共产党在法兰西第三共和国时期举行的最后一次全国代表大会。

12 月，南斯拉夫共产党确立以铁托取代戈尔基奇为新的领袖。铁托任南共总书记后，着手整顿党的组织，克服了党内长期存在的派系斗争。

本年

霍克海默尔在《社会研究杂志》上发表题为《传统理论和批判理论》，文章正式使用了“社会批判理论”的概念，并做了阐述。

1938 年

3 月 3 日，托洛茨基纠集欧美一些国家被共产国际清除出去的托派分子在巴黎召开大会，企图与共产国际对抗。

3 月 13 日，苏联《真理报》报道苏联最高法院军事审判厅判处布哈林、李可夫等 18 人死刑。

9 月 3 日，托洛茨基被驱逐出苏联后，在巴黎召开 10 多个国家的托派代表共 21 人的代表大会，创立世界社会主义革命党，“第四国际”正式成立了。会上通过了由托洛茨基起草的《资本主义的垂死挣扎与第四国际的任务——过渡纲领》。

9 月 11 日，佩里·安德森出生于伦敦。他是当代著名的马克思主义史学家，思想家和活动家，长期担任《新左派评论》主编。

9 月 28 日，英国共产党人威廉·加拉赫在众议院发表声明，反对英国首相张伯伦飞抵慕尼黑参加签订出卖捷克斯洛伐克的协定。

9 月，法国共产党议员加布里耶尔·皮里在法国议院发表演说，反对法国总理达拉第到慕尼黑参加签订出卖捷克斯洛伐克的协定，揭露了政府为欺骗人民所散布的和平谎言。

9 月，古巴共产党获得合法地位，开始摆脱地下状态，其威望迅速增长，党员人数不断增加。

10 月 1 日，联共（布）中央审定的《联共（布）党史简明教程》出版。11 月 14 日，联共（布）中央委员会通过《关于〈联共（布）党史简明教程〉出版后党的宣传工作》的决议，把《联共（布）党史简明教程》作为对干部和知识分子进行马克思列宁主义教育的基础。斯大林撰写了教科书的哲学篇（第 4 章第 2 节）“关于辩证唯物主义和历史唯物主义”。

10 月 17 日，考茨基在阿姆斯特丹去世。考茨基（1854—1938 年）是德国社会民主党和第二国际的著名活动家，编辑出版《资本论》第四卷《剩余价值学说史》。

11 月 14 日，联共（布）中央通过设立联共（布）中央高等马克思列宁主义学校（中央党校）的决定。此后，苏联高层党政干部几乎都要求报考（选送）进入中央党校的校学习。

本年

欧美各国共产党人纷纷发表宣言和声明，谴责帝国主义的慕尼黑阴谋的背叛行为打击了各国和平力量的联合，鼓舞了法西斯分子。

德国社会民主党中央迫切需要经费，于是他们将其保存的马克思恩格斯手稿卖给了荷兰阿姆斯特丹国际社会史研究所。

在智利共产党的努力下，智利人民阵线参加总统选举并获胜利，智利人民阵线政府的执政，

列斐伏尔出版《辩证唯物主义》。本书依据巴黎手稿对马克思主义做了重新理解，全盘抛弃了黑格尔的辩证法。

科尔施《卡尔·马克思》出版。

1939 年

1 月 30 日—2 月 1 日，德国共产党在伯尔尼召开代表会议。会议号召一切反法西斯人士和全体德国人民团结起来，争取保持和平，推翻希特勒统治。

3 月 10—21 日，联共（布）第 18 次代表大会在莫斯科举行。大会批准了 1938—1942 年发展苏联国民经济的第三个五年计划。选举了新的党中央机关。

3 月，在德、意法西斯和佛朗哥叛军攻击下，首都马德里陷落。坚持 2 年多的西班牙共和国失败。佛朗哥建立法西斯独裁统治。西班牙共产党遭到镇压，领导人伊巴露丽等被迫长期流亡国外。

8 月 23 日，苏联政府同德国政府在莫斯科签订为期 10 年的《苏德互不侵犯条约》。

9 月 3 日，因德军 9 月 1 日入侵波兰，同波缔有盟约的英国、法国被迫对德宣战，第二次世界大战全面爆发。

9 月 26 日，法国达拉第政府以法国共产党亲苏为理由，宣布法国共产党为非法，下令解散。法国共产党被迫入地下。

10 月，共产国际发表告各国共产党和世界人民书，指出刚刚爆发的世界大战是多年来帝国主义互相倾轧的继续，号召拿起武器，投人民族自卫和解放的战争。

本年，伯林《马克思：生平与思想》出版。

1940 年

7 月 10 日，法国共产党中央委员会发表关于民族解放和社会解放的宣言。法国共产党团结和领导人民发动了对德、意法西斯和维希傀儡政权的抵抗运动。

8 月 20 日，托洛茨基在墨西哥遇刺，次日身亡。托洛茨基（1879 年—1940 年），俄国理论家，曾领导参加十月革命，第四国际的主要创建者。

9 月 27 日，在印支共产党指导下，越南人民在北山发动武装起义，提出推翻帝国主义的口号，并成立了越南第一支游击队。

9 月 27 日，本雅明于西班牙一个边境小镇被迫自杀。本雅明（1892 年—1940 年）是犹太人学者、法兰克福学派成员。著有《德国悲剧的起源》《单向街》等作品。

12 月 19—23 日，南斯拉夫共产党第 5 次全国代表会议在萨格勒布举行。会议选出以铁托为总书记的南斯拉夫共产党中央委员会。

本年到 1941 年，马克思恩格斯列宁研究院第一次完整地编辑出版了马克思的德文 1857 到 1858 年经济学手稿，被命名为《政治经济学批判大纲》，这是著名的《资本论》三大手稿之一。

1941 年

2 月 15—20 日，联共（布）中央召开第 18 次代表会议。会议讨论了党在工业和运输业方面的任务和 1940 年度经济工作的总结。

2 月，希法亭被德国警察抓起来，迫害而死。希法亭（1877—1941 年）奥地利马克思主义的重要代表人物之一，经济学家。

3 月 25 日，南斯拉夫共产党中央委员会发表声明反对南斯拉夫王国政府参加轴心国条约的卖国行径。5 月初，南共中央在萨格勒布召开紧急会议，决定建立以铁托为首的军事委员会，成立广泛的反法西斯人民解放阵线。本年底，南斯拉夫人民解放军正式成立。

4 月 13 日，苏日双方签订了《苏日中立条约》，条约的主要内容为双方维持和平友好关系，互相尊重领土完整。1945 年 8 月 8 日，苏联对日宣战，实际废除这一条约。

5 月 19 日，印度支那共产党和各爱国组织在胡志明领导下，成立了反法西斯民族统一战线“越南独立同盟会”（越盟）。10 月 25 日发表独立同盟《纲领》，提出团结全民，抗日抗法，争取独立的口号，并在北部农村建立了武装斗争根据地和游击区。

5 月，法国共产党发表告人民书，号召建立民族解放阵线，同一切爱国力量包括戴高乐将军成立的“自由法国”合作，为反对法西斯占领者共同进行斗争。

6 月 22 日，德国法西斯撕毁《苏德互不侵犯条约》，以突然袭击方式进攻苏联。苏联人民在以斯大林为首的联共（布）党领导下，开始了伟大的卫国战争。第二次世界大战从此进入世界人民组成国际统一战线，进行反法西斯战争的新阶段。

6 月 23 日，美国共产党就法西斯德国入侵苏联发表声明，谴责法西斯的侵略行径，要求“在反对希特勒主义的斗争中给予苏联以全力的支持与合作”。美共因此改变了反对美国参战的态度，转而主张美国在军事上参战。

9 月 27 日，希腊共产党联合农民党等左翼政党成立了反法西斯统一战线组织——民族解放阵线。次年 4 月，希腊民族解放阵线在合并各独立的游击队的基础上，成立了全国人民解放军。1944 年 3 月 26 日，民族解放阵线正式宣布成立希腊民族解放政治委员会。

9 月，罗马尼亚共产党发表宣言，号召全国各种民主力量同心协力，为恢复罗马尼亚的自由和独立，为驱逐德寇和推翻法西斯政权，为建立民主政府而战。

9 月，意大利共产党、社会党及“民主与自由”派的代表所组成的“意大利人民统一行动委员会”在法国成立。

10 月 1 日，苏、英、美等国在反法西斯战争中采取联合行动协定在莫斯科签订。

10 月底—11 月初，中国、朝鲜，印度支那、日本、印度、印度尼西亚、马来亚、缅甸、泰国等各国代表在延安召开东方各民族反法西斯大会。会上成立了东方各民族反法西斯大同盟，并通过决议要求东方各民族团结起来，建立巩固的反法西斯统一战线，共同打倒法西斯强盗，为东方各民族的自由平等与解放而努力。

11 月 8 日，阿尔巴尼 3 个共产主义小组代表在地拉那举行会议，决定将各共产主义小组合并成立阿尔巴尼亚共产党。恩维尔·霍查接受委托领导中央工作。

12 月 8 日，日本不宣而战，偷袭珍珠港美海军基地，太平洋战争爆发。美、英对日宣战。次日，中国共产党为太平洋战争爆发发表宣言，指出“全世界一切民族划分为举行侵略战争的法西斯阵线与举行解放战争的反法西斯阵线，已经最后的明朗了。”

本年

马尔库塞《理性与革命》出版。本书通过系统考察黑格尔与马克思的关系，复活了作为激进社会理论基础的黑格尔主义的马克思主义。

琼·罗宾逊发表《论马克思主义经济学》。作者认为传统经济学坚持资本主义制度是“永恒自然规律”的一部分，而马克思主义则认为它是一个发展阶段。

弗罗姆《逃避自由》出版。作者认为现代社会中由于人们忍受不了随自由而来的孤独，试图逃避，最好的解决方式是自发的爱和工作。

苏联哲学家亚历山大洛夫等主编《哲学史》第一卷和第二卷出版。该书计划出版 7 卷，实际只出版了 3 卷，就停止了。

1942 年

1 月 1 日，中国、苏联、美国、英国等 26 个国家的代表在华盛顿签署共同反对德、意、日法西斯的《联合国家共同宣言》，赞同“大西洋宪章”的宗旨和原则，宣言第 1 次正式采用“联合国家”这个名称。

1 月 5 日，原波兰共产党的骨干又成立波兰工人党，诺沃特科任第一书记。11 月，诺沃特科被杀害后，芬德尔任第一书记。一年后，芬德尔也被枪杀，由瓦迪斯瓦夫·哥穆尔卡任第一书记。

3 月 20 日，西班牙共产党总书记迪亚斯在苏联病逝。伊巴露丽继任总书记。

9 月，阿尔巴尼亚共产党领导下的阿尔巴尼亚民族解放阵线成立。战后改称民主阵线。

11 月 26 日，南斯拉夫反法西斯人民解放委员会第 1 次会议在比哈索召开。会议选举了人民解放委员会执行委员会，这是新南斯拉夫的议会和政府机构的最初形式。

本年

约瑟夫·熊彼特《资本主义、社会主义与民主》出版。本书以创新理论为基础，得出了资本主义存在不下去，资本主义可以过渡到社会主义的结论。

保罗·斯威齐《资本主义发展的理论：马克思的政治经济学原理》出版。

1943年

1月，在罗马尼亚共产党的倡议下，在全国建立了包括共产党、农民阵线、爱国者联盟、劳动者联盟的反法西斯“爱国阵线”。

3月17—22日，阿尔巴尼亚共产党在拉比诺特召开第1次全国代表会议。会议选出了正式中央委员会，霍查选为中央总书记。

5月15日，共产国际执行委员会主席团作出《关于提议解散共产国际的决定》。22日公布了这个决定。6月10日共产国际执行委员会主席决定解散共产国际的全部组织机构。共产国际正式宣告解散。

5月，印度共产党第1次代表大会在孟买召开。大会通过了关于在保卫祖国与争取建立人民政府的行动中团结起来的决议。

7月4日，阿尔巴尼亚最高民族解放会议在拉比诺特举行会议，决定建立民族解放军总司令部，阿尔巴尼亚共产党总书记霍查被选为总司令部政治委员。

11月22日至26日，中、美、英三国首脑蒋介石、罗斯福、丘吉尔在埃及首都开罗举行会议，签署了《开罗宣言》。12月1日《开罗宣言》发表。

11月28日—12月1日，苏联、美国和英国3国首脑斯大林、罗斯福和丘吉尔在伊朗首都德黑兰举行会晤，决定开辟欧洲第二战场和建立联合国组织问题。会议发表《德黑兰宣言》。

11月29日，南斯拉夫反对法西斯人民解放委员会召开第2次会议。会议组成了带有临时政府待征的南斯拉夫民族解放全国委员会，铁托为主席。

12月12日，美国共产党总书记白劳德发表演说，认为德黑兰协议是战后世界持久和平的保证，并鼓吹在“美国国内的一切冲突和社会问题都将和平妥协地解决，若继续进行斗争，则只能有损于世界的团结”。

本年，印度共产党召开第1次代表大会。党的力量有所发展，但是民族独立的旗帜始终抓在甘地领导的国大党手里。

1944年

1月7日，美国共产党全国委员会扩大会议在纽约举行。美共总书记白劳德在会上做了关于“德黑兰与美国”的报告。报告遭到以福斯特为首的许多共产党人的批驳。

2 月 2 日，意大利共产党总书记陶里亚蒂自苏联返回意大利。次月，陶里亚蒂在纳波里发表讲话，就意大利共产党同各种反法西斯民主力量联合与组阁的政策提出 3 点纲领，主张议会道路。意大利共产党称这次政策上的变化为“纳波里转折”。

4 月，美国共产党领导人白劳德发表了他的投降主义的纲领性文件《德黑兰：我们在战争与和平中的道路》，提出世界已经进入资本主义和社会主义长期的信任和合作的时代，宣扬取消主义，反对革命。

4 月 11 日，意共陶里亚蒂发表“萨勒诺转折”声明。陶里亚蒂在萨勒诺发表讲话，建议意大利各反法西斯党派联合起来组成新的政府，并宣布意共准备参加政府。后来政府改组，民族团结政府成立，陶里亚蒂出任不管部长。

5 月 20 日，美国共产党第 12 次代表大会在纽约召开。大会未经讨论便通过了美共总书记白劳德提出的解散美国共产党的提议。同日，美国共产主义政治协会成立，白劳德自任会长。

5 月，厄瓜多尔共产党参加领导 5 月 28 日起义，起义成功后参加政府。

6 月，苏联的哲学杂志《在马克思主义旗帜下》停刊。

7 月 21 日，在波兰工人党领导下，波兰民族解放委员会成立，并宣布波兰人民政权建立。次日，波兰民族解放委员会通过了建设人民民主国家的纲领。

8 月 18 日，法国共产党领导巴黎人民举行起义。

8 月 18 日，德国共产党中央委员会主席台尔曼被监禁 11 年后，在布亨瓦尔德集中营被德国党卫军枪杀。

8 月 23 日，在罗马尼亚共产党领导下，罗马尼亚人民爱国阵线在布加勒斯特举行武装起义推翻了扬·安东尼斯的法西斯专政，在苏联军队配合下，罗马尼亚全境解放。

9 月 9 日，在保加利亚工人党领导下，保加利亚人民举行武装起义解放了索菲亚，推翻了法西斯统治，建立了人民民主政权—祖国阵线。

10 月，由于苏芬和约的签订，芬兰共产党取得合法地位，遂在全国各地建立了党组织，并与社会民主党左翼建立了新的统一战线组织“人民民主同盟”。

10 月，瑞士共产党同被社会民主党开除出来的左派组成瑞士劳动党，领导工人阶级对政府对内对外的亲法西斯政策进行了斗争。

11 月 27 日，法国共产党总书记多列士得到法国政府的特赦，从莫斯科返回巴黎。30 日，多列士在巴黎发表演说，提出“团结、战斗、劳动”的口号，强调全民的团结是当前的任务，要求大家服从戴高乐的领导，并主张交出法国共产党掌握的武器和权力，参加议会选举。抗战中建立起来的几十万人民武装和一些地方政权随即解散。

11 月 29 日，在阿尔巴尼亚共产党领导下，阿尔巴尼亚人民进行了反对法西斯侵略者的英勇斗争，彻底驱逐了德寇，解放了全国。

11 月 30 日，匈牙利共产党发表《匈牙利恢复民主和发展纲领》。12 月 2 日，在塞格德建立了由共产党及资产阶级民主政党和工会等团体共同组成的匈牙利反法西斯阵线。共产党制定的纲领成为这一阵线纲领的基础。

本年

联共（布）中央组织批判由亚历山大洛夫等主编、1943 年出版的《哲学史》第三卷。批判该书对于德国古典哲学的社会政治观点批评分析不够。

1945 年

1 月 17 日，波兰工人党领导的人民军在苏军配合下解放华沙。5 月 7 日，波兰全境光复。

2 月 4—11 日，苏联、美国和英国 3 国首脑斯大林、罗斯福和丘吉尔在苏联克里米亚半岛的雅尔塔举行会议。会议通过了《雅尔塔协定》。

2 月 12 日，希腊共产党和希腊民族解放阵线领导的全国人民解放军与英国占领军在瓦尔基扎进行停战谈判，并通过“瓦尔基扎协定”。根据协定全国人民解放军“立即予以遣散”。

3 月 6 日，在全国人民压力下和苏联的干预，罗马尼亚国王被迫于同意成立以佩特鲁·格罗查为首的民族民主阵线政府。新政府全面贯彻了罗共提出的政治纲领，实行了土地改革，巩固了工农联盟。

4 月 5 日，捷克斯洛伐克共产党和其他政党组成以捷共为领导力量的联合政府，并通过了“科息斯政府纲领”。

4 月 15—20 日，印度支那共产党中央常委会在越南北圻召开革命军事会议。会议拟定了全国总起义计划，通过了关于迎接总起义的决议，并组成统一的越南解放军。

4 月 16 日，苏联红军开始柏林战役。同时，苏军进抵易北河西岸，在托尔高地与英美联军会师。30 日，苏联红军攻克柏林，希特勒自杀。

4 月 25 日，联合国制宪会议在美国旧金山举行。50 个国家的 200 多名代表出席会议。董必武以中国共产党的身份参加中国派出的代表团出席了会议。6 月 25 日，50 个国家的代表一致通过联合国宪章。

4 月，法国共产党书记杜克洛在法国共产党刊物《共产主义手册》上发表《论美国共产党的解散》，斥责白劳德把德黑兰协议看成是“阶级和平的政治纲领”的观点，反对解散美国共产党的错误做法。

4 月，在意大利共产党号召下，意大利北部人民举行反法西斯武装总起义。21 日，墨索里尼被游击队捕获枪决。4 月底，北意大利解放，英、美联军进驻米兰设立了军政府，要求人民武装力量交出武器装备，解散游击队。根据当时意大利形势，意大利共产党总书记陶里亚蒂宣布交出装备，解散游击队。

4 月，铁托正式访问苏联。铁托和莫洛托夫签订有效期为 20 年的南苏友好互助和战后合作条约，南苏两国缔结第 1 个贸易协定。

5 月 5 日，捷克斯洛伐克布拉格人民举行反法西斯武装起义。9 日，在苏军配合下，解放了布拉格。3 天后，捷克斯洛伐克全境解放。

5 月 8 日，德国正式签署无条件投降书，欧洲反法西斯战争胜利结束。次日，斯大林发表《告人民书》，宣告彻底击败法西斯德国的胜利。

5 月 15 日，在南斯拉夫共产党领导下，南斯拉夫各族人民依靠自己的力量，全部解放了自己的国家。8 月，南斯拉夫民族解放会议改组为人民议会。

5 月 20 日，美国共产主义政治协会政治委员会召开会议，就法国共产党书记杜克洛的文章和美共现行路线进行了讨论。会议以 2/3 多数否决了白劳德主义路线，并停止了白劳德的领导职务。

6 月 26—30 日，法国共产党第 10 次代表大会在巴黎举行。会议制定了党在战后时期的政治经济纲领。多列士在发言中反复论证共产党与社会党两党合并的重要性和必要性。

6 月 28 日，根据苏、美、英 3 国“雅尔塔会议”决议，波兰临时政府与逃往伦敦的波兰流亡政府代表，共同组成民族团结临时政府，并宣告波兰人民共和国成立。

7 月 17 日，苏联、美国和英国 3 国首脑斯大林、哈里·杜鲁门和丘吉尔（7 月 28 日后由工党政府首相艾德礼代替）在德国柏林的波茨坦举行会议。会议签订了《波茨坦协定》。

7 月 26 日—28 日，美国共产主义政治协会特别代表会议（后称美国共产党紧急代表大会）在纽约市召开。大会通过福斯特关于《反对修正主义的斗争》的报告，批判了白劳德路线，决定恢复美国共产党，恢复福斯特党主席的职务。

7 月 23 日，中共中央主席毛泽东致电福斯特及美共中央，祝贺美国共产主义政治协会特别会议决定抛弃白劳德修正主义路线，重新确立马克思主义的领导，恢复美国共产党。

8 月 8 日，苏联对日本宣战。

8 月 14 日，日本政府照会美、苏、英、中 4 国政府，宣告接受波茨坦公告。

并于 9 月 2 日正式签署投降书。至此，第二次世界大战胜利结束。世界反法西斯战争的胜利，沉重地打击和削弱了帝国主义体系，社会主义越出了一国范围，在欧亚相继建立了一系列人民民主国家，民族解放运动蓬勃发展起来，各国共产党的队伍和威信大大增长。在欧洲资本主义国家中，共产党普遍争得了合法地位，有的党还参加了政府。

8 月 15 日，苏联军队进驻朝鲜，配合长期进行民族解放战争的朝鲜人民革命军，迅速解放了朝鲜北部领土。

8 月 16 日至 17 日，越南独立同盟在新潮举行国民大会，选出以胡志明为主席的民族解放委员会。8 月 26 日，民族解放委员会改组为越南临时政府，胡志明任临时政府主席。史称“越南八月革命”。

8 月 17 日，日本投降后，印度尼西亚共产党领导群众投入争取民族独立斗争，并迫使资产阶级代表人物苏加诺签署独立宣言。9 月 1 日，印度尼西亚共和国政府正式宣布成立。是为印度尼西亚“八月革命”。

9 月 2 日，胡志明领导的越盟（即后来的越南劳动党）在越南北方的河内宣布独立，胡志明发表《独立宣言》，宣布越南民主共和国成立（即“北越”）。同年 9 月，法国再次入侵越南，越南人民又进行了历时 9 年的抗法战争。

9 月 25 日—10 月 8 日，世界工会联合会成立。9 月 25 日，56 个国家的工会代表在巴黎举行会议，就代表大会的有关问题达成协议。10 月 8 日，举行世界工会第一次代表大会，通过纲领和章程，宣布世界工会联合会正式成立。

10 月 10 日，由于美国占领军司令部下达释放政治犯的命令，德田球一、志贺义雄等日本共产党领导人相继获释。日本共产党恢复公开合法活动。20 日，日共机关报《赤旗报》正式复刊。

10 月 10 日，金日成在平壤召开朝鲜各道党的负责人和积极分子大会，成立了“北朝鲜共产党中央组织委员会”，正式建党，金日成任中央责任书记。

10 月 20 日，法国共产党在制宪会议选举中获 500 多万张选票和 150 个众议院议席，成为议会内的第 1 大党。

10 月 28 日，萨特在现代俱乐部作了“存在主义是一种人道主义”的演讲。

11 月 29 日，南斯拉夫立宪会议通过废除君主政体宣言，宣布成立南斯拉夫联邦人民共和国。次年 1 月 31 日，立宪会议通过南斯拉夫联邦人民共和国宪法。

12 月 1—3 日，日本共产党召开第 4 次代表大会。会议通过党的行动纲领和党章，并选出新的中央委员会，德田球一当选为日共总书记。

12 月 23 日，意大利共产党召开第 5 次代表大会。陶里亚蒂当选为总书记。大会提出了建立民主共和国和对工业、农业实行改革的“民主改革纲领”，并通过了意大利共产党党章。

12 月，波兰工人党召开第 1 次党代表大会，总结党的工作，并拟定了巩固人民民主制度和争取社会主义革命胜利的当前斗争任务。

本年

挪威共产党在大选中获得不少选票。但是，以总书记佛鲁波顿为首的右倾机会主义分子，主张以阶级合作代替阶级斗争，提出不罢工的口号，党内发生了意见分歧。

苏联哲学家亚历山大洛夫《西欧哲学史》出版。

梅洛 – 庞蒂与萨特、波伏瓦等人共同创办《现代》杂志，萨特任主编。

梅洛 – 庞蒂出版《知觉现象学》。作者认为萨特的《存在与虚无》中的自由只解释个人的决定，提出“身体 – 主体”说。

卡尔·波普的《开放社会及其敌人》出版。作者在书中对马克思及其思想做了攻击。左翼学者进行了反驳。

1946 年

1 月 9 日，联共（布）中央通过《关于出版〈斯大林全集〉的决议》。斯大林亲自为《斯大林全集》第 1 卷写了序言。

1 月 11 日，阿尔巴尼亚立宪会议宣布阿尔巴尼亚为人民共和国，选举了以霍查为首的新政府。3 月 14 日，立宪会议通过阿尔巴尼亚人民共和国宪法。

1 月 30 日，河上肇去世。河上肇（1879—1946 年），日本马克思主义研究的先驱者。主要著作有《唯物史观研究》《社会组织与社会革命》《资本论入门》，其著作对中国革命也产生巨大影响。

2 月 1 日，匈牙利宣布废除君主制，成立共和国。

2 月 7 日，朝鲜北部各民主政党、社会组织以及各道各郡人民委员会的代表在平壤举行会议。次日，朝鲜临时人民委员会成立，金日成任委员长。

2 月 9 日，斯大林在莫斯科选区的选民大会上发表演说，指出第二次世界大战的发生是在现代垄断资本主义基础上世界各种经济力量和政治力置发展的必然结果，如果各国能够采用和平的协商解决，那也许可以避免战祸，但这在目前资本主义的世界经济发展条件下是无法实现的。斯大林的演说在英美等国当权派中引起了强烈反响。美国驻苏联代办乔治·凯南向国务院发回长达 8，000 字电报，对战后苏联的“理论、意图、政策和作法”及美国应该采取的对策作了分析，并提出建议。

2 月 13 日，美国共产党全国委员会举行全会选举丹尼斯为总书记，并通过决议，将白劳德开除出党。

2 月 24—26 日，日本共产党举行第 5 次代表大会。大会宣言规定“用和平民主的方法”完成民主革命。会上野坂参三提出“占领下和平革命”的“野坂理论”。

3 月 2 日，越南民主共和国召开第 1 届国民大会，选举胡志明为越南民主共和国主席。

3 月 13 日，斯大林就丘吉尔 3 月 5 日在美国密苏里州富尔敦发表的“铁幕”演说，对《真理报》记者发表谈话，指出这是号召同苏联进行战争。

3 月，捷克斯洛伐克共产党召开第 8 次代表大会，制订了党的总路线。5 月 26 日，捷共在首次大选中获胜。6 月 4 日，捷共同资产阶级政党组成以哥瓦尔德为首的新的联合政府，宣告捷克斯洛伐克人民共和国成立。

3 月，萨特在《现代》杂志发表《存在主义是一种人道主义》。萨特强调存在主义希望通过人的自由和责任将社会每个人联系在一起，因此存在主义是一种人道主义。

4 月 21—22 日，德国苏占区的德国共产党和德国社会民主党在柏林举行两党代表大会决定两党合并，成立德国统一社会党。是为德国统一社会党第 1 次代表大会。

5 月 1 日，在日本共产党的领导下，东京举行了告 50 万工人参加的庆祝五一国际劳动节大会和示威游行。

5 月 27 日，铁托率领的南斯拉夫代表团访问苏联，同斯大林等商谈成立情报局和苏联援南问题。

6 月 2 日，意大利举行有关国家政体全民投票。意大利共产党号召人民投票赞成共和政体。18 日，意大利宣布为共和国。在议会选举中，意大利共产党总书记陶里亚蒂入阁任司法部部长。

8 月 28 日，北朝鲜共产党与朝鲜新民党（成立于 1946 年 2 月）合并，成立北朝鲜劳动党。1949 年 10 月 10 日，南北朝鲜劳动党正式合并，并选举金日成为委员长。

9 月 15 日，在保加利亚工人党（共）倡导下，保加利亚宣布废除君主制，建立人民共和国。季米特洛夫当选为第 1 任部长会议主席。

9 月底，匈牙利共产党召开第 8 次代表大会。大会通过了新党章，确定了建设人民民主匈牙利的基本任务。

9 月，由于希腊国王乔治二世在英国政府扶植下回国复辟，希腊共产党再次进行武装斗争。但因英、美帝国主义干涉和希共领导路线的错误，武装斗争于

1949 年 10 月遭到失败。希共中央领导和党员干部被迫流亡到苏联和东欧国家。

11 月 24 日，在南朝鲜的朝鲜共产党、朝鲜人民党和朝鲜新民党合并成立南朝鲜劳动党，并召开成立大会。

12 月 19 日，法国军队对越南民主共和国首都河内发动总进攻，越南人民开始了抗法斗争。20 日，胡志明主席发布《告越南人民书》，号召全国人民团结起来，坚决抵抗法帝国主义的侵略。

本年

亨利·列斐伏尔《日常生活批判》出版。作者主张通过对日常生活的批判达到“全面的人”“总体的人”。

葛兰西《狱中书信》在意大利出版。

英国左翼经济学家莫里斯·H·多布《资本主义发展研究》出版。

1947 年

1 月 19 日，波兰举行战后第 1 届议会选举，以波兰工人党为首的各民主党派联盟获胜。2 月 5 日，工人党领导人贝鲁特当选总统和国务委员会主席，波兰人民共和国宣告成立。

1 月 20 日，苏联塔斯社发表 1946 年 12 月 21 日斯大林同埃莉奥特·罗斯福的谈话。斯大林认为苏联与美国完全可能和平相处，并说苏联政府在远东问题上愿意实行和美国共同的政策。

1 月，法国共产党总书记多列士任政府副总理。1945 年 10 月，法国进行第一届制宪议会选举，法国共产党获得 160 个席位，成为议会第一大党。1946 年 11 月举行大选，法国共产党获 183 个议席，仍是议会第一大党，1947 年 1 月，法国共产党有 5 名代表参加政府，多列士任政府副总理

2 月，德国统一社会党召开第 2 次代表大会，确认马克思主义是党行动的可靠指南，提出党的主要任务是建立民主制度，实现德国的统一。

6 月 16—25 日，按联共（布）中央决定，在日丹诺夫主持下，苏联科学院哲学所组织了对亚历山大洛夫 1945 年出版的《西欧哲学史》的讨论。会上传达了斯大林关于德国古典唯心主义哲学是对法国革命和法国唯物主义的贵族式反动的指示。日丹诺夫在讨论会提出“哲学史是唯物主义和唯心主义的斗争史”的观点。

7 月，在印度南部海德拉巴土邦特仓甘纳地区爆发了印度历史上第 1 次由共产党人领导的、历时 5 年之久的农民武装斗争。

9 月 22 日，欧洲 9 国共产党和工人党代表会议在波兰举行。会议听取了

波兰工人党代表哥穆尔卡的报告，通过了关于出席会议的各国党之间交换经验和协同行动的决议，决定成立共产党和工人党情报局，总部设在贝尔格莱德（1948 年情报局开除南斯拉夫后，总部移至罗马尼亚首都布加勒斯特）。

11 月 28 日，18 个国家的工人党和社会党在比利时的安特卫普举行战后第 2 次国际社会党人会议。会议决定成立社会党国际会议委员会，其通讯和联络机构设在伦敦。

12 月 15 日，欧洲 9 国共产党和工人党情报局在南斯拉夫首都贝尔格莱德举行会议，讨论出版情报局机关报《争取持久和平，争取人民民主!》，机关报初为半月刊，后为周刊，以法、俄等文出版。

12 月 21—23 日，日本共产党召开第 6 次代表大会。大会通过了行动纲领和土地纲领，成立了党的战略策路方针制订委员会，并选举了党的领导机构。

12 月 30 日，罗马尼亚人民共和国成立。1946 年 11 月 19 日，罗马尼亚全国举行议会选举，民主政党联盟在国会的 414 个席位中占有 378 席，罗共成为第一大党。1947 年 12 月 30 日，国王米哈伊签署了退位书，议会宣布罗马尼亚人民共和国成立。

本年

苏联科学院哲学研究所主办专门的哲学杂志《哲学问题》创刊，凯德洛夫任主编。接续 1944 年 6 月停刊的《在马克思主义旗旗帜下》。

葛兰西的《狱中札记》在意大利开始出版（1951 年出齐）。

霍克海默尔和阿多诺合著《启蒙辩证法》出版。本书揭示了启蒙理性消灭非同一性进而构建同一性，走向了自己的反面，那些文化工业和经济繁荣无疑是欺骗人的假象。

霍克海默尔出版《理性的黯然失色》。作者以悲观主义基调探讨构成现代工业文化基础的合理性概念。

梅洛－庞蒂《人道主义和恐怖》出版。作者以共产主义同情者的姿态为苏联的"恐怖"政策作辩护，认为革命暴力具有人道主义性质，同时批判自由主义的人道主义的虚伪。

弗洛姆《为自己的人》出版。

1948 年

1 月 5—10 日，意大利共产党召开第 6 次代表大会。大会提出了“走向社会主义的意大利道路”的口号，宣布意大利共产党在宪法规定的民主和自由的基础上进行活动。

1 月中旬，欧洲 9 国共产党和工人党情报局在贝尔格莱德举行第 2 次会议，决定成立情报局机关刊物常设编委会。由 9 国党各派 1 名代表组成。

1 月 16 日，保加利亚部长会议主席季米特洛夫访问罗马尼亚，并签订了《保罗友好合作互助条约》。

2 月 22 日，罗马尼亚共产党与罗马尼亚社会民主党合并为罗马尼亚工人党。

2 月，印度共产党召开第 2 次代表大会。大会根据印度独立后的新形势决定在巴基斯坦另组巴基斯坦共产党。接着，巴基斯坦的代表在加尔各答举行第 1 次代表大会，选出印度共产党中央委员查希尔为总书记。

3 月 1 日，南斯拉夫共产党中央委员会召开全会，讨论南苏关系问题。会议决定拒绝苏联提出的“立即建立南保联邦”的建议。苏南矛盾公开化。

3 月 28 日，北朝鲜劳动党举行第 2 次代表大会，确定了粉碎美帝国主义的民族分裂活动，实现祖国统一独立的斗争方针。

4 月 30 日，联邦德国共产党组织在海伦市举行第 1 次代表会议，选出以雷曼为首的独立的中央领导机构，并保留德国共产党名称。

5 月 4 日，联共（布）中央致函南共中央，指责铁托采取“反苏立场”，提出要把苏南分歧的问题提交情报局会议进行讨论。

5 月 17 日，南共中央致函联共（布）中央，认为苏联对南共的指控都是由于错误的情报造成的，其批评是不公平的，南共表示不同意现在由情报局对苏南分歧问题作出决定。

6 月 12—14 日，匈牙利共产党同匈牙利社会民主党在布达佩斯联合召开代表大会，宣告两党合并，定名为匈牙利劳动人民党。拉科西任总书记。

6 月 13 日，南北朝鲜各政党和社会组织的领导人协议会在平壤召开。金日成在会上做了报告，提出举行南北朝鲜普选、立即建立朝鲜民主主义人民共和国的方针。

6 月 20—28 日，欧洲 9 国共产党和工人党情报局在罗马尼亚的布加勒斯特举行第 3 次会议。会议通过了《关于南斯拉夫共产党情况的决议》，指责南共推行反苏反马列主义路线，背离了国际主义传统，走上了民族主义的道路。会议决定将南共开除出情报局。

6 月 27 日，捷克斯洛伐克共产党与捷社会民主党合并为捷克斯洛伐克共产党。

7 月 14 日，意大利共产党总书记陶里亚蒂遇刺受重伤。这一事件激起全国人民的愤怒抗议，举行了声势浩大的群众性示威游行和波及全国为时 3 天的总同盟罢工，参加罢工的人数达 600 万人。

7 月 20 日，美国共产党领导人福斯特等 12 人，被控违反 1940 年外侨登记法，被美国联邦大陪审团以企图用暴力推翻美国政府的罪名提出公诉，并被捕入狱。

7 月 21 日，南斯拉夫共产党召开第 5 次代表大会，通过《关于南共对情报局态度的决议》，指出联共（布）中央信件和情报局决议中关于南共的状况的批评是不准确、不正确和不公正的，并拒绝了情报局的指责。

8 月 11 日，在保加利亚社会民主党把一批叛徒和变节分子犯逐出党后，在完全承认马列主义思想体系和组织原则基础上与保加利亚工人党（共）实行合并。

8 月 29 日，南共中央就情报局会议的决议举行全会，通过对情报局会议和苏联共产党（布）的答复。为让南斯拉夫人民判断是非，次日，南共《战斗报》全文发表情报局会议决议，并发表南共中央声明，表示会后将以更大的努力坚持不懈地建设社会主义。

8 月，波兰工人党举行中央全会，批评哥穆尔卡的右倾民族主义错误，并解除了他的总书记职务，推选贝鲁特为总书记。

8 月，美国共产党举行第 14 次代表大会。福斯特和丹尼斯再次当选全国委员会主席和总书记。

8 月，印度尼西亚共产党领导人慕梭从苏联秘密回国，先后召开了中央政治局会议和全国代表会议，选出了以慕梭为总书记的新的中央政治局。

9 月 9 日，朝鲜最高人民会议第 1 次会议在平壤召开，宣布成立朝鲜民主主义人民共和国。金日成任内阁首相。

9 月 27 日，捷克斯洛伐克共产党与斯洛伐克共产党实行合并，从而完成了捷克斯洛伐克共产党的统一。

9 月，在美、荷帝国主义策动下，印度尼西亚当局发动反共的“茉莉芬事件”，残酷地镇压共产党。印度尼西亚共产党被迫武装自卫，因力量悬殊并缺乏正确的战略战术，印度尼西亚“八月革命”失败。

10 月 29 日，奥地利共产党举行第 14 次代表大会。大会指出鉴于奥地利政府接受美国“马歇尔计划”而成为美国政策的工具，奥地利共产党必须从思想上、组织上更进一步加强自己的路线。

11 月 8—22 日，阿尔巴尼亚共产党第 1 次代表大会在地拉那举行。大会决定把阿尔巴尼亚共产党改名为阿尔巴尼亚劳动党。

12 月 15—21 日，波兰工人党和消除了右翼分子的波兰社会党举行合并统一代表大会。成立了波兰统一工人党，贝鲁特当选为中央委员会主席。

12 月 18 日，保加利亚工人党（共）召开第 5 次代表大会，决定恢复保加利亚共产党的名称。季米特洛夫在政治报告中总结了保共斗争史的经验教训，制定了社会主义建设的总路线。

本年

苏联《哲学问题》杂志及一些报刊开始批判苏联哲学社会科学界的“资产阶级的客观主义”“无党性”“不讲阶级斗争”等。

卢卡奇的论文集《存在主义还是马克思主义？》出版。

1949 年

1 月 5 日至 8 日，苏联、保加利亚、匈牙利、波兰、罗马尼亚、捷克斯洛伐克 6 国代表在莫斯科举行会议，宣布成立经济互助委员会（简称经互会），总部设在莫斯科。1991 年 6 月 28 日，经济互助委员会在匈牙利的首都布达佩斯正式宣布解散。

2 月，马来亚共产党发表《为实现人民民主共和国纲领告同胞书》，提出了建立“马来亚人民民主共和国”的纲领。

4 月 2 日，经互会第 1 次会议在莫斯科举行。会议研究了同经互会活动有关的一系列组织问题，并设立了常设秘书处。

6 月 25 日，南北朝鲜 71 个政党团体在平壤建立朝鲜祖国统一民主主义战线，提出朝鲜和平统一方案，并声明朝鲜的和平统一应由朝鲜人民自己来实现，美军应立即撤走。

6 月，北朝鲜劳动党和南朝鲜劳动党合并成立统一的朝鲜劳动党，并选举金日成为中央委员会委员长。

7 月 2 日，保加利亚共产党总书记季米特洛夫在莫斯科病逝。科拉罗夫继任保加利亚共产党总书记和部长会议主席。季米特洛夫（1882—1949 年）保加利亚共产党领袖，国际共产主义的杰出活动家。

8 月，印度尼西亚共产党重新组成了以陈舞如为首的中央政治局，提出要继续把“印度尼西亚共和国的道路”作为党的政治路线。

9 月 15 日，尼泊尔共产党成立。

10 月 7 日，苏占区德国人民委员会第 9 次会议决定成立德意志民主共和国临时政府，并宣布自身为临时人民议院，德国统一社会党主席皮克为议院主席。10 日，临时人民议院和临时参议院举行联席会议，选举皮克为德意志民主共和国总统。与此同时，德境苏联军政府宣布将权力移交民主共和国临时政府。

10 月 14 日，美国共产党领袖福斯特等 11 人被美国联邦法院以“阴谋鼓动暴动推翻美国政府”的罪名，各判处 10 年徒刑，并罚款 1 万美元。

10 月 18 日，希腊临时民主政府发表告人民书，宣布单方面停止已进行了 8 年多的武装斗争。此前，希腊共产党召开了六中全会，决定希腊共产党停止武装斗争，将力量转到大规模的政治和经济斗争。

11 月 16—19 日，共产党和工人党情报局第四次会议在匈牙利首都布达佩斯举行。会议通过《南斯拉夫共和国在间谍和杀人犯手中》的决议，给南共罗织了大量罪名。从此，南斯拉夫同苏联、东欧国家的关系全面破裂。

12 月到次年 2 月，毛泽东率中国党政代表团访问苏联。2 月 14 日，在会谈的基础上，中苏两国政府签订了《中苏友好同盟互助条约》等一系列协议。

本年

霍克海默尔、阿多诺主持的社会研究所迁回联邦德国法兰克福（于 1950 年完成）。法兰克福学派的主要成员开始在联邦德国和美国两地活动。

保罗 · M · 斯威齐《资本主义发展的理论》出版。本书重申卢森堡对修正主义的阶级调和论和议会道路论的批评。

1950 年

2 月，英国共产党发表新党纲《英国走向社会主义的道路》，提出在英国通过对议会的社会主义改造，是有可能“和平过渡”进入社会主义的。英国共产党正式提出和平过渡的路线。

6 月 20 日—8 月 2 日斯大林在《真理报》发表三篇关于语言学问题的文章，后汇集成《马克思主义和语言学问题》，论述经济基础和上层建筑的相互关系。

6 月 26 日，南斯拉夫提出社会主义自治道路。1948 年南斯拉夫被情报局开除后陷入经济困难，为了摆脱困境，南斯拉夫在试点基础上通过了《关于工人集体管理国家企业和高级经济组合的基本法》即“工人自治法”，这是南斯拉夫冲破苏联模式，进行经济体制改革的起点。

6 月，美共发表声明抗议杜鲁门政府武装侵略朝鲜。

7 月 20—25 日，德国统一社会党召开三大，通过了新党章，主张以联共（布）为榜样建立一个新型党，反对按社会民主党的面目建党。

本年

阿多尔诺等《极权主义的个性》出版。本书从心理学和艺术方面对法西斯主义进行了批判。

德拉 – 沃尔佩《逻辑是一门实证科学》出版。作者主张把马克思主义与现代科学的逻辑统一起来，认为马克思创立了真正的唯物主义逻辑。

1951 年

2 月 11 至 19 日，印度支那共产党第二次全国代表大会在越北宣光省占化县荣光乡举行。大会审议通过越南劳动党纲领。大会决定把印度支那共产党更名为越南劳动党并公开活动；选举胡志明为党的主席，长征为中央委员会总书记。

6 月 30 日—7 月 3 日，34 个社会党的代表在法兰克福召开会议，会议宣布社会党国际成立。社会党国际是社会党、社会民主党和工党的国际性联合组织，是一个交换情报和经验，表明社会党共同立场的组织。

本年

布洛赫《主体—客体：对黑格尔的解释》出版。本书认为马克思主义唯物辩证法是主—客体之间的交互作用。

留法越南哲学家陈德草《现象学与辩证唯物论》出版。这部有关现象学与马克思主义关系的论述对德里达等法国现象学家产生了影响。

1952 年

2 月至 9 月，斯大林就苏联编的政治经济学教科书未定稿和讨论会的有关问题发表了自己的意见，9 月他又把意见和对讨论会几位参加者所提问题的书面答复，以《苏联社会主义经济问题》书名公开发表。他阐述了社会主义基本经济规律主要特点和要求，丰富和发展了马克思主义经济学说。

10 月 5—14 日，联共（布）举行第十九次代表大会。此次代表大会是 1939 年苏联共产党“十八大”后相隔 13 年之久召开的。大会决定将原来党的名称“全联盟共产党（布尔什维克）”改名为苏联共产党，简称苏联共产党。

11 月 2—7 日，南斯拉夫共产党召开第六次代表大会。大会全面批判了斯大林主义的理论和政治实践，对照搬苏联经验进行了深刻反思。大会决定把党的名称改为南斯拉夫共产主义者联盟，大会确认了 1950 年开始推行的工人自治制度。

本年

霍布斯鲍姆与克里斯托弗·希尔等人创办的新左派史学期刊《过去与现在》创刊。

萨特发表《共产党人与和平》。

马尔科维奇出版了《苏联马克思主义哲学基础的修正》。

1953 年

3 月 5 日，斯大林患高血压和动脉硬化引起脑出血逝世，终年 74 岁。斯大林（1879—1953年），是伟大的马克思列宁主义者，长期任俄共中央总书记，领导了苏联卫国战争。他的主要著作有《马克思主义和民族问题》《论列宁主义基础》等。

3月6日，苏联共产党中央、苏联部长会议、苏联最高苏维埃主席团召开联席会议，任命马林科夫为苏联部长会议主席，任命伏罗希洛夫为最高苏维埃主席团主席。

8月24—26日，德国统一社会党召开第十五次代表会议。会议反思东柏林事件的教训，通过了党的新方针尽快改善人民的物质文化生活，同时改选了中央政治局，选出瓦·乌布利希为中央委员会第一书记。

8月，苏联《共产党人》第十二期发表《人民是历史的创造者》，批评了党内存在的个人迷信，反对个人崇拜，提倡社会主义民主和党内集体领导的原则。

8月—10月，阿尔都塞在《哲学教育杂志》发表《关于马克思主义》《关于辩证唯物主义的笔记》。

本年

民主德国的《德国哲学杂志》开始展开关于矛盾问题的讨论。

普勒德拉格·弗兰尼茨基发表《论马克思主义经典中的普遍、特殊和个别问题》《卡尔·马克思思想的发展》。

第四章 马克思主义的曲折发展（1954 年—1991 年）

斯大林去世后，特别是苏联共产党“二十大”之后，世界社会主义进入了多事之秋。社会主义国家都在共产党工人党的领导下探索适合本国发展的道路，推进了马克思主义的发展。但是由于一些社会主义国家决策上频频失误和国际共产主义运动的分裂争论，这些变化都影响到马克思主义在这一时期在社会主义国家阵营内表现为起起伏伏地曲折发展。20 世纪 50 年代中期以后，社会主义国家内的苏联学者和东欧的马克思主义学者，对社会主义道路的发展、新科学技术革命对资本主义社会和社会主义社会发展的影响以及第二次世界大战后资本主义社会的政治、经济、文化问题等做了深入的研究探讨，丰富和发展了马克思主义理论的内容。

1960 年代西方发达资本主义社会逐步呈现出了经济繁荣、技术发达的特征，但社会异化并没有随着经济的发展与技术的进步而减轻，相反却更为严重了。伴随着“五月风暴”引发的青年学生的“造反”运动以及形形色色的社会运动，马克思主义对资本主义批判的精神被西方社会重新重视与激活，西方马克思主义的理论视角与研究主题也随之发生了重大转换，从原先主要批判苏联模式的社会主义和法西斯主义转移到对发达资本主义社会的批判上来。在理论上，卢卡奇、科尔施、葛兰西等人被重新发现，法兰克福学派影响的日益扩大。先前的各类西方马克思主义流派，如弗洛伊德主义的马克思主义、存在主义的马克思主义等，也为这一时期西方国家马克思主义的复兴储备了大量的可资继承与批判的理论资源。西方的马克思主义者强调马克思主义应向各种思潮开放，吸收各种非马克思主义中的宝贵因素。各种马克思主义研究派别和思潮一般都程度不等地用非马克思主义哲学之“长”来补马克思主义哲学之“短”。马克思主义在西方国家的蓬勃发展突出地表现在马克思主义各种新学派、新观点的纷纷涌现，有关马克思主义问题的探讨成为西方社会重要的理论话语。

西方资本主义社会的工人阶级在工人政党或者社会党领导下在本国探索解放的路径，推动了马克思主义在西方社会的发展。西方共产党的理论家中有不少人也一改与非马克思主义哲学势不两立的态度，而是在把马克思主义哲学与非马克思主义哲学“融合”方面也做出了不懈的努力。

这一时期，马克思主义在第三世界持续得到传播与发展。第二次世界大战以后，受到马克思主义社会主义的影响，在民族解放运动高涨的推动下，一些殖民地半殖民地国家获得了政治上的独立，如何以经济上的发展巩固政治上的独立，成为这些发展中国家在前进道路上进行探索的现实课题，也成为世界范围内马克思主义者关注的理论课题。西方国家的马克思主义者和发展中国家的马克思主义者共同创立了马克思主义不发达政治经济学，探索的重要成果比如依附理论、世界体系理论等开辟了运用马克思主义的理论原理和方法研究发展中国家社会经济发展问题的新途径。

大事编年

1954 年

1 月 16—17 日，南共联盟召开第三次（非常）中央全会作出决议，把吉拉斯开除出中央委员会，解除他的一切职务。吉拉斯发表一系列文章公开要求改变南共联盟的性质。

1 月 27 日—2 月 1 日，尼泊尔共产党“一大”在加德满都附近的帕坦秘密召开，标志着党在组织上的正式创立。施瑞斯塔当选为主席，阿迪卡里当选为总书记。

3 月 15—21 日，印度尼西亚共产党第五次代表大会在雅加达举行。大会通过了印尼共的党章、纲领和竞选宣言。1955 年 9 月 9 日，印度尼西亚共产党在大选中成为第四大党。1957 年 11 月在地方议会选举中成为第一大党。

3 月 13 日，越军对奠边府的法军基地发起总攻击，终于在 5 月 7 日攻克奠边府赢得胜利。奠边府大捷是越南人民抗法斗争的具有决定意义的胜利。

4 月 18—24 日，在没有西方殖民国家参加下，有 30 多个国家和地区的政府代表约 340 名参加了万隆召开的亚非会议。会议所体现的团结反帝反殖、维护民族独立与和平友谊的精神，称为“万隆精神”。

4 月 29 日，中国和印度签订关于中国西藏地方与印度之间的通商协定中，首次正式提出和平共处五项原则。同年 6 月，中印、中缅总理的联合声明重申并确认五项原则为处理国家有关的指导原则。

本年

苏联《哲学问题》第二期发表社论《理论和实践的统一》，提出反对教条主义，提出对斯大林哲学理论的批评。

1954—1955 年苏联哲学界围绕亚历山大洛夫主编的《辩证唯物主义》和康斯坦丁诺夫主编的《历史唯物主义》进行了广泛讨论。

苏联共产党中央马克思列宁主义研究院编辑的《马克思恩格斯全集》俄文第二版开始出版，到 1966 年出齐三十九卷（四十二册），以后又增加了十一个补卷，这样，第二版总共有五十卷（五十四册），收载著作二千余篇，书信四千余封。

卢卡奇的《理性的毁灭》出版。作者把法西斯主义的兴起追溯到了非理性主义，对西方非理性主义思潮的流变和社会后果等作了考察和批判。

德国哲学家布洛赫《希望的原理》第一卷出版，第二、三卷分别于 1955 年、

1959 年出版。布洛赫阐述了他的希望哲学的基本原理。

法国学者科尔纽《马克思恩格斯传》第一卷出版。第二卷 1958 年出版。第三卷 1970 年出版。

1955 年

3 月 22 日，老挝人民革命党成立。该党前身是印度支那共产党老挝支部。党的总书记是凯山·丰威汉。党报是《人民报》。

5 月 14 日，为了对抗西方国家结成新的军事同盟，阿（阿尔及利亚）、保、匈、民主德国、波、罗、捷和苏八国政府的代表于在华沙签订友好合作互助条约，华沙条约组织建立，总部设在莫斯科。

5 月 27 日至 6 月 2 日，赫鲁晓夫率苏联代表团访问南斯拉夫并发表了联合公报。次年 6 月，铁托率领南斯拉夫代表团访苏，会谈中赫鲁晓夫表示承担 1948 年苏南冲突中的责任，并发表了会谈公报。从此，苏南两国两党之间恢复了关系。

8 月，阿尔及利亚民族解放阵线党成立。该党领导了长达七年半的民族解放战争。1962 年 7 月 3 日，阿尔及利亚宣告正式独立。1963 年，“民阵”领导人本·贝拉当选为共和国总统。

9 月 10 日，越南祖国战线成立，胡志明当选为名誉主席，孙德胜当选为主席。

9 月，让－保罗·萨特和波伏娃应邀访问中国。11 月 2 日，中国《人民日报》发表了让－保罗·萨特的文章《我对新中国的感受》。

12 月 5 日，美国“劳联”和“产联”第一次联合代表大会召开，实现了两大工会的合并。代表大会选举乔治·米尼为主席。

12 月，金日成在对党的宣传工作者讲话中提出要以朝鲜革命作为“党的思想工作的主体”，第一次提出“主体”思想。此后，经过不断丰富，到 20 世纪 60 年代下半期，金日成完成了对主体思想体系化工作。主体思想在国家政策上的体现就是：政治上自主、经济上自足、国防上自卫。

本年

苏联《哲学问题》第三期发表《提高哲学史研究的思想理论水平》的社论，批评 1947 年讨论《西欧哲学史》一书以来的虚无主义态度。

法国梅洛－庞蒂《辩证法的历险》出版。中译本上海译文出版社 2008 年出版。本书从政治着眼，阐明作者对“西方马克思主义”的推崇和对列宁主义的敌视。该书受到法国共产党的批评。

马尔库塞《爱欲与文明》出版。作者试图以弗洛伊德主义来“补充”马克思主义，把两者加以综合形成弗洛伊德主义的马克思主义。

法国学者让·依波利特《马克思与黑格尔研究》出版。本书试图重新黑格尔主义立场出发，从人本学角度来解读马克思。

德国科夫勒《历史与辩证法》出版。作者推崇黑格尔的辩证逻辑在克服费尔巴哈直观唯心主义上的作用。

弗洛姆《健全社会》出版。

1956 年

2 月 14—25 日，苏联共产党召开第二十次代表大会。赫鲁晓夫当选为苏联共产党中央书记处第一书记。大会闭幕前夕，赫鲁晓夫突然召集全体代表作了题为《关于个人崇拜及其后果》的“秘密报告”，参加苏联共产党二十大的兄弟党代表团团长应邀旁听。秘密报告揭露了斯大林所犯下的种种错误及其后果，在代表中引起巨大震动，在国际上引起强烈的反响，也引起了国际共产主义运动的动荡和混乱。

4 月 5 日和 12 月 29 日，中国《人民日报》先后发表《关于无产阶级专政的历史经验》和《再论无产阶级专政的历史经验》，全面地评价了斯大林的功过，论述了个人崇拜现象产生的原因及其经验教训，实事求是地总结了苏联社会主义革命和建设的基本经验，并提出了如何正确处理兄弟党和社会主义国家间的关系等问题。

4 月，欧洲共产党和工人党情报局解散。情报局八国共产党（缺南共）的代表于 4 月在莫斯科开会，决定解散欧洲共产党和工人党情报局。

6 月 28 日，波兰发生波兹南事件。

6 月 30 日，苏联共产党中央作出《关于克服个人迷信及其后果的决议》。接着苏联在各领域逐步开展了对“个人迷信”的批判。

10 月 19—20 日，苏波举行十月会谈。10 月 18 日，赫鲁晓夫亲自率领代表团，在没有得到波兰同意的情况下，突然来到华沙，要求举行两党会谈。会谈的公报中重申波兰忠于华沙条约，维护波苏友好，对国内的政治经济体制进行必要的改革。

10 月 23 日，匈牙利事件爆发。

12 月 8—14 日，意大利共产党召开第八次代表大会。意大利共产党总书记陶里亚蒂在会议上公开提出必须消除对别国共产党内部事务的任何干涉，反对在国际共运中存在“指挥中心”“领导党”和“领导国”。正式提出并全面阐述了以“结构改革”为中心的“走向社会主义的意大利道路”。

本年

苏联《共产党人》第五期发表社论《在列宁主义的旗帜下》，指出随着苏联剥削阶级的消失，阶级斗争的矛头已转向国际舞台。

苏联《共产党人》杂志第十期发表卡马里《基础与上层建筑理论的若干问题》，批评斯大林对上层建筑概念理解的狭隘性。

在柏林大学纪念黑格尔逝世 125 周年的大会上，布洛赫作题为《黑格尔与体系的威力》的演讲，强调把马克思主义哲学区分为辩证唯物主义和历史唯物主义是狭隘的。

列斐伏尔等人有感于匈牙利事件，力图提出一种适合于发达资本主义社会的马克思主义，为此创办《论证》杂志。杂志的发起人和主要撰稿人被称为"论证集团"。

1957 年

1 月 1—4 日，苏、保、匈、罗、捷五国党政代表会议在布达佩斯举行。与会者通报了各自国内和党内情况，讨论了一系列政治和经济问题以及匈牙利事件后国际局势，发表了会议公报。

1 月 10 日，为了巩固社会主义各国的团结，卡达尔、周恩来、赫鲁晓夫等分别在莫斯科举行会谈，并发表会谈公报。公报指出要扩大和发展社会主义国家的友谊，制止削弱社会主义阵营团结的企图。

1 月，让 – 保罗・萨特在《现代》杂志发表了《斯大林的幽灵》一文。

4 月 5 日，在印度喀拉拉邦，印共组成历史上第一个由共产党人领导的邦政府。

6 月 29 日，苏联共产党中央全会通过关于马林科夫、卡冈诺维奇、莫洛托夫等人为反党集团决议。

11 月 14—16 日，参加庆祝十月社会主义革命四十周年活动的 12 个社会主义国家的共产党和工人党代表在莫斯科举行会议。毛泽东率中共代表团出席了会议。会议通过了《社会主义国家共产党和工人党代表会议宣言》。

本年

英国共产党理论刊物《今日马克思主义》月刊创刊。

苏联科学院哲学所主编《哲学史》（六卷本）第 1、2 卷出版。第 3、4 卷 1959 年出版；第 5 卷 1961 年出版；第 6 卷 1965 年出版。

德拉 – 沃尔佩《卢梭和马克思》出版，该书强调马克思对黑格尔唯心主义的思辨辩证法的批判。

加约・彼德洛维奇出版《G.V. 普列汉诺夫的哲学思想》出版。

普勒德拉格·弗兰尼茨基《哲学研究和批判》出版。

左翼经济学家保罗·巴兰《增长的政治经济学》出版。

萨米尔·阿明论文《不发达的起源——世界范围的资本主义积累》发表。论文后改名为《前资本主义经济国际一体化的结构性影响。对造成所谓不发达经济体的机制的理论研究》。

卡尔·波普尔《历史主义的贫困》出版。本书对所谓的历史决定论包括唯物史观进行了介绍和批驳。马克思主义学者对其进行了回击。

赖希出版《卡尔·马克思、威纳尔·桑巴特和麦克斯·韦伯的人本主义社会学的方法论》。

西方马克思学开创者吕贝尔在巴黎发表《卡尔·马克思。思想发展史概论》。

A. G. 迈耶《列宁主义》出版。

霍加特《识字的用途：无产阶级生活面面观》出版。

法国伽罗蒂《马克思主义的人道主义》出版。

1958 年

2 月 14—21 日，应朝鲜民主主义人民共和国政府的邀请，周恩来总理率领政府代表团对朝鲜进行友好访问。

3 月 3—6 日，朝鲜劳动党召开第一次代表大会，宣布朝鲜劳动党内真正树立和巩固了以金日成为首的正确的马克思主义领导核心。

3 月 7—8 日，19 个国家的共产党和工人党派代表参加《和平与社会主义问题》杂志在布拉格召开的创刊会议。8 月，各国共产党和工人党合办的理论性和报道性刊物《和平和社会主义问题》月刊创刊。刊物以 19 种文字在 80 个国家发行。1990 年 6 月停刊。

3 月 17—22 日，蒙古人民革命党举行第十三次代表大会。

7 月 31 日—8 月 3 日，赫鲁晓夫应邀来中国访问。

10 月 12 日，苏联科学院和高等教育部联合召开了第一次全苏自然科学中哲学问题会议。会上自然科学家与哲学家一道就当前自然科学中的许多重大问题进行了系统地研究和讨论，还讨论了哲学和自然科学的关系及结盟问题。

本年

南斯拉夫党中央通过《南斯拉夫共产主义者联盟纲领》，系统总结南斯拉夫社会主义革命和建设的经验教训，体现了南斯拉夫形式的马克思主义的形成。

苏联共产党中央《共产党人》杂志第六期发表文章批判南共联盟纲领草案。许多国家的共产党、工人党相继开展了对南共联盟纲领草案的批判。

弗兰尼茨基《辩证唯物主义与历史唯物主义》和舍希奇《辩证唯物主义》在南斯拉夫出版。

赫伯特·马尔库塞《苏联马克思主义——一种批判的分析》出版。该书引起很大争议。

列斐伏尔发表《马克思主义的现实问题》。

列斐伏尔《日常生活批判》第一卷出版。第二卷1961年出版，第三卷1981年出版。

杜娜叶夫斯卡娅《马克思主义和自由》出版。

雷蒙·威廉斯《文化与社会：1780–1950年》出版。

1959年

1月1日，卡斯特罗领导领导古巴起义军进攻首都哈瓦那，推翻了巴蒂斯塔的独裁统治，古巴革命胜利，建立了古巴共和国。

1月27日—2月5日，苏联共产党第二十一次非常代表大会在莫斯科大克里姆林宫举行。大会宣布苏联进入全面展开共产主义社会建设时期。

9月7–15日，印度尼西亚共产党召开第六次代表大会，会上通过的党纲和党章提出，党要竭尽全力通过和平道路、议会道路来实现人民民主制度。

9月15—27日，赫鲁晓夫访问美国，同艾森豪威尔在戴维营举行会谈，这是苏联领导人首次访美。

9月30日—10月4日，赫鲁晓夫访问中国，在会谈中讨论了台海局势、中印关系等问题，双方观点大相径庭。

11月，西欧十七国共产党会议在罗马举行。会上意大利共产党总书记陶里亚蒂作了以“结构改革”为内容的报告，并发表了17国共产党的《罗马声明》。

本年

苏联《哲学问题》第五期出版纪念列宁《唯物主义与经验批判主义》五十周年专号。

法国学者吕贝尔主编的杂志《马克思学研究》丛刊创刊，西方的“马克思学”研究学派由此产生。《马克思学研究》属于法国科学研究中心“实用经济学研究院”的刊物《经济与社会》（实用经济学手册）的一个分册，每年《实用经济学手册》出版四期，其中拨出一期由吕贝尔主持出版马克思学的内容。直至1991年，总共出版了32期。

法国学者伽罗蒂《人的远景》出版。

1960 年

6 月 24—26 日，社会主义国家共产党工人党在布加勒斯特举行会议。在会议前夕，苏联共产党代表团散发了苏联共产党中央 6 月 21 日给中共中央的通知书，对中共进行了毫无根据的攻击。中共代表团就赫鲁晓夫对中共的诬蔑和攻击做了回答。9 月 10 日，中共中央对苏联共产党中央的通知书做了答复，严正地驳斥苏联共产党领导的攻击，并且提出了解决分歧、达到团结的五项建议。

7 月 16 日，苏联政府通知中国政府，将在一个月内全部撤回在华工作的 1390 名苏联专家，从而撕毁了 600 多个协议和合同。

9 月 5—12 日，越南劳动党第三次全国代表大会在河内举行。胡志明当选党主席职务，黎笋当选越共中央委员会第一书记。

9 月 30 日，柬埔寨共产党人在金边召开党的第一次全国代表大会，建立高棉劳动党。

11 月 10 日—12 月 1 日，参加庆祝伟大的十月社会主义革命 43 周年活动的 81 国共产党、工人党代表会议在莫斯科举行。会议前夕，苏联共产党向代表团散发了一封攻击中国共产党长达 6 万字的信件。会议开始后，赫鲁晓夫又带头组织对中国共产党的围攻。中共中央总书记邓小平在发言中，就中苏两党之间的意见分歧和中国共产党的立场作了尽情尽理的说明。由于中共代表团坚持原则，坚持斗争，坚持团结，会议最后仍然达成了协议。会上通过《各国共产党和工人党代表会议声明》，肯定各国共产党走自己独立自主道路的原则，推动了当代马克思主义发展中的多样化状态。

本年

英国左派知识分子的刊物《新左派评论》创立。它是由两本期刊《大学与左派评论》和《新理性人》合并组成。

南斯拉夫哲学联合会在布莱德举行“关于主体和客体、实践和反映论问题”的讨论会，产生激烈争论。

萨特《辩证理性批判》第一卷问世。该书声称要用存在主义人学补充马克思主义人学的“飞地”，引起激烈争论。

意大利裔英国经济学家庇罗·斯拉法发表《用商品生产商品》。作者试图发展马克思主义经济学，在西方经济学界引发多方争论

苏联哲学家巴日特诺夫《哲学中革命变革的开端——马克思〈1844 年经济学哲学手稿〉》在莫斯科出版。

1961 年

3 月，阿尔都塞在《思想》杂志发表《论青年马克思》，在法国共产党内部引发争论。

5 月 3 日，梅洛－庞蒂在巴黎病逝。梅洛－庞蒂（1908 年—1961 年）法国哲学家，法国马克思主义理论家，著有《辩证法的探险》等。

6 月 29 日—7 月 7 日，朝鲜劳动党中央委员会委员长金日成率领朝鲜党政代表团应邀访问了苏联。苏朝两国正式缔结友好合作互助条约。

7 月 10—15 日，朝鲜劳动党中央委员会委员长金日成率党政代表团访问中国。双方根据马列主义和无产阶级国际主义原则，签订中朝友好合作互助条约。

7 月，卡斯特罗领导的“七·二六”运动、罗加领导的人民社会党和齐蒙领导的“三·一三”革命指导委员会合并建立古巴革命统一组织。1965 年 9 月，改称古巴共产党，第一书记是卡斯特罗。古共党纲规定的理论基础是马克思列宁主义。

7 月 23 日，尼加拉瓜桑地诺民族解放阵线于洪都拉斯创建。1979 年 6 月桑地诺阵线宣布成立民族复兴临时政府，索摩查被迫下台，人民起义获胜。该阵线指导思想是马克思列宁主义和桑地诺思想。

9 月 1—6 日，南斯拉夫、印度等 25 个不结盟国家的元首或政府首脑在南斯拉夫的贝尔格莱德举行第一次会议。会议通过宣言表示，不结盟国家决心共同努力，制止新殖民主义和帝国主义统治的一切形式和表现。

10 月 17—31 日，苏联共产党召开第二十二次代表大会在莫斯科举行，通过的《苏联共产党纲领》明确写进有关人道主义的内容，从而掀起人道主义的研究和宣传高潮。

10 月 21 日，科尔施在美国马萨诸塞州的逝世。科尔施（1886—1961 年）西方马克思主义创始人之一，其代表作是《马克思主义和哲学》和《卡尔·马克思》。

12 月，《新左派评论》杂志改组，佩里·安德森接受主持编辑部的工作。此后主持编辑部工作长达二十年。

本年

法国以“辩证法是否仅仅是历史规律？它是否也是自然规律？”为主题举行讨论会。萨特和伽罗蒂则等展开争论。

“实践派”代表人物普勒德拉格·弗兰尼茨基《马克思主义史》（第一卷）在南斯拉夫出版。

布鲁斯《社会主义经济运行问题》出版，提出了经济运行的“分权模式”理论。

雷蒙·威廉斯《漫长的革命》出版。中译本上海人民出版社 2013 年出版。

罗伯特·塔克《卡尔·马克思的哲学和神话》出版。作者认为马克思主义是一种宗教替代物，它所包含的神话多于哲学。马克思主义学者做了驳斥。

弗罗姆《马克思关于人的概念》出版。

科普宁《辩证法是逻辑》出版。

1962 年

3 月 8 日，古巴统一革命组织领导人举行会议，决定正式组织统一革命全国委员会，卡斯特罗为第一记。

6 月 6—7 日，经济互助委员会在莫斯科举行会议，通过“国际主义的社会主义分工原则”，并推荐把这些原则作为制定各国经济合作远景计划的基础。

9 月 9 日，《真理报》发表苏联哈尔科夫工程经济学院教授利别尔受的《计划、利润、奖金》。文章对计划与生产、劳动生产率和奖金、生产和积累提出突破性的看法，引发广泛的经济改革讨论。

10 月，古巴导弹危机爆发。

11 月 5—14 日，保加利亚共产党召开第八次代表大会，决定以苏联共产的纲领为纲领，要在不远的将来建立全民国家、全民党。

11 月 19—23 日，苏联共产党中央召开全会，根据赫鲁晓夫的建议，决定取消现有的党委，建立分管农业和工业的两个平行的党委。

11 月 20—24 日，匈牙利社会主义工人党第八次代表大会在布达佩斯召开。大会决议指出匈牙利已经“结束了社会主义奠基工作”，“进入了完全成社会主义的阶段”。

11 月，南非共产党在约翰内斯保秘密召开第五次全国代表大会，通过了党纲领《南非自由之路》。

12 月 2—8 日，意大利共产党第十次代表大会在罗马举行，陶里亚蒂做《团结起来，在民主和平中走向社会主义》的报告。

12 月，阿尔都塞在《思想》杂志发表《矛盾与多元决定》。

本年

意大利共产党解散《社会》编辑部，接着在意大利共产党周报《再生》上爆发哲学论战，对德拉－沃尔佩学派进行批判。

《苏联思想研究》杂志主编波亨斯基提出马克思主义的发展过程可分为马克

思时期、列宁时期和苏联时期，必须相应建立马克思学、列宁学和苏联学。

苏联哲学家奥伊则尔曼《马克思主义哲学的形成》在莫斯科出版。

苏联哲学家罗森塔尔《马克思〈资本论〉中辩证法》在莫斯科出版。

德国阿尔弗雷德·施密特《马克思的自然观》出版。中译本商务印书馆 1988 出版。本书从人本主义立场解读马克思的自然观和认识论，是生态马克思学领域的经典文献。

弗洛姆出版《幻想锁链的彼岸——我所理解的马克思和弗洛伊德》。

列维－斯特劳斯出版《野蛮人的心灵》，批判萨特忽视社会结构。

埃里克·霍布斯鲍姆《革命的年代：1789 年 –1848 年》出版。这是作者的年代系列历史著作第一部。

曼德尔《马克思主义经济学理论》出版。

欧根·卡门加《马克思主义的伦理基础》出版。

1963 年

1 月 5—21 日，德国统一社会党召开六大，宣布德意志民主共和国社会主义的生产关系已经取得决定性的胜利。

2 月 20—21 日，柬埔寨共产党召开二大，产生了以波尔布特为书记的中央常委会。大会确定柬埔寨革命走农村包围城市、武装夺取政权道路。

2 月，阿尔都塞在《思想》杂志发表《关于“1844 年手稿”》，在法国比较早讨论马克思的这篇手稿，引发争论。

3 月 30 日，苏联共产党中央就中苏两党会谈问题致信中共中央，信中系统讲述了苏联共产党中央关于国际共产主义运动总路线的观点。6 月 14 日，中共中央就苏联共产党中央来信回复，提出“关于国际共产主义运动总路线的建议”。

7 月 5—20 日，中苏两党会谈在莫斯科举行。7 月 14 日，苏联共产党中央发表《给苏联各级党组织和全体共产党员的公开信》公开指名攻击中共。《人民日报》和《红旗》杂志编辑部从 1963 年 9 月 6 日到次年 7 月 14 日，连续发表了九篇评论苏联共产党中央公开信的重要文章（即“九评”），展开公开论战。

7 月，南非“民族之矛”的最高指挥部遭到破坏，南非共产党遭到当局的残酷镇压。部分领导人流亡国外，建立南非共国外组织，继续领导国内斗争。

8 月 5 日，苏联与美、英在莫斯科签订《部分禁止核试验条约》。

8 月 8 日，毛泽东在会见一批非洲外宾时，应美国黑人领袖罗伯特·威廉的请求，发表了《呼吁世界人民联合起来，反对美国帝国主义的种族歧视、支持美国黑人反对种族歧视的斗争的声明》。声明谴责了美国政府对黑人的歧视和迫害，支持美国黑人反对种族歧视，争取自由和平等权利的斗争。

8月，阿尔都塞在《思想》杂志发表《关于唯物辩证法》。

本年

南斯拉夫克罗地亚共和国首府萨格勒布举行“科尔丘拉夏令学园”。东西方马克思主义者进行对话。从1963年至1965年、1967年至1974年学园活动每年举行一次。

苏联哲学界发生“自然辩证法”（普拉东诺夫等）和“现代自然科学中的哲学问题”（凯德洛夫、科普宁等）两种不同的学科命名法的争论（1963—1964）。经过争论，仍保持了“现代自然科学中的哲学问题”的名称。

E. P. 汤普森《英国工人阶级的形成》出版。该书开启了新社会史的文化转向的先河。

捷克科西克《具体辩证法》问世。该书用现象学和存在主义的观点对辩证法做了新的说明。

卢卡奇《美学的特性》出版。本书不仅在横向上阐释了审美与科学、伦理、宗教及日常生活之勾连，而且在纵向上追溯审美之起源及历史发展。

苏联哲学家斯捷潘年主编《社会主义成长为共产主义的辩证法》出版。

哈贝马斯出版《理论与实践》。

赫伯特·古特曼发表《寻求权力的工人》。

马莱在巴黎出版《新工人阶级》，提出“新工人阶级”的概念。

1964年

4月15—22日，罗马尼亚工人党召开扩大中央全会，通过了关于国际共运和工运立场的声明，呼吁停止论战，准备召开共产党和工人党会议以挽救团结。

4月18日，苏联共产党中央致信日共中央，指责日共越来越公开地离开共运总路线，广泛开展反苏宣传，同中共“站在一个行列里”。

5月10—12日，苏联《真理报》连发《思想一致是共产主义运动团结的基础》等3篇与中共论战的编辑部文章。

5月17日—6月6日，苏联《消息报》连续发表5篇关于国家理论的编辑部文章，对中国的国家理论、国家制度、政治生活等进行了全面责难。

7月11日，法国共产党总书记多列士因心脏病猝发逝世。多列士（1900—1964年）法国和国际共产主义运动著名活动家，法国共产党总书记。

8月21日，意大利共产党领导人陶里亚蒂逝世。陶里亚蒂（1893年—1964

年）长期担任意大利共产党总书记。

8 月 23 日，日本共产党中央委员会召开第十次全体会议。26 日，日共中央委员会复信苏联共产党中央委员会，答复了它在 4 月 18 日的来信。在复信中，日共表示要坚决粉碎苏联共产党中央对日共进行的无理干涉，就国际共产主义运动一系列问题同苏联共产党进行讨论。日共中央机关报《赤旗报》于 9 月 2 日刊登了长达 12 万字的长篇复信。

8 月，厄瓜多尔共产党中央委员拉尔·埃切维利亚等人在脱党后宣布组建新党——厄瓜多尔马克思列宁主义共产党。

8 月，意大利共产党总书记陶里亚蒂《雅尔塔备忘录》发表。1964 年 9 月 5 日《团结报》《再生》月刊把它作为陶里亚蒂的政治遗嘱公布。《雅尔塔备忘录》成为意大利共产党走向欧洲共产主义的重要标志。

9 月，缅甸共产党召开中央会议，通过了德钦丹东主席的政治报告，提出“赢得战争，夺取政权”的路线。这是缅共历史上的一个重要转折点。

10 月 12 日，苏联共产党中央主席团召开会议。中央主席团委员和候补委员攻击赫鲁晓夫破坏集体领导，独断专行、不理其他领导人的意见。14 日，赫鲁晓夫签署了因健康请辞所有职务。勃列日涅夫当选苏联共产党中央第一书记。

11 月 5—13 日，周恩来率领中国党政代表参加苏联十月革命节，并会见了苏联新领导人，但苏联并不想从根本上改变赫鲁晓夫的方针，会谈不欢而散，中苏关系并未好。

12 月 7—13 日，南斯拉夫共产主义者联盟召开第八次代表大会。大会决定加快社会经济关系非国家民主化的进程，使社会主义社会能够根据社会自治和按劳分配的原则发展。

本年

苏联《哲学问题》杂志第六期刊登奥伊则尔曼和麦列申柯合写《科学变为直接生产力》，阐发马克思关于科学是生产力的基本观点。

马尔库塞出版《单向度的人》。作者认为在发达工业社会中人丧失了最可贵的批判精神，使社会成为单向度的社会，人成了单向度的人。

图雷《后工业社会》在巴黎出版。作者认为在发达资本主义国家中，工人运动的总问题是统治者和被统治者之间的权力关系问题。

高兹在巴黎出版《劳工战略》。本书认为资本主义社会的主要罪恶是工人创造性的异化，主张达到“富裕的社会主义”。

南斯拉夫人本主义哲学学派在萨格勒布创办《实践》杂志（有 12 国的哲学家参加编委会），并由此形成“实践派”。

保·巴兰和保·斯威齐《垄断资本主义》出版。本书建立起以经济剩余理论为核心的政治经济学新体系。

1965 年

1 月 1 日，苏联新经济体制改革启动。

3 月 1—5 日，苏联共产党召开的有 20 多个党参加的共产党和工人党出席的“协商会晤”。

3 月 20 日，《人民日报》刊载了一组题为《苏联共产党领导分裂国际共产主义运动的严重步骤》的材料。

3 月 22 日，罗马尼亚工人党举行中央全会，选举齐奥塞斯库为党中央第一书记。7 月，罗马尼亚工人党召开第九次代表大会，恢复罗马尼亚共产党的名称。

4 月 1 日，格瓦拉致函卡斯特罗，辞去在古巴的党政职务、放弃古巴国籍，并决定离开古巴以便继续参加世界某一国家的革命运动。

4 月，全苏唯物辩证法讨论会在莫斯科举行。赫鲁晓夫时期提出的“两种辩证法”（即资产阶级社会的“对抗的辩证法”、社会主义社会的“和谐的辩证法”），遭到费多谢耶夫、米丁等人的批判。

6 月 18 日—7 月 1 日，南共联盟主席铁托访问苏联。

9 月底—10 月初，古巴社会主义革命统一党改名为古巴共产党，卡斯特罗担任第一书记。

9 月，阿尔都塞出版《保卫马克思》。本书收集的 8 篇论文围绕一个共同主题展开，反对对马克思主义作人道主义的解释，恢复作为科学的马克思主义的本来面目。

10 月 4 日，苏联部长会议通过批准了《社会主义国营生产企业条例》，决定从 1966 年起，在工业企业中推行新经济体制，减少指令性计划，给企业以更多的自主权，提高生产积极性。

10 月 27 日，《真理报》发表《社会主义国家的最高国际主义职责》的编辑部文章。文章说，苏联“已成为世界革命运动的稳定的中心”。

11 月，阿尔都塞与其学生合著《读〈资本论〉》出版。该书提出“症候阅读法”。

12 月 6 日，勃列日涅夫在苏联共产党中央全会上发表关于改革中央和国家监察机关的讲话，全会通过的《关于改组党和国家监察机关的决议》，决定把党和国家的监督机构分开。

本年

苏联《哲学问题》杂志于 1965 年第 10、11 期发表了巴加图里亚根据手稿重新编排的《费尔巴哈》章的俄译文。

在南斯拉夫的奥巴基亚举行了“马克思主义与自然科学、数学科学和技术科学”的讨论会。争论的焦点是有没有自然辩证法。

列斐伏尔发表《元哲学》。作者提出元哲学的主要任务是研究现代生活中异化的特殊形式。

沙夫出版《马克思主义与人类个体》，阐述马克思主义的人道主义和形形色色的人道主义的区别。

加约·彼德洛维奇《哲学和马克思主义》出版。

1966 年

1 月 12 日，勃列日涅夫率团访问蒙古人民共和国，两国签订具有军事性的《友好合作互助条约》。

2 月 24 日，苏联共产党中央致信中共中央，邀请中国共产党代表团参苏联共产党第二十三次代表大会。3 月 22 日，中共中央复信拒绝苏联共产党的邀请，中苏两党关系至此完全中断。

3 月 29 日—4 月 8 日，苏联共产党召开第二十三次代表大会。勃列日涅夫在报告中回避了斯大林问题，重新肯定了苏联共产党二十大至二十二大所确定的路线，声称苏联共产党的政治路线是正确的。大会决定中央主席团改名为中央政治局，中央第一书记改称为中央总书记。

7 月 4 日—6 日，华沙条约国首脑会议在布加勒斯特召开。

12 月 12—13 日，苏联共产党中央举行全会，全会赞同苏联共产党中央政治局的政治路线。

本年

法国共产党中央举行全体会议，专门讨论阿尔图塞《保卫马克思》和《阅读〈资本论〉》。法国共产党总书记瓦德克·罗歇批评阿尔图塞在人道主义问题上的观点。

民主德国哲学界展开“马克思主义哲学体系的论争”（1966—1969）。柯辛提出哲学新体系。柯辛主编的《马克思主义哲学教科书》被公认为民主德国最有权威的教科书（1970 年后被否定）。

阿多诺《否定的辩证法》出版。本书认为否定的辩证法的目的是通过普遍的否定消解极权主义，使哲学的概念向事物和生活开放。

法国伽罗蒂《20 世纪的马克思主义》出版。

科普宁发表《马克思主义认识论导论》。

南斯拉夫哲学家在贝尔格莱德创办《辩证法》杂志，后来形成了“辩证法派”。

安德烈·冈德·弗兰克发表《不发达的发展》。

1967 年

2 月，柬埔寨共产党领导马得望省山洛地区人民进行抗暴斗争，迫使朗诺内阁下台。9 月，波尔布特亲自撰写党史，总结出 9 条历史经验。

4 月 14 日，南共联盟中央委员会的发展和改组委员会通过关于南改组草案。草案指出南斯大社会主义社会已进入一个新的发展阶段，其发展基础是社会自治和按劳直接分配。

4 月 24 日—26 日，东、西欧二十四国共产党和工人党第一次首脑会议在捷克斯洛伐克召开。

10 月 8 日，古巴革命家格瓦拉以及游击队小分队在丛林中遭玻利维亚政府军伏击，格瓦拉受伤被俘。9 日，格瓦拉被杀害。18 日，数十万人在哈瓦那革命广场举行追悼格瓦拉的大会。

11 月 3 日，勃列日涅夫作《社会主义伟大胜利的 50 年》的报告中，首次提出苏联已建成“发达的社会主义社会”。

本年

法国共产党十八大提出法国共产党的宗旨在为和平过渡到社会主义创造有利条件。次年 12 月，法国共产党通过了《争取先进民主和争取社会主义的法兰西宣言》，明确提出通过议会道路向社会主义和平过渡。

南斯拉夫全国性哲学杂志《哲学》转向“实践派”，强调今后主要研究现代历史条件下的社会实践问题、人的各种异化形式等。

波兰于 1967 年起展开关于什么是马克思主义实质的讨论。争论的焦点集中在对青年马克思的看法上，特别是劳动和异化问题上。争论到 1969 年告一段落。

马尔库塞发表《马克思主义的过时》。作者认为由于科学管理的协调和生活的改善，劳动阶级已不再是革命的潜在的力量。

高兹出版《艰难的社会主义》。作者强调革命的战略必须从劳动场所开始，工人阶级的运动并没有危机，有危机的是关于工人阶级运动的理论。

左翼经济学家弗兰克《资本主义与拉丁美洲的不发达》出版。本书揭示了拉丁美洲的不发达是世界资本主义体系依附结构的产物。

莫里斯·迈斯纳《李大钊与中国马克思主义的起源》出版。中译本中共党史资料出版社 1989 年出版。

1968 年

1 月 22 日，苏联共产党召开中央意识形态工作人员会议，强调意识形态领域没有“和平共处”。

2 月 26 日—3 月 5 日，共产党和工人党协商会议在布达佩斯召开，出席会的有苏联共产党等 64 个党的代表团或代表，中国等 16 个共产党和工人党未出席。

3 月 4 日，《真理报》发表苏联科学院副院长鲁果哈恰图洛夫院士的文章，称赋予价值规律主要调节者的作用，是转向与马克思列宁主义格格不入的市场社会主义，理论界由此开始了对市场社会主义批判。

3 月 28 日—4 月 5 日，捷克斯洛伐克共产党召开会议，选出杜布切克任党中央主席，宣布进行试验“建立一种十分民主的、适合捷克斯洛伐克的社会主义新模式”。

4 月 1 日，捷克斯洛伐克共产党中央主席杜布切克提出要在“平等、互利、互不干涉内政的基础上”发展同苏联以及东欧各国的“全面合作”，要求“改善华沙条约组织结构”。

5 月，法国发生“五月风暴”。法国大学发生了骚乱，反对越南战争和学校的规则。让－保罗·萨特与波伏娃等人发表了支持学生的行动的声明。

8 月 21，苏联飞机首先占领布拉格机场、接着苏联等 5 国武装部队侵入捷克斯洛伐克，“布拉格之春”被克里姆林宫镇压。23 日，举行“苏捷两党会谈”。26 日，苏联迫使捷克签署《莫斯科会谈公报》，捷共被迫放弃改革。17 个西欧国家共产党发表联合声明，强烈抗议苏联出兵干涉捷克斯洛代克改革，这是西欧共产党人第一次公开批评苏联现行政策。

9 月 26 日，《真理报》发表《社会主义国家的主权和国际主义义务》。文章指出“每个共产党不但对本国人民负责、也要对社会主义国家，对整个共产主义运动负责……每个社会主义国家的主权不能够同社会主义世界利益、同世界革命运动的利益对立起来”，为干涉捷克斯落伐克寻找理由。

11 月 11—12 日，勃列日涅夫出席波兰统一工人党第五次代表大会上提出了“有限主权论”。

11 月 13—14 日，苏联共产党与意大利共产党总书记贝林格率领的访苏代表团举行会谈，意大利共产党坚持认为捷克没有出现让苏军进驻的“特殊情况”。

本年

霍克海默论文集《批判理论》出版。作者认为批判理论旨在通过揭露制度和文化中的霸权对社会与人的奴役、压迫等，反抗以获得自由解放。

卢卡奇完成《关于社会存在本体论》。本书强调一般的或自然界的本体论是社会本体论的前提。

尼科斯·普兰查斯出版《政治权利与社会阶级》。作者以激进的态度对待工人阶级队伍的萎缩和边缘化。

米哈伊洛·马尔科维奇《人道主义和辩证法》出版。

哈贝马斯出版《作为“意识形态”的技术与科学》。

列斐伏尔发表《现代世界中的日常生活》。作者认为马克思揭露的异化现象，现在仍然存在，主张在政治上废除国家，实行自治。

第四国际代表人物曼德尔《马克思主义经济理论》出版。

卢西奥·科莱蒂《伯恩施坦与第二国际的马克思主义》出版。

罗斯多尔斯基《马克思的〈资本论〉的形成》出版。

日本哲学家广松涉出版了第一部论文集《马克思主义的创立过程》（至诚堂出版）和第一本学术专著《论恩格斯及其思想形成过程》。作者公开自己与日本共产党理论研究中占主导地位的“教条主义体系”的决裂。

日本学者城冢登《青年马克思的思想》出版。

民主德国海因里希·格姆科夫等著《马克思传》出版。

1969 年

3 月 2 日，中国边防巡逻队在珍宝岛执行巡逻任务时，与苏联边防军发生武装冲突。15 日，中苏边防发生了更大规模的武装冲突。29 日，苏联政府发表声明、建议恢复中断的中苏边界谈判。

3 月 11 日，南斯拉夫共产主义者联盟召开第九次代表大会。大会规定了经济和社会改革的基本目标，同时还决定坚持独立自主的不结盟政策。

4 月 17—18 日，捷克斯洛伐克共产党举行中央全会，免除杜布切克的党中央第一书记职务，选举胡萨克为捷共新的中央第一书记。

4 月 22 日，印共（马）内部激进派成立了印度共产党（马克思列宁主义），并选出以马亲达为书记的中央委员会。这是印度政治舞台上第三支共产党力量。印共、印共（马）和印共（马列）分别为印度共产主义运动史上的右翼、中左翼和极左翼代表。

4 月，德国的共产党在埃森举行第一次代表大会，通过《德国的共产党原则声明》，称该党的长远目标是通过“民主行动”对社会“进行社会主义变革”，现阶段目标是“在宪法规定的民主原则和权利的基础上”对国家和社会进行“民主革新”。

6 月 5—17 日，世界共产党和工人党代表会议在莫斯科举行，参加会议的有 75 个共产党和工人党代表团，中共等 17 个党没有参加。会议通过了《目前阶段的反帝任务以及共产党、工人党和一切反帝力量的统一行动》。

8 月 6 日，阿多诺因心脏病突发去世。西奥多·阿多诺（1903 — 1969 年），德国哲学家、法兰克福学派主要代表人物，社会批判理论的理论奠基者等。

9 月 2 日，胡志明在河内病逝。胡志明（1890—1969 年）领导越南人民创建了越南民主共和国，长期担任越南共产党主席、越南民主共和国主席。

9 月 11 日，苏联部长会议主席柯西金和中国总理周恩来在北京机场会谈，中苏就有关问题交换意见，双方同意重开谈判。

11 月，智利共产党召开第十四次代表大会，提出建立反帝的人民团结政府的口号。智利大选中萨尔瓦多·阿连德获胜于 1970 年 11 月就任总统。此后，阿连德政府实行了两年零十个月的社会主义，1973 年 9 月 1 日被军事政变推翻，阿连德以身殉职。

12 月，意大利共产党召开第十二次全国代表大会，总书记隆哥在大会上的报告强调要实现世界共运内部关系的平等，驳斥了苏联“有限主权论”，重新要求恢复捷克主权。

本年

加约·彼德洛维奇《人的可能性》出版。

大卫·麦克莱伦《青年黑格尔派和卡尔·马克思》出版。中译本商务印书馆 1982 年出版。

尤金·吉诺维斯论文集《红与黑：关于南方和非裔美国人历史的马克思主义考察》出版。本书概括了马克思主义与非马克思主义史学家关于奴隶制的研究。

莫里斯·多布出版《福利经济学和社会主义经济学》。

F. H. 卡多索和 E. 法莱托出版《拉丁美洲的依附与发展》。本书是马克思主义者第一次把依附问题作为主要分析对象，把内部因素和外部因素结合起来分析依附现象。

路易·阿尔都塞论文集《列宁与哲学》出版。

阿隆·雷蒙发表《从神圣家族到另一个家族——对各种虚构的马克思主义的评论》。

科莱蒂《马克思主义和黑格尔》出版。作者认为恩格斯的自然辩证法是恢复黑格尔的旧的自然哲学。

英国密利本德《资本主义社会的国家》出版。作者主要基于英国的现实，对当代资本主义国家的性质和作用进行了分析。

施密特《历史与结构》出版。中译本 1993 年重庆出版社出版。本书阐述了马克思主义方法论对黑格尔主义的批判继承关系。

日本哲学家广松涉《马克思主义的视域》出版。

平田清明《市民社会和社会主义》由岩波书店出版。

1970 年

2 月，由苏联共产党中央书记波诺马廖夫主编《苏联共产党历史》增订第 3 版出版，《真理报》称之为“真正的马克思列宁主义教科书”。

3 月，苏联科学院哲学法学学部组织会议对时任苏联科学院哲学所所长科普宁《列宁哲学思想和逻辑》（1969 年出版）进行批判讨论。康斯坦丁诺夫等批评该书，凯德洛夫、伊里因科夫支持该书。

5 月 7 日，勃列日涅夫率苏联代表团访问捷克斯洛伐克。6 日，苏联与捷克斯洛伐克签订《苏捷友好互助条约》。

5 月 20 日，毛泽东发表“五・二〇”声明，支持柬埔寨和越南人民的抗美斗争。

6 月，阿尔都塞在《思想》杂志发表《意识形态和意识形态国家机器》。

7 月 1 日，日本共产党召开第十一次代表大会，确了建立革新统一战线和民主联合政府的目标。

8 月 11—13 日，联邦德国总理勃兰特对苏联进行访问，双方签订了《苏联和联邦德国互不使用武力条约》，确认恪守欧洲各国现有国界内的领土完整。

12 月 20 日，波兰“十二月事件”爆发后，波兰统一工人党举行五届七中全会，解除了哥穆尔卡党中央第一书记职务，选举盖莱克为党中央第一书记。持续 14 年的“哥穆尔卡时期”结束。

本年

马尔库塞出版《反革命和造反》，作者对 60 年代西欧学生造反运动作历史回顾和理论总结。

科莱蒂的论文集《意识形态与社会》出版。1972 年英译本出版时改名为《从卢梭到列宁》。

阿尔弗雷德・索恩—雷瑟尔《脑力劳动和体力劳动》出版。作者用历史唯物主义的方法解决康德的认识论问题。中译本南京大学出版社 2015 年版。

G. A. 柯亨发表论文《对历史唯物主义的一些批判》，标志着分析的马克思主义的开始。

意大利朱塞佩·费奥里《葛兰西传》出版。中译本人民出版社 1983 年出版。

戴维·麦克莱伦《马克思以前的马克思主义》出版。中译本社会科学文献出版社 1992 年出版。

阿维内里《卡尔·马克思的社会和政治思想》出版。

尼科斯·普兰查斯出版《法西斯主义与独裁》。

1971 年

2 月 6—7 日，波兰统一工人党召开第八次中央全会，盖莱克在会议上指出党的领导同工人阶级和人民群众之间的联系受到削弱和破坏是十二月事件的主要根源。

3 月 30 日—4 月 9 日，苏联共产党举行第二十四次代表大会。勃列日涅夫在中央委员会的报告中重申“发达社会主义理论”。

4 月 20—25 日，保加利亚共产党召开第十次全国代表大会。日夫科夫在大会总报告提出“在建设成熟的社会共产主义进程中，共产党也逐渐成为全民党”。

6 月 4 日，卢卡奇在布达佩斯逝世。卢卡奇（1885—1971 年）匈牙利哲学家、文学批评家，西方马克思主义的创始人。

6 月 15—19 日，民主德国统一社会党召开八大，大会提出要在民主德国进一步建立发达的社会主义。昂纳克当选为第一书记。

7 月 27 日，经济互助委员会举行第二十五次会议，通过了《经济一体化综合纲要》。

9 月 11 日，赫鲁晓夫病逝。赫鲁晓夫（1894 年—1971 年）曾任苏联最高领导人。

本年

铁托在南共联盟主席团会议上批评“实践派”，指出科尔丘拉等讨论会“很少谈把马克思主义运用于当前条件下南斯拉夫和全世界社会主义发展的问题”。

卢卡奇《社会存在的本体论》出版。本书通过对劳动形成的主客体关系的阐述，论证社会存在既不是实体本体也不是意义本体而是“关系”本体，论证马克思哲学的本体论是劳动—实践本体论。

民主德国将莱托洛夫编著《辩证唯物主义和历史唯物主义入门》作为高等院校教材。民主德国的马克思主义哲学体系又回到与苏联相同的轨道上。

拉克劳《拉丁美洲的福特主义和资本主义》出版。本书论认为“依附理论”未能对拉丁美洲社会的资本主义作出准确的判断。

加约·彼德洛维奇出版《哲学和革命》。

美国弗·詹姆逊的《马克思主义与形式》出版。

“辩证法马克思主义”学派的伯特尔·奥尔曼《异化——马克思关于资本主义社会中人的概念》出版。

保·博卡拉和让·法布勒等《马克思主义政治经济学——国家垄断资本主义》出版。

日本哲学家广松涉《唯物史观的原像》和《论青年马克思》出版。

麦克莱伦《马克思思想导论》出版。

1972年

1月10日，金日成在答记者问中谈到“主体思想”是朝鲜的唯一指导思想和方针。“主体思想”即是要求思考并在革命实践中把自己国家的革命当作中心，它与“事大主义”对立，其主要内容是：政治自主、经济自立、国防自卫等。

2月6日，老挝共产党召开第二次全国代表大会，决定改名为老挝人民革命党，凯山·丰威汉继续任总书记，大会通过的新党纲。

2月21日至28日，美国总统尼克松由基辛格陪同，对中国进行了为期一周的正式访问。

3月13—17日，意大利共产党在米兰召开第十三次全国代表大会，贝林格当选为党的总书记。大会宣布意大利面临民主的转折点，要实现国民三大派（共产党、社会党和天民党）的合作，开始“历史性妥协”的进程。

5月22—30日，美国总统尼克松访问莫斯科，双方签署《苏美相互关系原则》等文件，这奠定了苏美关系缓和的基础。

6月27日，法国共产党与法国社会党在共同纲领的文本上签字，达成两党共同的施政纲领。

7月30—31日，苏、保、捷、匈、波、民主德国、蒙、罗等八国党的领导人在克里米亚举行会谈。会议公报指出，国际形势发生巨变，不同社会制度国家和平共处原则在国际上得到广泛承认，社会主义国家与资本主义国家之间的互利经济联系日益扩大。

8月6日，德国共产主义联盟（马列）和德国共产党两个组织实行联合，成立德国共产主义工人联盟。

12 月 1 日，泰国共产党发表建党 30 周年宣言，阐明党在民族民主革命时期的总路线。

12 月 21 日，苏联举行庆祝苏联社会主义共和国联盟成立 50 周年大会，勃列日涅夫宣布新的历史共同体——苏联人，已经成为现实。

本年

西班牙共产党在巴黎召开第八次全国代表大会。大会通过《争取自由协议》，建立一个广泛的联合临时政府，选举制宪议会。

由美国人类学家克拉德编辑的《卡尔·马克思的人类学笔记》在荷兰出版。克拉德在荷兰首都阿姆斯特丹国际社会史研究所发现了马克思的大量人类学笔记原件，他编辑马克思晚年所作笔记整理成书包含:《摩尔根〈古代社会〉一书摘要》《梅恩〈古代法制史讲演录〉一书摘要》《拉伯克〈文明的起源和人的原始状态〉一书摘要》《菲尔〈印度和锡兰的雅利安人村社〉一书摘要》。马克思在书中以摘要和批注的方式，对前资本主义社会地进行了研究。

第四国际领导人曼德尔的《晚期资本主义》出版。本书运用马克思主义的观点来解释战后国际资本主义经济迅速发展的原因与动力。

美国詹姆逊《语言的牢笼》出版。书中对俄国形式主义和结构主义结合马克思主义进行了阐述。

威廉·莱斯《自然的控制》出版，标志生态马克思主义理论的创建。

意大利翁贝托·梅洛蒂《马克思与第三世界》出版。

鲍德里亚出版《符号政治经济学批判》。作者以符号生产和抽象的差异性社会关系，取代了马克思所强调的前提性的社会物质生产结构，从而“告别”了马克思。

美国学者伍德发表《马克思对正义的批判》引起争论，遭到了分析马克思主义学派的批评。

费多谢耶夫《二十世纪的马克思主义》出版。

普列德拉格·弗兰尼斯基《马克思主义史》第一卷出版，第二卷 1974 年出版。

亨利·列斐伏尔出版《马克思主义与都市》。

加约·彼德洛维奇出版《实践的宗旨何在》。

1973 年

1 月 3 日和 13 日，日共领导人不破哲三在日本《现代周刊》发表谈话，指出日本的革命分两个阶段。

2 月 26 日—3 月 2 日，越南问题国际会议在巴黎举行。3 月 2 日，签订了《越南问题国际会议协定书》。

6 月 8—12 日，联邦德国共产主义联盟在不来梅举行成立大会。会议指出联盟的任务是团结有觉悟的工人为重建联邦德国共产党创造条件。

7 月 7 日，霍克海默在纽伦堡去世。霍克海默（1895—1973 年）德国哲学教授，法兰克福学派的创始人。

8 月 20—24 日，阿根廷共产党召开第十四次代表大会，通过方针指出现阶段的革命是“民主的、土地的和反帝的革命，目标是实现社会主义”。

本年

哈贝马斯《晚期资本主义的合法化问题》出版。作者认为资本主义的危机发生在资本主义所能容许并能控制的范围内，是合法性危机，不具有阶级斗争性质，不会导致社会崩溃。

南斯拉夫“实践派”哲学家彼特洛维奇在《马克思思想中的人道主义与革命》一文中批判斯大林主义者把人道主义和革命对立起来。

美国菲利普·丰纳编《马克思逝世之际——1883 年世界对他的评论》出版。中译本北京出版社 1983 年出版。

大卫·哈维《社会正义与城市》出版。本书初步建立起地理学激进马克思主义学派的基础理论框架。

埃及经济学家萨米尔·阿明《不平等的发展——论外围资本主义的社会形态》出版。本书对整个资本主义南北世界（“外围”与“中心”）进行分析。

普兰查斯《政治权力与社会阶级》出版。作者把“多元决定”的概念运用到社会形态、国家的职能等领域。

麦克莱伦《卡尔·马克思：他的生平与思想》出版。中译本《马克思传》2016 年中国人民大学出版社出版。

马丁·杰伊《辩证的想象力——法兰克福学派和社会研究所的历史 1923—1950》出版。中译本改名为《法兰克福学派历史》由广东人民出版社出版。

杜娜叶夫斯卡娅《哲学与革命——从黑格尔到萨特，从马克思到毛泽东》出版。

列斐伏尔出版《资本主义的幸存》。

让－弗朗索瓦·利奥塔《从马克思和弗洛伊德开始漂流》出版。

弗兰尼茨基《马克思主义的论题》出版。

苏联学者彼·费多谢耶夫等著《马克思传》出版。

扎格拉丁《世界共产主义运动》出版。

望月清司《马克思历史理论的研究》由东京岩波书店出版。

1974 年

1 月 26—28 日，欧洲二十一个资本主义国家共产党和工人党在布鲁塞尔举行会议，发表宣言反对共同市场和建立欧洲防务组织。

5 月 27—30 日，南共联盟召开第十次代表大会。铁托在大会报告中指出社会主义国家不应使自己的道路和发展特征绝对化，不应把自己的制度强加于别人。大会选举铁托为南共联盟终身主席。

9 月，尼泊尔共产党内一部分坚持以毛泽东思想为指导的党员在辛格的领导下，在印度的瓦纳西召开尼泊尔共产党第四次代表大会，辛格当选为总书记，标志尼泊尔“毛派”政党的正式诞生。

9 月，阿尔都塞论文集《哲学和科学家的自发哲学》和《自我批评材料》出版。

11 月 25—27 日，勃列日涅夫率团访问蒙古，参加蒙古人民共和国成立 50 年活动。

11 月 25—28 日，罗马尼亚共产党第十一次代表大会，通过了《罗马尼亚共产党建设全面发达的社会主义和罗马尼亚向共产主义迈进的纲领》。

本年

佩里·安德森历史著作《从古代到封建主义的过渡》和《绝对主义的谱系》出版。作者对于西欧和东欧的不同发展道路做了比较，揭示其在向资本主义转变过程中的不同特点。

美国社会学家伊曼纽尔·沃勒斯坦三卷本《现代世界体系》第一卷出版，1980 年出版第二卷，1989 年出版第三卷。世界体系理论融合了“经典现代化理论”与“依附论”，揭示了世界体系的形成同世界范围的资本积累有密切关系。

日本广松涉新编文献版《〈德意志意识形态〉——手稿复原、新编辑版》（原文和日译 2 分册）出版。此书以“双联页排印”的方式区分了手稿的初始文本与修订内容，并用异体字标明了马克思和恩格斯在这一文本中的写作。这本书的出版引发了日本学术界关于《德意志意识形态》的大讨论。中译本由南京大学出版社 2005 年出版，

日本广松涉《资本论的哲学》出版。中译本南京大学出版社 2013 年出版。

日本广松涉出版《马克思主义的理论思路》。

尼·普兰查斯《当代资本主义的阶级》出版。作者运用结构主义方法考察了当代资本主义社会各阶级在社会劳动分工中所处地位。

亚当·沙夫《结构主义和马克思主义》出版。

法国学者巴里巴尔的论文集《历史唯物主义的五点研究》出版

米哈伊洛·马尔科维奇出版《从富裕到实践——哲学与社会批判》。

1975 年

1 月 27 日—2 月 2 日，印度共产党在维贾亚瓦达市召开第十次全国代表大会。大会通过决议指出，共产党人领导的喀拉拉邦联合政府证实了印度共产党九的方针是正确的。

3 月 15 日，缅甸共产党中央主席德钦辛等在政府军的袭击中牺牲，南方革命根据地和游击区几乎全部丧失。

3 月 18—23 日，意大利共产党第十四次代表大会在罗马举行。贝林格在报告中强调为建立人民政治力量的新团结和意大利的民主，必须建立共产党人、社会党人、天民党人的大联盟。

5 月 23 日，应法国社会党邀请，比利时、西班牙、希腊、意大利等国家的社会党代表在法拉切举行会议。会议主张同共产党合作。25 日，联邦德国、瑞典、奥地利三国社会党的领导人物在维也的会谈，讨论社会党与共产党的合作问题。

6 月 9—13 日，拉丁美洲和加勒比海地区 24 个国家或地区的共产党会议在哈瓦那举行。会议通过了《为反对帝国主义、争取民族解放、民主、人民福利和社会主义而斗争的拉丁美洲》的声明。

7 月 12 日，意大利共产党总书记贝林格与西班牙共产党总书记卡里略在意大利窝那会晤后发表声明。两党确认“在和平与自由民主走向社会主义的思想不是策略行动，而是对工人运动的全部经验与西欧各国的具体历史条件进行思考后产生的战略认识”。两个欧洲共产党联合发表的这个重要声明被称之为“欧洲共产主义的出生证”。

8 月，牙买加独立工会代表大会和一些宣布信奉马列主义的左翼政治团体共同倡导成立了牙买加共产党。

9 月 19 日，苏联《真理报》发表编辑部文章《苏联哲学家的崇高职责》，点名批评苏联科学院哲学所和《哲学问题》等杂志。文章体现了苏联共产党中央的意图。

9 月 29 日、11 月 15 日，意大利共产党总书记贝林格和法国共产党总书记乔治·马歇先后在巴黎和罗马会谈。会谈后发表的联合公报认为，社会主义将是民主和自由的一个高级阶段；必须确保各国人民自主地决定自己的政治和社会制度，反对外国干涉。西方称之为“西方社会主义宪章”

11 月 15—21 日，越南南北两方统一祖国政治协商会议签署公报，标志着越南实现统一。

12 月 1—2 日，老挝第一届全国人民代表大会在万象举行。大会宣告废除君主制、建立老人民民主共和国。凯山・丰威汉任政府总理。

12 月 17—22 日，古巴共产党在哈瓦那召开第一次全国代表大会，选举了新的领导机构。菲德尔・卡斯特罗当选为党的第一书记。

本年

由陶伯特担任总负责人的新的历史考证版《马克思恩格斯全集》（简称"MEGA2"）第Ⅰ部分第 1 卷由柏林狄茨出版社出版，标志着 MEGA2 开始正式出版。第 1 卷"前言"对 MEGA2 作了基本定位。"卡尔・马克思和弗里德里希・恩格斯著作全集（MEGA2）是在苏联共产党中央委员会和德国统一社会党中央委员会达成的各项决议基础上出版的。它是苏联共产党中央马列主义研究院和德国统一社会党中央马列主义研究院共同开展的一项工作。MEGA2 以原文形式收录马克思和恩格斯的全部文献遗产：他们的著作和文章，草稿和未完成的手稿、由他们起草的工人运动文件，他们的书信以及他们的摘录、摘要、笔记本和在书中所作的批注。"按照 MEGA2 编辑委员会最初的总体规划，在 MEGA2 的四个部分中，著作部分将有 32 卷（33 册），《资本论》及其准备材料部分将有 16 卷（24 册），通信部分将有 45 卷，新增的摘录、笔记部分将有 40 卷。再加上马克思恩格斯在书籍中所作的预计达 30 卷的批注部分，MEGA2 的总规模将达到 163 卷（172 册）。1989 年后，由于国际形势的变化，该项编辑出版工作遇到了很大困难。后经多方努力，以国际马克思恩格斯基金会的名义继续编辑出版"MEGA2"，但编辑出版的进度大为缓慢。

诺曼・莱文《悲剧性的骗局——马克思与恩格斯之间》出版。作者系统阐发了自己的马克思主义和恩格斯主义对立论，在国际学界引起强烈反响。

日本广松涉《事的世界观的前哨——物象化论的认识论 = 存在论的位相》出版。中译本南京大学出版社 2003 年出版。广松涉以"关系的第一性"的存在论为轴心，从近代西方思想史和当代自然科学史的视角重新论证"广松哲学"基础。

本・法因和阿尔弗雷多・萨德 – 费洛的《马克思的资本》出版。

列斐伏尔发表《马克思主义的分化》。

英国学者 T. 卡弗《马克思：文本与方法》出版。

1976 年

2 月 4—8 日，法国共产党第二十二次代表大会在巴黎举行。法国共产党总书记马歇在政治报告中说，将以和平民主的手段把法国引向社会主义、建立法国色彩的社会主义。

2 月 15 日，古巴公民投票通过新宪法。新宪法规定古巴共和国是工人阶级领导的、以工农和其他劳动者联盟为基础的社会主义国家。12 月，古巴召开第一届全国人民政权代表大会，卡斯特罗当选为国务委员会主席兼部长会议主席。

2 月 18—19 日，17 个欧洲国家的社会民主党政府首脑和党主席在丹麦的埃尔西诺尔举行秘密会议，讨论是否与共产党合作的问题，但并未就此达成一致意见。会议最后提出，在对待共产党的问题上，各国社会党将自主地采取自己的立场。

2 月 24 日—3 月 5 日，苏联共产党举行第二十五次代表大会。勃列日涅夫的总结报告要求把发达社会主义社会的概念写入新宪法。大会选出了新的中央委员会。

5 月 18—20 日，西班牙共产党总书记卡里略访问南斯拉夫。双方发表的联合公报，双方主张应尊重争取社会主义的不同道路、方法和形式；两党反对任何旨在恢复或建立任何形式的国际领导中心的企图。

5 月 19 日，法国共产党总书记马歇和英国共产党总书记麦克伦南在巴黎会谈。双方发表联合公报指出，每个国家所遵循的道路和社会主义建设的形式，将取决于每个国家的情况和民族传统。

5 月 20—25 日，西班牙共产党总书记卡里略访问罗马尼亚，双方发表的联合公报提出，尊重每个党根据本国具体情况和本国人民的利益独立自主地制定政治路线、革命战略。

5 月，《和平和社会主义问题》编辑部和匈牙利社会主义工人党中央在匈牙利的蒂哈尼举行国际理论讨论会，出席会议的有 45 个国家的党的代表。会上对国际主义问题的认识出现了尖锐的分歧。

6 月 1—2 日，日本共产党举行第九次中央全会，在全会通过的党纲、党章把“马克思列宁主义”改称为“科学的社会主义，认为科学的社会主义的学说不是停留在马克思和列宁所解说的历史时期，它是不断进步、发展的学说。”

6 月 13 日，希腊共产党（国内派）召开第一次代表大会，宣布放弃暴力革命和无产阶级专政原则，重申在党际关系中坚持独立自主的路线。1977 年 4 月，党中央书记德拉科普洛斯正式宣布，该党以“欧洲共产主义”为方向。

6 月 14—18 日，蒙古人民革命党召开第十七次代表大会，通过 1976–1980 年的第六个五年计划，并提出对苏联进行全面接近。

6 月 24 日—7 月 3 日，越南统一国会第一次会议召开，宣布南北统一，确定统一后的越南国名为越南社会主义共和国。会议选举孙得胜任国家主席，长征任国会常务委员会主席，范文同任政府总理。

6 月 29—30 日，欧洲十九个共产党工人党在东柏林召开欧洲共产党和工人党国际会议。意大利共产党贝林格、法国共产党马歇、西班牙共产党卡里略在会议上作了发言，公开打出“欧洲共产主义”旗帜，并在会议通过的《争取欧洲和平、安全、合作和社会进步》文件中阐述欧洲共产主义的理论和政策。标志“欧共”联合反对苏联控制的斗争的胜利。

8 月 17 日，多布在剑桥逝世。多布（1900—1976 年）马克思主义经济学家。

9 月 8—11 日，罗马尼亚总统齐奥塞斯库访问南斯拉夫，双方签署了联合声明。

9 月，多米尼加革命组织“无产者之声”和“红旗小组”召开会议，宣布正式合并为“无产阶级旗帜”。1980 年 12 月，该组织同“六・一四”革命运动红色路线合并成为多米尼加劳动党。

10 月，加拿大共产党召开第二十三次代表大会，提出党的中心任务是争取用民主的政策代替垄断集团的危机政策，并呼吁与新民主党合作，建立民主联盟。

12 月 14—20 日，越南共产党第四次全国代表大会在河内召开。大会决定将越南劳动党更名为越南共产党，党的第一书记改称总书记，黎笋当选为总书记。

本年

佩里・安德森出版《西方马克思主义探讨》，探讨西方马克思主义历史发展。1984，他又出版了《当代西方马克思主义》作为续篇，讨论当代西方马克思主义。

伊格尔顿《批评与意识形态》出版。本书展现了伊格尔顿马克思主义文学批评与美学研究的理论构想。

伊格尔顿《马克思主义与文学批评》出版。作者认为科学的批评应对文学艺术与意识形态之间的关系作了结构性的探索。

威廉・莱斯《满足的限度》的出版。本书阐述了生态学马克思主义主要理论和现实问题的研究。

移居西方的波兰哲学家科拉科夫斯基《马克思主义主流》（三卷）第一卷出版。1978 年三卷出齐。

米歇尔・昂利出版两卷本《马克思》。作者强调马克思将“主体”概念从黑格尔的绝对唯心主义的“理性”概念中拯救出来，将主体建立在个体的生命活动之上。

法国学者拉比卡《哲学马克思主义的地位》出版。

威廉斯《关键词：文化与社会的词汇》出版。中译本三联书店 2005 年出版。

古特曼《工业化时期美国的工作、文化和社会》出版。本书开辟了美国劳工史编撰的新时代。

哈贝马斯《论重建历史唯物主义》出版。

麦克莱南《思想与意识：关于马克思主义历史学的若干问题》出版。

卡利尼科斯《阿尔都塞的马克思主义》出版。

苏联学者拉宾《马克思的青年时代》出版。

列斐伏尔《论国家》出版。

普兰查斯《国家的危机》出版。

1977 年

2 月 5 日，坦桑尼亚执政党坦噶尼喀非洲民族联盟和桑给巴尔则的非洲设拉子党联合召开会议，一致决定合并重组新党为坦桑尼亚革命党。党的目标是“捍卫、巩固国家的独立和人民的自由，在自力更生的基础上建设社会主义”。

3 月 2—3 日，意大利共产党总书记贝林格、法国共产党总书记马歇、西班牙共产党总书记卡里略在马德里举行会晤，共同提出了“在民主、自由中实现社会主义”的纲领，发表被称为“欧洲共产主义宣言”的联合声明。其实质是从当代欧洲资本主义的实际出发，汲取国际共产主义运动和社会主义实践的历史教训，寻求适合本国情况的社会主义道路，既不同于苏联模式，也不同于欧洲社会民主党的主张。

3 月，九国共产党和工人党的书记在保加利亚的索非亚举行会议，讨论意识形态和国际问题，协调他们对国内持不同政见者和“欧洲共产主义”的立场。

3 月，西班牙共产党总书记卡里略《欧洲共产主义与国家》出版。该书阐述了欧洲共产主义的理论和主张，探讨了西班牙这一类型的发达资本主义国家向社会主义过渡道路。在欧洲各国共产党中引起强烈反响。

4 月 9 日，西班牙政府宣布西班牙共产党合法化，从而取消了对共产党长达 38 年的禁令。

6 月 4 日，苏联公布新宪法草案。新宪法草案取消了无产阶级专政的提法，称苏联为“全民国家”。“发达的社会主义社会”理论是新宪法的理论基础。

6 月 4 日，美国十月同盟（马列）和一些马列主义小组合并成立美国共产党

（马克思列宁主义），克朗斯基当选为党的主席。

6 月 23 日，苏联《新时代》周刊发表《评西班牙共产党总书记卡里略〈欧洲共产主义与国家〉一书》的编辑部文章。文章说卡里略提出的欧洲共产主义概念是要使欧洲自成一统来对抗苏联，并指责卡里略说出了敌人想要说的话，其后果将导致国际共运分裂，达到帝国主义梦寐以求的目的。

6 月 24 日，意大利共产党就苏联对卡里略的攻击，重申它反对一个党以任何形式支配另一个党；认为各党是自主的，不存在教训别人的党，也不存在被人教训的党。法国共产党总书记马歇也重申欧共的独立性，指出欧洲共产主义不是帝国主义的发明，所以它不是莫斯科的敌人。

8 月 3 日，布洛赫在斯图加特逝世。恩斯特·布洛赫（1885—1977 年）德国哲学家、马克思主义理论家，代表作有《乌托邦的精神》《希望的原则》。

8 月 30 日—9 月 8 日，南斯拉夫铁托访华，中南两党恢复关系。双方表示要在和平共处五项原则的基础上进一步发展两国的友好合作关系。

10 月 17—22 日，日本共产党第十四次代表大会在东京召开。大会重申了独立自主的原则，提出用和平民主的方法向社会主义过渡。

10 月 28 日，卡里略在马德里 21 世纪俱乐部发表演说，说欧洲共产主义的特点是采取独立的立场；主张通过民主的道路来改变目前的社会；搞民主和独立的社会主义。在谈到欧洲共产主义与社会民主党的分歧时，他说社会民主党放弃了马列主义，我们仍然是马列主义者；社会民主党欣赏资本主义社会，而我们要改变它。

12 月 10 日，安哥拉人民解放运动——劳动党成立。安哥拉非洲人民斗争党与由知识分子组成的共产主义小组联合组成安哥拉人民解放运动。

本年

瓦尔登费尔斯、布洛克曼、帕扎宁编的论文集《现象学和马克思主义》（四卷）开始出版。第一卷为“概念与方法”；第二卷为“实践哲学”；第三卷为“社会哲学”；第四卷为“认识论和科学理论”。南斯拉夫实践派的马克思主义者在南斯拉夫与瓦尔登费尔斯、布洛克曼、利科等现象学家举行对话。上述论文集就是会议对话的结果。该论文集成为现象学和马克思主义研究中最具影响的经典文集之一。

麦克莱伦《恩格斯》出版。中译本 2017 年中国人民大学出版社出版。

英国经济学家斯第德曼《斯拉法以后的马克思》出版。中译本《按照斯拉法思想研究马克思》商务印书馆 1991 年出版。

尼尔·哈丁《列宁的政治思想》第一卷出版，第二卷 1981 年出版。

詹·约尔《“西方马克思主义”的鼻祖——葛兰西》出版。中译本湖南人民出版社 1988 年出版。

沙夫出版《作为一种社会现象的异化》。作者论述马克思主义和异化理论的关系，提出社会主义存在异化。

美国霍华德·帕森斯在《马克思和恩格斯论生态学》。

雷蒙德·威廉斯《马克思主义和文学》出版。

拉克劳《马克思主义的政治和意识形态》出版。

德雷泊《马克思的革命理论》（四卷本）第一卷出版。

1978 年

1 月，荷共召开第二十六次代表大会，决定要“革新”荷共，走“欧洲共产主义”的道路，建设新型的党。

4 月 19 — 22 日，西班牙共产党在马德里召开第九次全国代表大会，大会确立“通过民主道路走向社会主义”的基本路线，宣布西班牙共产党是一个“马克思主义的、民主的、革命的政党”。

5 月 13—15 日，瑞士劳动党在日内瓦举行第十次代表大会，阿尔芒·马尼安取代让·樊尚当选为总书记。

6 月 20—23 日，在贝尔格莱德举行南斯拉夫共产主义者联盟第十一次代表大会，铁托做《南斯拉夫共产主义者联盟为进一步发展社会主义的、自治的和不结盟的南斯拉夫而斗争》的报告。

8 月 19 日，捷克斯洛伐克“七七宪章”运动发表声明要求苏军从捷撤出。

10 月，也门社会党正式成立。也门社会党是也门民主人民共和国宪法规定的执政党。该党一大通过的党纲指出遵循科学社会主义理论进行活动。

12 月 14—17 日，牙买加工人解放同盟举行代表大会，宣布成立牙买加工人党。创始人特雷弗·芒罗当选为党的总书记。该党宣布以马列主义作为党的行动指南。

本年

凯德洛夫在苏联《哲学问题》杂志第一、二期上发表题为《论辩证法的叙述方法——从抽象到具体》，批判“原理加例子”的叙述方法，触及苏联哲学著作中普遍存在的问题。

东京成立日本唯物论研究协会。在东京法政大学召开日本唯物论研究协会第一次大会，讨论“自由问题”和“辩证法与矛盾问题”。

G.A. 柯亨《卡尔马克思的历史理论：一个辩护》出版。中译本重庆出版社

1989 年出版。该书为分析的马克思主义的代表作，对于马克思的历史理论基本的概念上进行分析。

尼科斯·普兰查斯《国家、政治权力和社会主义》出版。作者运用结构主义的马克思主义的方法，深入研究了资本主义和社会主义的政治理论。

波兰雅罗舍夫斯基发表《马克思主义奠基人著作中的人道主义问题》，强调人道主义、异化、人的个性和全面发展在马克思学说中的地位。

曼德尔《欧洲共产主义批判》（英文本书名是《从斯大林主义到欧洲共产主义》）出版。

威廉·H·肖《马克思的历史理论》出版。中译本重庆出版社 1989 年出版。本书以分析学派的观点分析了前资本主义的演进过程，认为马克思的历史理论是“技术决定论”。

汤普森《理论的贫困及其他论文》出版。作者对“结构主义马克思主义”进行了批评。

符维扬基列夫和帕列塔及科夫合著《社会辩证法范畴》出版。

左翼经济学弗兰克发表《世界性积累，1492–1789》《依附性积累与不发达》。

阿里夫·德里克《革命与历史：中国马克思主义历史学的起源》出版。中译本江苏人民出版社 2010 年出版。

日本柄谷行人《马克思，其可能的中心》出版。中译本由中央编译出版社在 2006 年出版。

埃尔斯特《逻辑与社会》出版。该书为分析的马克思主义的代表作。

加约·彼德洛维奇出版《对革命的思考》。

美国哲学家古尔德《马克思的社会本体论》出版。

加拿大学者阿格尔出版《西方马克思主义导论》。

英国学者霍斯鲍姆主编《马克思主义史》（4 卷本）意大利文出版，1982 年出版英文本。

1979 年

3 月 1 日，西班牙共产党参加大选，获得 196 万张选票，在众议院 350 个席位中获 23 席，成为西班牙第三大政治力量。

3 月 30 日—4 月 3 日，意大利共产党在罗马召开第十五次全国代表大会。大会通过了十五大纲领、新的党章及欧洲议会选举纲领。

4 月 3 日，中国第五届人大常委会第七次会议决定 1950 年 2 月 14 日签订的

《中苏友好同盟互助条约》期满后不再延长。

4 月，印共（马列）召开全国代表大会，批判了马宗达的速胜论思想，强调要进行持久的艰苦斗争。

5 月 9—12 日，法国共产党第二十三次代表大会在巴黎举行。总书记马歇在开幕式上做报告时建议用“科学社会主义”的提法代替“马克思列宁主义”。

7 月 29 日，马尔库塞逝世于德国施塔恩贝格。马尔库塞（1898 年—1979 年年）德国哲学家、社会学家，法兰克福学派的重要成员。代表作品有《理性和革命》《爱欲与文明》《单向度的人》等。

10 月，日本共产党在大选中获得 41 个席位，在众议院超过了民社党而成为第三大在野党。

11 月 19—23 日，罗马尼亚共产党第十二次代表大会在布加勒斯特举行。齐奥塞斯库在大会做《关于党的工作和今后任务的报告》。

11 月，南非共产党召开中央扩大会议指出：党的当前任务是建立包括一切爱国力量和反对种族主义力量的广泛阵线，加强党同群众的联系，会议强调要广泛传播马克思列宁主义。

12 月 21 日，莫斯科和格鲁吉亚群众举行纪念斯大林一百周年诞辰活动。

本年

米哈伊洛·马尔科维奇、加约·彼德洛维奇主编《南斯拉夫实践派的历史与理论》出版。

麦克莱伦《马克思以后的马克思主义》出版。中译本中国人民大学出版社 2004 年出版。

南斯拉夫“实践派”代表人物弗兰尼茨《马克思主义与社会主义》出版。本书严厉地批判苏联的社会主义已蜕化为国家资本主义，政权已蜕化为国家官僚主义政权。

威廉斯《政治与文学》出版。本书是《新左派评论》编辑对威廉斯的学术访谈。

赖特《阶级、危机和国家》出版。作者坚持阶级是由生产领域中的社会关系来决定的，将剥削概念恢复为阶级分析的核心。

苏联哲学家弗罗洛夫《人的前景》出版。本书批判地分析了当今世界上流行的各种资产阶级流派关于人类前景的观点。中译本中国社会科学出版社 1989 年出版。

意大利哲学家安东尼奥·奈格里《大纲课程：超越马克思的马克思》出版。中译本 2011 年北京师范大学出版社出版。

日本柳田谦十郎《马克思关于人的观点》出版。

曼德尔发表《从斯大林主义到欧洲共产主义》。同年又出版《当代革命的马克思主义》。

利希特和特劳特曼合著《欧洲共产主义形成的理论因素》出版。

让－弗朗索瓦·利奥塔《后现代状况》出版。

1980 年

1 月，日本共产党（左派）中央委员会和日本共产党（马克思列宁主义）中央指导部在东京举行合并大会，决议组成名为日本共产党（马克思列宁主义者）的新党。

3 月 18 日，弗洛姆去世。弗洛姆（1900 年—1980 年）人本主义哲学家和精神分析心理学家，法兰克福学派的代表人物，代表作有《逃避自由》、《超越幻想的锁链》等。

3 月 24—27 日，匈牙利社会主义工人党召开第十二代表大会，会议改选了党中央的领导机构，卡达尔·亚诺什继续当选为党中央第一书记。

4 月 14—23 日，意大利共产党总书记贝林格率代表团访华，结束了中断多年的两党关系，中意两党正式恢复关系。

4 月 15 日，萨特病逝于巴黎。萨特（1905 年—1980 年）法国哲学家、文学家、社会活动家，著作有《辩证理性批判》《存在与虚无》。

5 月 4 日，铁托在南斯拉夫卢布尔雅那市逝世。铁托（1892 年—1980 年）南斯拉夫社会主义联邦共和国总统、南斯拉夫共产主义者联盟主席。

7 月 3 日，苏联共产党领导人勃列日涅夫、柯西金和葛罗米柯在莫斯科会见越共领导人黎笋、范文同等。

10 月 10 日，朝鲜劳动党第六次代表大会通过的新党章把“金日成同志的革命思想、主体思想作为唯一的指导方针”。

11 月 10—25 日，西班牙共产党总书记卡里略率代表团访华，中西两党恢复关系。双方都反对在国际共运中存在“领导党”和“领导中心”，认为各国党应谈执行独立的政策，应该根据国内外的实际情况，创造性地发展马克思主义。

12 月 1—16 日，希共（国内派）代表团访华，中希两党一致认为，中希两党关系的建立和发展，不仅有利于两党和两国人民，而且有利于国际共产主义运动和世界和平。

12 月 5 日，华沙条约国党和国家领导人在莫斯科破例举行当年的第二次会晤，主要讨论了波兰问题。重申波兰“可以期望得到华沙条约国兄弟般的声援和支持”。

12 月 6 日，奥地利共产党举行第二十四次代表大会，大会决议指出，奥共坚持马列主义和无产阶级的国际主义，主张在和平和避免第三次世界大战的情况下走向社会主义。

12 月 17—20 日，古巴共产党第二次代表大会在哈瓦那举行。卡斯特罗在报告中声称社会主义阵营有权维护它的完整性。

本年

苏联教育部、捷克斯洛伐克教育部和莫斯科大学举行“马列主义辩证法迫切问题”讨论会，强调结合当代科学发展成果，丰富和发展辩证法的规律和范畴。

阿尔巴尼亚出版霍查《欧洲共产主义是反共产主义的》。书中对中共、西班牙共产党、意大利共产党和法国共产党进行了攻击。

奥地利共产党机关刊物《道路和目的》第一期发表弗莱的《是奥托·鲍威尔的复兴吗？》；该刊第二期又登载维麦尔的《转向奥地利马克思主义》。表明“奥地利马克思主义”出现复活趋势。

联邦德国出版澳尔夫《有马克思主义的科学吗？》。作者认为马克思主义不是科学。马克思主义学者对此进行了反驳。

美国学者古尔德纳《两种马克思主义：理论发展中的矛盾与异常情况》出版。本书认为当代马克思主义可分为科学马克思主义（强调历史发展的规律、结构的统治等）和批判马克思主义（强调意识、文化、需要等）。

佩里安德森出版《英国马克思主义的论争》。该书对“文化马克思主义”与“结构主义马克思主义”的得失进行分析。

曼德尔《资本主义发展的长波：马克思主义的解释》出版。作者试图在长波与“阶级斗争的周期”之间建立联系。

美国学者海尔布隆纳《马克思主义：赞成与反对》出版。作者以通俗易懂的语言阐释和探讨了马克思主义思想的核心要素。

安东尼·布鲁尔《马克思主义的帝国主义理论：批判性的考察》出版。

R. 诺曼和 S. 塞耶斯合著论文集《黑格尔、马克思与辩证法》出版。

1981 年

2 月 9—16 日，法国社会党领导人密特朗率代表团访华。中共与法社会党正式建立关系。

2 月 23 日—3 月 3 日，苏联共产党第二十六次代表大会在莫斯科举行。勃列日涅夫继续当选为苏联共产党中央总书记。大会明确指出苏联已进入发达社会主义阶段。

4 月 11—16 日，德国统一社会党在柏林召开第十次代表大会，通过了建设发达社会主义社会的“八十年代经济战略”。

5 月 21 日，法国社会党领导人密特朗当选为第五共和国第五届总统，并接纳法国共产党 4 名成员入阁。这是法国 23 年来社会党首次执政，也是法国共产党在野 34 年后再度参政。

7 月 28 日—8 月 1 日，西班牙共产党在马德里召开第十次代表大会。这是西班牙共产党在国内取得合法地位以来召开的第二次全国代表大会。大会上重申了党的独立性和欧洲共产主义路线。

9 月 25 日，东地中海、近东、中东和红海地区十三个国家共产党和工人党在希腊首都雅典举行会议并发表会议声明。

10 月 16—18 日，波兰统一工人党九届四中全会举行。会议接受卡尼亚辞去党中央第一书记，选举政府总理雅鲁泽尔斯基为党中央第一书记。

11 月 6 日，墨西哥共产党、墨西哥人民党、社会主义革命党、社会主义团结和行动运动及人民行动运动等 5 个党派在墨西哥共产党的推动下联合召开代表大会，宣告合并成立“墨西哥统一社会党”。

12 月 6 日，柬埔寨共产党中央委员会发表新闻公报，正式宣告解散柬埔寨共产党。

本年

南斯拉夫哲学家马尔科维奇和里·伯恩斯坦主编的《实践》杂志（国际版）第一期出版。

匈牙利为纪念卢卡奇逝世十周年,《评论》杂志第二、三期发表卢卡奇的自传提纲《经历过的思想》。

安东尼·吉登斯《对历史唯物主义的当代批判》出版。吉登斯批判指出唯物史观在解释前资本主义时期的非阶级社会以及后工业社会的诸多现象时具有很大的局限性。

苏联普列特尼科夫主编《历史进程中马克思列宁主义理论》三卷本开始出版，1987 年出齐。

艾伦·伍德出版《卡尔·马克思》，2004 年出版扩大第二版。

罗默《马克思主义经济理论的分析基础》出版。

美国弗·詹姆逊的《政治无意识》出版。

波兰哲学家沙夫《处在十字路口的共产主义运动》出版。

1982年

1月—3月，意大利共产党和苏联共产党在各自的报纸上发表文章展开论战。

1月30日，奥地利共产党召开特别代表大会，通过新党纲《奥地利色彩的社会主义》。会议认为不存在普遍适用的社会主义模式，社会主义普遍适用原则必须通过民族形式来实现。

2月3—7日，法国共产党召开第二十四次代表大会。大会提出既要同社会党划清界限，又要改善关系；坚决摒弃“苏联样板”，建立法国色彩的社会主义。

2月19—21日，南共联盟代表团到罗马尼亚边境城市蒂米什瓦拉举行了3天的会谈，南共和罗共两党领导人会晤。

3月27日到31日，越南共产党第五次全国代表大会举行。黎笋连任中央委员会总书记。

4月14日，金日成在朝鲜第七届最高人民议会上发表《人民政权在实现全社会主体思想化中的任务》的演讲，强调主体思想化要求实现思想上主体，政治上自主，经济上自立，国防上自卫。

4月30日，老挝人民革命党第三次代表大会在万象举行，制定了社会主义过渡时期总路线。

6月26—29日，南共联盟在贝尔格莱德举行第十二次代表大会，选出新的中央主席团，选举米·里比契奇为南共联盟中央主席团主席。

10月14—26日，法国共产党总书记乔治·马歇率代表团访华，中法两党恢复自1965年以来中断的两党关系。

11月10日，苏联共产党中央委员会总书记、苏联最高苏维埃主席团主席勃列日涅夫在莫斯科“猝然逝世”。12日，苏联共产党中央举行非常全会，选举安德罗波夫为苏联共产党中央总书记。

本年

凯德洛夫在《哲学问题》第1期发表《马克思主义哲学的研究对象及其在现代科学整体化中的作用》。文章认为当代科学分化的现象无法打破马克思主义哲学的整体性。

分析的马克思主义者约翰·罗默出版《剥削与阶级的一般理论》。本书拓展了马克思主义经济学，并构建了一种私人所有权经济的一个一般均衡模型。

哈维《资本的限度》出版。本书和1985年出版《资本的城市化》和《意识与城市经验》着力于揭露资本主义社会中政治经济与城市地理、城市社会弊病的关联性。标志着哈维成了激进主义地理学的代表人物。

艾伦·布坎南《马克思与正义——对自由主义的激进批判》出版。中译本人民出版社 2013 年出版。作者运用分析哲学重构马克思关于正义的基本立场与基本观点，并与罗尔斯的正义论相比照，彰显双方的理论优缺点。

美国学者伯特尔·奥尔曼主编《左派学院—美国大学校园的马克思主义学术研究》出版。本书对于美国的大学里的马克思主义的影响、主要著述和做了介绍。

英国学者卡弗《马克思的社会理论》出版。

美国琼·柯亨出版《阶级与市民社会：马克思主义批判理论的局限》。

美国学者理查德·沃林《瓦尔特·本雅明：救赎美学》出版。

G·拉比卡、G·本紫桑主编《马克思主义批评辞典》在法国出版。

弗兰克与阿明、阿瑞基和沃勒斯坦合著《全球危机的力量》出版。

1983 年

1 月 7—15 日，由书记巴勃罗·戈麦斯率领的墨西哥统一社会党代表团访华。两党决定自愿在平等、互相尊重原则基础上发展两党之间的友好合作关系。

1 月 16 日，由联合国教科文组织召开的“卡尔·马克思和历史科学”国际讨论会在奥地利林兹市举行。

3 月 2—6 日，意大利共产党召开第十六次代表大会，正式把“民主代替”确定为今后指导全党工作的战略方针。

3 月 14 日，伦敦各界人士和来自世界各地的约 600 人聚集在海格特公墓马克思墓前，隆重纪念马克思逝世一百周年。83 岁的马克思的曾外孙罗伯特·让·龙格从西德专程前来参加纪念活动。英国共产党总书记戈登·麦克伦南在纪念仪式上讲了话。

3 月 14—15 日，苏、保、匈、越、民主德国、古、老挝、蒙、波、罗和捷等 11 个国家的共产党和工人党中央书记会议在莫斯科举行。会议讨论了国际问题和意识形态问题。

4 月 11—16 日，由德国统一社会党筹备召开的《卡尔·马克思和我们时代——为争取和平和社会进步而斗争》国际讨论会在柏林举行，应邀出席会议的有 145 个共产党、工人党、民族民主政党、解放运动组织和社会的代表团。

4 月 23 日，印共（马）中央代表团由总书记南布迪里巴德率领应邀访华，两党会谈一致同意恢复 1967 年中断了的两党关系。

5 月 23—31 日，比利时共产党中央主席路易·范盖特率代表团应邀访华，两党领导人宣布双方一致同意中比两党恢复中断了 18 年的关系。

6 月 14 日，多米尼加 10 个左派组织达成政治协议，决定联合组成一个统一的左派阵线。

12 月 14—18 日，西班牙共产党在马德里召开第十一次全国代表大会。伊巴露丽当选为党的主席。西班牙共产党十一大之后，党内分歧不断加深，导致党的分裂。退出西班牙共产党的原中央执委加列戈及支持者另建了西班牙人民共产党。

12 月 15—18 日，葡共在葡萄牙北部城市波尔图召开第十次代表大会。库尼亚尔再次当选为葡萄牙共产党总书记。

本年

联邦德国法兰克福大学举行纪念阿多诺八十诞辰讨论会。与会者讨论阿多诺的社会批判理论、否定的辩证法、美学思想等。

意大利葛兰西基金会举行马克思主义国际讨论会。会议主要议题是哲学和认识论、经济理论、历史理论、政治与国家理论等。

英国共产党理论刊物《今日马克思》第 3 期发表该刊为纪念马克思逝世百年而组织的讨论会的纪要。认为“马克思主义的危机”，实际上是人们对于什么是马克思主义没有统一的看法。

英国学者特雷尔·卡弗《马克思与恩格斯：学术思想关系》出版。本书认为恩格斯以马克思的名义建构了一个包括自然、社会和思维在内的形而上学体系。人们所熟悉的马克思的形象在很大程度上是恩格斯塑造出来的。

波兰哲学家沙夫《今日马克思主义——马克思异化理论的意义》出版。苏联和波兰哲学家对沙夫的观点进行了批判。

美国学者莉丝·沃格尔《马克思主义与女性受压迫：趋向统一的理论》出版。中译本高等教育出版社 2009 年出版。

广松涉出版《物象化的构图》。此书从世界历史和自然历史两个方面探讨了物象化理论的具体机制，物象化逻辑由此上升到本体论的高度。

德国学者鲁道夫·巴赫罗《从红色到绿色》出版。本书提出生态人道主义和民主社会主义主张。

岩佐茂出版《唯物主义与科学精神》。

乔治·布伦克特《马克思的自由伦理》出版。

佩里·安德森《历史唯物主义的历程》出版。

拉雷恩《马克思主义与意识形态》出版。

T·博顿莫尔主编《马克思主义思想辞典》在英国出版。

1984 年

1 月—4 月，匈共同捷共展开了一场互不指名的争论，争论的焦点是关于民族利益和国际利益关系问题。民主德国统一社会党、罗马尼亚共产党、南共联盟表示支持匈党的观点，苏联共产党表示反对匈党的观点。

1 月，巴西的共产党召开第七次全国代表大会。大会认为依据巴西的现状，巴西实现社会主义的唯一出路是实现革命的变革。

2 月 9 日，苏联共产党中央总书记、苏联最高苏维埃主席团主席安德罗波夫在莫斯科病逝，13 日苏联共产党中央召开非常全会，契尔年科被选举为苏联共产党中央总书记。

3 月 8 日，匈牙利社会主义工人党第一书记卡达尔访问南斯拉夫，同南共联盟中央主席团主席马尔维奇举行了会谈。

5 月 23 日—7 月 1 日，金日成率朝鲜党政代团访问苏联等八国。金日成先后同这些国家领导就双边关系和国际问题举行了会谈。

6 月 7 日，意大利共产党领袖贝林格在竞选演说时候猝然发生脑出血，11 日不幸逝世。亚历山德罗・纳塔继任党的总书记。恩里科・贝林格（1922 年——1984 年），意大利共产党总书记、政治家。贝林格继承和发展了葛兰西和陶里亚蒂的思想，为探索意大利走向社会主义的道路进行了不懈的努力。

6 月 19 日，瑞士劳动党书记阿尔芒・马尼安于访华，会谈后双方宣布恢复两党关系。

6 月，11 个阿拉伯国家共产党和工人党会议召开，会议发表了《阿拉伯国家共产党和工人党声明》。

7 月 5—7 日，南美 12 个国家的共产党会议在布宜诺斯艾利斯举行。会议通过的决议提出召开防止核战争问题的国际问题共产主义会议。

8 月 23 日，蒙古人民革命党中央召开非常全会，解除长期担任谈党最高领导的泽登巴尔党中央总书记的职务，巴特蒙赫当选为新的党中央总书记。

9 月 6 日，经过多年的酝酿准备，埃塞俄比亚工人党正式宣告成立。

11 月 21—24 日，阿拉伯各国共产党联合出版的《路线》编辑部在塞浦路斯举行世界和平问题学术讨论会。与会代表认为，维护世界和平、在中东和世界反对帝国主义活动的斗争是共产党人的基本任务。

12 月 21—29 日，苏联部长会议第一副主席阿尔希波夫应邀访华，这是近二十年来第一个访问中国的苏联副总理级官员。会谈后，中苏两国签订了多项协定。

本年

民主德国社会科学院马列主义哲学研究所组织题为“马克思主义‘异化’

概念的内容和功能”的学术讨论会。

岩崎允胤出版《人与社会的辩证法—社会科学认识论》。本书阐述了社会科学的基本范畴和方法论及各学科新理论。

诺曼·莱文《辩证法内部对话》出版。作者阐发了马克思、恩格斯、列宁和毛泽东对辩证法的差异性理解。

理查德·米勒《分析马克思——道德、权力和历史》出版。

哈维·凯《英国马克思主义历史学家概论》出版。

凯尔纳《马尔库塞和马克思主义的危机》出版。

巴托莫尔《法兰克福学派》出版。

马丁·杰伊《马克思主义与总体性》出版。

1985 年

2 月 6—10 日，法国共产党第二十五次代表大会在巴黎举行。法国共产党总书记马歇作报告重申法国共产党的目的是建设“法国式的社会主义”。

3 月 10 日，担任苏联共产党中央总书记仅 13 个月的康斯坦丁·契尔年科在莫斯科因病逝世。11 日苏联共产党中央召开非常全会，选举戈尔巴乔夫为苏联共产党中央总书记。

3 月 25—28 日，匈牙利社会主义工人党第十三次代表大会在布达佩斯举行。

4 月 11 日，阿尔巴尼亚劳动党第一书记恩维尔·霍查逝世。13 日，阿党举行十一中全会，选举拉米兹·阿利雅为阿党中央第一书记。

是秋，美国左翼学者詹姆逊到北京大学进行了四个月的讲学。讲学内容后来整理出版为《后现代主义与文化理论》由陕西师范大学出版社 1986 年出版。詹姆逊将福柯、哈桑、拉康等等一大批后现代理论家引介到了中国。

10 月 15 日，苏联共产党中央召开全会，集中讨论苏联共产党党纲和党章的修订问题，否定了“发达社会主义”理论，提出“完善社会主义”和“加速社会经济发展”。

10 月 16 日，意大利共产党总书记亚历山德罗·纳塔应邀访华。邓小平会见纳塔时说，中意两党都在搞试验，意大利共产党在发达的资本主义国家寻求走向社会主义，中国共产党在执政的条件下发展社会主义，我们两个党是勇于探索的。

11 月 22 日，戈尔巴乔夫和里根在日内瓦首次会晤，成为美苏关系改善的“破冰之旅”。

11 月，伊拉克共产党召开第四次代表大会，大会的口号是“争取立即结束两伊战争，打倒法西斯政府，建立民主政府”。

本年

纪念卢卡奇 100 周年诞辰国际会议在布达佩斯召开。议题是“卢卡奇在 20 世纪马克思主义哲学发展中的地位和作用”。

民主德国举行纪念布洛赫一百周年诞辰活动，《魏玛评论》发表了为布洛赫恢复名誉的文章，出版布洛赫书信集。

左翼理论家厄内斯特·拉克劳、查特尔·墨菲《领导权与社会主义的策略——走向激进民主政治》出版。中译本黑龙江人民出版社 2003 年出版。本书指出当代左派理论的危机及其根源，认为应利用新社会运动的力量，实现激进的民主和多元民主的政治。

广松涉出版《生态史观与历史唯物主义》。本书集中讨论生态学与马克思历史唯物主义观念的历史性链接问题。

乔恩·埃尔斯特《理解马克思》出版。作者主要运用社会科学哲学和理性选择理论批评新古典经济学和公共选择理论，探讨马克思主义经济学的主要命题。

R·戈尔曼主编《马克思主义研究辞典》出版。次年，他主编《新马克思主义研究辞典》出版。

F·R·汉森《资本主义的崩溃：1883—1983 年西方马克思主义思想史》出版。

史蒂文·卢克斯《马克思主义与道德》出版。

比岱《如何利用〈资本论〉？》出版。

罗伯特·瑟维斯《列宁：政治生涯》三卷本开始出版。

1986 年

1 月 26 日，意大利共产党总书记纳塔到苏联访问。纳塔在和戈尔巴乔夫会谈中重申，独立自主是意大利共产党同欧洲及世界其他地区左派力量建立关系的基础。

2 月 4—7 日，古巴共产党第三次全国代表大会在哈瓦那召开，12 月举行续会，正式通过党纲。

2 月 25 日—3 月 6 日，苏联共产党第二十七次代表大会在莫斯科举行。戈尔巴乔夫在《政治报告》中指出苏联在经济和社会精神领域中出现了不利趋势，形势要求对经济体制进行彻底改革，改革的目标是“完善社会主义”。戈尔巴乔夫再次当选苏联共产党中央总书记。

3 月 5 日，菲律宾共产党前主席西松等四人被释放并开始与菲律宾政府对话。

3 月 8—11 日，卡斯特罗率古巴党政代表团访问了朝鲜民主主义人民共和国，卡斯特罗同金日成举行了会谈，签署了《朝古友好合作条约》。

4 月 2 日，保加利亚共产党在索非亚召开第十三次代表大会，这次大会的中心议题是讨论保加利亚今后 15 年的发展方向。

4 月 9—13 日，意大利共产党第十七次代表大会在意大利佛罗伦萨举行。大会指出，意大利共产党在新形势下不会放弃工人阶级的任何基本概念。

5 月 28—31 日，蒙古人民革命党第十九次代表大会在乌兰巴托举行，大会通过了政治报告，新选出中央委员会。

6 月 29 日—7 月 3 日，波兰统一工人党召开第十次代表大会。

7 月 10 日，黎笋去世，长征接任越共总书记。

7 月，金正日发表《主体思想教育的若干问题》，再次阐释主体思想是把朝鲜革命事业引向胜利的思想。

9 月 22—30 日，波兰统一工人党中央第一书记雅鲁泽尔斯基应邀对朝鲜、中国和蒙古进行了访问，恢复或建立了波兰与三个亚洲社会主义国家之间最高级别的政治对话，加强了相互了解与经济合作。

10 月 18—28 日，德国统一社会党中央总书记昂纳克应邀对朝鲜、中国和蒙古进行了访问，进一步促进各国政治对话。

11 月，老挝人民革命党召开第四次全国代表大会，首次提出“革新开放”。凯山当选为主席。

11 月，阿根廷共产党召开第十六次代表大会，其政治路线发生转折。大会认为，阿根廷依附于帝国主义的资本主义已经陷入危机，现阶段党的中心任务是壮大人民阵线。

12 月 15—18 日，越南共产党在越南河内召开第六次代表大会，党的总书记长征、总理范文同和政治局委员黎德寿的申请辞职，今后作为中央委员会顾问。阮文灵当选为越共中央总书记。

本年

由国际辩证哲学协会与苏联科学院哲学研究所共同组织“辩证法与当代发展理论”讨论会在莫斯科召开。有十三个国家的辩证法与哲学史的专家参加。

法兰克福学派第三代领军人物阿克塞尔·霍耐特《权利批判：批评的社会理论反思各阶段》出版。

雪莉·派克《马克思主义和现象学：有关危机的诸种理论和它们间的综合》

出版。该书综述了西方马克思主义者寻求与现象学融合的种种尝试，以及回应这些尝试所遭受到的批评。

约翰·罗默编辑《分析的马克思主义》出版。本书介绍了分析的马克思主义代表人物乔恩·埃尔斯特、埃里克·欧林·赖特、亚当·普雷泽沃斯克、约翰·罗默的理论研究。

苏联学者 A·叶戈罗夫、T·奥伊则尔曼主编《马克思主义列宁主义史》（6 卷本）出版。

1987 年

2 月 7—9 日，芬兰共产党中央委员会全体会议在赫尔辛基召开。芬共主席阿尔沃·阿尔托先在全会上强调马克思、恩格斯和列宁所奠定的思想基础仍然指导党的行动。

4 月 14 日—16 日，苏联《哲学问题》杂志编辑部召开了题为《哲学与生活》的讨论会。与会者认为苏联哲学界的主要问题是哲学脱离生活，缺乏有重大价值的探讨。

5 月 12—17 日，希腊共产党第十二次全国代表大会在雅典举行。推举 73 岁的哈·弗洛拉斯基为党的总书记。

5 月 20 日至 25 日，朝鲜劳动党总书记、朝鲜民主主义人民共和国主席金日成于应邀访问中国，

6 月 12—14 日，芬兰共产党第二十一次代表大会于在赫尔辛基举行。大会通过党的工作报告以及决议，选举新的中央领导机构。

7 月 15 日，苏联共产党中央总书记戈尔巴乔夫在会见拉丁美洲著名作家马尔克斯时，阐述了苏联为适应世界形势的变化而提出的对外政策“新思维”，这是戈尔巴乔夫第一次较系统地阐述。戈尔巴乔夫指出苏联在对外政策中要把人类利益置于优先地位。

7 月 17—20 日，巴西的共产党第八次全国特别大会在巴西利亚举行。这是该党成立 65 年来第一次在合法状态下举行的全国代表大会。

9 月 7—11 日，德国统一社会党中央委员会总书记昂纳克对联邦德国进行了首次访问。昂纳克指出两国需要进一步和平合作。

10 月 10 日，匈牙利社会主义工人党总书记卡达尔应邀访问中国。这是卡达尔 38 年后重访中国。

11 月 2 日，在纪念十月革命 70 周年大会上，戈尔巴乔夫做《十月和改革：革命在继续》的报告，全面总结了苏联 70 年社会主义建设的历史经验，

对苏联所处的时代和当代资本主义进行了重新认识，强调了改革的必要性和艰巨性。

11 月，戈尔巴乔夫《改革与新思维》分别以俄文和英文同时出版，书中阐述了戈尔巴乔夫改革的主导思想，表述了苏联对外政策的“新思维”。

12 月 2—6 日，法国共产党第二十六次代表大会在巴黎举行。乔治·马歇再次当选为法国共产党总书记。

12 月 8 日，戈尔巴乔夫与里根在华盛顿会晤，并签署消除中短程导弹条约。这是第二次世界大战后美、苏裁军谈判历史上达成的第一个真正减少核武器数量的条约。1988 年 6 月 1 日，苏美两国互换条约批准书，该条约正式生效。

12 月 17—18 日，捷克斯洛伐克共产党召开了十七届七中全会。通过了总书记雅克什代表捷共中央主席团作的报告，提出改革是历史的必然。

本年

法国全国科学研究中心创办的《当代马克思》杂志创刊。该刊主编是雅·比岱和雅·泰克西埃。这是西方研究马克思主义的有影响的刊物。

麦克莱伦《马克思思想导论》出版。中译本中国人民大学出版社 2008 年出版。

鲍尔斯《民主和资本主义》出版。作者揭示了自由民主在原则上与资本主义是相抵触的。

霍布斯鲍姆出版《帝国的年代：1875 年 –1914 年》。

赫伯特·古特曼《权力和文化：关于美国工人阶级的论文集》出版。

拉比卡《马克思的〈关于费尔巴哈的提纲〉》出版。

1988 年

1 月 28—29 日，保共举行全国代表会议，通过了深化改革的决议，提出改革所有制是社会主义改革的核心。

2 月 4 日，苏联宣布恢复布哈林等 20 人的名誉，苏联共产党中央监察委员会决定恢复布哈林、李可夫等人的党籍。

2 月 19—22 日，西班牙共产党第十二次全国代表大会在马德里举行。

3 月 7—11 日，朝鲜劳动党第六届十三中全会在平壤召开，着重讨论科学发展三年规划。

3 月 14—18 日，戈尔巴乔夫应邀首次访问南斯拉夫。戈尔巴乔夫在南联邦议会发表演说对 1948 年的苏南冲突表示道歉，提出社会主义可以多样化。

4 月 8—9 日，捷克斯洛伐克共产党召开了十七届九中全会。全会通过了《关于改革条件下党的工作问题》的决议。

5 月 5 日至 7 日，由南斯拉夫哲学协会理事会组织在南斯拉夫的黑尔切诺夫举行了首届南斯拉夫哲学家代表大会，大会的主题是今日南斯拉夫哲学。

5 月 18 日，苏联《文学报》发表达希切夫教授的文章，指出苏联国内政策上的过分集中不可避免地产生对外政策中的霸权主义和大国主义。

5 月 23 日，捷克斯洛伐克共产党中央委员会总书记雅克什访问中国。邓小平会见雅克什时强调，建设具有中国特色的社会主义，就是要坚持社会主义方向，肯定社会主义的根本内容是发展社会生产力，逐步摆脱贫困。

5 月 29 日—6 月 2 日，里根访问莫斯科。这是美国国家元首时隔 14 年 后对苏联的访问，美苏签署了一系列协议。

6 月 22 日，美共总书记霍尔葛斯应邀访华，两党恢复了关系。

6 月 28—7 月 1 日，苏联共产党在莫斯科克里姆林宫举行第十九次全国代表会议。这是自 1941 年召开第十八次全国代表会议后首次召开代表会议。会议的中心议题是讨论社会民主化和改革政治体制。

9 月 3 日，捷克斯洛伐克总统胡萨克应邀访华。邓小平称与胡萨克的会见是国际共产主义运动老战士之间的见面。

10 月 21 日，苏联公布了宪法修改草案，苏联将建立苏联人民代表大会，将成立苏联宪法监督委员会。

11 月 22 日，匈牙利社会主义工人党中央总书记格罗斯·卡罗伊在党中央全会上明确表示，他主张和支持匈牙利向多党制的方向发展。

12 月 1 日，苏联最高苏维埃通过《苏联宪法（根本法）》的修改与补充和苏联人民代表选举法，规定国家权力机关是各级苏维埃，国家最高权力机关是人民代表大会。苏联人民代表大会由 2250 名代表组成，他们再选举其中 544 人组成常设的最高苏维埃。

12 月 27—31 日，印度共产党（马克思主义者）第十三次代表大会在印度特里凡得琅举行。大会选举南布迪里巴德为党的总书记。

本年

阿尔都塞在墨西哥出版了他和纳瓦罗的《对话》(即《哲学与马克思主义》)。

英国加文·科琴《卡尔·马克思与实践哲学》出版。本书突出了技术与文化批判的英国新马克思主义的特色。

柯亨出版《历史，劳工和自由》。

1989 年

1 月 1 日，古巴国务委员会主席卡斯特罗在庆祝古巴革命胜利三十周年的群众集会上发表讲话指出，古巴人民将永远忠于社会主义、马克思列宁主义和国际主义原则。

1 月 6—8 日，西德共产党第九次代表大会在法兰克福举行。

1 月 16—18 日，波兰统一工人党十届十中全会通过了《政治多元化和工会多元化》决议，为禁止 7 年之久的团结工会恢复活动开了绿灯。2 月，波兰政府与瓦文萨为首的团结工会及其他反对派举行圆桌会议，达成一揽子协议。

3 月 6—12 日，印度共产党第十四次代表大会在加尔各答举行。

3 月 18—22 日，意大利共产党第十八次代表大会在罗马举行，大会强调民主团结，实行“强有力的改良主义”。

3 月，越南共产党召开六届六中全会，明确提出了越南革新事业必须坚持的“五项基本原则”，即必须坚持社会主义，必须坚持马列主义理论，必须坚持共产党领导，必须建设和完善社会主义民主，必须将爱国主义和国际主义相结合。

5 月 15 日至 18 日，苏联最高苏维埃主席团主席、苏联共产党中央总书记戈尔巴乔夫应邀访华。这是近 30 年来苏联最高领导人首次访华。

5 月 25 日—6 月 9 日，苏联举行第一届人民代表大会。会议选举戈尔巴乔夫为首任苏联最高苏维埃主席，成立了以戈尔巴乔夫为首的宪法委员会。

6 月 23—24 日，匈牙利社会主义工人党中央委员会召开全体会议，涅尔什·雷热任匈党主席。

是夏，美国学者福山在美国《国民利益》夏季号发表《历史的终结和最后一个人》批评社会主义和马克思主义。后来他扩充观点写成著作《历史的终结和最后一个人》，于 1992 年出版。

7 月 29 日，波兰统一工人党中央委员会召开会议，已当选波兰人民共和国总统的雅鲁泽尔斯基辞去了党中央第一书记职务。

8 月 24 日，经波兰总统雅鲁泽尔斯基提名，团结工会机关报《团结周报》主编马佐维耶茨基以多数票当选总理。这是第二次世界大战后波兰出现的第一个非共产党人领导的政府。

10 月 5 日，老挝部长会议主席、老挝人民革命党总书记凯山·丰.威汉应邀访华。双方对中老恢复两国、两党关系感到满意。

10 月 6—10 日，匈牙利社会主义工人党召开了第十四次（非常）代表大会，决定将匈牙利社会主义工人党改建为匈牙利社会党。

10 月 18 日，德国统一社会党中央委员会举行会议，接受了昂纳克因健康原因辞去党中央委员会总书记，选举埃贡·克伦茨为党中央总书记。

10 月 18 日，匈牙利国会通过宪法修改草案，将原国名改为匈牙利共和国。

修改后的宪法取消了关于马克思、列宁主义政党的领导作用的规定，确定国家实行“议会民主”。

10 月 21 日，苏联共产党中央政治局委员利加乔夫在《论据与事实》周报上就改革中出现的一系列问题回答记者提问。他认为社会主义具有极大的潜力，关键在于善于积极地利用它。当前苏联的改革完全可以在社会主义管理体制范围内取得重大成就，走资本主义道路是行不通的。

11 月 5 日，朝鲜劳动党总书记、国家主席金日成应邀中国进行非正式访问。双方表示要坚持党的领导，继续沿着社会主义道路前进。

11 月 10 日，保加利亚共产党中央委员会举行会议，接受了日夫科夫辞职，选举佩特尔·姆拉德诺夫为党中央总书记。

11 月 12 日，西班牙共产党主席多洛雷斯·伊巴露丽在马德里病逝。多洛雷斯·伊巴露丽（1895—1989 年），西班牙共产党领袖，国际共产主义运动、工人运动的著名活动家。

11 月 20—24 日，罗马尼亚共产党举行了第十四次全国代表大会。大会选举齐奥塞斯库继续担任罗共中央总书记职务。

11 月 26 日，《真理报》发表戈尔巴乔夫《社会主义思想与革命性变革》。文章对苏联过去的社会主义理论与实践进行了全面、系统的总结和评判。此文标志着戈尔巴乔夫的思想发生了很大转变，越来越多地接受民主社会主义理论与主张。

11 月 30 日—12 月 2 日，美国《马克思主义再认识》杂志与经济社会分析协会联合发起在马萨诸塞大学阿默斯特分校举办以“今日马克思主义：传统与差异”为主题的国际学术讨论会。

12 月 2 日，戈尔巴乔夫和布什在马耳他举行第一次会晤。马耳他会晤确认美苏对抗结束，不再视对方为敌人，标志“冷战”结束。

12 月 5 日，苏联、保加利亚、匈牙利、波兰和民主德国五国领导人在莫斯科开会，会上宣布他们的国家出兵捷克斯洛伐克是对捷内政的干涉，应当受到谴责。苏联政府同时发表声明承认 1968 年侵捷是错误的。

12 月 16—25 日，罗马尼亚局势发生突变。23 日，罗马尼亚救国阵线委员会宣告成立。25 日，罗局势恢复正常，当晚罗军事法庭将齐奥塞斯库夫妇判处死刑。

12 月 20—21 日，捷克斯洛伐克共产党在首都布拉格召开非常代表大会，大会决定撤销乌尔班内克的总书记的职务，推举凡西尔·莫霍里塔为新设立的捷共中央第一书记。

本年

美国布热津斯基出版《大失败——20 世纪共产主义的兴亡》，中文本由军事科学出版社 1989 年出版。作者攻击马克思主义和共产主义运动，描述和分析了共产主义制度及其信条的逐渐衰败的过程和日益加深的困境。

大卫·哈维出版《后现代性的条件》。作者指出后现代主义城市反对现代主义的那种理性规划，而倾向于个性化的美学追求。

M.C. 霍华德和 J. 金合著《马克思主义经济学史》第一卷出版，1992 年第二卷出版。

荷兰学者马歇尔·范·林登《西方马克思主义与苏联：1917 年以来的批评理论和争论概览》出版。

凯尔纳《批判理论、马克思主义和民主》出版。

加拿大学者尼尔森《马克思主义与道德观——道德、意识形态和历史唯物主义》出版。

苏联学者弗罗洛夫《论人和人道主义》出版。

1990 年

1 月 20—23 日，南斯拉夫共产主义联盟第十四次（非常）代表大会在贝尔格莱德举行。会议通过声明肯定了南共联盟在历史进程中的重大作用，也对南共联盟政策中的失误做了自我批评。

1 月 27—29 日，波兰统一工人党第十一次代表大会在华沙举行，大会做出停止党的活动的决议，波兰统一工人党自动解散。

2 月 2—4 日，南美洲国家共产党第四次会议在厄瓜多尔首都基多举行。厄瓜多尔共产党总书记雷内·毛赫指出“南美洲国家共产党认为，社会主义没有灭亡，中国 10 年来发生的变化表明社会主义事业在发展。”

2 月 5—7 日，苏联共产党中央在莫斯科召开中央全会。全会审议并通过了苏联共产党中央向党的第二十八次代表大会提出的纲领草案。草案提出了党放弃垄断地位、修改宪法第 6 条、建立总统制、建立联邦制、实现所有制多样化等建议。

3 月 7—10 日，意大利共产党在波洛尼亚召开第十九次特别代表大会。大会通过题为《开创新政治组织筹建阶段》的提案。

3 月 12—14 日，蒙古人民革命党召开十九届八中全会。全会讨论了关于召开党的非常代表大会、修改宪法等问题；全会决定开除泽登巴尔的党籍。

3 月 12—27 日，越南共产党召开八中全会。全会解除了陈春柏在政治局和中央书记处担任的职务，重申坚持社会主义道路和共产党的领导。

3 月 12 日，苏联召开第三次（非常）人民代表大会对苏联宪法作了部分修改，决定设立总统职位。3 月 15 日，苏联共产党中央总书记戈尔巴乔夫当选为苏联第一届总统。

3 月 27 日，拉美五国（哥斯达黎加、洪都拉斯、多米尼加、萨尔瓦多和阿根廷）共产党书记联合发表公开信。公开信主张实现真正的社会主义变革，批评东欧偏向资本主义，指责帝国主义从中渔利。

3 月 30 日—4 月 1 日，挪威共产党举行第二十次代表大会。大会宣布挪共是一个马克思主义政党，它的目标是要为社会主义和无阶级的共产主义社会取代资本主义而斗争。

4 月 6—7 日，西班牙共产党在马德里召开第六次全国代表会议。总书记安吉塔指出，西班牙共产党不会放弃马克思主义原则，并将继续作为共产党组织存在下去。

4 月 10—13 日，蒙古人民革命党召开特别代表大会。大会通过的新党章不提“共产主义”，代之以“人道的民主的社会主义”。大会选出奥其尔巴特为党中央主席。

4 月 20—22 日，为了纪念列宁 120 周年诞辰，苏联、南斯拉夫、保加利亚和蒙古等国举行了各种各样的隆重纪念活动。

4 月 23—26 日，中国总理李鹏对苏联进行正式访问，这是中苏两国关系正常化后中国政府首脑首次访问苏联，也是自 1964 年以来中国总理第一次访问苏联。

5 月 5 日，美国、苏联、英国、法国以及两个德国的外长在波恩举行第一次“2+4”会议，商议如何为德国统一创造外部条件问题。

5 月 18—20 日，葡萄牙共产党第十三次（特别）代表大会在洛雷斯举行。大会通过宣言强调葡萄牙共产党人深信自由的未来和社会主义将给人类带来幸福。

5 月 22—27 日，以色列共产党举行第二十一次代表大会。大会通过了新党章和政治报告，决定以共将继续为以阿和平与社会主义前景而斗争。

5 月 30 日，叶利钦当选为俄罗斯最高苏维埃主席，其盟友波波夫和索布恰克分别当选为莫斯科和列宁格勒苏维埃主席，反对派和平夺权。

5 月 22 日，原苏联共产党中央马列主义研究院、原民主德国柏林科学院、荷兰皇家科学院阿姆斯特丹国际社会史研究所和联邦德国艾尔伯特基金会特里尔马克思故居共同签署协议，决定成立“国际马克思恩格斯基金会”，共同推进 MEGA2（《马克思恩格斯全集》历史考证第 2 版）的编辑出版事业。1990 年 10 月 2 日，时任国际社会史研究所所长的费舍在阿姆斯特丹签署文件，国际马克思恩格斯基金会在阿姆斯特丹成立。成员单位包括柏林布兰登堡州科学院 MEGA 编辑部、阿姆斯特丹国际社会史研究所、特里尔马克思故居博物馆与研究中心、俄罗斯社会史与政治史国家档案馆。国际马克思恩格斯基金会接手《马克思恩格斯全集》历史考证版第二版（MEGA2）编辑出版研究工作。国际马克思恩格斯基金会组织专家商议后，1995 年调整 MEGA2 为 114 卷 122 册。

6 月 16—18 日，希腊共产党中央扩大全会在雅典召开。希共总书记法拉科斯强调，对希腊共产党来说社会主义不仅是理想，而且是奋斗目标。

6 月 20 日，俄罗斯联邦共产党成立。俄罗斯共产党早在 19 世纪末就已成立，1925 年并入苏联共产党。6 月 20 日俄罗斯共产党代表会议通过决议，把这次代表会议改为俄罗斯联邦共产党成立代表大会。大会选举波洛兹科夫为第一书记，久加诺夫为书记。1991 年“8·19”事件后，俄共被当局禁止活动。1993 年 2 月，俄共举行重建大会，并选举久加诺夫为党的最高领导人。

7 月 2—13 日，苏联共产党第二十八次代表大会在莫斯科举行。戈尔巴乔夫作题为《苏联共产党中央向二十八大提出的政治报告和党的任务》的报告。大会最后选举戈尔巴乔夫为苏联共产党中央总书记。

7 月 9—13 日，日本共产党举行第十九次代表大会。大会批驳“社会主义、共产主义崩溃论”，认为科学社会主义仍然具有生命力。

7 月，蒙古人民革命党在蒙古历史上首次自由选举中获胜。同年 9 月，蒙古人民革命党中央委员奥其尔巴特当选为蒙古第一任总统 。

10 月 5 日，乌拉圭共产党第二十二次全国代表大会在乌拉圭首都蒙得维的亚举行。乌共总书记梅海·佩雷斯在回顾国际共运的历史时说，七十年的社会主义建设既有成功，也有失误。“全盘否定这些经验是帝国主义为了遏制共产主义理想和进一步兜售帝国主义思想而设置的思想陷阱。”

10 月 5—8 日，加拿大共产党举行第二十八次代表大会。大会指出加共的目标是建立一个人道的民主的社会主义的加拿大，要更新党的组织结构，把党重建为社会主义政党。

10 月 22 日，阿尔都塞因心脏病发作逝世。路易·皮埃尔·阿尔都塞（1918—1990 年），结构主义的马克思主义代表人物。

11 月 25—30 日，15 个拉美和加勒比地区共产党及工人党的领导人参加的拉美和加勒比地区共产党及工人党会议在墨西哥城举行。会议指出帝国主义没有消失，也没有改变其本质；社会主义仍有生命力，它必将继续存在。

12 月 18 日至 22 日，法国共产党于举行第二十七次代表大会，马歇在会上发表讲话强调法国共产党将保持共产党本色，认为东欧国家发生的变化是由于这些国家的领导人执政后使社会主义丧失信誉。

本年

列宁诞辰 120 年前夕，苏联新闻社召开“列宁的思想与社会主义的未来”的苏联与西方学者的讨论会。

日本广松涉出版《当今重读马克思》和《马克思与历史的现实》。两本书讨论东欧骤变与社会主义的前途、马克思理论是否仍然有效等重大问题。这是广松涉在苏东事件之后公开表明自己坚定的马克思主义立场。

哈贝马斯《追补的革命》出版。本书围绕对东欧剧变的六种解释和对社会主义的批判、反思社会主义理念的重建等问题。

雅克·比岱《现代性理论：兼论马克思与市场》出版。作者指出把马克思主义与现代性的“社会理论”融合起来的总体理论是顺应时代发展的。

乔万尼·阿里吉出版《革命的转化：社会运动与世界体系》。

赫德尔森《马克思主义和 20 世纪哲学：庸俗马克思主义的一个辩护》出版。

弗兰克与阿明、阿瑞基和沃勒斯坦合著《改变革命：社会运动与世界体系》出版。

美国弗·詹姆逊《后期马克思主义》出版。

加拿大麦格雷戈《黑格尔和马克思的共产主义理想》出版。

特雷尔·卡伍尔《恩格斯传》出版。

艾尔斯特的《卡尔·马克思导论》出版。

史密斯《马克思（资本论）的逻辑》出版。

1991 年

1 月 22 日，“南共联盟民主纲领复兴代表大会”筹委会宣布停止工作。此后，南斯拉夫共产主义者联盟下属的其他共和国共产主义者联盟也纷纷成为独立政党，有 70 多年历史、执政 40 多年的南斯拉夫共产主义者联盟宣告解体。

2 月，蒙古人民党“二十大”召开。党内分为“争取蒙古人民党继续和改革之翼”和“工人之翼”。选举达希云登任主席。

2 月，意大利共产党改名为左翼民主党，并加入了社会党国际。左翼民主党在 2007 年 10 月与其他党派合并为民主党。

3 月 27—29 日，老挝人民革命党在万象市召开第五次全国代表大会。大会重申其理论基础是马克思列宁主义。

6 月 15 日，荷共举行最后一次代表大会，正式宣布荷兰共产党解散，具有 70 余年历史的荷兰共产党不复存在。

6 月 16 日，奥地利共产党举行第二十八次代表大会，肯定了奥地利共产党仍是独立的“革命的和马克思主义的工人党”。

6 月 24—27 日，越南共产党在河内召开第七次代表大会。大会投票选举杜梅总理出任越共总书记。

6 月 28 日，经互会 9 个成员国的代表在布达佩斯签署了解散经互会的议定书，规定 90 天后经互会章程失效，届时即告正式解散。

6 月 29 日，列斐伏尔去世。列斐伏尔（1901—1991 年），马克思主义理论家，主要著作有《辩证唯物主义》《日常生活批判》《马克思主义中的现实问题》等。

7 月 1 日，华约 6 个成员国领导人在布拉格签署议定书，宣告华约的有效期提前结束，华沙条约组织至此正式解散。

7 月 25 日—26 日，苏联共产党中央全会在克里姆林宫举行，这是最后一次苏联共产党中央全会。许多人指责戈尔巴乔夫背离了马克思列宁主义。全会通过了《关于苏联共产党纲领草案和各级党组织对草案进行讨论的任务的决定》，决定 1991 年 11—12 月召开苏联共产党第二十九次代表大会，会上将通过新党纲。

8 月 19 日，苏联“八・一九事件”爆发。8 月 19 日至 8 月 21 日在苏联发生的一次政变。虽然政变在三天内便瓦解，并且戈尔巴乔夫恢复了权力，此事件粉碎了戈尔巴乔夫对苏联可在较松散体制下维持一体的希望。

8 月 23 日，俄罗斯联邦总统叶利钦发布了一系列停止俄罗斯联邦共产党活动并限制苏联共产党活动的命令。

8 月 24 日，戈尔巴乔夫宣布辞去苏联共产党总书记职务，建议苏联共产党中央自行解散，下令停止各政党和政治运动在军队、内务部等各级军事和国家机关中的活动。

10 月 10 日至 14 日，古巴共产党第四次代表大会在古巴东部第二大城市圣地亚哥举行。这次大会口号是“拯救祖国、革命和社会主义”。

11 月 10 日，中越发表联合公报称中越高级会晤标志着中越关系正常化。

12 月 5—8 日，南非共产党在约翰内斯堡举行 40 年来首次合法的代表大会，即第八次代表大会。大会驳斥了社会主义已死的论调，宣布南非共是“以马列主义为指导原则的工人阶级的先锋队”。

12 月 21 日，除波罗的海三国和格鲁吉亚外的原苏联的 11 个加盟共和国领导人在哈萨克斯坦阿拉木图会晤，通过了《阿拉木图宣言》等文件，宣告成立独立国家联合体及苏联停止存在。

12 月 25 日，戈尔巴乔夫发表电视讲话正式宣布辞职。苏维埃社会主义共和国联盟宣告终结。

12 月，美国共产党召开第二十五次代表大会，会议仍坚信社会主义必胜，并坚持马列主义和阶级斗争。

12 月，西班牙共产党召开第十四次代表大会，否决了“改革派”要求解散西班牙共产党的主张，重申要保持党的传统，用“非教条主义的具有改革精神的马克思主义”指导党的政治行动。

12 月，原意大利共产党内部一部分不赞成党改名易帜的党员召开第一次全国代表大会，正式宣布成立“意大利重建共产党”。1998 年 10 月，意大利重建共产党发生分裂，当时支持中左翼政府的党员成立了意大利共产党人党。意大利共产党人党 2014 年更名为意大利共产党，2016 年又与其他小组织合并为意大利共产党。该党一般被称为新意大利共产党。

本年

英国学者伊格尔顿《美学意识形态》出版。本书揭示西方现代美学史是意识形态话语史和政治反应史。

美国詹姆逊《后现代主义或晚期资本主义的文化逻辑》出版。三联书店 1997 年出版中译本。詹姆逊运用马克思主义辩证法剖析晚期资本主义文化发展逻辑，揭示了这些文化意识中的经济、权力、政治与生产方式的关系。

E. P. 汤普森出版《共有的习惯》。本书运用马克思主义方法对 18、19 世纪英国社会的乡规民俗进行了再考察。

F. T. 卡费《剑桥马克思指南》出版。该书为马克思主义研究的进一步发展提供了极大的便利和丰富的资料，是值得重视的工具书。

高兹《资本主义、社会主义和生态学》出版。

伊曼纽尔 · 沃勒斯坦出版《论世界体系和世界一体》。

德国学者瑞尼尔 · 格伦德曼《马克思主义与生态学》出版。

弗兰克发表《为世界体系史辩护》。

C. 韦斯特《马克思思想的伦理方面》出版。

W. D. 佩尔索特《马克思的人类学》出版。

J. J. 马斯登《马克思和基督教的乌托邦理论》出版。

J. D. 亨利《弗 · 恩格斯的生平与思想》出版。

第五章　马克思主义的跨世纪发展（1992年—2018年）

20世纪80年代末90年代初的东欧剧变和苏联解体标志着冷战时代的结束，由此马克思主义进入了一个新的发展阶段。东欧剧变，社会主义国家由原来的15个减少为5个，世界各国共产党由原来的180个左右减少为130个左右。苏联模式失败虽然只是一个社会主义模式的失败，但是对世界社会主义的负面影响很大，马克思主义受到了重大挫折。进入新世纪后，现有的5个社会主义国家坚持住了社会主义阵地；原苏东一些国家和地区的共产党和左翼势力开始抬头；西方发达国家共产党状况有所改善；亚非拉地区发展中国家的共产党有的有了大发展。可以说马克思主义已从谷底走出来，呈现出开放性多元发展的跨世纪新面貌。

由共产领导的社会主义国家，基本都坚持社会主义发展的道路，探索将马克思主义和本国实际以及时代结合，多途径探索推进马克思主义在新世纪的新发展。

冷战后各国共产党都在认真研究和总结东欧剧变的历史教训，以避免这类事件再次发生。前苏东地区和西欧等国共产党工人阶级政党在认真总结东欧剧变历史教训的基础上，通过历史反思和政策调整，进行了新的探索。其中典型的比如法国共产党，彻底否定苏联模，主张超越资本主义，实行深刻的社会变革，过渡未来理想社会。工人阶级及其政党只有在革命实践中不断地总结历史经验，反复地进行探索，才能真正推进马克思主义发展。

而这一时期，西方社会的马克思主义学者研究的特点是比较自觉地将研究与现实结合。20世纪七八十年，随着生态危机对人类的威胁日益加剧，对生态危机的探讨成了最重要的研究课题，促进了生态马克思主义的发展；东欧剧变后，当今资本主义世界是否还需要马克思主义成为研究的热点，引发了德里达等西方思想大家对马克思的致敬；进入21世纪以来美国出现了以“次贷危机”

为主要标志的金融危机，欧洲资本主义国家则被债务危机所困扰，许多马克思主义将世界对资本主义危机的研究与马克思主义的新发展结合，引起了马克思主义政治经济学研究，特别是《资本论》热潮。

进入新世纪，西方国家几乎每年都有几次次关于马克思的国际学术讨论会，每次会议都盛况空前；1999 年底英国相继在英国广播公司和路透社进行投票结果显示马克思是千年最伟大的思想家，路透社在报道时特别提出《共产党宣言》和《资本论》曾对过去一个多世纪资本主义的政治和经济思想产生了巨大而深刻的影响。2008 年金融危机以来，呼吁以马克思主义来分析和解决危机的声音持续不绝。法国经济学家托马斯·皮凯蒂《21 世纪资本论》引发的热潮就是最好的明证。需要指出的是，西方国家的马克思的热潮主要是由西方左翼学者掀起的，在群众中产生了一定影响，但基本限定在学术理论层面，在社会层面影响有限。但是这股热潮的出现，一方面反映了冷战后资本主义的基本矛盾和其他各种矛盾并没有解决，而且有新的发展，现存资本主义制度无力解决它。另一方面，它也反映了一部分人对资本主义已经失望，期待用马克思的学说解决当代人类所面临的诸多问题。

21 世纪以来，各种左翼政党、社会组织通过会议研究宣传等多种途径推动马克思主义的发展。各色的左翼学者、思想家通过思考研究、会议探讨等多种形式探索马克思主义发展的可能性。在法、英、德、美等西方主要资本主义国家，马克思主义研究表现出的主要新趋势是：以政党为依托的研究转移为知识分子的独立研究；经院式的研究转移为密切联系实际的研究；单学科的孤立研究转换为跨学科的整体研究；论战式的研究转换为求同存异共同探讨式的研究等。

大事编年

1992 年

1 月 25 日，“巴西的共产党”召开十一大，宣布该党改名“民主左派党”，走民主社会主义道路。3 月 19 日，“民主左派党”又改称“社会主义人民党”。

2 月 26–29 日，蒙古人民革命党第二十一次代表大会在乌兰巴托举行。大会通过的“中间路线”为特征的新党纲，表明蒙古人民革命党已由马列主义的政党转变成为一个民族民主主义的政党。

2 月，伊朗人民党召开第三次代表大会，通过了新的党纲和党章，坚持马列主义和社会主义选择，并选举阿里·哈瓦里为党的书记。

2 月，巴西班牙共产党召开第八次代表大会，发表了以《社会主义永在》为题的文件，重申坚持马列主义基本原则。

3 月 24 日—4 月 15 日，越南 8 届国会第 11 次会议召开，通过了革新后首部宪法和《国会代表选举法》。

3 月，拉美 14 国共产党举行了会议。

3 月 23 日—28 日，MEGA2 编辑准则修订会议在法国普罗旺斯的艾克斯举行。经过热烈讨论中，与会学者对 MEGA2 的去意识形态性达成意见，并就其编排、缩减提出许多建设性意见。1993 年，《MEGA 编辑准则》由狄茨出版社出版。1995 年，国际马克思恩格斯基金会就 MEGA2 各部分的规模及各卷次的具体内容制定了最终方案》。第Ⅰ部分：著作、文章、草稿，由 32 卷（33 册）减少为 32 卷（32 册）；第Ⅱ部分:《资本论》及其准备稿，由 16 卷（24 册）缩减为 15 卷（23 册）；第Ⅲ部分：通信，由 45 卷缩减为 35 卷；第Ⅳ部分：摘录、笔记、旁注，由 40 卷缩减为 31 卷；另外，第Ⅳ部分还增加了第 32 卷，它是关于马克思恩格斯藏书的批注，新的出版方案用这一卷取代了曾经预计达 30 卷的批注部分。由此，MEGA2 由原计划的 163 卷（172 册）缩减为 114 卷（122 册）。1998 年，MEGA2 出版研究工作由德国迪茨出版社转到柏林布兰登堡科学院出版社。

4 月，阿尔都塞的自传《来日方长》出版。

7 月，古巴第三届全国人民政权代表大会第十一次会议对 1976 年宪法做了修改，从间接产生人大代表改为直接选举产生。1993 年 2 月 24 日，古巴革命胜利后第一次举行全国性无记名直接选举第四届全国人民政权代表大会的代表。

9 月 15—17 日，社会党国际第十九次代表大会在柏林召开。这是这个组织在苏联东欧剧变以后召开的首次代表大会。会议的主题是：在变化中的世界里的自由和团结。

9月19日—10月8日，越南九届国会一次会议召开。选举黎德英任国家主席，武文杰任政府总理。

10月16日，苏联共产党第十八届中央委员会召开，会上宣布该党是被戈尔巴乔夫解散的苏联共产党的继承者，并且将戈尔巴乔夫开除出党，并确定党的目标是恢复苏联。重建的苏联共产党的领导人为谢尔盖·斯克沃尔佐夫（后来因病辞职，由 K·A·尼古拉耶夫接任）。

11月12—14日，由美国《马克思主义反思》杂志发起召开的第二届国际马克思主义学者代表大会在美国马萨诸塞大学召开，来自世界各地的1000多名研究者和学者参加大会。会议主题是“新世界秩序中的马克思主义：危机和可能性”。

11月21日，老挝人革党主席凯山·丰威汉去世。24日的老挝人革党特别会议选举坎代·西番敦为主席。凯山·丰威汉（1920—1992年），老挝人民革命党领导人，老挝人民民主共和国主席。

本年

曼德尔《权力与货币：马克思主义的官僚理论》出版。作者解释了苏联、东欧官僚主义及其带来恶果的根源。

美国学者福山《历史的终结和最后一个人》出版。本书阐述苏联与东欧剧变以后，自由民主制度与共产主义的矛盾及意识形态上的对立已经解决，历史走向终结。人也成为没有追求的空虚的人即“最后的人”。

哈贝马斯《事实与规范之间》出版。作者既指出了他的理论和马克思理论之间的关系，同时也阐述了他的法哲学的现实意义。

法兰克福学派第三代领军人物阿克塞尔·霍耐特出版了《为承认而斗争：社会冲突的道德语法》。中译本上海人民出版社2005年出版。

加拿大学者戴维·麦格雷戈《黑格尔：马克思和英语国家》出版。

法国学者米歇尔·瓦岱《马克思：研究可能性的思想家》出版。

伊曼纽尔·沃勒斯坦《西方、资本主义和现代世界体系》出版。

S. H. 海拜《恩格斯与马克思主义的形成》出版。

美国学者理查德·沃林《文化批评的观念：法兰克福学派、存在主义与后结构主义》出版。

1993年

2月13—14日，俄罗斯共产党召开了第二次非常代表大会，又称俄罗斯共产党重建与联合大会。俄罗斯共产党放弃了有关阶级斗争和暴力革命的思想，表示认同议会民主的道路。宣称俄罗斯共产党是传统苏联共产党的合法继承者。

3 月，美国共产党、加拿大共产党和墨西哥社会主义人民党共同召开的北美共产党和工人党第一次代表会议，并发布声明。

5 月 29—30 日，白俄罗斯共产党人党举行第二次（联合）代表大会，决定白俄罗斯共产党人党和恢复活动后的白俄罗斯共产党统一成为一个政党，名称仍为白俄罗斯共产党人党。

5 月，印度共产党（马克思主义）组织的有 21 国共产党代表参加的“当代世界形势和马克思主义有效性”国际讨论会召开。

6 月 19 日，乌克兰共产党在顿涅茨克召开了第一次代表大会，宣告重建。

8 月 28 日，汤普森逝世。E.P. 汤普森（1924—1993 年）英国著名的历史学家、西方马克思主义历史学重要代表，著有《英国工人阶级的形成》等。

12 月 12 日，俄罗斯共产党在第一届国家杜马选举中获 12.4% 的选票，取得 45 个议席，成为第三大党。

本年

赖特等《重建马克思主义形象》出版。本书对“分析的马克思主义”学派所提出的历史唯物主义批判解释作了评价。

美国亨廷顿发表文章《文明的冲突》。作者认为冷战后的冲突不是经济上的与意识形态上的，而是民族与集团之间的冲突，并断言不同文明与之间的利益、权力和价值观念构成严重挑战。这种观点引起全世界的讨论。

艾蒂安·巴里巴尔《马克思的哲学》出版。

伊安·亨特《分析的和辩证的马克思主义》出版。

阿尔弗雷德·B·埃文斯《苏联的马克思列宁主义：意识形态的衰落》出版。

T. 史密斯《辩证的社会理论及其批判：从黑格尔到马克思主义和后现代主义的解析》出版。

F. 莫斯利编《资本心中的马克思的方法论》出版。

艾蒂安·巴里巴尔《马克思的哲学》出版。

约翰·罗默等主编《市场社会主义：当前的争论》出版。

戴维·佩珀《生态社会主义：从深生态学到社会正义》出版。

英国学者 J·斐密亚《马克思主义和民主》出版。

比利时学者帕里斯《马克思主义的再生》出版。

1994 年

1 月 20—23 日，意大利重建共产党在罗马召开第二次全国代表大会，调整党纲改变了做坚定的反对派立场，确定了以参政为目标的政治纲领。

1 月 25 日—29 日，法国共产党第 28 次全国代表大会在巴黎举行，大会通过了《一个争取团结、行动和变革的共产党宣言》，大会重申为社会主义奋斗，继续坚持党的革命性。罗贝尔接替马歇法国共产党总书记。

5 月 22 日，广松涉去世。广松涉（1933 年—1994 年）东京大学教授，日本新左翼运动旗手，当代日本著名的新马克思主义哲学家。

5 月，南非举行了历史上首次不分种族的大选，以非国大为首的非国大、南非共产党、南非工会大会三方联盟以 62.65% 的得票率获胜。南非共产党员在国民议会中获得 53 个议席。

7 月 8 日，金日成去世。金日成（1912—1994 年），朝鲜民主主义人民共和国建国主要领导人以及朝鲜劳动党、朝鲜人民军、主体思想的创建者。

7 月 19—23 日，日本共产党在热海市召开了第二十次全国代表大会。大会对党纲、党章作了相应的修改，选出了新的中央委员会。

11 月，尼泊尔共产党（联合马列）在议会大选中获得 88 个席位，成为议会第一大党并上台执政，党的主席阿迪卡里出任首相。

本年

德里达《马克思的幽灵：债务国家、哀悼活动和新国际》出版。中国人民大学出版社 1999 年出版中译本。本书由作者于 1993 年在加州大学的两次发言扩充而成，是一部为马克思主义正名之作。作者以解构主义的分析手段肯定了马克思主义思想中科学的、跨越历史的精神，批判了西方世界对于资本主义盲目乐观的论调。

意大利左翼学者乔万尼·阿里吉写作《漫长的二十世纪：金钱、权利与我们社会的根源》。作者借鉴马克思和布罗代尔的方法，分析 20 世纪 70 年代世界经济危机以来历史进程与阶段。

德国柏林“批判理论研究所”组织编纂，柏林自由大学豪克教授主编的《马克思主义历史考证大词典》在德国开始发行。计划始自 1983 年，总计 15 卷 25 册。这是迄今为止规模最大、编纂时间最长，也最具权威性的马克思主义研究辞典，反映了国际马克思主义研究的最新进展。《马克思主义历史考证大词典》第一卷中文本 2018 年由商务印书馆出版。

俄历史学家沃尔科戈诺夫《列宁（政治肖像）》出版。这是他继《胜利与悲剧（斯大林政治肖像）》《托洛茨基》之后，撰写的以“领袖们”为总标题的三部曲中的第三本。

罗默主编《分析的马克思主义的基础》（两卷本）出版。本书为分析的马克思主义代表人物的论文集，共收入研究论文三十一篇。

英国学者霍布斯鲍姆《极端的年代：1914 年—1991 年》出版。

英国吉登斯出版《超越左与右—激进政治的未来》。中译本 2000 年由社会科学文献出版社出版。

广松涉《马克思的根本意想是什么》出版。

克拉克《马克思的危机理论》出版。

曼德尔《马克思主义的历史地位》出版。

曼德尔《二十世纪革命的马克思主义和社会现实》出版。

蒙加尔《共产主义的消亡和原始马克思主义的复兴》出版。

罗默《社会主义的未来》出版。

1995 年

1 月 21—22 日，俄罗斯共产党召开了第三次代表大会。大会明确俄罗斯共产党参加竞选的目标为“通过议会民主的方式，分阶段夺权政权，改变现行体制”。

3 月 11—12 日，乌克兰共产党在基辅召开了第二次全国代表大会，宣称乌共是苏联“8·19”事件后被取缔的原苏联时期乌共的合法继承者。因此“一大”又被追认为乌共第二十九次代表大会。

4 月，南非共产党召开第九次全国代表大会，大会提出了“未来属于社会主义，建设自今日始”的口号。

9 月 27—30 日，第一届国际马克思大会在巴黎举行。时值恩格斯逝世 100 周年，主题是“马克思主义 100 年回顾与前瞻”。国际马克思大会每三年召开一次，由法国《当代马克思》杂志发起，它联系了上百家的左翼刊物和研究机构联合召开，是学术性质的会议，参加者一般为带有左翼倾向的学者。

10 月 7—11 日，印度共产党第十六次代表大会在首都新德里举行，强调马克思列宁主义的科学原理仍然适用，资本主义在一定的时候必然被社会主义代替。

12 月，俄罗斯联邦共产党在第二届国家杜马选举中获 22.3% 的选票，取得 158 个议席，成为第一大党。

本年

英国学者柯亨出版《自产权，自由和平等》。本书是针对诺齐克，对社会主义的平等原则作出强悍的攻击而作的。

汤普森《历史学与英国马克思主义历史学家》出版。

英国学者劳伦斯·怀尔德《资本主义、社会主义与生态》出版。
克里斯托弗·皮尔逊《共产主义之后的社会主义：新市场主义》出版。
伊曼纽尔·沃勒斯坦《历史资本主义与资本主义文明》出版。
埃伦 M 伍德《民主反对资本主义》出版。
英国学者卡弗《理性选择的马克思主义》出版。
阿伦森《马克思主义之后》出版。
哈瓦德·谢尔曼《重新创造马克思主义》出版。
卡拉里等编《后现代时期的马克思主义》出版。
日本学者大村泉《新 MEGA 与〈资本论〉的形成》出版。

1996 年

3 月 18 日，老挝人民革命党“六大”召开。重申反对多党制、多元化思想。坎代当选为主席。

3 月 23 日，古巴共产党召开四届五中全会，菲德尔·卡斯特罗在会上宣布要努力推进改革开放进程。

3 月，美国共产党第二十六次代表大会召开，重申社会主义终将取代资本主义。

4 月 12 日至 14 日，31 个团体组织发起的“96 纽约社会主义学者研讨会”召开，以“欢呼乌托邦：对社会主义的再展望”为主题，与会学者达 1500 人。

6 月 22—23 日，“民主和社会主义学者国际协会”在莫斯科大学召开了第五届国际年会，会议主题为“通向社会主义之路：改革还是革命？市场还是计划”。来自美国、法国、英国等 21 个国家的 39 名外国学者及 50 余名俄罗斯学者与会。

6 月 28 日至 7 月 1 日，越南共产党第八次全国代表大会于在河内举行。大会通过了《政治报告》，选举了新一届中央委员会，杜梅蝉联总书记。

7 月 12 日至 19 日，来自英国各地以及西欧、北美、亚洲十多个国家的 6000 多名代表云集伦敦，举行了为期一周的“’96 马克思主义大会”。大会前后共举行了 260 多场报告会和讨论会。

9 月 9 日至 11 日，社会党国际在联合国总部召开了第 20 次代表大会。58 个成员党、21 个联系党、6 个观察党的 520 多名代表出席大会。

12 月 18 日至 22 日，法国共产党在巴黎召开了第 29 次代表大会。大会用“新共产主义”取代“法国色彩的社会主义”的提法。

12 月，卢森堡共产党举行第二十七次全国代表大会。大会坚决反对新自由主义和经济全球化。

本年

由越共中央委员、越南国家社会科学和人文研究中心主任阮维贵等人主持编写《关于当代马列主义若干问题》一书在越南出版。

泰德·本顿主编《马克思主义的绿色化》出版，这是一部汇聚了马克思主义生态学经典文本的文集。

理·派普斯主编的英文版《不为人知的列宁》在美国出版。本书收入未曾发表的列宁文献有报告、文章、声明、呼吁书、党的决议草案、书信、便条等。

唐纳德·萨松《欧洲社会主义百年史》出版。中译本 2013 年社科文献出版社出版。

西方“列宁学”代表人物尼尔·哈丁《列宁主义》出版。

詹姆逊发表《关于现实存在的马克思主义的五条提纲》。

哈贝马斯《包容他人》出版。

德里达《他者的单语主义》出版。

阿明《世界一体化的挑战》出版。

勒布朗《从马克思到葛兰西》出版。

1997 年

2 月 21 日至 24 日，蒙古人民革命党第 22 次代表大会召开，通过了新党纲确定该党的性质是“民族民主主义性质的中左翼政党”。

4 月，俄罗斯共产党“四大”召开。修改了党章。久加诺夫连任主席。

7 月 29 日，伊拉克共产党第六次全国代表大会召开，大会通过的决议表示支持世界各国人民进步和社会主义力量为争取民主、自由、人权和社会进步的正义战争。

8 月 17—22 日，“社会主义、资本主义与民主”国际学术研讨会在韩国首尔召开。来自 10 个国家的 30 多名学者参加了会议。

9 月，日本共产党召开了第二十一次党代表大会，提出了“在 21 世纪上半叶建立民主的联合政权”。大会决定领导日共近 40 年的宫本显治担任名誉主席，第二代领导人不破哲三和第三代领导人志位和夫为核心的集体领导体制确定。

10 月 3—4 日，由法国巴黎《当代马克思》杂志发起的“今日社会主义问题”研讨会在巴黎第十大学召开。

10 月 8 日，古巴共产党第五次全国代表大会在哈瓦那召开。大会决定在坚持共产党领导、社会主义公有制、计划经济以外，强调把经济工作放在优先地位。

10 月 8 日，金正日当选为朝鲜劳动党的总书记。

11 月 14—16 日，法国马克思园地协会、巴黎第八大学、勃艮第大学和阿姆斯特丹恩斯特·曼德尔研究中心联合在巴黎市郊举行了关于十月革命问题的国际学术讨论会。

11 月 27—28 日，法国《当代马克思》杂志在巴黎第十大学主持召开了“今日马克思:《1857—1858 年经济学手稿》”研讨会。

12 月 19 — 20 日，卢森堡共产党召开第二十八次代表大会。大会重申卢共不会改变名称，坚持把马克思列宁主义作为党的理论思想基础，坚持为社会主义和共产主义而奋斗。

12 月 22—29 日，越共中央召开八届四中全会，选举黎可漂为总书记。

本年

俄罗斯共产主义工人党在列宁格勒召开的纪念十月革命 80 周年国际会议。

“德国第 1 届马克思主义大会”在汉诺威召开。

罗杰·伯贝奇、奥兰多·努涅斯和鲍里斯·卡加利茨基合著《全球化及其不满意者：后现代社会主义的兴起》出版。

丹尼尔·德沃金《战后英国的文化马克思主义：历史、新左派和文化研究的起源》出版。

米哈伊洛·马尔科维奇出版《自由与实践》。

萨米尔·阿明《资本主义的危机》出版。

伊曼纽尔·沃勒斯坦出版《商人、荷兰、或历史上资本主义》。

莫斯利和坎贝尔《马克思方法论新探》出版。

1998 年

3 月 22 日至 23 日，第十五届社会主义者代表大会在纽约召开。与会者超过 1600 人，会议主题是“赢得整个世界：从宣言到社会变化的新组织”。会议期间还由美国《每月评论》杂志社专门主持“《共产党宣言》150 年之后”的主题讨论会。

5 月 13—16 日，法国巴黎召开“纪念《共产党宣言》发表 150 周年国际大会”。大会的主题是：“如何取代资本主义？如何实现人类的解放？”

5 月 22—24 日，为庆祝《共产党宣言》发表 150 周年和希腊共产党建党 80 周年，在希腊共产党的倡议下，来自 50 个国家的 57 个共产党和工人党在雅典召开了冷战后的第一次代表会议。会议以“当前形势下的共产党”为中心题目。从此以后，这种会议每年召开一次，名称为“共产党和工人党国际会议”。

6 月 6 日，芬兰共产党召开第七次代表大会并开展该党 80 周年党庆活动，发表了党的纲领性文件《2000 年宣言》。

6 月 20—21 日，由“争取民主与社会主义学者”国际协会发起的纪念《共产党宣言》发表 150 周年国际学术研讨会在俄罗斯莫斯科大学举行。十多个国家的 120 多位学者和工会代表出席了会议。

7 月，南非共召开第十次全国代表大会。大会认为南非共当前的主要任务仍是深化民族民主革命，在这个过程中南非共要加强党的建设。

9 月 14 日，印共第十七次全国代表大会在印度南部泰米尔纳德邦首府马德拉斯召开。会议修改了党章，选举产生了新的领导机构。

9 月 30 日—10 月 3 日，由法国全国科学研究中心、法国大学出版社发起的第二届国际马克思大会在法国巴黎召开。来自三十多个国家的近五百名学者参加了会议。会议的主题是“资本主义：批判、斗争、抉择”。

10 月 5 日，印度共产党（马）在加尔各答召开第十六次代表大会，通过《政治决议》和《组织决议》，苏吉特又一次当选为总书记。

10 月，意大利重建共产党在议会对政府投反对票，导致这一届中左政府垮台。党的主席科苏塔与总书记贝尔蒂诺蒂在此问题上存在严重分歧，科苏塔率大部分议员离开，于 1998 年 10 月 11 日成立“意大利共产党人党”。

本年

詹姆斯 · 奥康纳《自然的理由：生态学马克思主义研究》出版。中译本南京大学出版社 2003 年出版。本书提出生产力与生产关系之间的矛盾是资本主义的第一重矛盾，生产的无限性与生产条件的有限性之间的矛盾是资本主义的第二重矛盾。

依附理论代表人物弗兰克著作《重新面向东方》由加州大学出版社出版，次年获得了世界历史学会图书奖。本书中文版译名《白银资本》中央编译出版社 2001 年出版。作者以新的全球史观来取代各种形式的欧洲中心史观，认为在近代早期的大部分历史中，占据舞台中心的不是欧洲，而是亚洲，特别是中国。

罗默《机会平等》出版。本书通过关于“机会平等”的理论考辨，为社会主义道德正当性提供合法性的说明。

奥尔曼编《市场社会主义：社会主义者之间的争论》出版。中译本新华出版社 2000 年出版。

加拿大学者麦格雷戈《共产主义衰落之后的黑格尔和马克思》出版。

罗森塔尔《辩证法的神话：重新诠释马克思与黑格尔关系》出版。

美国左翼历史学家埃里克方纳出版《美国自由的故事》。

英国学者塞耶斯《马克思主义和人性》出版。中译本东方出版社 2008 年出版。

吉登斯出版了《第三条道路》。本书被认为是布莱尔执政理论纲领。

法国泰克西埃《马克思、恩格斯的革命观和民主观》出版。

英国学者卡弗《后现代马克思》出版。

里格比《马克思主义与历史：评论性介绍》出版。

1999 年

1 月 28—31 日，黎巴嫩共产党召开第八次代表大会，大会的口号是“为了解放、民主、公正和社会主义”。

3 月 18—21 日，意大利重建共产党召开第四次全国代表大会，主张中左联合，反对北约轰炸科索沃，贝尔蒂诺蒂继续担任总书记。

5 月 21—23 日，由希腊共产党主办的第 1 次共产党和工人党国际会议在雅典举行。会议主题是“资本主义经济危机、全球化和工人运动对其做出的反应”，有 50 个国家的 57 个共产党和工人党的代表与会。

9 月，英国广播公司（BBC）在这年秋天用几周时间在国际互联网（Internet）上评选“千年最伟大的思想家”，最后马克思被评选为千年最伟大、最有影响的思想家。排在第二位的是世界最有影响的科学家爱因斯坦。

12 月 19 日，俄罗斯联邦共产党在第三届国家杜马选举中，获 24.29% 的选票，获 113 个议席，仍为第一大党。

本年

俄罗斯现代史文献收藏研究中心与俄政治百科出版社出版了《列宁。不为人知的文献（1891–1922）》出版。该书收入列宁文献共 422 件，其中有 332 件以前未曾发表过。

雅克比《乌托邦终结》出版。本书试图在布洛赫、卢卡奇、本雅明、阿多诺的犹太救赎论基础上恢复一个反偶像论的乌托邦，为新的反抗政治学提供基础。

华伦斯坦《乌托邦学》出版。本书反映了西方左派思想发展的“乌托邦复兴”趋势。

沃伦·布雷克曼《马克思：青年黑格尔主义者和激进社会理论的起源》出版。

保罗·伯克特的《马克思与自然：一种红绿视角》出版。

乔万尼·阿里吉与贝弗利·西尔弗合著《现代世界体系的混乱与治理》

出版。

杰弗里·马丁·霍奇逊《经济学和乌托邦：为何学习经济不是历史的终结》出版。

弗朗西斯·惠恩《卡尔·马克思》出版。

伍德《资本主义的起源》出版。

纳尔逊《马克思的货币观》出版。

2000 年

2 月 28 至 3 月 2 日，蒙古人民革命党召开二十三大，选举产生党的主席那木达尔·恩赫巴亚尔，总书记勒·额奈比希。

3 月，法国共产党召开第三十次全国代表大会，大会强调党的原则是坚持而不是僵硬地对待马克思主义，强调法国共产党参政是一项长期的战略。

6 月 13—15 日，第一次韩国、朝鲜高峰会在平壤召开，金大中与金正日举行会谈，这是朝鲜半岛分治 55 年后的首次首脑会议。

6 月 23—26 日，由希腊共产党主办的第 2 次共产党和工人党国际会议在雅典举行。会议主题是：共产党人关于团结与合作的经验。

9 月 21–24 日，由美国《马克思主义反思》杂志主办的世界马克思主义大会在美国马萨诸塞州立大学爱姆赫斯特分校举行。大会的主题是“马克思主义 2000 年。”大会组织了 190 多场专题讨论会。

11 月 20 日，日本共产党召开了第二十二次党代表大会，不破哲三改任重设的党的主席。

12 月，俄罗斯共产党“七大”召开。俄罗斯共产党定位为“负责任的、不妥协的、建设性的反对党”。久加诺夫连任主席。

本年

佩里·安德森主编《新左翼评论》第 1 期发表以《更新》为题的编者文章认为，“资本主义已经全面击退了所有对其制度的威胁”，“在目前视野内，仍然没有一个集体力量能同资本的强大力量相抗衡”，因此决定从本期开始改变刊物的风格，采取现实主义态度。该文的发表以及随后《新左翼评论》的革新在西方左翼人士中引起广泛讨论。

大卫·哈维《希望的空间》出版。哈维强调后现代性是一种新的对时间与空间的经验方式，介绍了不平衡的地理发展、全球空间中的身体和政治。

迈克尔·哈特、安东尼·内格利《帝国——全球化的政治秩序》出版。中译本江苏人民出版社 2005 年出版。本书将后现代理论与马克思的政治经济学加以结合，认为帝国是当今在全球层面上出现的一种新的主权形式，是全球性的，可以说是没有中心，没有边界的。

美国福斯特《马克思的生态学：唯物主义与自然》出版。中译本高等教育出版社 2006 出版。

柯亨《如果你是平等主义者，你为什么这么富？》出版。

特里·伊格尔顿《文化的观念》出版。

2001 年

2 月 25 日，摩尔多瓦共产党人党在议会选举中获胜成为执政党。4 月 4 日，摩尔多瓦共产党人党领导人沃罗宁当选为摩尔多瓦共和国总统。摩尔多瓦成为苏联解体后在前苏联加盟共和国中第一个由共产党重新执政的国家。

3 月 12 日，老挝人民革命党七大召开。选举坎代连任主席。

4 月 19—22 日，越南共产党九大在河内举行。大会强调越南共产党决心在马列主义和胡志明思想的基础上沿着社会主义道路建设国家。大会选举农德孟为新一任总书记。

4 月，法兰克福学派代表人物哈贝马斯应邀来华访问，在北京和上海做学术报告并进行学术交流。

6 月 22—24 日，由希腊共产党主办的第 3 次共产党和工人党国际会议在雅典举行。会议主题是：共产党人和劳工以及工会运动。

9 月 26—30 日，第三届国际马克思大会也是新世纪的第一次国际马克思大会在巴黎举行，主题是“资本与人类”,30 多个国家的 600 余名学者参加了大会。大会对人类和资本主义的新发展进行了研讨。

9 月，法国哲学家德里达访问中国。

10 月 26—28 日，法国共产党第 31 届代表大会在巴黎举行。

12 月，巴西班牙共产党召开十大，重申了坚持马列主义立场和争取社会主义。

本年

英国左翼经济学家杰·霍奇逊《经济学是如何忘记历史的：社会科学中的历史特性问题》出版。中译本中国人民大学出版社 2008 出版。本书围绕经济学中的历史特性问题讨论，包括马克思主义对历史特性问题的态度。

亚历克斯·卡利尼科斯《反第三条路》出版。本书反对吉登斯调和新自由主义和社会民主主义所提出的第三条路。

法国学者托尼·安德烈阿尼《社会主义是未来》出版。

雅克·比岱和厄斯塔什·库维拉基斯《当代马克思辞典》的出版，

德国学者 W.F. 豪克《马克思主义思维创新的 13 个尝试》出版。

2002 年

1 月，俄罗斯共产党“八大”召开。大会修改党章。久加诺夫连任主席。

2 月 18 日—3 月 2 日，越南共产党九届五中全会召开，首次在中央全会中引入质询制度。

3 月 1—3 日，西班牙共产党在马德里召开第十六次全国代表大会，邀请 40 多个外国共产党及进步组织的代表参加了会议。“和左翼一起建设未来”是会议主题。

5 月 19 日，越南选举产生第十一届国会。全国投票率高达 99.73%，称为建国以来首次“真正意义上的民主选举”。选民从 759 名候选人中选出 498 名国会代表。

5 月 26 日，在 2001 年乌克兰宪法法院裁定乌最高苏维埃取缔前乌克兰共产党违宪之后，在首都基辅举行了前乌克兰共产党与重建的乌共联合代表大会。

6 月 21—23 日，由希腊共产党主办的第 4 次共产党和工人党国际会议在雅典举行。会议主题是：“9·11”之后的世界新形势。

本年

洛克莫尔《马克思主义之后的马克思：卡尔·马克思的哲学》出版。中译本东方出版社 2008 年出版。

梅格纳德·德赛《马克思的复仇》出版。中译本 2006 年由中国人民大学出版社出版。

沃尔夫《今天为什么还要研究马克思？》出版。

阿瑟《新辩证法与马克思的〈资本论〉》出版。

施泰格瓦尔德《共产主义：赞同还是反对》出版。

伍德《资本的起源》出版。

斯蒂芬·布隆纳《批判理论及其理论家》出版。

日本学者涩谷正《早期马克思经济学研究与 1844—1847 年手稿》出版。

2003 年

2 月 8—14 日，有 40 个国家的 200 多名代表参加的第四国际第 15 次世界大会在比利时召开。会议重申，第四国际坚持抵抗资本主义全球化，坚持反对由官僚阶层主导盗用了社会主义名义的资本主义复辟的过程。这是第四国际自

1995 年以来的第一次世界大会。

4 月 3 日，法国共产党在巴黎召开第三十二次代表大会。大会通过了《共同谱写共产主义新篇章》的大会文件。

6 月 19—20 日，由希腊共产党主办的第 5 次共产党和工人党国际会议在雅典举行。会议主题是：反对战争和反对资本主义全球化与共产党人。

6 月 21 日，日本共产党召开了第 22 次代表大会七中全会，主席不破哲三正式向全会提出了党纲修改草案。

9 月 25 日，萨义德去世。萨义德（1935—2003 年），著名文学理论家和文化批评家。萨义德吸收马克思主义等左翼思想研究“东方主义”，提出了后殖民批判论述；代表作《东方主义》和《文化与帝国主义》等。

11 月 5 日，美国国会图书馆宣布，将首届“克鲁格人文与社会科学终身成就奖”授予哲学家科拉克夫斯基。科拉克夫斯基是哲学家、马克思主义理论家，主要著作包括三卷本的《马克思主义主潮》《形而上学的恐怖》等。

12 月 7 日，在杜马选举中俄罗斯联邦共产党支持率大跌，得票率仅为 12.6%，在杜马的 450 席里只得 51 席。

本年

由法国社会出版社发起的法文版《马恩大典》编纂工程（GEME 工程）启动。法文版《马恩大典》是法国就系统编译出版马克思恩格斯著作集展开的一项重要尝试，《马恩大典》立足于《马克思恩格斯全集》历史考证版第 2 版（MEGA2）展开工作，致力于编辑出版继德国 MEGA2 之后最完整的马克思恩格斯著作集。

英国学者阿列克斯·卡利尼科斯《反资本主义宣言》出版。中译本上海译文出版社 2005 年出版。本书讨论反对资本主义全球化的国际运动以及运动中的战略和手段。

M. 伍德《资本的帝国》出版。

俄罗斯哲学家奥伊泽尔曼《马克思主义与乌托邦主义》出版。

伯特尔·奥尔曼《辩证法的舞蹈：马克思方法的步骤》出版。

麦克·罗伯威兹《超越资本论：马克思的工人阶级政治经济学》出版。

2004 年

1 月 10—11 日，在德国民主社会党的倡议下，来自欧洲 19 个左翼政党的代表在柏林市议会大厦聚会，讨论建立欧洲左翼党的问题。11 个政党在成立“欧洲左翼党”的倡议书上签字，确定了欧洲左翼党的政治目标：紧密团结社会运动和工会力量，克服资本主义势力。

1 月 13—17 日，日本共产党第 23 届全国代表大会在静冈县举行。大会选出新一届日本共产党中央委员会。

5 月 8—9 日，欧洲左翼党成立大会在罗马举行。共有 15 个左翼政党成为欧洲左翼党的首批正式成员。意大利重建共产党总书记法乌斯托·贝尔蒂诺蒂当选第一任主席。

5 月 15—16 日，捷克—摩拉维亚共产党第六次代表大会在布杰约维策召开，代表大会通过了名为《对捷克共和国的希望》的新纲领。

7 月 3 日，以久加诺夫为首的俄罗斯共产党召开第十次党代会，修改党章。选举久加诺夫连任俄罗斯共产党中央主席。反对久加诺夫的俄罗斯共产党派别同日召开另一个俄罗斯共产党第十次代表大会，吉洪诺夫被推举担任俄罗斯共产党中央主席。8 月 3 日，俄司法部确认久加诺夫领导的俄罗斯共产党的合法性。

9 月 29 日—10 月 2 日，法国《当代马克思》杂志主办的“第四届国际马克思大会”在法国巴黎召开了，会议的主题是：帝国主义战争，阶级战争。

10 月 8—10 日，由希腊共产党主办的第 6 次共产党和工人党国际会议在雅典举行。会议主题是：抵抗帝国主义侵略；斗争的阵线和选择。

10 月 8 日，德里达在巴黎去世。雅克·德里达（1930—2004 年），法国哲学家，解构主义代表人物。他著有《马克思的幽灵》，在后冷战时代向马克思致敬。

本年

法国左翼学者让 - 雅克·玛丽出版了《列宁：1870—1924》。

雅克·比岱《〈资本论〉的阐释与重构》出版。

阿瑟出版《辩证法与马克思的〈资本论〉》。

卡弗《政治理论中的人》出版。

迈克尔·哈特、安东尼·内格利《诸众》出版。

2005 年

3 月 6 日，摩尔多瓦共产党人党在议会选举中保住了第一大党的地位，再次获得组阁权。4 月 4 日，摩尔多瓦共产党主席沃罗宁成功蝉联摩尔多瓦共和国总统。

6 月，蒙古人民革命党召开二十四大，选举主席恩赫包勒德。

7 月 1—3 日，美国共产党在芝加哥召开第二十八次全国代表大会。大会讨论并通过了题为“美国的社会主义道路：团结起来争取和平、民主、就业和平等”的新党纲。

10 月 29 日，俄联邦共产党在莫斯科郊外召开了第十一次（非常）代表大会。此次大会是俄罗斯共产党在 2004 年 7 月发生分裂后召开的第一次代表大会。大会对党的章程进行了大量的增补和修改。

11 月 18—20 日，由希腊共产党主办的第 7 次共产党和工人党国际会议在雅典举行。会议主题是：当前资本主义的发展趋势：经济、社会和政治影响。

本年

英国 BBC 广播电台四频道“在我们这个时代”栏目作“谁是我们最伟大的哲学家？”的民意调查，结果，马克思荣登榜首，得票率为 27.93%，处于第二位的休谟得票率为 12.67%。这说明，马克思主义仍然活在人们的心中。

英国左派学者安德森在《新左派评论》2005 年第一期发表《武器与权利——战争年代中的罗尔斯、哈贝马斯和波比奥》。文章讨论西方三位自由左派理论大师对国际秩序和正义问题的论述掩盖了美国以及国际强权对地域冲突和非正义的干涉，无意之中可能沦为国际霸权的理论工具。

加拿大左翼学者利赫出版《重新发现列宁：回到〈怎么办〉》。利赫认为许多人误读了《怎么办？》，从而误读了列宁。

俄罗斯奥伊泽尔曼出版《为修正主义辩护》。作者认为伯恩斯坦从道德层面对社会主义合法性的论证与马克思从经济层面上的论证是互补的。

拉克劳《论民粹主义理性》出版。作者认为民粹主义表征了政治的本质，应当被看成是一切民主政治的基本框架。

大卫·哈维《新帝国主义》出版。本书运用马克思主义理论分析了帝国主义国家内部的多重矛盾、资本主义国家的剥夺性积累以反帝国主义斗争等问题。

赖特主编《阶级分析方法》出版。中译本 2011 年由复旦大学出版社出版。

大卫·哈维《新自由主义简史》出版。中译本上海译文出版社 2010 出版。

美国左翼历史学家埃里克·方纳《永远自由：解放和重建的故事》出版。

2006 年

3 月 10—12 日，由左翼论坛、纽约市立大学社会学系和研究生院共同主办的 2006 年“全球左翼论坛”在纽约召开。论坛的主题是：危险时代：全球的抵抗和帝国的衰落。“全球左翼论坛”（Global Left Forum）由 20 世纪 60 年代的“社会主义学者大会”分化而来，自 2004 年起，论坛每年春季在纽约由左翼论坛，纽约城市大学社会学系和研究生院共同主办，每年都邀请世界各国的近千余名专家学者与会，对当代世界面临的紧迫问题交流探讨。

3 月 18–21 日，老挝人民革命党第八次代表大会在万象举行，朱马利·赛雅贡当选老挝人民革命党总书记。

3 月 23—26 日，法国共产党第三十三次代表大会在法国布尔热市举行。大会还通过了法国共产党新党章，比费第三次当选为全国书记。

4 月 18—24 日，越南共产党第十次全国代表大会上午在河内召开。再次选举农德孟担任越共中央总书记。

5 月 16 日—6 月 27 日，越南十一届国会第九次会议召开。会议选出国会主席阮富仲，国家主席阮明哲，政府总理阮晋勇。

7 月 31 日，菲德尔·卡斯特罗因病将其所担任的国务委员会主席兼部长会议主席等职权移交其胞弟劳尔·卡斯特罗临时代理。2008 年 2 月 24 日，在古巴第七届全国人大会议上，劳尔·卡斯特罗正式当选为国务委员会主席并兼任部长会议主席。

7 月，英国“社会主义工人党”召开了主题为“马克思 2006：抵抗的节日”的活动，近 5000 人参加了活动。

7 月，世界上 50 多个共产党领导人参加了委内瑞拉共产党举办的“科学社会主义：对其建设的贡献”研讨会。会议讨论了社会主义、墨西哥的选举舞弊以及其他现实政治问题。

9 月，法国共产党机关报《人道报》主办的“《人道报》节”在巴黎举行，包括 50 多场研讨会。

10 月 12 日，亚当·沙夫在华沙去世。亚当·沙夫（1913—2006 年）波兰哲学家，马克思主义学者。

11 月 10—12 日，由葡萄牙共产党主办第 8 次共产党和工人党国际会议在里斯本举行。会议围绕拉美各国人民的斗争和经验、社会主义前景讨论。

本年

美国学者 N. 莱文《不同的路径：马克思主义与恩格斯主义中的黑格尔》（三卷本）第一卷“马克思方法的黑格尔主义基础”出版。

保罗·伯克特《马克思主义与生态经济学：走向一种红绿政治经济学》出版。

奈格里等《再见了，社会主义先生》出版。本书分析了左派在全球化时代和社会民主主义思潮中的危机及其抗争战略。

罗伯特·布罗纳《全球动荡的经济学（1950–1998）》出版。书中以马克思主义视角对战后世界经济的演变做了分析与评判。

皮埃尔·库一萨里、让·洛伊坎和米歇尔·瓦卡路利斯《新阶级斗争》出版。

杰克·卢兹科《何为左派：马克思主义、乌托邦主义与对历史的反差》出版。

迈克尔·莱伯威兹《当下就建：21 世纪的社会主义》出版。

帕斯卡尔·贡伯玛尔《马克思导论》出版。

让伊夫·卡尔维《马克思和马克思主义：一种思想，一段历史》出版。

意大利学者斯蒂文·怀特出版《风暴天堂——意大利自治马克思主义的阶级构成与阶级斗争》。

美国学者布拉德利·麦克唐纳《践行马克思：一种活传统的当代交流》出版。

西蒙·托米和朱尔斯·汤申德《从批判理论到后马克思主义的主要思想家》出版。

美国学者保罗·勒布朗克在《马克思、列宁和革命经验》出版。

美国学者理查德·沃林《重新审视法兰克福学派》出版。

布莱恩·帕尔默《詹姆斯·P·坎南和美国革命左翼的起源》出版。

迪特里希《21 世纪社会主义》出版。

保罗·莱波兰克《马克思、列宁和革命经验：全球化时代共产主义与激进主义研究》出版。

雅克·比岱、杜梅尼尔《另一种马克思主义》出版。

狄奥多尔·A·布尔札克《哈耶克之后的社会主义》出版。

2007 年

1 月，英国利兹大学传媒学院主办专门讨论左翼学者齐泽克有关话题的《齐泽克研究国际学刊》正式创刊。这份刊物发布方式却是新颖的网络在线期刊（http：//zizekstudies.org/）。

3 月 6 日，鲍德里亚因病逝世。鲍德里亚 1929—2007 年），法国哲学家、现代社会思想家、后现代理论家，代表作包括《符号政治经济学批判》《生产之镜》《消费社会》等。

6 月 21 日，俄罗斯联邦共产党中央监察委员会第十七次全会通过题为“关于俄罗斯共产党党内的新托洛茨基主义危险”的决议，在党内发动了反对“新托洛茨基主义”的斗争。

7 月 5—9 日，“抵抗的节日——马克思主义 2007”在伦敦举办，参加者达 6000 多人。马克思主义节的活动非常丰富，既有学术性探讨，也有政治性演讲和艺术表演。

10 月 3—6 日，由法国《今日马克思》杂志社发起并主办的第五届国际马克思大会在巴黎召开。大会的主题是：替代全球主义、反资本主义：一种世界政治的选择。

10月，蒙古人民党“二十五大”召开。大会选举主席桑加·巴亚尔，总书记云登·奥特根巴亚尔。

11月3—5日，由白俄罗斯共产党和俄罗斯联邦共产党主持的第九次共产党和工人党国际会议在白俄罗斯首都明斯克召开，主题为：纪念十月革命90周年：理想的相关性和正确性；共产主义者反对资本主义的斗争。

11月23—25日，部分欧洲共产党参与组建的欧洲左翼党在布拉格举行了第二次代表大会。大会发表了题为“欧洲左翼：建设替代选择”的政治纲领。

12月2日，俄罗斯联邦国家杜马举行第五届选举，俄罗斯共产党获得57个席位，仍为第二大党。这是该党自1993年以来参加历届议会选举获得选票比例最低的一次。

本年

2007年“全球左翼论坛”（Global Left Forum）在纽约召开，论坛的主题是：开创一个激进的政治远景。

由德国16个左派基金会和杂志共同发起，在柏林召开了约有700人参加的“德国第2届马克思主义大会”，大会围绕着“21世纪的马克思主义”主题进行了一系列热烈讨论。

法国哲学家雅克·比岱发表《何谓今日的马克思主义？》。

左翼经济学家乔万尼·阿里吉出版《亚当·斯密在北京：二十一世纪的谱系》。中译本社会科学文献出版社2009年出版。作者根据亚当·斯密的经济发展理论来诠释全球政治经济中心从北美向东亚的转移。

由斯塔西斯·科维拉克斯、巴京和齐泽克等编辑《重装上阵的列宁：走向一种真理政治学》出版。文集收集了巴迪欧、巴利巴尔、卡利尼柯斯、伊格尔顿，詹姆逊、奈格尔、齐泽克等人论列宁的文章。

詹姆逊《未来考古学：乌托邦和其他科学幻想的欲望》出版。詹姆逊强调在当前的左翼活动中引入乌托邦想象的必要性。

昂图瓦尼·阿图《马克思论拜物教：作为批判理论的马克思主义》出版。

比埃尔·达诺、克里斯蒂安·拉瓦尔和埃尔·穆乌德合著《拯救马克思？——帝国、诸众和非物质劳动》出版。本书是对迈克尔·哈特和安东尼·内格里的《帝国》（Empire）与《诸众》（Multitude）进行回应。

德佩《马克思主义理论危机与创新》出版。

大谷祯之介《21世纪与马克思》出版。

渡边宽《列宁与斯大林》出版。

涉谷要《俄罗斯的马克思主义与自由》出版。

雅克·比岱《替代马克思主义》出版。

2008 年

1 月 14—22 日，越共中央十届六中全会通过了关于《提高党的基层组织领导能力、战斗力和提高基层组织党员干部队伍素质》的决议。

2 月 24 日，塞浦路斯劳动人民进步党总书记赫里斯托菲亚斯成功当选为塞浦路斯总统，成为欧盟诞生的首位共产党人国家元首，塞浦路斯劳动人民进步党也成为当时欧盟国家中唯一执政的共产党。

2 月，德国的共产党召开第十八次全国代表大会。

3 月 14—16 日，美国纽约市的库珀联盟（Cooper Union）召开了 2008 年“全球左翼论坛”。

4 月 10 日，尼泊尔联共（毛主义）第一次参加大选就取得重大胜利，在选举中获得经由投票产生的 575 席中的 220 席，奠定了联共（毛主义）在政坛中的执政地位。

5 月，英国共产党召开了第五十次代表大会，党的总书记格里菲斯作了题为《未来共产主义和团结——我们的旗帜依然鲜红》报告，严厉批判英国工党。

6 月 21—22 日，乌克兰共产党第四十二次代表大会在乌克兰首都基辅举行。大会主要议题是：修改党纲、组建左翼阵线联盟和改选党的领导机构。

7 月，意大利共产党人党召开第五次全国代表大会、意大利重建共产党召开第七次全国代表大会，继续强调要推动多元的政治和理论讨论，承诺新的领导层将大力推进党的改革。

8 月，制宪会议选举尼联共（毛主义）主席普拉昌达为尼泊尔联邦民主共和国首任总理，成立以尼联共（毛主义）为首的的联合政府

11 月 21—23 日，由巴西班牙共产党主办的第 10 次共产党和工人党国际会议会议在圣保罗举行。会议的主题包括：国际形势中的新现象；日益加深的民族、社会、环境和帝国主义间的矛盾；为和平、民主、主权、社会进步和社会主义而奋斗以及共产党和工人党的统一行动。

11 月 29—30 日，俄罗斯共产党第十三次代表大会在莫斯科举行。大会通过了《世界的未来——社会主义！》等决议，选举久加诺夫为中央委员会主席。

11 月 29 日—12 月 1 日，葡萄牙共产党在里斯本召开第十八次全国代表大会。大会指出解决资本主义金融危机的根本出路是以社会主义代替资本主义。

12 月 11—14 日，法国共产党召开第三十四次代表大会。比费第四次当选

为法国共产党全国书记。

本年

由马克思协会、柏林 MEGA 编辑促进会、卢森堡基金会等联合主办的马克思秋季学校组织的“阅读《资本论》活动”系列展开。

瑞典学者瑟博恩《从马克思主义到后马克思主义》出版。中译本社会科学文献出版社出版 2011 年出版。

G.A. 科恩《拯救正义与平等》出版。作者认为就马克思对非正义、独裁和非理性的资本主义系统的批判而言，其核心就是平等主义道德。

英国卡弗发表《英语世界的马克思主义研究现状》。

马塞罗·马斯托主编《卡尔·马克思的大纲：一百五十年后政治经济学批判的基础》出版。

梅扎罗斯《历史时间的挑战与负担：21 世纪的社会主义》出版。

巴迪欧、齐泽克合著《毛泽东：实践论与矛盾论》出版。

霍尔茨《走向马克思的途中》出版。

梅茹耶夫《马克思反对马克思主义》出版。

宇野弘藏《〈资本论〉与我》出版。

森田成也《资本与剩余价值理论》出版。

长岛诚一《现代马克思主义经济学》出版。

涩谷要《迈向自主的马克思主义》出版。

2009 年

1 月 31 日—2 月 1 日，土耳其共产党召开第九次全国代表大会。大会通过了新的党纲和一系列决议，反思了社会主义的历史经验和教训。

2 月 18 日，希腊共产党召开第十八次全国代表大会。会议提出要继续为改善工人阶级的生活条件和捍卫工人阶级的民主权利而斗争，要继续展开反对资本主义政策的斗争。

4 月 2 日，针对当时在伦敦召开的 G20 峰会，全美广播电视展播节目“今日民主”邀请了著名马克思主义学者大卫·哈维做了题为“金融危机和新自由主义”的电视访谈。哈维把资本主义描述成为“非理性地使其合理化的那种体制”，并且提到了“现在该是我们挑战整个基础的时候了”。

4 月 17—19 日，2009 年全球左翼论坛在美国纽约市佩斯大学召开。论坛的主题设定为“转折点”。

5 月，印度人民院第 15 届选举中，印共（马）只分得 16 席，在全国性政党排名中，印共（马）从第三大幅下滑至第八。

6 月，马丁·雅克斯（Martin Jacques）著作《当中国统治世界：中央王国的兴起与西方世界的终结》发行。作者认为中国独特的传统历久弥新，随着目前迅猛发展态势会开创一种不同于西方的现代性模式。

7 月 17 日，柯拉克夫斯基去世。柯拉柯夫斯基（1927—2009 年）波兰马克思主义理论者，后来移居国外。2003 年，他获得了首届“克鲁格人文与社会科学终身成就奖”。

8 月 5 日，科恩（或译柯亨）去世。G.A. 科恩（1941—2009 年）牛津大学教授，分析马克思主义理论学派的创建人之一。

10 月 5 日，澳大利亚共产党在悉尼召开第十一次全国代表大会，选举出了以米德叶顿为总书记的新中央委员会。

11 月 20—22 日，由印度共产党（马克思主义）和印度共产党共同主办的共产党和工人党国际会议第 11 次会议在新德里举行。来自 48 个国家的 57 个共产党和工人党的 89 名代表参加了这次会议。

11 月，西班牙共产党召开第十八次全国代表大会。会议提出 21 世纪的社会主义，它是“欧洲共产主义”理论在新时代条件下的深化。

12 月，各国共产党和工人党决定创办《国际共产主义评论》年刊，用英文和西班牙文发表。

本年

英国社会主义工人党（SWP）主办了“马克思主义 2009：一个抵抗的节日”活动周。该活动周吸引着来自世界各地的马克思主义者和左派数千人参加。活动周期间共组织了 20 多场主题讨论会和课程。

迈克尔·哈特、安东尼·内格利《大同世界》出版。中译本中国人民大学出版社 2015 年出版。作者认为随着全球化的进展民族国家的主权趋向衰落，导致了新的全球秩序、全球规则和全球结构，世界最终越来越趋向于“大同”。

詹姆逊《辩证法的价值》出版。本书回应了齐泽克、德勒兹等人对辩证法的种种非难，从而肯定了马克思主义辩证法的宏大叙事是时代的必然。

克里斯·哈曼《僵尸资本主义：全球危机与马克思的相关理论》出版。

柯亨出版《为什么不要社会主义》。2011 年由人民出版社出版中译本。

安德鲁·奇蒂等编的《卡尔·马克思与当代哲学》出版。

昂利·德·弗朗士《在马克思和凯恩斯之后还能思考经济吗？》出版。

美国左翼学者詹姆逊《意识形态理论》出版。

贝洛菲尔、芬奇《重读马克思：历史考证版之后的新视野》出版。

克勒纳《历史唯物主义法哲学》出版。

迈彻尔《帝国主义与现代性》出版。

2010 年

1 月 13—16 日，日本共产党第 25 届全国代表大会在静冈县举行。会议选举了新一届中央委员会。志位和夫、市田忠义继续分别担任干部会委员长和书记局长。

3 月 19 日至 21 日，2010 年全球左翼论坛在美国纽约佩斯大学召开。来自世界各国不同社会阶层的近千人与会。本届论坛的主题是：中心不可持续：重燃激进的想象。

9 月 22—25 日，第 6 届国际马克思大会在法国巴黎召开，世界各地数百位专家学者与会。大会围绕主题"危机、反抗、乌托邦"，举行了 4 次全体会议和近百场分组讨论会。

9 月 28 日，朝鲜劳动党第三次代表会议推举金正日为总书记。决定修改党章，共产主义的意识形态被主体思想所取代。

12 月 3—5 日，由南非共产党主办的共产党和工人党国际会议第 12 次会议在约翰内斯堡举行。会议的主题是：不断加深的资本主义危机与共产党的任务——保卫国家主权，深化社会同盟，加强争取和平、进步和社会主义的反帝战线。

本年

大卫·麦克内利出版《全球性暴跌：危机和抵抗的经济学与政治学》。此书把全球性金融崩溃看作是资本主义在新自由主义阶段的第一次体系性危机。

美国左翼学者詹姆逊《重读〈资本论〉》出版。中译本中国人民大学出版社 2013 年出版。

美国左翼杂志《异议》在夏季号的发表论社会主义的专题讨论，探讨社会主义在今天的意义、未来应有的形态。

凯文·安德森《处于边缘的马克思》出版。本书探讨马克思对文化、族性以及地缘政治等"边缘"领域的贡献。

克里斯·威廉姆斯《生态与社会主义：资本主义生态危机的出路》出版。

大卫·哈维《跟大卫·哈维读资本论》（第一卷）出版。中译本上海译文出版社 2014 年出版。

莱伯维兹《社会主义者的选择：真正的人类发展》出版。

美国左翼学者詹姆逊的《辩证法的价值》出版。

巴迪欧、齐泽克和伊格尔顿合著《共产主义的观念》第一卷出版。

2011 年

1 月 12—19 日，越南共产党第十一次全国代表大会在河内召开。大会选举阮富仲为总书记。

3 月 17 日至 21 日，老挝人民革命党第九次全国代表大会在老挝万象召开。赛雅贡再度当选为总书记。

3 月，中国社会科学院马克思主义研究学部和马克思主义研究院创办了国际英文季刊《国际思想评论》（International Critical Thought），由英国 Routledge 出版社向全球公开出版发行，为马克思主义及左翼思想界对话提供了重要平台。

4 月 17 日至 4 月 19 日，古巴共产党第六次全国代表大会在哈瓦那召开。这是古共自 1997 年五大召开 14 年之后首次举行代表大会。会议选举现任国务委员会主席劳尔·卡斯特罗为第一书记，接替自古共 1965 年成立以来就担任这一职务的菲德尔·卡斯特罗，实现了古共领导人的交接。

4 月，特里·伊格尔顿《马克思为什么是对的》由耶鲁大学出版社出版。中译本新星出版社 2011 年出版。

5 月 13—15 日，由比利时工人党在布鲁塞尔主办的第 20 届国际共产党人研讨会召开。会议是主题“在资本主义制度性危机不断深化的时代加强共产党”。

6 月 18—19 日，乌克兰共产党召开第四十四次代表大会，会议审议并通过新党纲。

9 月 23 日，俄罗斯共产党“十四大”召开。久加诺夫连任主席。

10 月 28—30 日，意大利共产党人党在里米尼召开第六次全国代表大会。会议全面分析当前国际国内形势，阐述了党的联盟政策。

11 月 5 日，蒙古人民革命党第 26 次代表大会通过决议，决定恢复 1921 年创建名称“蒙古人民党”。选举主席巴特巴勒德，总书记呼尔勒苏赫。

12 月 2—4 日，意大利重建共产党在那不勒斯召开第八次代表大会，主题为“我们将联合起来”。

12 月 4 日，第六届俄罗斯杜马选举，俄罗斯共产党支持率继续回升，以 19.13% 的得票率进入杜马，并获得 92 个席位，保持第二大党的地位。

12 月 9—11 日，由希腊共产党主办的第 13 次共产党和工人党国际会议在雅典举行，会议讨论主题是“社会主义就是未来”。这次会议有来自 61 个国家的 78 个共产党和工人党参加。

12 月 17 日，朝鲜劳动党总书记、国防委员会委员长、朝鲜人民军最高司令官金正日去世。

本年

2011 年全球左翼论坛召开，主题是“走向一种团结政治”。

霍布斯鲍姆《如何改变世界——马克思和马克思主义的传奇》出版。中译本中央编译出版社出版社 2014 年出版。

黛博拉·库克的《阿多诺论自然》出版。

安德鲁·比洛主编的《批判生态学：法兰克福学派与当代环境危机》出版。

萨米尔·阿明的《帝国与全球化》出版。

英国学者肖恩·塞耶斯出版《马克思和异化：关于黑格尔主题的论文集》。

2012 年

1 月 17—22 日，巴西举行主题为“资本主义危机：社会与环境正义”的世界社会论坛。会议认为危机持续蔓延并无法根除的根源在于资本主义制度，发展中国家应破除对资本主义的迷信，寻求新的发展模式。

1 月 28—29 日，古巴共产党在哈瓦那召开首届全国代表会议。会议通过了党和国家的高级领导干部实行任期制。

3 月 23—24 日，德国哲学家彼得·恩格尔曼与法国哲学家巴迪欧进行关于马克思哲学和共产主义的对话，两人讨论的话题从阿拉伯之春、希腊金融危机到今天的中国，从当下的政治事业到未来的共产主义很广泛。对话 2013 年以《哲学与共产主义的观念》出版。

3 月 16—18 日，2012 年全球“左翼论坛”在美国纽约佩斯大学举行。围绕“占领制度：对抗全球资本主义 ”主题设立了 400 多个专题讨论会场，来自全球的 4500 多名左翼团体机构代表参加了会议。

4 月 4—9 日，印度共产党（马）在科泽科德召开第二十次全国代表大会，对 2009 年以来选举的失利进行了反思，探讨了符合印度特点的社会主义发展道路问题。

4 月 11 日，朝鲜劳动党在平壤召开第四次代表会议，会议推举金正恩为最高领导人。新党章规定朝鲜劳动党以“金日成金正日主义”为唯一指导思想。

4 月上旬，印共（马）召开第 20 届党代会，该党分析了中国、拉丁美洲、朝鲜、古巴和越南模式，并得出结论认为，印共必须从这些国家的经验中“正确地吸取教训”，根据印度的“具体情况”制定出路线图。

5 月 18—20 日，第 21 届“国际共产党人研讨会”在比利时布鲁塞尔召开。会议主题是“共产党人的当前任务与为社会主义而斗争之间关系”。

7 月 4—6 日，在委内瑞拉召开了主题为“资本主义制度下的危机、左翼政党面临的问题”的第 18 届圣保罗论坛。

7 月，伦敦举办了历时五天的“马克思 2012”思想节，吸引了众多的年轻人参与。组织者认为马克思主义提供了分析资本主义危机的工具，而当下正处在危机中人们恢复对马克思的热忱。

8 月 30—9 月 2 日，以“为了一个新的国际主义和新的团结文化”为主题社会党国际 24 大在南非开普敦召开。

9 月 18 日，西班牙共产党前领导人卡里略去世。卡里略（1915—2012 年）西班牙共产党领导人，1960 年当选为西班牙共产党总书记。

10 月 1 日，英国学者霍布斯鲍姆在伦敦去世。艾瑞克·霍布斯鲍姆（1917—2012 年）英国马克思主义历史学家，以“年代四部曲”享誉学界。

10 月 1—2 日，在布鲁塞尔举行了欧洲共产党会议。会议主题包括：共产党和工人党对于资本主义危机的立场等。

11 月 22—25 日，黎巴嫩共产党主办的第十四次共产党和工人党国际会议在贝鲁特举行。来自 44 个国家的 60 多个共产党和工人党的 84 名代表与会。

11 月 29—30 日，“第三届世界社会主义论坛——资本主义危机与社会主义未来国际学术研讨会”在北京举行，来自多国的近 150 位代表，探讨了全球经济政治格局的演变，展望了世界社会主义的发展前景。

12 月 15—16 日，在莫斯科举行了主题为“共产主义运动的今天与明天”国际论坛，与会的共产党代表，就当前国际共产主义运动面临的局势和所应采取的战略、策略交流了看法。

本年

左翼人士发起“共建参与性社会的国际组织”（IOPS），旨在建立全球性的网络，为“一个新的更公正的世界”而推动积极的社会运动。乔姆斯基等 40 多位著名左翼知识分子和活动家出任咨询委员会成员。

霍布斯鲍姆在《共产党宣言》新英文版的导言中指出，如果出现一种“后资本主义社会”，几乎不可能沿用社会主义的传统模式，更不可能是苏联式社会主义模式，但它必须涉及在全球范围内从私人占有向社会管理的转变。

瑞典哥德堡大学神学教授奥拉·席格森《伊格尔顿和齐泽克作品中的神学与马克思主义：希望的共谋》出版。作者认为当超越资本主义现实秩序的现实前景变得暗淡时，宗教和乌托邦式思想就会兴盛；资本主义不仅是经济制度，而且是一种宗教。

英国约翰·乔纳森在《世界事务》双月刊发表《新共产主义：乌托邦妄想的复苏》，尖锐批评齐泽克和巴迪欧等激进左翼思想家仍然停留在左翼极权主义的轨道之中。

拉克劳《政治与意识形态的马克思主义理论》出版。

美国彼得·胡迪斯《马克思的资本主义替代概念》出版。

2013 年

2 月 23—24 日，在俄罗斯共产党恢复重建二十周年之际，俄罗斯联邦共产党在莫斯科召开第十五次代表大会。大会选举产生了新一届中央委员会和监察委员会。

2 月 25 日，来自 72 个国家的 95 个共产党、工人党和其他左翼政党的代表出席俄罗斯共产党十五大之后，紧接着举行了国际圆桌会议。会议主题为“我们为之奋斗的社会主义的形象”。

2 月 25 日，古巴在哈瓦那召开第八届全国人民政权代表大会。劳尔·卡斯特罗再次当选为国务委员会主席并兼部长会议主席，他提议修改宪法，实行国家领导人任期制度化。

2 月 28 日至 3 月 1 日，由中国社会科学院马克思主义研究学部、马克思主义研究院，老挝国家社会科学院，越南社会科学院哲学所共同主办的“首届社会主义国际论坛暨第七届国际思想家论坛”在中国社会科学院召开。论坛的主题为“全球化进程中的社会主义思想文化建设”。

4 月 27—29 日，纽约大学举办了春季历史唯物主义大会。大会以“反抗资本”为主题，云集了来自北美各地的百余名学者。

5 月 31—6 月 2 日，由比利时工人党主办的第 22 届国际共产主义者研讨会以“世界资本主义危机下对民权与自由的攻击：回击的战略与行动”为主题在布鲁塞尔召开。来自 43 个国家的共产党与工人党的代表参加了会议。

6 月 7—9 日，主题为“为生态转型和经济转型而努力”的 2013 年度全球左翼论坛在纽约曼哈顿佩斯大学举行。

7 月 31—8 月 4 日，在巴西圣保罗市举行的圣保罗论坛第 19 次会议强调，只要继续深化改革和加快地区一体化，就能够在拉美加勒比走向社会主义。

9 月 30 日—10 月 1 日，希腊共产党主办的第三届欧洲共产党会议在布鲁塞尔召开。

10 月 30—31 日，由中国社会科学院世界社会主义研究中心和中联部当代世界研究中心联合主办的“第四届世界社会主义论坛：世界社会主义和左翼思潮的现状及发展趋势”国际学术研讨会在北京隆重举行。

11 月 7—10 日，第十届历史唯物主义大会在英国伦敦举行，会议主题为“锻造世界工人阶级”。

11 月 8—10 日，葡萄牙共产党主办的第 15 次共产党和工人党国际会议在葡萄牙首都里斯本举行。来自 63 个国家的 75 个共产党和工人党的代表参加会议。

11 月 16—17 日，由中国社会科学院学部主席团主办，马克思主义研究学部、马克思主义研究院联合承办的“中国社会科学论坛（2013 年 · 国际马克思主义）——社会主义与当代世界”在北京召开。

11 月 28 日，越南十三届国会第六次会议审议通过了《1992 年宪法修正草案》，重申了越共在国家政治经济上的领导地位。

12 月 6—8 日，意大利重建共产党在佩鲁贾召开第九次代表大会，主题为“书写我们的未来”。

本年

新西兰学者布莱恩 · 罗珀《民主的历史：马克思主义解读》出版。中译本人民日报出版社 2015 年出版。

大卫 · 哈维《跟大卫 · 哈维读资本论》（第二卷）出版。中译本上海译文出版社 2016 年出版。

巴里巴尔《马克思的哲学》出版。

布兹加林《俄国马克思主义：普列汉诺夫和列宁》出版。

苏别夫《21 世纪社会主义理论》出版。

2014 年

1 月 15 日，日本共产党在静冈县热海市召开第 26 次全国代表大会。

5 月 1 日，印度共产党（毛主义）和印度共产党（马列）宣布合并为一个单独的党，名称为印度共产党（毛主义）。

5 月 29 日至 6 月 1 日，全球“左翼论坛”在美国纽约城市大学举行。论坛主题为“改革与（或）革命——构想一个有转型正义的世界”，来自世界各地的代表近 4500 人参加了论坛。

9 月 26 日，中共中央总书记、国家主席习近平在北京会见俄罗斯联邦共产党中央委员会主席久加诺夫率领的俄罗斯共产党代表团。

10月2日，来自欧洲各国的32个共产党和工人党在布鲁塞尔召开了会议。与会代表围绕“第一次世界战争结束100年后的欧洲；资本主义：危机、法西斯主义和战争”等主题进行讨论。

10月13—14日，由中国社会科学院世界社会主义研究中心和中联部当代世界研究中心联合举行的“第五届世界社会主义论坛：社会主义是人类必然归宿暨世界社会主义研究中心成立二十周年”国际研讨会在北京举行。与会150多位专家学者就世界左翼运动和思潮等议题进行广泛探讨。

11月13—15日，第16届共产党和工人党国际会议在厄瓜多尔的瓜亚基尔举行。来自49个国家的53个政党代表参加了会议。

11月24日，越南共产党中央总书记阮富仲抵达俄罗斯进行访问。25日，俄罗斯总统普京在索契与到访的阮富仲举行会谈。

11月26至27日，由中国社会科学院马克思主义研究院、越南社会科学翰林院、老挝国家社会科学院联合主办，老挝国家社会科学院承办的第二届社会主义国际论坛在老挝万象成功召开。与会百余位专家学者围绕“在社会主义条件下建设团结共识社会”主题进行讨论与交流。

本年

法国经济学家托马斯·皮凯蒂《21世纪资本论》出版。中文版2014年由中信出版社出版。

大卫·哈维《资本社会的17个矛盾》出版。2017年中信出版集团出版中译本。

纳奥米·克莱恩《改变一切：资本主义与气候》出版。

德国学者施特雷克在《新左派评论》发表《资本主义将会如何终结？》

马丁·恩普森《土地和劳动：马克思主义生态学和人类历史》出版。

2015年

2月2日，越南共产党成立85周年纪念大会在首都河内隆重举行。越共中央总书记阮富仲在大会上说，党的领导是越南革命和建设取得胜利的决定性因素，越共将全力做好党风廉政建设和反腐工作。

3月21日，执政的老挝人民革命党在首都万象举行盛大仪式，隆重庆祝建党60周年。

4月7—10日，越共中央总书记阮富仲对中国进行正式访问。习近平和阮富仲举行了会谈。

5月29—31日，全球左翼论坛在美国纽约城市大学召开，来自世界各地的4000多人参加了论坛。论坛主题为：没有正义，就没有和平——直面资本主义及其民主的危机。

7 月 7 日—10 日，越共中央总书记阮富仲访问美国。美国总统奥巴马与阮富仲会晤。

7 月 20 日，美国和古巴正式恢复外交关系并重开大使馆，美国将取消对古巴实行了半个多世纪的封锁。

8 月 28 日，朝鲜最高领导人金正恩主持召开朝鲜劳动党中央军事委员会扩大会议。金正恩再次强调，必须最优先致力于加强国防力量。

8 月 31 日，中共中央总书记、国家主席习近平在北京同前来出席中国人民抗日战争暨世界反法西斯战争胜利 70 周年纪念活动的老挝人民革命党中央总书记、国家主席朱马里举行会谈。

9 月 15 日—18 日，阮富仲对日本进行正式访问，同日本首相安倍晋三举行了会谈。

10 月 10 日至 11 日，由北京大学主办的首届世界马克思主义大会在京召开。来自 20 多个国家和地区的 400 多名马克思主义研究学者和中国问题研究专家，以“马克思主义与人类发展”为主题进行学术研讨。

10 月 16 日至 17 日，由中国社会科学院世界社会主义研究中心、中联部当代世界研究中心联合举行的“第六届世界社会主义论坛：话语权与领导权——颜色革命与文化霸权”国际学术研讨会在北京举行。

10 月 30—11 月 1 日，第 17 届世界共产党和工人党国际会议在土耳其伊斯坦布尔举行。来自全球 53 个国家 62 个共产党和工人党的近 200 名代表参加了会议。

11 月 5—6 日，中共中央总书记、国家主席习近平对越南的访问。这是中国最高领导人时隔 10 年再次访问越南。

11 月 23 日，法国著名左翼哲学家阿兰・巴丢在法国奥贝维利埃发表演讲，探讨“伊斯兰国”（ISIS）现象。巴丢分析 ISIS 正是资本主义病态主体性的产物，在本质上 ISIS 是当代法西斯的一种形态，宗教只是其外衣。

12 月 7 日，欧洲共产党会议在比利时首都布鲁塞尔召开，35 个共产党和工人党参加了本次会议。

本年

左翼学者齐泽克在“In These Time”网站发表题为《作为巴黎袭击的后果，左派必须皈依其激进的西方根基》的文章。他提出如果移民的文化与西欧的人权和平等观念相抵触，要受到最低限度的规范的约束才能坚持对不同生活方式的宽容。

西方马克思主义哲学家哈贝马斯与查尔斯·泰勒分享了本年美国国会图书馆颁发的克鲁格奖。

左翼哲学家沃尔泽在《异议》杂志发表《伊斯兰主义与左派》，批评左翼知识分子漠视伊斯兰极端主义的暴虐现象，放弃了理应坚持的启蒙主义传统及其基本价值。

迈克尔·洛威《生态社会主义：资本主义灾难的激进替代》出版。

霍耐特《社会主义观念：一个现实化的尝试》出版。

波卡罗《21 世纪社会主义趋势》出版。

塞耶斯《马克思主义、宗教和意识形态》出版。

泽罗夫《马克思主义和列宁主义在俄罗斯 :21 世纪的视角》出版。

2016 年

1 月 18 日至 22 日，老挝人民革命党第十次全国代表大会在首都万象召开。本扬·沃拉吉当选为总书记。

1 月 20 日—28 日，越南共产党于河内举行第十二次全国代表大会。选举阮富仲连任总书记。

3 月 20 日，美国总统奥巴马对古巴进行访问，成为近 90 年来首位访问古巴的美国在任总统。

3 月 21 日—4 月 12 日，越南第十三届国会第十一次会议在河内召开，选举阮氏金银为国会主席，陈大光为新一任越南国家主席，阮春福为政府总理。

4 月 16—19 日，古巴共产党第七次代表大会在哈瓦那举行，古共中央第一书记劳尔·卡斯特罗在会上作报告，表示将坚定不移地在社会主义旗帜下深化“经济模式更新”。

5 月 3 日，老挝人民革命党中央总书记、国家主席本扬访问中国，两党领导人举行会谈。

5 月 6—9 日，朝鲜劳动党在平壤“四二五文化会馆”举行第七次代表大会。这是该党时隔 36 年再次召开全国代表大会。金正恩被推举为朝鲜劳动党委员长。

5 月 13—15 日，由历史唯物主义国际会议多伦多委员会组织承办的 2016 年国际历史唯物主义大会在加拿大约克大学吉尔校区召开，主题是“挑战资本的暴力”。来自多个国家的 200 余人参加会议。

5 月 20—22 日，2016 年的左翼论坛以“愤怒、反抗、革命：组织我们的力量”为主题，在曼哈顿中城纽约城市大学举行。

5 月，尼泊尔十个毛派组织联合组成以普拉昌达为首的尼共（毛主义中心）。

8月，尼共（毛主义）普拉昌达当选政府总理。

5月，乌克兰共产党召开第51次代表大会，

6月14—15日，中国社会科学院马克思主义研究院与白俄罗斯国立大学、白俄罗斯共产党在白俄罗斯明斯克市联合举办“21世纪社会主义：中国—白俄罗斯”国际学术会议。

6月20日，由中国社会科学院马克思主义研究院和保加利亚社会党全国委员会“基米特尔—布拉果耶夫”国家政治研究院联合举办的“21世纪社会主义：中国—保加利亚学术研讨会”在保加利亚首都索菲亚举行。

8月9日至14日，第12届世界社会论坛在加拿大蒙特利尔举行，这是该论坛首次在北方国家举行。此次活动平行举办了六大主题活动。

9月18日，俄罗斯共产党参加第七届国家杜马选举，得票率为13%，获得42个席位。

10月21—22日，由中国社会科学院主办的第七届世界社会主义论坛在北京隆重召开，来自36个国家和地区的300余位马克思主义者、左翼政党和组织的代表，对21世纪马克思主义的创新与发展问题进行了深入探讨。

10月28—29日，由越南共产党主办的第18次共产党和工人党国际会议在越南首都河内举行。这是共产党和工人党国际会议第一次在社会主义国家举行。来自世界57个共产党和工人党的100多名代表出席会议。

11月2—3日，由中国社会科学院马克思主义研究院、越南社会科学翰林院哲学所、老挝国家社会科学院共同主办的第四届社会主义国际论坛在广西桂林召开。与会百余位中外学者围绕“社会主义改革（革新）：回顾与展望”的主题进行了讨论。

11月14日，白俄罗斯共产党发表了关于《伟大的十月社会主义革命100周年》的宣言。

11月19—20日，英国共产党召开第54届代表大会。大会确定党的主要任务是“打击统治阶级的攻击，左翼力量执掌政权”。

11月24日，越共中央总书记阮富仲与老挝人民革命党中央委员会总书记、国家主席本扬举行双边会谈。

11月25日，古巴革命领袖菲德尔·卡斯特罗去世。菲德尔·卡斯特罗（1926—2016年）是古巴共和国、古巴共产党的主要缔造者。

12月2—4日，葡萄牙共产党召开了以“同工人、人民民主和社会主义一起”为主题的第二十次全国代表大会，选举产生了新的中央领导机构。

12月16—18日，欧洲左翼党第五次代表大会在德国柏林召开。在这次大

会上，选举产生了新的执行委员会成员。

本年

巴迪欧《我怎样理解马克思主义》出版。

拉帕维萨斯《马克思的货币理论》出版。

罗伯茨《马克思的地狱〈资本论〉的政治理论》出版。

巴兰金《马克思和 21 世纪〈资本论〉：马克思主义创始人错了吗？》出版。

瓦季莫夫《21 世纪社会主义的正义》出版。

岩佐茂《马克思和生态学》出版。

R.H. 罗梅洛《马克思与拉美马克思主义》出版。

博隆《今日拉美马克思主义》出版。

2017 年

1 月 12 日，中共中央总书记、国家主席习近平在人民大会堂同越共中央总书记阮富仲举行会谈。

1 月 15—18 日，日本共产党第 27 次全国代表大会在静冈县热海市召开。在野党民进党、日本自由党、社民党代表首次应邀出席日共大会。大会提出了建立在野党统一战线，改变日本政局主张。

1 月 23 日，来自 30 个国家的 41 个共产党和工人党在比利时布鲁塞尔召开第十次欧洲共产党会议。

5 月，俄联邦共产党第十七次全国代表大会在莫斯科举行。大会推选久加诺夫连任该党主席，选举产生新一届中央领导机构。

6 月，2017 年度"全球左翼论坛"在美国纽约市纽约城市大学所属的约翰·杰伊刑事司法学院举行。来自世界各地代表 4000 余人参加了此次论坛。

10 月 14 日，由中国社会科学院主办的第八届世界社会主义论坛在北京开幕。来自多个国家和地区的近百位马克思主义研究者、左翼政党和组织的代表围绕主题"大发展大变革大调整的时代特征与中国特色社会主义"进行了探讨。

11 月 2—3 日，由俄罗斯共产党主办的第 19 次世界共产党与工人党国际会议近日在圣彼得堡塔夫利宫举行，来自世界 77 个国家 103 个共产党和工人党 300 多名代表参加会议。

11 月 22—23 日，由中国社会科学院马克思主义研究院、越南社会科学翰林院、老挝社会科学院共同主办，由老挝社会科学院承办第五届社会主义国际论坛在老挝万象举行。论坛的主题为"马克思主义与社会主义建设"。

本年

《马克思恩格斯全集》历史考证版（MEGA2）第 1 部分第 5 卷刊出了《德意志意识形态》的全部手稿和曾经发表过的刊印稿。2018 年又编辑出版了《德意志意识形态：哲学的批判——按时间顺序排列的手稿》。

福斯特和伯克特《马克思与地球》出版。

哈维《马克思、资本和经济理性的疯狂》出版。

德国学者克里斯托弗·亨宁《马克思及其门徒》出版。

洛苏尔多《西方马克思主义：如何诞生、死亡并重生》出版。

2018 年

3 月 12 日，世界社会论坛在巴西萨尔瓦多举行。论坛重点关注了日益严重的水危机问题，并旗帜鲜明地反对黩武主义和战争。

3 月 25 日，金正恩对中国进行非正式访问，这是金正恩上台以来首次出国访问。

4 月 11 日，在希腊共产党的组织下，2018 年欧洲共产党会议在布鲁塞尔的欧洲议会会议室举行。参会代表来自大约三十个共产党和工人党。

5 月 4 日，纪念马克思 200 周年诞辰国际研讨会暨第六届社会主义国际论坛在越南河内胡志明国家政治学院（越共中央党校）举行。会议的主题为“马克思的思想遗产与时代意义”。越南、中国、老挝学界的 300 多名学者出席会议。

5 月 5 日，第二届世界马克思主义大会在北京大学召开，以“马克思主义与人类命运共同体”为主题。

5 月 7 日，金正恩和习近平在大连会晤。

5 月 11 日至 12 日，来自中国、越南、古巴等 38 个国家的共产党和工人党代表参加了俄罗斯共产党在莫斯科举办的马克思 200 周年诞辰的纪念活动——“马克思的《资本论》及其对世界发展的影响”国际学术研讨会。

5 月 23 日至 25 日，特里尔大学举办了主题为“马克思 1818—1883 年：星丛、转型与视角”国际学术会议，众多马克思主义学者齐聚马克思的故乡，回顾马克思从特里尔走向全世界的历史，全面评估马克思的遗产。

6 月 1—3 日，“为左翼制定新战略”为主题的 2018 年左翼论坛在纽约城市大学约翰·杰伊刑事司法学院举行。

6 月 12 日，金正恩和美国总统特朗普在新加坡圣淘沙举行会晤。朝鲜同意弃核，美国同意提供安全担保。

6 月 19 日，金正恩百日内第三次访华。

8 月 12 日，萨米尔·阿明于在巴黎去世。萨米尔·阿明（1931—2018 年），新马克思主义理论家，全球化问题专家，著有《不平等的发展》等。

9 月 18 日，韩国总统文在寅访问平壤；次日文在寅、金正恩签署共同宣言和相关协议。

10 月 28 日，主题为“列宁共青团 100 周年与共产主义青年运动的现代发展”的国际学术研讨会在俄罗斯举行，来自古巴、朝鲜、越南等国家的代表团参加会议。

11 月 2 日，中国社会科学院主办的第九届世界社会主义论坛在北京开幕。论坛主题为：世界格局、“一带一路”与构建人类命运共同体。

11 月 23 日，由希腊共产党主办的第 20 次共产党和工人党国际会议在雅典希腊共产党总部开幕，共有来自 73 个国家的 91 个党参加。

本年

斋藤幸平《卡尔·马克思的生态社会主义：资本主义、自然与未竟的政治经济学批判》英文版在美国出版。

托马斯·彼得森、玛尔塔·费伯合著《卡尔·马克思与经济哲学——论资本主义的不满与政治的力量》出版。

库尔特·拜耶茨《从解释到改变：卡尔·马克思及其哲学》出版。

阿克塞尔·霍耐特《承认：一部欧洲观念史》出版。

萨米尔·阿明《当代帝国主义、垄断金融资本与马克思的价值规律》出版。

乌尔斯·马蒂—布兰德《马克思的自由：资产阶级时代的启蒙者》出版。

克里斯托弗·亨宁《马克思之后的哲学——百年马克思接受史与当代规范社会哲学的批判》出版。

下 编

第六章　中华人民共和国成立前马克思主义的传播与发展（1899年—1949年9月）

鸦片战争以来，为了解决中华民族近代以来积贫积弱、任人宰割的落后局面，中国社会各阶级对于各种主义和思潮都进行过尝试，资产阶级革命派领导的革命和西方资本主义的其他种种方案纷纷破产，形形色色主义等也都“你方唱罢我登场”，但都没能解决中国的前途和命运问题。“十月革命一声炮响，给我们送来了马克思列宁主义。”给苦苦探寻救亡图存出路的中国人民指明了前进方向、点亮了前进的灯塔。

早在19世纪末，马克思学说就已经开始传入中国。当时，中国的资产阶级、小资产阶级的思想家在向西方寻求救国救民的真理时，开始接触到了社会主义思潮和马克思学说，但只是把它作为一种新学思潮来介绍到国内，传播相对零散、片面、不成体系。1899年2月，“马克思”的名字第一次出现在中国的报纸上。中国人早期接触马克思主义同日本刚刚兴起的社会主义运动有着重要的关联。当时在日本留学的中国知识分子在这种思潮的影响下，翻译了一些马克思、恩格斯的著作，并通过自己出版的刊物进行介绍。此外，中国还出版了多种译自日文的介绍西方社会主义思潮和马克思主义的论著。在中国比较早介绍社会主义并提到马克思的是资产阶级代表人物梁启超、孙中山等。由于阶级立场和世界观的限制，他们对马克思主义不可能作准确的介绍，既有误解，也有歪曲，甚至还有挑剔和攻击；他们从各自的目的和需要出发来介绍马克思主义，因而都不可能它作为观察国家命运的工具；他们介绍马克思主义的规模相当有限，而且还只是局限在资产阶级、小资产阶级知识分子的狭隘圈子里，脱离群众，脱离实际，没有形成思想运动。

五四爱国运动，中国人民得到了启蒙有了新的觉醒。特别是青年中的一批先进分子，以救国救民、改造社会为己任，探求改造中国社会的新方案。他们纷纷撰写文章、创办刊物或成立社团，以介绍、传播和研究国外的各种新思潮，最引人注目的是马克思主义思潮。巴黎和会打破了人们对于帝国主义列强的幻想，更由于俄国十月革命的影响渐次扩大，因此，五四爱国运动后中国思想界出现一个明显特点，在新思潮大量涌现、诸多学说流派争鸣斗胜的形势下，有相当一部分人在否定封建主义的同时，也开始怀疑以至放弃资产阶级共和国的方案，转而信仰马克思主义向往社会主义，马克思主义以其科学性和革命性逐渐吸引着越来越多的进步青年，开始成为新思潮的主流。

马克思主义理论在中国的广泛传播并开始同工人运动相结合，引起帝国主义者和封建军阀的恐惧。他们给它加上“过激主义”等罪名，竭力阻止其在中国的传播。五四运动后，随着新文化运动的深入发展和马克思主义的广泛传播，新文化运动的阵营逐渐发生分化，出现了要不要马克思主义、以什么主义改造中国社会的激烈论争。发生在马克思主义者同资产阶级改良主义者、无政府主义者之间的论争，是马克思主义传播过程中的思想交锋，在中国思想领域产生了重大而深远的影响。在争论过程中，马克思主义者以坚定不移的信念，勇敢地拿起马克思主义这一理论武器，批驳资产阶级和小资产阶级的种种错误思潮，一步一步地扩大了马克思主义的思想阵地。一批以救国救民为己任、立志改造中国社会的进步青年，经过这场交锋，已初步感受到马克思主义这一理论的科学性和真理性，认清了科学社会主义与资产阶级改良主义、无政府主义之间的本质区别，最终抛弃资产阶级改良主义和无政府主义，选择科学社会主义，转变为马克思主义者，并投入到宣传马克思主义，有力地推动马克思主义在中国大地扎根。《新青年》以及《晨报》《星期评论》《民国日报》等大众媒体一马当先，成为传播的主要媒介，中国的先进知识分子通过办刊物、写著述、办夜校、开讲座、作演讲等多种途径和方法，用通俗易懂的方式，向群众传播马克思主义。五四运动后马克思主义在中国迅速而广泛的传播，为中国共产党的成立奠定了思想条件。这批中国先进分子经过学习、宣传介绍俄国十月革命和传播马克思主义，并深入工人群众，在参加反帝反军阀的实际斗争中，不断地砥砺自己，一步步地成长起来，相继从激进民主主义者转变为马克思主义者，就为中国共产党的创建准备了干部条件。

在共产国际的帮助下，1921 年 7 月，中国共产党的成立，使中国人民有了前进的主心骨，马克思主义在中国的传播与发展有了坚强的组织基础。中国共产党诞生后，中国共产党人把马克思主义基本原理运用于中国革命具体实际，团结带领人民进行了新民主主义革命。党在幼年时期，由于理论准备和实践经验都不足，对于中国的历史和社会状况、中国革命的特点和规律不甚了解，还不善于将马克思列宁主义的理论同中国革命的实践很好地相结合，使中国革命走了一些弯路，出现了严重的曲折。与中国实际相结合，实现马克思主义中国化，这是中国共产党从遵义会议之前的多次严重挫折中深刻总结出来的根本经验，也是中国革命、建设、改革从胜利走向胜利的根本经验。遵义会议以后，以毛泽东为主要代表的中国共产党人在领导中国革命的长期探索与艰苦奋斗过程中，把马克思列宁主义的基本原理同中国革命的具体实际结合起来，逐步形成了毛泽东思想的科学概念。中共六届七中全会通过的《关于若干历史问题的决议》，初步概括了毛泽东思想的主要内容。党的七大系统阐述了毛泽东思想并确立了其在全党的指导地位，实现了马克思主义中国化的第一次历史性飞跃。党的七大以后，毛泽东思想在全党范围内正式确定下来，马克思主义中国化第一次历史性飞跃所产生的重大理论成果也正式确立为“毛泽东思想”。在毛泽东思想指引下，中国共产党领导全国各族人民，取得了新民主主义革命的胜利，建立了人民民主专政的中华人民共和国。

在马克思主义的中国化、逐步形成毛泽东思想的过程中，以毛泽东同志为代表的中国共产党人对马克思主义中国化的思想认识也经历了一些重要认识阶段。毛泽东从中国的实际情形出发，他结合马克思主义的分析方法，吸收中国传统文化中的优秀智慧，创立了深具中国现实特色的思想体系。早在1926年，毛泽东同志就运用了马克思主义的阶级分析法，全面解析了中国社会各阶级的地位、相互关系及对革命的态度，撰写了《中国社会各阶级的分析》正确指出了中国革命的当前任务、革命对象等。1938年，毛泽东同志在党的六届六中全会上提出“马克思主义的中国化”命题时就强调：“对于中国共产党说来，就是要学会把马克思列宁主义的理论应用于中国的具体的环境。成为伟大中华民族的一部分，而和这个民族血肉相连的共产党员，离开中国特点来谈马克思主义，只是抽象的空洞的马克思主义。因此，使马克思主义在中国具体化，使之在其每一表现中带着必须有的中国的特性，即是说，按照中国的特点去应用它，成为全党亟待了解并亟须解决的问题。”为解决党内教条主义错误，毛泽东认真研读马列经典著作，并将其与中国的革命实践相结合，创造性地撰写《实践论》《矛盾论》等理论著作，阐明党的辩证唯物论、历史唯物论为指导的思想路线。延安时期党内整风运动，是一次全党范围内的马克思主义理论教育运动，也使马克思主义中国化的思想得以广泛传播。1945年党的“七大”，刘少奇做了《关于修改党的章程的报告》论述了毛泽东思想在全党中的地位，对马克思主义中国化做了进一步的阐述，完成了马克思主义中国化的历史性总结。毛泽东思想为全党所接受并写进了党章，确立为党的一切工作的指针。

这一时期，一些进步学者和革命理论家等通过翻译出版宣传、理论普及、论战等形式在马克思主义在中国的传播和发展也做出了重要贡献。中国共产党组织人民群众通过多种形式的传播和发展马克思主义也是一个重要方面。

大事编年

1899 年

2 月，广学会出版《万国公报》第 121 期刊载李提摩太节译、蔡尔康笔述《大同学》第一章“今世景象”中提到“其以百工领袖著名者。英人马克思”，把马克思误认为英国人并简要介绍其观点。《大同学》本是英国人颉德（本杰明·基德）1894 年出版《社会的进化》。

4 月，《万国公报》第 123 期刊载《大同学》第三章“相争相进之理”，再次讲到了马克思。介绍“近世学派，有讲求安民新学（即指社会主义）之一派”时，其代表人物“马客偲”。

本年，《大同学》由广学会出版中文全译本。

1900 年

12 月 6 日，中国留日学生戢翼翚等在东京创办《译书汇编》出版。《译书汇编》创刊号刊载日本有贺长雄《近世政治史》中文译文，提及“万国工人总会及德意志支部”，说到马克思流亡伦敦创立万国工人总会（第一国际）。

1901 年

1 月 28 日，《译书汇编》第 2 期连载日本有贺长雄《近世政治史》译文，提到了马克思及社会主义学说。文中称“一千八百六十二年，各国工人之首领均会集伦敦，名曰万国工人总会（即第一国际）。一千八百六十六年……麦克司（马克思）自为参事会长，总理全体”，“西国学者悯贫富之不等，而为雇工者往往受资本家之压制，遂有倡均贫富、制恒产之说，谓之社会主义”。

1902 年

4 月，罗大维译，村井知至《社会主义》上海广智书局出版。该书是对马克思及其学说进行较系统介绍的比较早的中文译著，书中述及了剩余价值学说。

8 月，赵必振译，幸德秋水《二十世纪之怪物帝国主义》广智书局出版。该书比较早对帝国主义进行分析批判的著作，主张用社会主义“亡其野蛮的帝国主义”。

9 月 2 日，《新世界学报》半月刊在上海创刊。该报从第十一到十五期“政治学栏”刊出《近世社会主义评论》，介绍了傅立叶、欧文和马克思的学说。

10月16日，梁启超在日本出版的《新民丛报》第18号发表《进化论革命者颉德之学说》，介绍马克思和社会主义学说。文中说“谓今日社会之弊，在多数之弱者为少数之强者所压服”这一理论，是属“麦喀士（马克思）之社会主义”。“麦喀士，日耳曼人，社会主义之泰斗也”。

11月1日，《翻译世界》在上海创刊。《翻译世界》第1期至第3期连载村井知至《社会主义》的译文。

11月，幸德秋水著，中国国民丛书社译《广长舌》商务印书馆出版。该书对社会主义思想进行了较为系统的总结。

11月，马君武编译《俄罗斯大风潮》上海广智书局出版。该译本是根据英国托马斯·克卡朴的《社会主义史》1900年第二版中的第十章“无政府主义”编译的，主要介绍俄国民粹主义运动，其中提到马克思（马格司）。1923年这个译本又在《国风日报》（3月6日至13日的第130–137期）连载。

1903年

2月15日，《译书汇编》第11期刊载马君武《社会主义与进化论之比较》，第12期连载。文章写道：“马克司（马克思）者，以唯物论解历史学之人也。马氏尝谓阶级斗争为历史之钥。马氏之徒，遂谓是实与达尔文言物竞之旨合”。并附录《哲学的贫困》《共产党宣言》等书目。

2月26日，梁启超在《新民丛报》第26号“饮冰室读书记”中介绍马克思和社会主义并讨论中国之社会主义的问题。

2月27日，邓实《论社会主义》载《政艺通报》第2期。

2月27日，杜士珍译，久松义典《近世社会主义评论》在《新世界学报》第2—4期开始连载。

2月，赵必振译，福井准造《近世社会主义》上海广智书局印刷。译著介绍了近代以来在欧美各国影响较大的诸种社会主义学说。第二编在介绍德意志之社会主义时，介绍了“加陆·马陆科斯”（卡尔·马克思）的著作，称马克思“其议论之精致，为天下所公认”，认为“《资本论》为一代之大著述，为新社会主义者发明无二之真理，为研究服膺之经典”。

4月，罗大维译，村井知至《社会主义》上海广智书局出版。6月，侯士绾译村井知至《社会主义》，是一个新译本。

5月10日，马君武在《新民丛报》第31号发表《圣西门之生活及其学说》、《佛礼儿（傅里叶）学说》。

10月，中国达识译，翻译幸德秋水《社会主义精髓》由《浙江潮》编辑所出版。书中叙述了社会主义的主张基本上是依据《共产党宣言》《社会怎样从空想到科学的发展》两书观点编译而来。本书提及“一千八百四十七年，马尔克斯与其友音盖尔同发表《共产党宣言书》，详论阶级战争之由来及其始终，并谓万国劳动者同盟以来，社会主义俨然成一科学，非若旧时之空想狂热也。”

本月，《新江潮》第 8 期刊载署名“大我”《新社会之理论》，第 9 期连载。文章在第三篇“新社会主义”中提到了马克思（“埋蛤司”）和共产国际（“万国劳动党”），并介绍了社会主义和共产主义。

11 月 2 日至 12 月 4 日，梁启超在《新民丛报》第 41、42、43 号发表《二十世纪之巨灵托拉斯》。文中指出“而观夫近今社会党之生计学者，其论托拉斯也，不唯无贬词，且以其有合于麦喀士（马克思）（社会主义之鼻祖，德国人，著书甚多）之学理，实为变私财以作公财之一阶梯，而颂扬之”。

1904 年

2 月 14 日，梁启超在《新民丛报》第 46–48 号合本发表《中国之社会主义》。文中说：“社会主义者，近百年来世界之特产物也。檃栝其最要之义，不过曰土地归公、资本归公，专以劳力为百物价值之源泉。麦喀士（马克思）曰：‘现今之经济社会实少数人掠夺多数人之土地，而组成之者也。’”

1905 年

5 月 20 日，比利时《人民报》报道孙中山在 4 月旅欧期间访问第二国际国际执行局的情况。孙中山会见国际局主席王德威尔得和书记处书记胡斯曼，向国际局申请接纳“中国革命社会党”。他在同比利时《前进报》的一位记者谈话时宣布，“中国社会党”将派代表出席下届斯图加特国际代表大会。

11 月 26 日，中国同盟会机关报《民报》在日本东京创刊。孙中山在发刊词中首次提出“三民主义”，即“民族主义、民权主义、民生主义”。

12 月 26 日，朱执信在《民报》第 2 号发表《德意志社会革命家小传》。第 3 号连载。文章叙述了马克思、恩格斯的生平活动。

1906 年

5 月 1 日，冯自由在《民报》第 4 号上发表《民生主义（社会主义）与中国政治革命之前途》。

6 月 26 日，朱执信在《民报》第 5 号上发表《论社会革命与政治革命并行》。

文章说社会主义“自马尔克（马克思）以来，学说皆变，渐趋实行，世称科学的社会主义”。

《民报》第 5 号刊载宋教仁译《万国社会党大会略史》，叙述国际共产主义运动史特别是第一国际和第二国际的历史，并摘译了《共产党宣言》的最后一段话。

9 月 5 日，廖仲恺在《民报》第 7 号《社会主义四大纲》中说“拉萨尔、麦喀氏（马克思）、英盖尔（恩格斯）等导其先路，遂成一八四八年之《共产党宣言》。虽然，民岩犹洪水也，一决其堤，浩浩滔天势莫能御。于是一八四九年乃有政治的及社会的革命之爆发。”

《民报》第 7 号载叶复生《无政府党与革命党之说明》。该文区分了无政府主义与政治革命，译介《共产党宣言》中的十项纲领的主要内容。

10 月 18 日，《新民丛报》第 89 号载梁启超《社会主义论序》。同期杂志载仲遥《社会主义论》长篇文章，介绍社会主义的起因、基本主张等。

11 月 15 日，《民报》第 9 号载廖仲恺《无政府主义与社会主义》。

12 月，幸德秋水《社会主义精髓》的另一个中译本，由蜀魂译，东京社会主义研究社出版。

1907 年

3 月，幸德秋水《社会主义精髓》第三个中译本，由创生译，日本奎文馆书局出版发行。

3 月，《民报》第 12 号载民意《告非难民生主义（社会主义）者——驳“新民丛报”第十四号“社会主义论”》。

6 月 10 日，我国最早的无政府主义团体“社会主义讲习会”主办的机关报《天义报》在日本东京创刊，是我国第一个宣传无政府主义思想的报刊。曾经介绍过《共产党宣言》。

6 月 22 日，无政府主义刊物《新世纪》在巴黎创刊。该刊 1910 年 5 月 2 日停刊，共出版 121 期，是中国近代出版时间最长的宣传无政府主义的刊物。该刊刊载了许多有关施蒂纳、蒲鲁东、巴枯宁、克鲁泡特金等生平及无政府主义学说思想的文字和各国社会党、无政府党的活动。

本月，刘师培、张继等发起成立“社会主义讲习会”，其实是无政府主义。

9 月 1 日，刘师培在《天义报》第 6 卷发表《欧洲社会主义与无政府主义异同考》。文中说：“（社会主义）有以科学为根据者，则始于犹太人，一为马尔克斯（马克思），一为拉萨尔。彼以海克尔（黑格尔）之说涉于空漠，乃从事于实际之经验，以倾向物质主义（唯物主义），此以科学为根据者。”

11 月 9 日，《新世纪》第 21 号载李石曾《社会主义释义》。

12 月，《天义报》13、14 卷合册刊载震述《女子革命与经济革命》，附录中引用了《共产党宣言》的有关段落，附录篇名为《马尔克斯焉格尔斯合著之共产党宣言》。

1908 年

1 月 13 日，民鸣根据日文译本摘译《共产党宣言》前引和恩格斯写的英文版序言载日本东京出版的《天义报》第 15 卷。

3 月 15 日，《天义报》第 16—19 四册合刊登载民鸣译《共产党宣言》的前言和第一部分“绅士与平民”。还刊载刘师培《共产党宣言》序。指出：“欲明欧洲资本制之发达，不可不研究斯编；复以古今社会变更均由阶级之相竞，则对于史学发明之功甚巨；讨论史编，亦不得不奉为圭臬。”

《天义报》第 16—19 卷 四册合刊登载署名“齐民社同人”翻译的英国哈因秃曼（海德门）《社会主义经济论》中关于唯物史观的表述：“近世言社会主义者，必拥阐历史事实，研究经济界之变迁，以证资本制度所从生。自马尔克斯（马克思）以为古今各社会均援产业制度而迁，凡一切历史之事实，均因经营组织而殊，惟阶级斗争则古今一轨。自此谊发明，然后言社会主义者始得所根据。因格尔斯（恩格斯）以马氏见此等历史，与达尔文发现生物学，其功不殊，诚不诬也。”

11 月 7 日，《新世纪》第 72 号载李石曾《驳〈时报〉〈论中国今日不能提倡共产主义〉》。

1911 年

6 月 1 日，江亢虎应邀在杭州惠兴女校做“社会主义与女学之关系”演讲，首次在中国亮出社会主义旗号，公开鼓吹“社会主义要从女子做起”。江亢虎自称为“中国国内有关社会主义问题的第一次讲演”。

7 月 10 日，江亢虎在上海妇女团体“惜阴社”和《天铎报》的支持下，仿照日本社会党人片山潜、幸德秋水组织团体的办法，于上海张园正式宣告成立“社会主义研究会”，它是国内第一个命名社会主义研究组织。公开宣称以研究“广义的社会主义”及大同主义为宗旨，其任务是：“介绍西来之学说，发挥古人之思想，交通近世之言论，以公平的眼光伦理学的论法出之。”出版机关报《社会星》。11 月，该研究会改为中国社会党。

8 月 13 日、14 日，《民立报》载宋教仁《社会主义商榷》，阐述社会主义以及社会主义在中国的可行性。

8 月 19 日，《东方杂志》第 8 卷第 6 号刊登钱智修《社会主义与政策》。文中提到“近世社会主义之开山，咸推德人楷尔·麦克（卡尔·马克思），其《资本论》所述，意在集中土地、资本于社会，以经营共和的生产事业。”

12 月，江亢虎针对宋教仁《社会主义商榷》，在《社会》杂志上发表了《社会主义商榷案——社会主义商榷之商榷》，文章对共产主义与无政府主义、社会民主主义做了明确的区分。

1912 年

4 月 15 日，《社会世界》第 1 期载愤侠《狭义社会主义与广义社会主义》。

5 月 1 日，《东方杂志》第 8 卷第 11 期刊开始连载高劳译，幸德秋水《社会主义精髓》。

5 月 19 日，中国社会党绍兴支部创办《新世界》在上海创刊。《新世界》第 1、3、5、6、8 期上以《理论社会主义和实行社会主义》为题连载施仁荣译恩格斯《社会主义从空想到科学的发展》第一、二节和第三节的一部分，是国内最早译载的恩格斯著作。

6 月 1 日，《东方杂志》第 8 卷第 12 期载欧阳溥存《社会主义》。

6 月 2 日，《新世界》半月刊第 2 期刊登朱执信译述，煮尘整理的《社会主义大家马儿克（马克思）之学说》，简要地介绍马克思的生平和《共产党宣言》，译《宣言》中的十项纲领。

8 月 14 日，《新世界》第 7 期刊载煮尘《社会主义与社会政策》。作者认为：“社会主义者……从根本着想废去一切之旧组织，改造一新社会，以谋人类永久之幸福者也。社会政策者，以不变现世界之政治制度经济组织，惟困其弊窦乃稍稍修改之，或补救之。”

8 月 25 日，《新世界》第 8 期刊载亢虎《社会主义演说词》、煮尘《驳社会主义商兑》。

9 月，广州《民生日报》分 7 次连载了陈振飞《绅士与平民阶级之争斗》（“绅士与平民阶级”），译文基本是《共产党宣言》第一章全文。

10 月 15—17 日，孙中山在社会党上海中央本部作了 3 天的讲演。在讲演中，孙中山再次公开声明他信奉社会主义，高度评价马克思为“社会主义之教父”，声称共产主义为一切社会主义者之最高理想。称赞马克思“垂三十年之久，著为《资本论》一书，阐发真理，不遗余力，而无条理之学说，遂成为有系统之学理，研究社会主义者，咸之所本”。并认为“马氏之资本公有，其学说得社会主义之真髓”。

本月，中国社会党在上海召开的第二次联合大会，党内分歧形成两种根本对立的主张。在这场争论中，江亢虎试图中立和调停，11月制定颁布的《中国社会党规章》即体现了江亢虎的上述主张。《规章》重申党的8条党纲，在组织上完善了中国社会党。

12月1日，《东方杂志》第9卷第6期转载《孙中山先生之社会主义讲演录》。

本月，商务印书馆编译所翻译幸德秋水《社会主义广长舌》商务印书馆出版。

本年，胡贻谷译，英国克卡朴《社会主义史》题为《泰西民法志》由基督教会所设立上海广学会发行，商务印书馆代印。本书是胡贻谷受英国传教士李提摩太委托根据1909年第四版的《社会主义史》翻译而成。其中“篇七”是“马格司”（马克思），对马克思的理论和生平作了介绍。胡译本第一章《民法总纲》中说：“英国民法之学，必推鄂温（欧文），法国则沈西门（圣西门）傅理雅（傅立叶）实倡之。”“故凡为穷黎造福而干涉私人之财产，为公众纾祸，而限制物力之偏胜，或筹更新以改旧，或议除旧以布新，总谓之曰民法。”该书把社会主义学说翻译成“民法”，把马克思的剩余价值学说译为“羡余之议”，把唯物史观和剩余价值学说译为“史册中之物理论”和“资本家之利用赢率”，把恩格斯（恩吉尔）的《英国工人阶级状况》译为《英伦劳佣镜》。

1914年

本年春至1916年5月，李大钊在日本留学期间接触到了欧洲的各种社会主义思潮，并开始研究马克思主义的著作。特别是幸德秋水和河上肇介绍马克思学说的著作给了他较大的影响。

4月11日，师复在《民声》第5号发表《无政府共产主义释名》。

4月18日，师复在《民声》第6号发表《孙逸仙与江亢虎之社会主义》。

1915年

4月1日，《东方杂志》第12卷第4号转载莫安仁《挽近社会主义之派别与宗旨》。

9月15日，陈独秀创办的《青年杂志》在上海创刊，上海群益书社印行。陈独秀在创刊词《敬告青年》提出“人权说”“生物进化论”“社会主义”三事是近代文明的特征，要实现这社会改革的三事，关键在于新一代青年的觉悟。因与上海基督教青年会出版的《上海青年》刊名雷同，从1916年9月1日第2

卷起，改名为《新青年》。1920 年 9 月第 8 卷第 1 号起，成为上海共产主义小组的理论刊物，改由上海新青年社独立出版发行。前后共出版 9 卷 54 期。

1916 年

8 月 15 日，北京《晨钟》报创刊，李大钊应邀担任编辑主任，他撰写的发刊词《〈晨钟〉之使命——青春中华之创造》号召青年勇担创造“青春中华”的大任，“与境遇奋斗，与时代奋斗，与经验奋斗”，来“鼓舞青年中华之运动，培植青春中华之根基”。

1917 年

1 月，章士钊在北京创立《甲寅》日刊，李大钊应约担任编辑。李大钊在《甲寅》日刊上发表近文章对俄国“二月革命”后局势的一系列分析，为他在“十月革命”后进一步研究和传播马克思主义埋下了伏笔。

4 月 1 日，《新青年》第 3 卷第 2 号出版，刊发陈独秀《俄国革命与我国民之觉悟》、吴虞《消极革命之老庄》、二十八画生《体育之研究》等。

8 月 29 日，李大钊在《甲寅》日刊发表《俄国大革命之影响》。文章分析了俄国大革命对于世界和中国政治前途的影响。

11 月 10 日，上海《民国日报》首先以比较醒目的标题报道 11 月 7 日发生的俄国十月革命的消息。上海《时报》和《申报》、北京《晨钟》报等报刊也报道十月革命消息。

本月，《太平洋》第 1 卷第 8 号载《革命后之俄罗斯政变》，对俄国十月革命做了全面介绍。

12 月 28 日，《广东中华新报》载了杨匏安《李宁（列宁）胜利之原因》。

1918 年

3 月 15 日，《东方杂志》第 15 卷第 3 号上载善斋从日本《东京日日新闻》转译的《述俄国过激派领袖李宁（列宁）》，第一次对列宁的生平事迹做了全面介绍。

4 月 14 日，毛泽东同萧子升、何叔衡、蔡和森等发起成立新民学会。

4 月 20 日，《劳动》第 2 号载《俄罗斯社会革命之先锋李宁（列宁）史略》。

7 月 1 日，李大钊在《言治》季刊第 3 册发表《法俄革命之比较观》，阐述了俄国十月革命和法国资产阶级革命的区别，指出十月革命是社会主义性质的革命。这是他公开宣传十月革命的第一篇文章。

8 月 15 日,《东方杂志》第 15 卷第 8 号载谢婴白《俄法革命异同论》。

8 月，毛泽东为组织湖南赴法勤工俭学运动第一次到北京。在北京期间，担任北京大学图书馆管理员，得到李大钊等人帮助，开始接受俄国十月革命的思想影响。

11 月 15 日，李大钊在《新青年》第 5 卷第 5 号发表《庶民的胜利》和《Bolshevism 的胜利》两篇文章。作者赞扬十月革命欢呼社会主义的胜利，明确指出十月革命后，世界历史已进入了社会主义革命的新时代，中国人民应该沿着十月革命的道路前进。

本月,《东方杂志》第 15 卷第 11 期载刘大钧《社会主义》。

12 月 22 日，陈独秀与李大钊等人编辑《每周评论》在北京出版，它和《新青年》互相配合，展开以马克思主义为主要内容的宣传工作。

1919 年

1 月 1 日,《新潮》杂志创刊。创刊号发表署名孟真《社会革命——俄国式革命》。

1 月 5 日，李大钊在《每周评论》第 3 号发表《新纪元》。文章中强调 1914 年以来世界大战的血、1917 年俄国革命的血像一场大洪水洗出一个新纪元来。

1 月 16 日，上海《民国日报》创办《觉悟》副刊，由邵力子主编，1931 年 12 月终刊。《觉悟》副刊发表了大量文章宣传马克思主义，对于马克思主义在中国的早期传播发挥了重要作用。

2 月 7 日,《晨报》副刊改版，载李大钊《战后世界之潮流——有血的社会革命与无血的社会革命》。

2 月 15 日,《东方杂志》第 16 卷第 2 期载宋国枢《驳产业问题上之社会主义》。

3 月 24 日,《晨报》副刊载《俄国过激派首领列宁》。

4 月 1—4 日，渊泉在《晨报》副刊连载《近世社会主义鼻祖马克思奋斗之生涯》。

4 月 6 日,《每周评论》第 16 号“名著介绍”栏载《共产党宣言》的部分内容。译者在按语中指出:“这个宣言是马克思和恩格斯最先进最重大的意见”。陈独秀在本期的随感录中谈到在欧洲社会主义比较流行，这风气马上就要传播到东方。

5 月 1 日,《时事新报》副刊《学灯》载刘南陔《社会党泰斗马格斯（马克思）之学说》。

5 月 4 日，由于中国在巴黎和会上的外交失败，北京学生 3000 余人到天安门前集会，游行示威，掀起反帝爱国运动（五四运动）。6 月 5 日起，上海工人罢工声援学生，随后罢工、罢课、罢市迅速扩展到 20 多个省区、100 多个城市。中国工人阶级开始以独立的姿态登上政治舞台。迫于人民群众的压力，中国代表没有出席 6 月 28 日的巴黎和约签字仪式。五四运动后，传播马克思主义的文章、图书大量出现。李大钊、陈独秀等具有初步共产主义思想的先进分子开始在工人群众中宣传马克思主义。五四运动标志着新民主主义革命的伟大开端。五四运动促进了马克思主义在中国的广泛传播，促进了马克思主义同中国工人运动的结合，为中国共产党成立做了思想上干部上的准备。

5 月 5 日，北京《晨报》副刊为纪念马克思 101 周年诞辰，在李大钊指导下开辟“马克思研究”专栏，陆续翻译介绍马克思的著作。5 月 5—8 日连载渊泉译，河上肇《马克思的唯物史观》。5 月，上海《时事新报》副刊《学灯》也转载北京《晨报》发表的渊泉译文。

5 月 9 日起至 6 月 1 日，北京《晨报》副刊的“马克思研究”栏连载食力从日文转译马克思《劳动与资本》，这是《雇佣劳动与资本》比较早中文译本。

5 月 11 日，《新青年》第 6 卷第 5、6 号编成“马克思研究”专号（实际出版时间在 9 月）出版，发表一组介绍马克思主义的文章，在中国广泛传播唯物史观。刊载李大钊《我的马克思主义观》、顾兆熊《马克思学说》、陈启修《马克思的唯物史观与贞操问题》、渊泉译，河上肇《马克思的唯物史观》、刘秉麟《马克思传略》。李大钊《我的马克思主义观》系统介绍马克思主义理论，在当时思想界产生重大影响，标志着马克思主义在中国进入比较系统的传播阶段。

本月，毛泽东响应五四运动，发起成立湖南学生联合会，领导湖南学生反帝反封建。

6 月 3 日至 11 月 11 日，北京《晨报》副刊“马克思研究”专栏连续译载柯祖基《马氏资本论释义》（考茨基《马克思的经济学说》）。这是较早介绍《资本论》的通俗性著作。

6 月 6 日，《星期评论》周刊在上海创刊。该刊在孙中山的影响下刊登了一些介绍马克思主义的文章，是五四运动后传播马克思主义的重要刊物之一。

6 月 18 日，李达在上海《民国日报》副刊“觉悟”发表《什么叫社会主义》。文章阐述了社会主义的基本主张以及社会主义共产主义和无政府主义的区别。

6 月 19 日，李达在上海《民国日报》副刊“觉悟”发表《社会主义的目的》。文章回顾了社会主义思想发展的历程，阐述了社会主义的目的。

6月20日，《星期评论》第3号刊发戴季陶《对付“布尔〔什〕维克”的方法》。

7月6日，李大钊在《每周评论》第29号上发表《阶级竞争与互助》。文章分析了马克思的“经济史观”与阶级竞争学说的内在联系。

7月14日，毛泽东主编的湖南学生联合会会刊《湘江评论》在长沙创刊。

7月18日，北京《晨报》副刊开始连载陈溥贤翻译的《马氏唯物史观概要》。

7月20日，胡适在《每周评论》第三十一号发表《多研究些问题，少谈些主义！》，否认马克思主义对中国的适用性，反对社会革命，主张一点一滴的改良，由此引发了“问题”与“主义”的论争。

7月21日，毛泽东在《湘江评论》第二期发表《民众的大联合》，第三、四期连载。《民众的大联合》阐发了“民众联合的力量最强”的观点，认为俄国十月革命就是依靠民众大联合的力量取得胜利的。

本月，上海《民国日报》副刊“觉悟”陆续刊载《马氏唯物史观概要》《马克思逸话》《民主主义——社会主义——布尔塞维克主义》等介绍马克思生平事迹和著作的文章。

8月1日，中华革命党机关刊物《建设》杂志创刊，后来成为国民党刊物。《建设》创刊号开始连载胡汉民等译考茨基《马克思的经济学说》以《马克思资本论解说》为题发表。9月，此书由商务印书馆首次出版，书名《马克思经济学说》，由陈溥贤根据日文《〈资本论〉解说》翻译。

8月5日，《时事新报》副刊《学灯》开始连载罗琢章译河上肇《马克思社会主义之理论体系》。

8月10日，《星期评论》第10号刊发《爱尔福特纲领》。

8月17日，李大钊在《每周评论》第三十五号发表《再论问题与主义》，指出宣传理想的主义与研究实际的问题“是交相为用的”“是并行不悖的”。“问题”与“主义”之争，实际上是一次中国需要不需要马克思主义、需要不需要革命的争论。这场争论在当时引起相当强烈的反响，不少开始接受马克思主义的青年纷纷撰文支持李大钊的观点，从而进一步扩大了马克思主义的影响。

8月17日，《星期评论》第11号刊发李汉俊《怎么样进化》，以唯物史观为指导分析人类进化史。

8月19日—21日，《南京学生联合会日刊》连载张闻天《社会问题》，该文介绍了《共产党宣言》中的十条纲领。

本月，谭荔恒、刘铸伯合著《社会主义平议》香港华商总会报社出版。该书以孔教观点批判社会主义，称“社会主义之流毒且千万倍于杨墨佛老”。

9 月 1 日，研究系主办《解放与改造》(《改造》) 半月刊创刊。创刊号载金侣琴译列宁《鲍尔雪维克之所要求与排斥》，这是国内最早的列宁著作中译文。

9 月 15 日，《解放与改造》第二号载《列宁与杜尔斯基之人物及其主义之实现》。

9 月 16 日，由周恩来、马骏等发起组织的进步团体“觉悟社”在天津正式成立，出版《觉悟》。

本月，《太平洋》第 1 卷 12 号载一湖《社会主义论》。

10 月 10 日，《星期评论》出版“双十节纪念号”，刊有梦麟《实验主义理想主义与物质主义》、云陔《唯物史观的解释》(该杂志 20 号连载)。《唯物史观的解释》认为马克思恩格斯的理论阐明了历史变迁的公例，从经济上说明社会根本原因。

本月，《建设》第 1 卷 3、4 号载胡汉民《中国哲学史之唯物的研究》。

11 月 1 日，《新青年》第 6 卷第 6 号出版，刊李大钊《我的马克思主义观》(下)，主要论述马克思主义的经济学，剩余价值学说。

11 月 1 日，《国民》杂志从第 2 卷第 1 号开始连载李泽彰译《马克思昂格斯共产党宣言》(实际是《共产党宣言》第一章)。

11 月 1 日，《国民》杂志从第 2 卷第 1 号载周炳琳译《鲍尔锡维克主义的研究》。

11月11日至12月4日，《广东中华新报》分19次连载杨匏安《马克斯（思）主义（一称科学的社会主义）》。文中说：“自马克思氏出，从来之社会主义，于理论及实际上，皆顿失其光辉……马氏以唯物的史观为经，以革命思想为纬，加之以在英法观察经济状态之所得，遂构成一种以经济的内容为主之世界观，此其所以称科学的社会主义也。”杨匏安的文章介绍了马克思主义和社会主义。他是广东地区比较早的、系统的传播马列主义的人物之一。

12 月 1 日，北京《晨报》副刊载绍虞《马克思年表》。

12 月 1 日，李大钊在《新潮》杂志第 2 卷第 2 号发表《物质变动与道德变动》。文章阐述了人类社会一切精神的构造都是表层构造，只有物质的经济的构造是这些表层构造的基础。物质既常有变动，精神的构造（包括思想道德等）也随之变动。

12 月 1 日，《建设》杂志第 1 卷第 7 号发表张东荪《我们为什么要讲社会主义》。文中通过对话介绍了社会主义和马克思主义。

12月15日，郑振铎译列宁《俄国的政党和无产阶级的任务》载《新中国》杂志第1卷第8号。

12月28日，《新生活杂志》第19期载李大钊《物质和精神》，从唯物史观的角度对物质和精神的关系作了说明。

本月

《建设》杂志第1卷第5号发表胡汉民《唯物史观批评之批评》。文中介绍了唯物史观并摘录了马克思八段语录。

毛泽东为领导驱逐湖南军阀张敬尧的运动，第二次到北京。在京期间，读到《共产党宣言》等马克思主义书籍。

王光祈在北京发起组织工读互助团，尝试工读互助主义的实验。然而，为时不长，这些组织就因遇到种种无法克服的困难而陆续解体。

1919年至1920年中国形成留法勤工俭学运动热潮，共有近2000名勤工俭学生到达法国。留法勤工俭学运动对马克思主义在中国的传播和中共早期建党建团活动产生了重要影响，并造就了周恩来、赵世炎、蔡和森、邓小平等一大批中国革命的领导骨干。

1920年

1月1日，《新青年》第7卷第2号刊登李大钊《由经济上解释中国近代思想变动的原因》。作者根据唯物史观阐述了中国近代思想变动的经济根源，说明新思想是适应经济状态要求发生的。

1月3日，戴季陶译德国里布列希（威廉·李卜克内西）《马克斯（思）传》在《星期评论》第31号“新年号”发表。

1月20日，周恩来等主编《觉悟》创刊号出版。

本月，陈独秀在武汉发表《社会改造的方法和信仰》演讲，明确提出“打破阶级的制度，实行平民社会主义”。

2月，为摆脱北京政府的迫害，陈独秀由李大钊护送秘密出京赴天津，在途中商讨了筹建中国共产党的有关事宜。其后，两人分别在南方和北方发起组织创建中国无产阶级政党的准备工作。

本月，由恽代英、林育南等创办的利群书社在武昌正式成立，经售各种进步书刊，其中有许多是翻译和介绍马克思主义唯物史观的书籍。

3月10日，《东方杂志》第17卷第5号载心瞑译桑木严翼《唯物论与唯物史观》和三无《法学的社会主义论》。

本月，在李大钊的指导下，北京大学学生邓中夏、罗章龙等19人发起成立

“马尔格斯（马克思）学说研究会”秘密成立，这是中国最早的学习和研究马克思主义的团体。10 月，李大钊等在北京成立共产党早期组织。次年 11 月正式宣布公开活动。研究会还设有图书室，取名“亢慕义斋”（亢慕义意为共产主义），搜集采购各种文本的马克思主义文献进步书刊。

4 月 1 日，《新青年》第 7 卷第 5 号刊登陈独秀《新文化运动是什么？》。

4 月 1 日，陈公博在《政衡》第 2 号发表《〈马克思的一生及其实业〉翻译附志》。

4 月 21 日，陈独秀在中国公学作《五四运动的精神是什么》演讲，提出五四运动精神，一是直接行动，二是牺牲的精神。

4 月 30 日，《法政学报》第 2 卷第 4 期开始刊载罗琢章译河上肇《马克思之经济论》。第 6、7、8 期连载。

本月

经共产国际批准，俄共（布）远东局派维经斯基等来华，先后会见李大钊和陈独秀等，帮助开展建立中国共产党的工作。

邵振清编著《综合研究各国社会主义》商务印书馆出版。

冯自由《社会主义与中国》香港社会主义研究所出版。该书主要回顾了社会主义思想（包括民生主义）在中国的传播史，也简单地介绍了社会主义学说。

《建设》杂志第 2 卷第 3 号发表林云陔《近代社会主义之思潮》。

5 月 1 日，《新青年》《星期评论》《建设》等刊物出版纪念专号或发表纪念文章庆祝五一国际劳动节。上海、北京、广州等地分别举行纪念活动。这次五一节纪念活动是马克思主义同中国工人运动相结合的一次较大规模的尝试。

5 月 15 日，《解放与改造》杂志第 2 卷第 10 号发表周佛海《社会主义的性质》。

5 月 16 日，《星期评论》第 50 号载李汉俊《浑朴的社会主义者的特别的劳动运动意见》，文章批判了基尔特社会主义。

5 月 30 日，《法政学报》第 2 卷第 5 期载杨孝斌《社会主义与法律之关系》。

本月，陈独秀、李汉俊、陈望道等在上海发起组织马克思主义研究会，探讨社会主义学说和中国社会改造问题，并以此为基础，积极从事建党工作。

6 月 1 日，《国民》第 2 卷第 2、3 号载常乃悳译拉金《马克思历史的唯物主义》，第 2 号刊载周炳林《社会主义在中国应该怎么样运动》。

6 月 17 日，上海《民国日报》副刊“觉悟”载陈望道译河上肇《马克思底唯物史观》。18、19 日连载。

7 月 6 日—10 日，旅法新民学会会员召开蒙达尼会议，讨论改造中国与世界的方法。

7 月 19 日—8 月 7 日，共产国际第二次代表大会在莫斯科召开。大会通过的列宁关于《民族和殖民地问题提纲》，系统论述了民族和殖民地革命的理论，对后来中国共产党制定民主革命纲领起了重要的指导作用。

本月，李大钊开始给北京大学等高校讲授《唯物史观》等课程。

8 月 2 日，毛泽东等人在湖南组织创办了“长沙文化书社”，销售进步书刊，传播马克思主义。

8 月 10 日，《东方杂志》第 17 卷第 15 期载昔尘《柯尔和基尔特社会主义》。

8 月 13 日，蔡和森从法国给毛泽东写信，明确表示“我以为先要组织党——共产党。因为它是革命运动的发动者、宣传者、先锋队、作战部。”毛泽东于 12 月 1 日和翌年 1 月 21 日两次复信，“于和森的主张，表示深切的赞同”，并强调指出“唯物史观是吾党哲学的根据。”

8 月 15 日，上海早期党组织主办的以工人群众为对象的通俗刊物《劳动界》周刊在上海创刊，陈独秀任主编。新青年社发行，翌年 1 月终刊，共出 24 期。

8 月 16 日，天津觉悟社及北京少年中国学会等五个进步社团在北京陶然亭召开座谈会，决定成立名为“改造联合”的组织。李大钊到会并讲话。

8 月 22 日，在上海共产党早期组织领导下，中国第一个社会主义青年团——上海社会主义青年团成立。同年 11 月成立了团的临时中央局，俞秀松为书记。1922 年 5 月中国社会主义青年团正式成立。

8 月 22 日，新青年社在上海建立，由陈独秀负责，这是中国共产党建立的第一个出版社。1920 年初陈独秀回上海，《新青年》也随之迁回。同年 9 月（即第 8 卷第 1 号）起，《新青年》脱离群益书社，自行出版，新青年社由此成立。《新青年》实际上成为上海共产主义小组的机关刊物。1921 年 1 月，当《新青年》第 8 卷第 6 号排印时，法租界巡捕房抄走了全部文稿，并封闭了新青年社。该社被迫迁至广州。1922 年 7 月《新青年》休刊。1923 年 6 月中国共产党第三次全国代表大会作出决议，重新出版《新青年》杂志，作为中共中央的机关刊物，并由月刊改为季刊，由瞿秋白任主编。1924 年 12 月，《新青年》季刊出了 4 期后又休刊，1925 年 4 月复刊，改为不定期，1926 年 7 月出了 5 期后停刊。

本月

中国第一个共产党早期组织——上海共产党早期组织在《新青年》编辑部建立，成员最初有陈独秀、李汉俊、俞秀松等，陈独秀任书记。它实际上成为各地共产主义者进行建党活动的联络中心。

上海《建设》第 2 卷第 6 号发表苏中译河上肇《见于〈资本论〉的唯物史观》（摘马克思《资本论》中有关唯物史观的段落）。

陈望道据幸德秋水、堺利彦之日译《共产党宣言》，并参以英文本翻译的《共产党宣言》第一个中文全译本由上海又新印刷所印制，上海社会主义研究社作为“社会主义研究小丛书”第一种出版，新青年社发行，这是该书第一个铅印的中文全译本，也是马克思、恩格斯著作在中国的第一个中译单行本。因书名误为《共党产宣言》，同年 9 月订正再版。这是为《共产党宣言》汉译全本之始。一九三〇年，华岗据英译本译《共产党宣言》由华兴书局出版。一九三八年，成仿吾、徐冰合译《共产党宣言》由延安解放社出版，成仿吾自叙译自德文。一九四三年八月，博古据俄译本校译成仿吾、徐冰合译本，由延安解放社出版。一九四五年四月，陈瘦石据英译本译《共产党宣言》附于《比较经济制度》下册，由商务印书馆出版。一九四九年，莫斯科外文书籍出版局出版谢唯真等译《共产党宣言》汉语全译本。

郑次川编译《科学社会主义》上海群益书社和伊文思图书公司联合出版，这是我国首次以小册子形式出版的恩格斯著作。该书是恩格斯《社会主义从空想到科学的发展》的后半部分。

邵飘萍编著《新俄国之研究》介绍俄国社会主义，由日本东瀛编译社出版，中国泰东图书局发行。

9 月 1 日，《新青年》第 8 卷第 1 号出版，发布《新青年社〈本志特别启事〉》郑重声明群益书社不再承担《新青年》的出版发行印刷业务，调整为“上海新青年社印行”。《新青年》杂志从本期改版为上海早期党组织的机关刊物，公开宣传马克思主义，这是中国共产党成立前传播马克思主义的主要阵地。

陈独秀在《新青年》第 8 卷第 1 号发表《谈政治》，明确宣布：“我承认用革命的手段建设劳动阶级（即生产阶级）的国家，创造那禁止对内对外一切掠夺的政治法律，为现代社会第一需要。”

9 月 16 日，蔡和森从法国蒙达尼写信给毛泽东，介绍了他对马克思主义的理解，信中说：马克思的唯物史观，显然为无产阶级的思想，以唯物史观为人生哲学社会哲学的出发点。

9 月 25 日，《东方杂志》第 17 卷第 18 期载愈之《社会主义与自由主义》。

本月

王尽美、邓恩铭等在济南组织成立马克思主义研究会。

陈溥贤译考茨基《马克思的经济学说》被共学社作为“马克思研究丛书”

第一种，由商务印书馆出版。本译本是在《晨报副刊》连载渊泉译《马氏资本论释义》的基础上，经修订后出版的单行本。

李汉俊译德国马尔西《马克思资本论入门》由上海社会主义研究社出版，新青年社发行。

10 月 1 日，《国民杂志》第 2 卷第 3 号载费觉天译马克思《马克思资本论自叙》（即《资本论》初版序言）。

10 月 10 日，《东方杂志》第 17 卷第 19、20 号连载恽代英翻译恩格斯（英哲尔士）《英哲尔士论家庭的起源》（《家庭、私有制和国家的起源》的部分内容）。

10 月 15 日，《少年中国》2 卷 5 期发表恽代英《论社会主义》。作者认为社会主义是必然的，社会的未来应归于共存互助的社会主义。

10 月 16 日，瞿秋白以北京《晨报》特派记者的身份访苏。后来写有《新俄国游记》（《饿乡纪程》）、《赤都心史》等报道访苏见闻。其中《赤都心史》于 1921 年 11 月完稿，1924 年 5 月由商务印书馆出版，是我国最早记述苏联的著作。

本月

由李大钊、张申府、张国焘 3 人发起，北京共产党早期组织正式宣告成立，李大钊为负责人，成员大多为北京大学马克思学说研究会的骨干。

恽代英、林育南、李求实等人在武汉组织成立“马克思主义研究会”，组织会员到利群书社学习和研究马克思主义。

李季译英国托马斯·克卡朴《社会主义史》作为“新青年丛书”一种由新青年社在上海出版的。

秋—1921 年春，武汉、长沙、广州、济南等地以及旅日、旅法华人中陆续建立中国共产党早期组织。董必武、陈潭秋、包惠僧等在武昌秘密召开会议；施存统和周佛海建立旅日共产党早期组织。11 月，毛泽东、何叔衡等以新民学会骨干为核心，秘密组建长沙共产党早期组织。1921 年初，王尽美、邓恩铭等建立济南共产党早期组织。1921 年春，陈独秀等组建的广州共产党早期组织成立。同时，旅法共产党早期组织在巴黎成立，成员有张申府、周恩来等。这些共产党早期组织的名称不一，后来被通称为“共产主义小组”。

11 月 5 日，杨端六在《太平洋》第 2 卷第 7 期发表《马克思学说评》。

11 月 6 日，张东荪在《时事新报》发表《由内地旅行而得之又一教训》。该文引起了关于“社会主义”问题的论战是五四时期历时最长、规模和影响最大的一场有关中国前途的论战。陈独秀、李大钊、李达、蔡和森等纷纷著文批判张东荪、梁启超的反社会主义言论。通过这次争论，社会主义思想得到进一步扩展，进一步奠定了中国共产党创立的思想基础。

11 月 7 日，上海早期党组织的理论性刊物《共产党》月刊在上海创刊，李达任主编。《共产党》创刊号刊载“列宁著作一览表”列举列宁著作十九种。《共产党》月出版至1921年7月，共出6期。该刊宣传马克思列宁主义建党学说，阐明共产党人的基本政治主张。

11 月 7 日，北京共产党早期组织创办《劳动者》周刊出版，邓中夏担任主编。

11 月 15 日，恽代英在《少年中国》第 2 卷第 5 期发表《论社会主义》。

11 月 21 日，上海机器工会召开成立大会，孙中山、陈独秀到会并发表演说。上海机器工会是在中国共产党早期组织领导下建立的第一个工会组织。

11 月 25 日，毛泽东分别致书罗章龙、向警予等人，提出要有一种为大家共同信守的“主义”，认为“‘主义’譬如一面旗子，旗子立起了，大家才有所指望，才知所趋附”。

本月

陈独秀主持上海早期党组织起草《中国共产党宣言》，阐明中国共产主义者关于创建共产主义新社会的理想，提出消灭私有制，实行生产资料公有，废除旧的国家机器，最终消灭阶级的主张。《宣言》强调，无产阶级要创立新社会，就要团结起来，开展阶级斗争，就要组织一个革命的无产阶级政党——共产党。

邝摩汉《社会主义总论》北京又日新报社出版。

12 月 1 日，《新青年》第 8 卷第 4 号出版。由陈独秀编辑了题为“关于社会主义的讨论”的一部分文章，驳斥张东荪的发展资本主义，反对社会主义的观点，阐明唯物史观关于阶级斗争和无产阶级专政的理论，主张中国走社会主义道路。其中有：李大钊《唯物史观在现代史学上的价值》、张东荪《由内地旅行而得之又一教训》、陈望道《评东荪君底“又一教训”》、邵力子《再评“东荪君底又一教训”》和《独秀致罗素先生的信》、张东荪《大家须切记罗素先生给我们的忠告》、震瀛译列宁《过渡时代的经济》。

12 月 1 日，毛泽东致信给蔡和森、萧子升和其他在法新民学会会友。信中表明自己接受马克思主义，走俄国十月革命的道路。

12 月 7 日，《共产党》月刊第 2 号载李达《社会革命底商榷》。作者说明社会革命发生于现社会的经济状态之变动，由此来论证中国社会革命发生的必然性。

12 月 10 日，《东方杂志》第 17 卷第 23 期载陈嘉异《李宁之乌托邦》。

12 月 25 日，《东方杂志》第 17 卷第 24 期载译文《社会主义发达的经过》《布尔塞维克底思想》。

本月

由李大钊、费觉天、郭锡良等人发起成立了北京大学社会主义研究会，宗旨是集合信仰和有能力研究社会主义的同志互相的来研究，并传播社会主义思想。

上海《建设》第 3 卷第 1 号发表苏中译《科学的社会主义与唯物史观》（摘恩格斯《反杜林论》第 3 编第二、三章）。

1921 年

1 月 1 日，《新青年》第 8 卷第 5 号载李达《马克思还原》。文章批判了第二国际修正主义者把唯物史观歪曲为机械史观，宿命论的观点，对唯物史观的基本理论进行了论述。

1 月 1 日—3 日，新民学会在长沙召开新年大会。毛泽东在会议上发言指出：改良是补缀的办法，应主张大规模改造。至于方法，赞成采用“俄式”方法。

1 月 10 日，《东方杂志》第 18 卷第 1 号载范寿康译《马克思的唯物史观》（即《政治经济学批判序言》的摘译）。

1 月 21 日，毛泽东给在法国勤工俭学的蔡和森复信，对蔡 1920 年 9 月 16 日的来信阐述的唯物史观，表示“没有一个字不赞成”，并且明确指出：“唯物史观是吾党哲学的根据”。

本月

《曙光》第 2 卷第 2 期刊载李大钊《社会主义下之实业》。

恽代英译柯祖基（考茨基）《阶级争斗》（《爱尔福特纲领解说》）新青年社出版。该书是考茨基对爱尔福特纲领的理论部分所作的解说。

2 月 11 日，蔡和森在法国致信陈独秀，表示“和森为极端马克思派，极端主张唯物史观、阶级斗争、无产阶级专政”。信中批判了无政府主义和基尔特社会主义，详细论证了中国爆发无产阶级革命、走社会主义道路的必然性。

2 月 25 日，《东方杂志》第 18 卷第 4 期载潘公展《近代社会主义及其批评》、愈之《克鲁泡特金的道德观》。

3 月 1 日，《汉口新闻报》载《俄国共产党之宣言》。

3 月 6 日，中华海员工业联合总会在香港成立。这是中国海员的第一个真正工会组织。

3 月 20 日，李大钊在《评论之评论》第 1 卷第 2 号发表《中国的社会主义与世界的资本主义》。本文从经济上驳斥“社会主义不适合中国”的论点。

3 月 25 日，《东方杂志》第 18 卷第 6 号载化鲁《马克思主义的最近辩论》。

本月

李大钊在《曙光》第二卷第三期发表《团体的训练与革新的事业》，公开呼吁中国共产主义者尽快建立自己的政党。

孙范译述《过激党真相》泰东图书局出版。该书由《布尔塞维克之运动》和《反布尔塞维克之的运动》两篇组成

是春，武汉、长沙、济南、广州等地及旅日、旅法华人中陆续成立共产党早期组织。

4 月 1 日，《新青年》第 8 卷第 6 号刊登李季《社会主义与中国》。

4 月 3 日，上海《民国日报》副刊《觉悟》刊登上海马克思学说研究会章程。

4 月 6 日，徐六几在《评论之评论》第 1 卷第 3 号发表《马克思派社会主义》。

4 月 7 日，《共产党》第 3 号刊载《将死的第二国际和将兴的第三国际》，以及译文《共产党的出发点》《波兰共产党忠告世界工人》《中国与俄国》等。

5 月 1 日，在北京早期党组织的领导下，长辛店工人举行五一劳动节纪念大会和庆祝游行，宣布成立长辛店工会（后更名为“长辛店铁路工人俱乐部”）。同日，上海、长沙、汉口、广州等地也举行了纪念五一劳动节的活动。

5 月 1 日，《新青年》第 9 卷第 1 号出版，刊登日本山川均《从科学的社会主义到行动的社会主义》、李达《讨论社会主义并质梁任公》等。李达批判了梁启超和张东荪等歪曲中国的社会性质和阶级关系，抹杀地主资产阶级与工农群众的矛盾，反对宣传社会主义和进行社会革命；指出在帝国主义包围下的中国是不可能通过办实业办教育来发展资本主义的。只有劳农阶级联合行动，夺取政权，掌握一切资本，才能发展生产力。

5 月 7 日，《共产党》月刊第 4 号出版，刊有《告劳兵农》《我们为什么主张共产主义？》《俄国青年之运动》《无政府主义之解剖》《中国劳动界消息》以及沈雁冰译《国家与革命》（第一章）。

本月

李达译郭泰《唯物史观解说》中华书局出版。

陈国榘译施罢戈《布尔什维主义的心理》商务印书馆出版。

袁振英译王尔德《社会主义与个人主义》实社出版部刊印。该书认为社会主义则是个人主义最完美的实现形态。

6 月 1 日，《新青年》9 卷 2 号出版，刊载列宁的两篇译文：成舍我译《无产阶级政治》，李达译《列宁底妇女解放论》。本期还刊载高一涵《共产主义历史上的变迁》、李达《马克思派社会主义》等。

6 月 3 日，共产国际代表马林取道欧洲来到上海，与从西伯利亚南下的另一

位国际代表尼科尔斯基会合。他们很快与陈独秀离沪期间主持上海党组织工作的李达、李汉俊取得联系，并交换了情况。共产国际代表建议及早召开党的代表大会，宣告中国共产党的正式成立。李达、李汉俊在征询陈独秀、李大钊的意见并获得同意后，分别写信给各地党组织，要求每个地区派出两位代表七月到上海出席党的全国代表大会。

本月，田诚编写《共产主义与知识阶级》在汉口刊印出版。

7 月 1 日，《新青年》9 卷 3 号出版，刊载《俄罗斯革命的过去及现在》《社会主义批评》《政治改造与政党改造》及《革命与制度》等随感录，介绍苏联革命经验与马克思主义学说。

7 月中下旬，一批教师、学生模样的青年人以北京大学师生暑期考察团的名义陆续住进设在上海法租界白尔路 389 号（今太仓路 127 号）的博文女校，他们实际是来上海参加中共一大的代表。

7 月 23 日，中国共产党第一次全国代表大会在上海法租界（今兴业路 76 号）开幕。最后一天的会议转移到浙江嘉兴南湖的游船上举行。参加大会确定党的名称为“中国共产党”，通过中国共产党的第一个纲领和决议。大会选举产生中央局，陈独秀为中央局书记。

7 月 23 日晚，中国共产党第一次全国代表大会在上海法租界望志路 106 号（今兴业路 76 号）开幕。会址设在李书城、李汉俊兄弟住宅。出席大会的代表有：上海的李达、李汉俊，北京的张国焘、刘仁静，长沙的毛泽东、何叔衡，武汉的董必武、陈潭秋，济南的王尽美、邓恩铭，广州的陈公博，旅日的周佛海；包惠僧受陈独秀派遣出席了大会。他们代表全国 50 多名党员。陈独秀和李大钊因事务繁忙未出席大会。共产国际代表马林和尼克尔斯基出席了一大开幕会议，并发表热情的讲话。

7 月 24 日，一大举行第二次会议，各地代表报告本地区党团组织的状况和工作进程，并交流了经验体会。25、26 日休会，用于起草党的纲领和今后工作计划。27、28 和 29 日三天，分别举行三次会议，集中议论此前起草的纲领和决议。讨论认真热烈，大家各抒己见，既有统一的认识，又在某些问题引起争论，会议未作出决定。

7 月 30 日晚，一大举行第六次会议，原定议题是通过党的纲领和决议，选举中央机构。会议刚开始几分钟，法租界巡捕房密探突然闯入，这次会被迫中断。

7 月 31 日，代表们分两批乘火车前往嘉兴南湖开会。南湖会议先讨论并通过《中国共产党的第一个纲领》，是党的第一个正式文献。接着讨论并通过《中国共产党的第一个决议》，对今后党的工作作出安排部署。下午选举陈独秀任书记，张国焘为组织主任，李达为宣传主任，组成党的中央局。中国共产党第一次全国代表大会正式宣告中国共产党的成立。中国出现了完全新式的，以马克思列宁主义为行动指南的，以实现社会主义和共产主义为奋斗目标的统一的无产阶级政党。自从有了中国共产党，中国革命的面目就焕然一新了。中国共产党作为中国最先进的阶级——工人阶级的政党，不仅代表着工人阶级的利益，而且代表着整个中国人民和中华民族的利益。它从一开始就坚持以马克思主义为行动指南，始终把为中国人民谋幸福、为中华民族谋复兴作为初心使命。从此，中国人民谋求民族独立、人民解放和国家富强、人民幸福的斗争就有了主心骨，中国人民就从精神上由被动转为主动。中国共产党的先驱们创建了中国共产党，形成了坚持真理、坚守理想，践行初心、担当使命，不怕牺牲、英勇奋斗，对党真诚、不负人民的伟大建党精神，这是中国共产党的精神之源。中国共产党的成立，开启了把马克思列宁主义基本原理同中国具体实际结合起来的伟大征程。1941 年 6 月，《中央关于中国共产党诞生二十周年、抗战四周年纪念指示》将 7 月 1 日作为中国共产党成立纪念日。

8 月 1 日，《新青年》9 卷 4 号出版，本期主题是马克思主义同无政府主义论战，其中有陈独秀同区声白讨论无政府主义的六封信，还有施存统的《马克思的共产主义》，蔡和森与陈独秀的通信《马克思学说与中国无产阶级》。陈独秀在回信中说："我以为唯物史观的要义是告诉我们：历史上一切制度的变化是随着经济制度的变化而变化的"。

8 月 11 日，中国劳动组合书记部在上海成立，这是中国共产党领导工人运动的第一个公开机构。中国劳动组合书记部发表《中国劳动组合书记部宣言》，分析了中国工人阶级的悲惨景况，强调工人阶级联合起来的重要性。随后又在北京、武汉、长沙、广州、济南设立分部，作为党公开领导工人运动的机关。8 月 20 日，中国劳动组合书记部在上海出版《劳动周刊》，中国共产党主办的第一份全国性工人刊物。张国焘兼编辑主任，刊物着重揭露资本主义掠夺工人剩余价值的事实，报道当时工人极端困难的生活情景，号召工人组织起来，建立工会。

本月，王文俊译山川均《苏维埃研究》北京知新书社出版。该书是当时日本有关革命后俄国状况的唯一比较准确全面阐述的著述。

9 月 1 日，中国共产党在上海建立自己的第一个出版机构——人民出版社，组织马克思主义著作的编译和出版工作，由中共中央宣传主任李达主持。相继出版了《马克思全书》《列宁全书》等十几种马克思主义著作，以及介绍马克思主义的书籍。

9 月 8 日，上海《民国日报》副刊《觉悟》刊登施存统《唯物史观在中国的应用》。

9 月 16 日，张东荪创办《时事新报》副刊《社会主义研究》，发表《社会主义研究宣言》，鼓吹基尔特社会主义。

9 月 27 日，在中国共产党领导下，浙江萧山衙前村农民召开大会，中国第一个新型农民组织宣告成立。1922 年 7 月，彭湃在广东海丰成立第一个秘密农会。到 1923 年 5 月，海丰、陆丰、惠阳三县很多地方成立了农会，会员达到 20 多万人；9 月，湖南衡山白果地区农民成立岳北农工会。

10 月 10 日，毛泽东在长沙建立中国共产党湖南支部，任支部书记。

本月

毛泽东在湖南第一师范出席马克思主义学术研究会，做关于剩余价值的讲演。

陈独秀在《新青年》第 9 卷第 6 号发表《马克思学说》。

11 月 17 日，《北京大学日刊》刊登《发起马克克斯学说研究会启事》。后来发展会员共二三百人，到 1925 年底解散。

11 月 21 日，毛泽东在《劳工周刊》湖南劳工会周年纪念 特刊号上发表《所希望于劳工会的》，对湖南劳工会提出希望和要求。

11 月 25 日，《东方杂志》第 18 卷第 22 期刊载健孟《竞争与社会进化》、六几《基尔特社会主义原理》。

本月，中国共产党中央局发布通告，对党的组织、宣传工作作了部署。要求上海、北京、广州、武汉、长沙五区，在 1922 年 7 月以前，党员都要达到 30 人。要求中央宣传局在 1922 年 7 月以前，必须出书二十种以上。据此，中央局在上海成立的人民出版社组织马克思列宁主义著作的出版。

12 月 30 日，《学艺》第 3 卷第 7 期刊载陈昭彦《马克思主义经济学》。

本月

袁让译马克思《工钱劳动与资本》(《雇佣劳动与资本》）人民出版社出版。

李立译列宁《劳农会之建设》人民出版社出版。

成则人译列宁《讨论进行计划书（四月提纲）》人民出版社出版。

太柳译布哈林《共产党的计划》人民出版社出版。

1922 年

1 月 1 日，李汉俊在《民国日报》副刊《觉悟》发表《中国的乱源及其归宿》和《我们如何使中国的混乱赶快终止？》。文章用马克思主义对中国的国情做了深入剖析，提出要使中国的混乱赶快终止，非努力使中国赶快上社会主义的路上不可。

1 月 5、6 日，张闻天在《民国日报》副刊《觉悟》发表《中国的乱源及其解决》。

1 月 15 日，中国社会主义青年团临时中央局创办的机关刊物《先驱》半月刊于北京创刊。邓中夏主编。第一号至第三号在北京出版。第 4 期起迁上海出版。同年 5 月，中国社会主义青年团中央执行委员会成立，从第八期起，由团中央直接领导。1923 年 10 月，中国社会主义青年团中央创办了《中国青年》周刊，《先驱》于同年 8 月 5 日先行停刊，共出 25 期。

邓中夏在《先驱》创刊号发表《共产主义与无政府主义》，分析了共产主义与无政府主义的异同。

1 月 21 日—2 月 2 日，共产国际在莫斯科、彼得格勒召开远东各国共产党及民族革命团体第一次代表大会。张国焘等 14 名中国共产党党员出席会议。大会根据列宁关于民族殖民地问题的理论，阐明了被压迫民族所面临的反帝反封建的历史任务。会议期间，列宁抱病接见中国的一部分代表。

1 月 23、31 日，李汉俊在《民国日报》副刊《觉悟》发表《唯物史观不是什么》，辨析了对唯物史观的种种误解。

1 月，香港海员举行罢工。以此为起点，1923 年 2 月京汉铁路工人罢工为终点，中国共产党领导工人运动掀起第一次高潮。其间，全国发生大小罢工 100 多次，参加人数达 30 万以上。

本月

施存统译派纳柯克《马克思主义和达尔文主义》商务印书馆出版。

托周诠译洛次基《俄国革命纪实》人民出版社出版。

王静译列宁《共产党礼拜六（伟大的创举）》人民出版社出版。

张亮译山川均《列宁传》人民出版社出版。

张西曼译《俄国共产党党纲》人民出版社出版。本书是翻译俄国共产党（布）第八次大会通过的各种决议案编辑而成。

2 月 9 日，《民国日报》副刊《觉悟》刊载《北京马氏学说研究会宣言》。

2 月 15 日，励冰在《先驱》第 3 号上发表《〈共产党宣言〉后序》。

2 月 25 日，墨笙在《学林》第 4、5 号上发表《唯物史观公式的解释》。

2 月 21—23 日，北京的“晨报”副刊连载李大钊在“马克思学说研究会”上的公开讲演稿——“马克思的经济学说”。

2月，萧纯锦在《学衡》第2号上发表《马克思学说及其批评》。

3月15日，邝摩汉译述马克思《绝对的剩余价值研究》刊载在北京马克思主义研究会刊物《今日》杂志第1卷第2期，第3期、第4期连载。本文即马克思《资本论》第一卷第三至第五篇的部分内容。

3月22日，杨匏安在《青年周刊》第4号上发表《马克思主义浅说》，第5、6、7号连载。

3月25日，《东方杂志》第19卷第6期刊载施存统译河上肇《马克思的理想及其实现底过程》。

3月25日，邝摩汉在《学林》第6号上发表《各派社会主义的批判及其将来势力的推测》。

本月，夏丏尊、李继桢译高畠素之《社会主义与进化论》商务印书馆出版。

4月1日，《先驱》第5号出版《国际青年共产运动号》。

4月15日，邝摩汉编译马克思《相对的剩余价值研究》刊载在北京《今日》杂志第1卷第3号，即《资本论》第1卷第4篇摘译。

本月，施存统译高畠素之《马克思学说概要》商务印书馆。

5月1日—6日，根据党的决定，由中国劳动组合书记部发起，在广州举行第一次全国劳动大会。到会代表173人，代表着12个城市，110多个工会，34万有组织的工人。大会通过《八小时工作制》《罢工援助》和《全国总工会组织原则》等决议案。大会决定，在全国总工会成立以前，中国劳动组合书记部为全国工人组织的总通讯机关。

5月1日，毛泽东在长沙《大公报》发表《更宜注意的问题》，提出要注意劳工的三件事，即生存权、劳动权和劳动全收权。

5月1日，《少年中国》第3卷第10期载李璜《社会主义与社会》。

5月5日，为纪念马克思104周年诞辰，中国劳动组合书记部根据党的决定在上海举行了盛大的纪念会，同时，中国劳动组合书记部还专门编辑出版了《马克思纪念册》。这是在我国出版的第一个马克思纪念册。

5月5日，刘仁静在“晨报”副刊“马克思纪念”专号发表《我们纪念马克思的意义》。

5月5—10日，中国社会主义青年团第一次全国代表大会在广州举行，正式成立中国社会主义青年团。1925年1月改称中国共产主义青年团。1936年11月，为吸收广大青年参加抗日救国运动，中共中央决定将共青团组织改造为“广大群众的非党的青年组织”。1937年1月共青团中央宣布结束工作。1949年4月，中国新民主主义青年团在北平成立。

5 月 6 日，李大钊在“晨报”副刊发表《马克思与第一国际》。

5 月 10 日，《东方杂志》第 19 卷第 9 号刊载叶元龙《劳动价值论之研究》。

5 月 15 日，北京马克思主义研究会刊物《今日》第 1 卷第 4 号出版“马克思特号”，刊载文章专门介绍马克思的学说和生平。胡南湖《马克思传》对马克思的生平和马克思的几种主要著作作了简述。李湘渔翻译马克思青年时代的诗《作战的韵律》和《狂叫》以及李光华《马克思夫人燕妮传》。邝摩汉编译马克思的《绝对的相对的剩余价值研究》。熊得山译《哥达纲领批评》，这是马克思《哥达纲领批判》在我国发表的最早的中译文。

5 月 23 日，陈独秀在长沙《广东群报》发表《马克思的两大精神》。

本月，何飞雄译伊利《社会主义与社会改良》商务印书馆出版。

6 月 6 日，上海《国民日报》副刊《觉悟》刊载李汉俊《研究马克思学说的必要以及我们现在入手的方法》。

6 月 13 日，上海《国民日报》副刊《觉悟》刊载周佛海《介绍马克思经济学说》。

6 月 10 日，《东方杂志》第 19 卷第 11 期刊载朱枕薪《苏维埃俄罗斯底过去与现在》存统译《唯物史观在马克思学上底位置》。

6 月 15 日，中共中央执行委员会发表《中国共产党对于时局的主张》。文件指出无产阶级在目前最迫切的任务是用革命手段取消帝国主义列强在中国的各种特权；肃清军阀，没收军阀官僚的财产。中国共产党主张和国民党等革命党派建立民主主义的联合战线。这是中国共产党第一次公开自己的政治主张。

6 月 20 日，上海《国民日报》副刊《觉悟》刊载周佛海《为研究马克思学说者进一言》。

本月

李凤亭译拉尔金《马克思派社会主义》商务印书馆出版。

李汉俊译《〈资本论〉第一卷第一版序言》人民出版社出版。

7 月 1 日，《新青年》第 9 卷第 6 号出版，刊发陈独秀《马克思学说》、李大钊《平民政治与工人政治》以及黄凌霜与陈独秀的通信。

7 月 9 日，周恩来等在巴黎成立中国共产党旅欧支部，向旅欧华人宣传马克思主义。

7 月 15 日，北京马克思主义研究会刊物《今日》第 2 卷第 1 期发表《马克思著作史》，列举马克思的十八种著作。

邝摩汉在《今日》第 2 卷第 1 号发表《唯物的中国史观》。作者依照马克思唯物史观分析中国历史，将中国历史发展分为三个时期。

7 月 16 日—23 日，中国共产党第二次全国代表大会在上海举行。出席大会的代表 12 人，代表全国 195 名党员。大会通过的宣言第一次明确提出反帝反封建的民主革命纲领，区分了最高纲领和最低纲领。大会制定第一个《中国共产党章程》，通过《中国共产党第二次全国大会宣言》《中国共产党加入第三国际决议案》等文件。大会选举产生中央执行委员会。中央执行委员会推选陈独秀为委员长。

8 月 1 日，中共旅欧支部和旅欧共青团的机关刊物《少年》在法国创刊。《少年》出版第 13 期到 1924 年 2 月，改名为《赤光》。《少年》杂志（《赤光》）宣传马克思主义，用马克思主义理论来说明中国的问题，批判各种错误思潮。

8 月 15 日，北京马克思主义研究会刊物《今日》第 2 卷第 2 期发表《马克思主义研究会宣言》。

8 月 25 日，《东方杂志》第 19 卷第 16 期刊载江亢虎《新民主主义新社会主义说明书》。

8 月 29 日、30 日，中国共产党中央执行委员会在杭州西湖举行全体会议。会议决定，在孙中山改组国民党，使国民党成为资产阶级、小资产阶级和无产阶级的民主革命统一战线组织的条件下，共产党员以个人名义加入国民党。

本月

山川均、山川菊荣合著，李达编译《劳农俄国研究》商务印书馆出版。该书是一部全面介绍苏俄的著作。

孙中山因广东军阀陈炯明叛乱，离开广州，到达上海。中国共产党为了建立民主联合战线，先后派李大钊、陈独秀等同孙中山等国民党领导人会晤，商谈国共合作问题。孙中山决定实行联俄联共，并邀请共产党员帮助改组国民党。

中国劳动组合书记部发布《劳动法大纲》，并动员全国工人广泛开展劳动立法运动。

9 月 1 日，周恩来在《少年中国》第 2 期发表《共产主义与中国》。

9 月 1 日，《学艺》第 4 卷第 3 期刊载何松龄《唯物史观中所谓“生产”“生产力”“生产关系”的意义》。

9 月 13 日，中共中央机关报《向导》周报在上海创刊。该刊是建党初期和第一次国内革命时期有影响的政治刊物。《向导》被迫于 1927 年 7 月 18 日终刊，共出版了 201 期。

9 月 14 日—18 日，安源路矿 1.7 万多名工人在毛泽东、李立三、刘少奇等组织领导下，举行罢工斗争，取得胜利。

本月

《社会主义讨论集》由《新青年》社编辑部编辑、国光书店出版发行。本书收入陈独秀、李达等 7 人在《新青年》等发表的社会主义论战的文章共 25 篇。

瞿秋白《俄乡纪程》(《新俄国游记》) 商务印书馆刊行。记述作者 1920 年 10 月去苏俄考察时从北京到莫斯科途中的见闻。是我国最早记叙十月革命后苏联的作品。

10 月 16 日—11 月 19 日，在中国劳动组合书记部的发动和领导下，开滦五矿的工人举行大规模的同盟罢工。

10 月 23 日，国民党和中国共产党联合创办的上海大学在上海开办，成为南方传播马克思主义的主要阵地。

10 月 31 日，李大钊在《新青年》第 9 卷第 6 号发表《十月革命与中国人民》。

本月

李大钊为北京大学政治、史学两系开唯物史观课。

黄卓，郭梦良，徐六几译柯祖基（考茨基）《人生哲学与唯物史观》商务印书馆出版。该书站在唯物史观的立场论述了督教伦理学以至康德哲学的伦理学说史。

李季译马克思《价值价格及利润》(《工资、价格和利润》) 商务印书馆出版。

11 月 5 日—12 月 5 日，由陈独秀、刘仁静、王俊等三人组成的中共代表团出席了在莫斯科召开的共产国际第四次代表大会。陈独秀当选为共产国际执行委员。

11 月 7 日，《先驱》第 13 号出版纪念十月革命五周年的特刊《苏维埃俄罗斯五周年纪念号》。

11 月 8 日，《向导》第 9 号刊载共产国际东方部部长萨法洛夫在远东劳动人民大会的报告《第三国际与远东民族问题》。

本月

亚东图书馆出版《独秀文存》。全书共 3 卷。

黄尊三译伊黎《近世社会主义论》商务印书馆出版。

12 月 1 日，李大钊在《晨报》副刊发表《国际的资本主义下的中国》。文章对第一次世界大战前后银行财团对中国贷款的旧国际共管转变为新国际共管作了分析。

12 月 27 日，《向导》第 15 号刊载田诚《〈今日〉派之所谓马克思主义》。

本月，李达应毛泽东的邀请，到长沙任湖南自修大学学长。李达为该校学员讲授唯物史观、科学社会主义等马克思主义基础理论，编写《马克思主义名词解释》等教学资料。

本年，李汉俊在武昌高等师范学校讲授唯物史观，《唯物史观讲义初稿》由武昌正信印务馆刊印。

1923年

1月1日，广东海丰县农会成立，彭湃任会长，会员约十万人，这是我国的第一个县农会。在海丰农民运动的影响下，陆丰、惠阳等县的农民运动也相继发展起来。

1月12日，共产国际执委作出《关于中国共产党与国民党的关系问题的决议》。决议强调了国共两党进行党内合作是适宜的，要求中共必须保持自己原有的组织和严格集中的领导机构。

1月26日，孙中山会晤苏俄政府代表越飞，发表《孙文越飞联合宣言》。宣言表明苏俄政府对中国革命的同情和对孙中山的支持；孙中山表示欢迎苏俄政府的帮助，公开确立了国民党的联俄政策。

1月31日，瞿秋白在《向导》周报第十八期发表《政治运动与知识阶级》。文章用马克思主义的方法分析知识分子，断言知识分子对劳苦大众负有社会责任。

本月

塞里格门与尼林合著、岑德彰译《资本主义与社会主义》商务印书馆出版，该书收录了塞里格门和尼林围绕社会主义进行论战时的论文。

刘建阳译格雷西《社会主义之意义》商务印书馆出版。

2月1日，京汉铁路总工会在郑州举行成立大会，直系军阀吴佩孚下令禁止，反动军警强行占驻总工会会址。4日—9日在中国共产党领导下，京汉铁路工人2万余人举行总罢工，成为工人运动第一次高潮的顶点。7日，反动军阀进行血腥镇压，造成惨案。

2月27日，中国共产党中央发表《为吴佩孚惨杀京汉路工告工人阶级与国民》，号召全国人民和工人阶级团结起来，打倒压迫和残杀工人的军阀。

3月3日，共产国际执行委员会发表《就京汉铁路罢工工人流血事件告中国铁路工人书》指出：中国铁路工人通过最近的罢工斗争和牺牲，已经同为反对各国剥削者而斗争的世界无产阶级联合起来了，中国工人已经真正进入了有组织的国际无产阶级的行列。

3月12日，《合作》周刊刊载李大钊的演讲《马克思经济学说》。

4月10日，李达与毛泽东创办湖南自修大学校刊《新时代》月刊创刊。

毛泽东在《新时代》创刊号发表《外力、军阀与革命》。文章指出政治愈反动愈混乱的结果，是必然要激起全国国民的革命观念，中国政治的结局是民主派战胜军阀派。

李达译马克思《哥达纲领批判》(《德国劳动党纲领栏外批评》）载《新时代》创刊号。这是《哥达纲领批判》的第二个中译文本。

4 月 25 日，陈独秀在《向导》周报第 22 期发表《资产阶级的革命与革命的资产阶级》。陈独秀错误地认为资产阶级是中国资产阶级民主革命的主体和社会基础。

本月

周佛海译恩脱门《马克思经济学原理》商务印书馆出版。

刘宜之《唯物史观浅释》上海新青年社出版。

梅生编《社会主义浅说》教育研究会刊印，实际是摘译高畠素之《社会问题总览》。

5 月 1 日，李大钊在“晨报”副刊发表《工人国际运动略史》。

5 月 2 日，蔡和森在《向导》周报第 23 期发表《中国革命运动与国际之关系》。文章指出中国革命运动的性质与欧美资产阶级的民主革命不同。

5 月 5 日，马克思 105 周年诞辰大会在北京法政专门学校召开。会议由北京大学马克思学说研究会和社会主义研究会组织，共 200 余人参加了会议。

5 月 5 日，天津《新民意报》副刊《星火》发表《马克思传》和李大钊在 1922 年所做的“马克思的经济学说”演讲文稿。

5 月 15 日，《新时代》第 1 卷第 2 号刊载李达《马克思学说与中国》。

本月

费觉天译安锐戈佛黎《社会主义与近世科学》商务印书馆出版。该书评述了达尔文、斯宾塞、马克思等各种学说。

《先驱》发表《马克思诞生一百零五周年纪念日敬告中国青年》，号召中国青年坚定地站在马克思主义旗帜下，同帝国主义、军阀势力展开斗争。

6 月 12 日—20 日，中国共产党第三次全国代表大会在广州举行。出席大会的代表 30 多人，代表全国 420 名党员。共产国际代表马林参加会议。大会决定共产党员以个人身份加入孙中山领导的中国国民党，采取党内合作的形式同国民党建立联合战线，以完成反帝反封建的革命任务。大会通过《中国共产党党纲草案》《中国共产党第三次全国大会宣言》等文件，规定共产党员加入国民党时，党必须在政治上、思想上、组织上保持自己的独立性。大会选举产生中央执行委员会，中央执行委员会选举组成中央局，陈独秀为委员长。大会以后，国共合作步伐大大加快，在全国范围内积极推进国民革命运动。

6 月 15 日，《新青年》月刊改为季刊，作为中国共产党机关刊物出版，刊载陈独秀《列宁主义与中国民族运动》、瞿秋白《东方文化与世界革命》。《东方文化与世界革命》主要批判梁漱溟等“东方文化派”的复古主义思想，指出只有世界革命，打破宗法社会及封建制度，才能发展真正的东方民族文化。由瞿秋白翻译《国际歌》的中文歌词首次在这期杂志发表。

6 月 15 日，《新时代》第 1 卷第 3 号刊载李维汉《观念史观批评》，对历史唯心主义做了比较深入的批判。

6 月 20 日，陈独秀在广东高师演讲《关于社会主义问题》。

7 月 1 日，中国共产党中央的机关刊物《前锋》月刊在广州创刊，由广州平民出版社出版。第 2 期起迁至上海出版，瞿秋白担任主编。次年 2 月出至第三期后停刊。《前锋》第一期发表瞿秋白《中国资产阶级的发展》、陈独秀《中国农民问题》。

7 月 1 日，（巴黎）《少年》杂志第 10 号刊载石人译马克思《历史要走到无产阶级专政》、抱兮译马克思《离开政治的性质》（《政治冷淡主义》）。

8 月 1 日，中共中央发表《中国共产党对于时局之主张》，指出：时局之危机，都是北洋军阀势力存在与列强势力相勾结之自然的结果。只有以民主的联合战线，继续革命，打倒军阀及军阀背后的外国势力，才是救济中国的唯一道路。

8 月 2 日，俄共（布）中央政治局任命鲍罗廷为孙中山的政治顾问。9 月下旬，鲍罗廷到达上海，会见了陈独秀和中国共产党其他负责人。

8 月 14 至 21 日，李达《社会主义与江亢虎》在湖南《大公报》副刊《现代思想》8 月 14、15、17、19、21 日连载。文章在批判江亢虎的假社会主义的同时，阐述了科学社会主义的理论。

8 月 15 日，李大钊在北京大学《社会科学季刊》第 1 卷第 4 号发表《桑西门（圣西门）的历史观》，说明空想社会主义与科学社会主义在历史观上的区别。

8 月 20 日—25 日，中国社会主义青年团第二次全国代表大会在南京召开。大会决定社会主义青年团员同共产党员一样，以个人身份加入国民党。

8 月 20 日，中国社会主义青年团中央机关刊物《中国青年》（周刊）在上海创刊，恽代英、萧楚女、邓中夏等先后任主编。1927 年 10 月 10 日出至第八卷第三号后，被迫停刊。1939 年《中国青年》在延安复刊。1941 年 3 月休刊。1948 年 12 月复刊。

8 月 25 日，北京马克思主义研究会刊物《今日》第 3 卷第 2 期刊载熊得山翻译恩格斯《家庭、私有制和国家的起源》中第一章（标题为《历史以前的文化阶段》）、第五、六章（标题为《国家的起源》）和第九章（标题为《未开与文明》）的译文。

本月，《学艺》第 5 卷第 7 期刊载资耀华《亚丹斯密与马克思之关系》。

9 月 7 日，李大钊在上海大学社会问题研究会作《社会主义释疑》演讲，发表在 11 月 13 日的《民国日报》副刊《觉悟》。

本月，瞿秋白在《新青年》（季刊）第 2 期上发表《自民治主义至社会主义》。作者从资产阶级的民治主义，谈到无产阶级专政。

10 月 6 日，鲍罗廷抵达广州。随后，鲍罗廷同中国共产党、社会主义青年团在广州的中央执行委员开会，讨论改组国民党的方法，并决定力劝孙中山召集改组国民党的会议。

10 月 25 日，孙中山在广州召开中国国民党改组特别会议，讨论改组国民党的必要性和改组计划。孙中山指派廖仲恺、谭平山（当时是共产党员）等九人为中国国民党临时中央执行委员，汪精卫、李大钊等五人为候补临时中央执行委员，组成国民党临时中央执行委员会，聘请鲍罗廷为顾问，办理改组事宜。

11 月 1 日，中国共产党在上海创办“上海书店”作为发行机关，经售革命刊物，并出版发行《向导》《新青年》《前锋》《中国青年》等。上海书店于 1926 年 2 月被军阀孙传芳封闭。

11 月 8 日，瞿秋白在《东方杂志》纪念号发表《现代文明的问题与社会主义》。

11 月 11—13 日，陈独秀应上海亚东图书馆之邀，为该馆汇印的“科学与人生观”讨论集写了《科学与人生观序》。文中用唯物史观批判了当时丁文江和张君劢为首的资产阶级内部两个唯心主义派别所进行的“科学与人生观的论战”（也称“科学与玄学之争”）。并指出只有客观的物质原因（即经济原因），可以变动社会、解释历史、支配人生观，这便是唯物的历史观。

11 月 10 日，《少年》第 13 号刊载了抱兮译恩格斯《权力的原理（论权威）》。

11 月 15 日，李大钊在北京大学《社会科学季刊》第 1 卷第 4 号发表《孔道西的历史观》。

11 月 24 日—25 日，中国共产党三届一中全会在上海召开。全会按照共产国际执行委员会给中共三大的指示信的精神和当时国共两党的实际状况，决定进一步促进国民党改组，在全国扩大国民党组织。

11 月 25 日，在中国共产党的帮助下，国民党旅欧支部正式成立。周恩来当选为国民党旅欧支部执行部总务主任，李富春当选为宣传主任。

11 月 28 日，共产国际执行委员会主席团通过《关于中国民族解放运动和国民党问题的决议》。决议阐述了以民主革命精神解释三民主义的观点，成为《中国国民党第一次全国代表大会宣言》的基本原则。

本月

邓中夏在《中国青年》第 6 期发表《中国现在的思想界》。文中评论“科学与人生观”论战，称张君劢等为“东方文化派”，是“新兴的反动派”，称丁文江等为“科学方法派”，陈独秀、李大钊等为“唯物史观派”

李季译列德莱《社会主义之思潮及运动》（上下）商务印书馆出版。

朱枕薪编译《俄国革命史》商务印书馆出版。

孙百刚译刻尔卡普《社会主义初步》中华书局出版。

上海亚东图书馆将“科玄论战”中发表的 29 篇文章汇编成《科学与人生观》讨论集出版。该书由陈独秀、胡适作序。

12 月 9 日，陈独秀在《前锋》第二期发表《中国国民革命与社会各阶级》。

12 月 9 日，陈独秀看到胡适 11 月 29 日为上海亚东图书馆汇印的“科学与人生观”讨论集写的《科学与人生观序》后，即于本日写了《答适之》。他批判胡适把“心”和“物”平等看待的“二元论”的错误观点。指出“‘唯物的历史观’是我们的根本思想”，人类社会是以经济（即生产方法）为骨干，而思想、文化、教育等都是经济基础上面的建筑物，两者不能立在同等地位。

12 月 15 日，邓中夏在《中国青年》第 8 期发表《革命主力的三个群众》，指出工人、农民、兵士是革命运动的主力。

12 月 20 日，《新青年》季刊第 2 期刊载瞿秋白《自由世界与必然世界》《自民治主义至社会主义》。《自由世界与必然世界》说明自由是对必然的认识和掌握，阐述了自由与必然之间的辩证关系。

12 月 25 日，中共中央发出《中央通告第十三号》，要求全体共产党员积极帮助国民党改组，并向各地党组织部署参加国民党的具体步骤，以促进国民党第一次全国代表大会的召开。

本月

李大钊到达广州，帮助孙中山改组国民党和筹备召开中国国民党第一次全国代表大会。

中国共产党中央局、中国社会主义青年团中央局联合发出对于中国国民党第一次全国代表大会的意见书。

杜亚泉译幸德秋水《社会主义神髓》商务印书馆出版。

东方杂志社辑录当时《东方杂志》所刊与马克思主义有关的 4 篇文章编辑的《马克思主义与唯物史观》上海商务印书馆出版发行。

东方杂志社编《近代社会主义》商务印书馆出版。该书集录了《东方杂志》刊载的七篇论文。

东方杂志社编《劳农俄国之考察》商务印书馆出版。该书集录了《东方杂志》刊载的有关苏俄的三篇论文。

1924年

1月1日，中共中央和社会主义青年团中央在上海举行联席会议，讨论国民党改组问题。鲍罗廷在会上做了报告；陈独秀报告了自中共三大以来国共合作进展情况。

1月10日，《东方杂志》第21卷第1号刊发刘叔琴《唯物史观在历史哲学上的价值》。

1月20日—30日，在孙中山主持下，中国国民党在广州举行第一次全国代表大会，通过共产党人参加起草的以反帝反封建为主要内容的宣言，实际确立了联俄、联共、扶助农工的三大政策，把旧三民主义发展为新三民主义，成为第一国共合作的政治基础。大会选举产生有李大钊等10名共产党员为委员和候补委员的国民党中央执行委员会。大会的召开标志着第一次国共合作正式形成。

本月

刘仁静在《向导》周报第52期发表《悼列宁》。

瞿秋白《社会哲学概论》在上海书店出版的《社会科学讲义》第一至第四集上发表，这是国内第一部系统阐述辩证唯物主义哲学的著作。全书比较系统地介绍了哲学的基本问题，唯物主义与唯心主义的产生及发展过程；阐述了马克思主义原理，指出这是一切社会科学的方法论。

2月2日，《中国青年》第16期“列宁特号”刊载仲英作《列宁之思想》。

3月1日，《中国青年》第20期刊载恽代英《何谓国民革命》，应用唯物史观剖析中国革命。

4月16日，《新学生》第19、20期刊载张申府《怎样子学马克思？》。

4月23日，《中国青年》第23期刊载冰冰《一个马克思学说的书目——为南京社会科学研究会编》，介绍了二十多种有关马克思学说的书。

5月4日，《国民日报》副刊《觉悟》刊载崔文成《解释一般人对马克思学说的误解》。

5月5日，为纪念马克思诞辰一百零六周年，北京大学《北大经济学会半月刊》出版了“马克思纪念专号”，发表《马克思年谱》等四篇文章。

5月10日—15日，中共中央第三届第一次执行委员会扩大会议在上海召开。会议强调要坚持国民党一大宣言中的革命政纲，以这个政纲作为标准来正确对待国民党左右派之间的斗争。

本月

中共中央执行委员会扩大会议制定《党内组织及宣传教育问题决议案》，指出中央以及区应分设宣传、组织、工农等部，分担责任。中央的各部之中应当特别注意宣传部和工农部。中央宣传部应当在党报上加重党内教育的工作。

为造就革命武装的骨干力量，国共合作创办的国民党陆军军官学校（黄埔军校）开学。6月16日，军校举行开学典礼。孙中山任军校总理，蒋介石任校长，廖仲恺任党代表。中国共产党从各地选派许多党、团员和革命青年到军校学习。11月，周恩来出任军校政治部主任，健全政治工作制度。周恩来主持的中共广东区委从军校第一期毕业生中抽调部分党、团员作为骨干，把大元帅大本营的铁甲车队改组为一支实际受共产党指挥的革命武装。

北京大学《经济学》半月刊登载张荣福《马克思的国家性质论》和邵纯熙《马克思之重要学说》。

6月8日至12日，《国民日报》副刊《觉悟》刊载士炎（赵世炎）《列宁》。

6月14日，《中国青年》第35期刊载恽代英《中国革命与世界革命》。

6月17日—7月8日，共产国际召开第五次代表大会。中国共产党代表李大钊、王荷波、彭述之、刘清扬出席大会。大会强调了殖民地国家的统一战线问题，指出在同上层谈判时，共产党必须保持彻底而绝对的独立性。大会批判了统一战线工作中“左”的和右的机会主义倾向。李大钊在讨论民族和殖民地问题时做了发言，介绍了外国帝国主义在中国的活动以及中国民族运动的发展情况。

本月

杨明斋《评中西文化观》北京印刷局出版。本书批判了反对马克思主义在中国传播的复古主义思潮。

瞿秋白《赤都心史》商务印书馆出版。

7月3日，第一届农民运动讲习所在广州正式开学。在彭湃、毛泽东等相继主持下，广州农讲所至至1926年9月连续举办6届，培训700多名农民运动骨干，促进了全国农民运动的开展。

7月15日，广州沙面数千工人举行罢工，反对英、法帝国主义“不准中国人自由出入租界”的“新警律”。罢工坚持一个多月，取得胜利。

本月，巴克译《德意志观念论体系》（《德意志意识形态》）上海珠林书店出版。1938年11月，郭沫若译《德意志意识形态》上海言行出版社出版。

8 月 1 日，《新青年》季刊第 3 期出版。登载有：郑超麟译普列汉诺夫《辩证法与逻辑》阐述了辩证法在马克思学说中的地位。瞿秋白《实验主义与革命哲学》指出真正科学的方法是马克思互辩律（即辩证法）的唯物论。陈独秀在《答张君劢及梁任公》批驳了玄学派否认社会历史发展规律的主观唯心主义的“唯意志”论。

8 月 24 日，中国共产党北方委员会的机关报《政治生活》以《民主革命与工人》为题译载马克思和恩格斯 1850 年 3 月写的阐明无产阶级在民主革命中的策略原则的《中央委员会告共产主义者同盟书》片段。

本月

高一涵在北京大学《社会科学季刊》第 2 卷第 4 号发表《唯物史观的解释》。

蔡和森以恩格斯《家庭、私有制和国家的起源》为蓝本，吸收了当时一些新的材料，结合中国的历史发展过程，为上海大学编写《社会进化史讲义》由上海民智书局出版。

9 月 10 日，中国共产党发表第三次对时局的主张，号召反对帝国主义，推翻直系军阀的统治。

10 月，瞿秋白《社会科学概论》上海书店出版。此书为作者根据在上海学生联合会等院校举办的夏令讲学会上的讲演修改而成。

本月，孙倬章《社会主义史》商务印书馆出版

11 月 7 日，中国共产党中央委员会机关报《向导》周报第 90 期发行“纪念十月革命特刊”，刊载述之、陈独秀、瞿秋白等人撰写的文章和超麟翻译列宁《马克思主义与暴动》。

11 月 10 日，孙中山在中国共产党的支持下决定北上，争取国家的和平统一，并发表《北上宣言》，提出召开国民会议和废除不平等条约两大主张。

11 月 19 日，中国共产党发表第四次对时局的主张，号召全国人民团结起来，努力促进国民会议的召开。到年底，在全国范围内掀起了一个声势浩大的国民会议运动。“二七惨案”以后处于低落状态的群众运动又开始复兴，预示着大革命的高潮即将到来。

12 月 7 日，中共中央、青年团中央和共产国际代表联席会上决定成立“常设性”的中共中央北方局，李大钊任书记。1925 年初撤销。

12 月 16 日，《法政学报》第 3 卷第 9、10 号刊发茂先译善德维尔《社会主义之起源及其意义》。

12 月 20 日，《新青年》（季刊）第 4 期刊载蒋光慈译斯大林《列宁主义基础》第六章《民族问题》等。

12 月 25 日，《东方杂志》第 21 卷第 24 号刊发朱文叔《布尔乔和社会连带主义》。

本月

任弼时在《中国青年》第 63 期上发表《列宁主义的要义》。

郭沫若译河上肇《社会组织与社会革命》中的《社会革命与社会政策》（下篇第 3 章）发表于上海《学艺》杂志第 6 卷 6 期。

1925 年

1 月 11 日—22 日，中国共产党第四次全国代表大会在上海举行。出席大会的代表 20 人，代表全国 994 名党员。共产国际代表维经斯基参加会议。大会首次明确提出无产阶级在民主革命中的领导权问题和工农联盟问题，对民主革命的内容作了更加完整的规定。大会决定在全国范围内加强党的组织建设，规定以支部作为党的基本组织。大会选举产生中央执行委员会，中央执行委员会选举组成中央局，陈独秀为总书记。

1 月 21 日，《向导》周报第 99 期出版"列宁逝世一周年纪念特刊"，刊载中国共产党第四次全国代表大会上通过的《纪念列宁逝世一周年宣言》。

1 月 26 日，中国社会主义青年团在上海召开第三次全国代表大会。大会动员决定把社会主义青年团改称为共产主义青年团。大会选出团中央执行委员会，张太雷被选为总书记。

1 月 28 日，中国共产党第四次全国代表大会通过的《大会宣言》在《向导》周报上发表。宣言向全国人民阐明共产党的性质、任务，说明中国共产党对时局的态度和主张。

1 月 31 日，《中国青年》第 63、64 期出版"列宁李扑克内西纪念周特刊"。

2 月 12 日，郑超麟译列宁《托尔斯泰与当代工人运动》在《民国日报》副刊《觉悟》发表。

2 月 15 日，邝摩汉在《学林》第 1 卷第 8 期发表《用唯物史观解释中国各种思想之变迁》。

2 月 19 日，柯柏年译《空想的及科学的社会主义》在上海《国民日报》副刊《觉悟》发表，2 月 20 — 21、24、26—27 日，3 月 3、5— 7，10、12—13 日连载，这是恩格斯《社会主义从空想到科学的发展》第一个中文全译文。

2 月 21 日，《中国青年》第 67 期刊载恽代英《纠正对马克思主义学说的一种误解》。

2 月 26 日，《社会科学》第 4 期刊载李寿雍《什么是社会主义》。

本月

高尔松译列宁《帝国主义浅说》中国经济研究会出版。选自《帝国主义是资本主义最高阶段》前六章。

《中国青年》杂志社编辑出版《唯物史观》由上海书店发行。

3 月 1 日，由中国共产党和国民党左派共同发起的国民会议促成会全国代表大会在北京开幕。

3 月 10 日，《社会科学》第 5 期刊载李俊《中国与社会主义》。

3 月 12 日，孙中山在北京逝世。国共两党组织各界民众进行哀悼活动，广泛传播孙中山的遗嘱和革命精神，形成一次全国规模的声势浩大的革命宣传活动。

4 月 15 日，上海《学艺》杂志第 6 卷 9 期刊载李春涛《唯物史观公式》。

4 月 22 日，中共中央机关刊物《新青年》季刊改为不定期刊物后出版第一号，编辑纪念列宁逝世专号，发表瞿秋白根据斯大林《论列宁主义基础》编译的《列宁主义概论》。

4 月 25 日，恽代英在《中国青年》第 76 期发表《评醒狮派》。文章揭露国家主义派其实像那些帝国主义、军阀的走狗一样，反对共产主义。

5 月 1 日—9 日，全国第二次劳动大会和广东省第一次农民代表大会在广州同时举行。大会决定成立中华全国总工会，选举林伟民、刘少奇等 25 人为中华全国总工会执行委员。1933 年 2 月全国总工会由上海迁入中央苏区首府瑞金，与中华全国总工会苏区执行局合并，改称中华全国总工会苏区中央执行局。1934 年 10 月随红军长征。1935 年 10 月在陕北瓦窑堡成立全总西北执行局，1937 年 8 月后实际停止工作。1948 年 8 月，在哈尔滨举行的第六次全国劳动大会恢复设立中华全国总工会。

5 月 2 日，《中国青年》第 77、78 期合刊出版“五月第一周特刊”。刊载任弼时《马克思主义概略》。

5 月 9 日，彭学沛译《德意志劳动党纲领批评》（《哥达纲领批判》）在上海《时事新报》副刊《学灯》刊载，12 日、15 日连载。

5 月 10 日，《东方杂志》第 22 卷第 9 号刊发张东荪《唯用派哲学之自由论》。

5 月 16 日，李璜在《醒狮》第 32 期发表《原来列宁说过马克思主义与国家主义势不两立》。

5 月 30 日，上海学生及其他群众代表举行反帝游行、讲演，租界巡捕开枪镇压，酿成“五卅惨案”。当晚中共中央召开紧急会议，决定组织行动委员会，建立各阶级的统一战线，发动工人罢工，学生罢课，商人罢市，抗议帝国主义者屠杀中国人民。中国共产党领导的反对帝国主义暴行的运动即五卅运动，约1700万各阶层群众直接参加斗争，标志着大革命高潮的到来。

本月

郭沫若译河上肇《社会组织与社会革命》上海商务印书馆出版。作者运用唯物史观分析研究资本主义，说明社会革命爆发的原因。

6月—翌年10月，中国共产党在广州、香港领导发动有25万人参加的反帝大罢工即省港大罢工。这是中国工人运动史上持续时间最长的一次政治大罢工。

7月23日，戴季陶在《民国日报》的《觉悟》副刊开始连载《三民主义之哲学的基础》（又名《孙文主义之哲学的基础》）。戴季陶反对马克思主义的唯物论，宣扬唯心主义的道统说；反对阶级斗争学说，提出以“仁爱”去消除阶级斗争；反对国共合作，排斥共产党，公开亮出“戴季陶主义”。

8月8日，恽代英在《中国青年》第87期发表《读〈孙文主义之哲学的基础〉》。这是中国共产党人批判戴季陶主义的首篇檄文。

8月10日，《东方杂志》第22卷第15号刊发张东荪《唯用论在现代哲学上的真正地位》。

8月15日，《向导》第124期刊载里亚赞诺夫《马克思与中国》。

8月22日，恽代英在《中国青年》第89期发表《民族革命中的共产党》，阐述了中国革命的两重性及中国共产党实现民主革命的历史使命。

8月25日，恽代英在《中国青年》第90期发表《国民党与阶级斗争》继续批判戴季陶主义。

本月，柯柏年译马克思《哥达纲领批评》（《哥达纲领批判》）上海书店出版。这是当时最完整的译本。

9月7日，《中国青年》第93、94期刊载正庸《共产主义者关于民族革命的理论》。

9月11日，《向导》周报第129期刊登瞿秋白《五卅运动中之国民革命与阶级斗争》。瞿秋白认为工人阶级之所以能成为民族解放运动的先锋，是因为他们的利益与全国绝大多数的民众的莉益是一致。

9月11日，《向导》周报出版《反戴季陶的国民革命观》专辑。收录了瞿秋白和陈独秀的文章。瞿秋白《中国国民革命与戴季陶主义》揭露批判了戴季陶的唯心主义的“民生哲学”是地主阶级反对农民革命斗争的思想体系。

9月14日，《中国青年》第95期刊载恽代英《唯物史观与国民革命》。

10月，中共中央执行委员会扩大会议在北京召开。会议总结了自五卅运动以来的斗争经验，确定了党在革命高潮中领导工农群众运动的方针，首次提出农民土地问题，并开始注意军事问题。

10月，萧楚女编写《显微镜下之醒狮派》出版。

11月7日，《向导》周报第135期“十月革命”特刊出版，发表陈独秀《十月革命与中国民族解放运动》。

11月16日，上海《洪水》半月刊第1卷第5期刊载郭沫若《共产与共管》。驳斥林灵光在《独立党出现的要求》对中国共产党及其革命的污蔑。

11月20日，肖楚女在《中国青年》第102期发表《十月革命与中国民族解放运动》。

12月1日，毛泽东在国民革命军第二军司令部编印的《革命》半月刊第四期发表《中国社会各阶级的分析》。毛泽东通过对中国社会各阶级的分析，指出了中国无产阶级的最广大和最忠实的同盟军是农民。1926年2月《中国农民》第2期转载了这篇文章。1926年3月《中国青年》第116、117期全文连载这篇文章。

12月5日，由中国国民党中央宣传部主办《政治周报》在广州创刊。前4期由时任国民党中央代理宣传部部长的毛泽东主编。毛泽东发表《〈政治周报〉发刊理由》的发刊词，强调用忠实地报告革命工作的事实对敌人的宣传进行反攻。

本月

《中国青年》第106、107、108、109期连载谷二翻译斯大林《列宁主义的理论及实际》(即斯大林《论列宁主义基础》)。

黄昌谷选编、胡汉民著《唯物史观与伦理之研究》由上海民智书局出版发行。本书阐述了中国哲学史之唯物的研究，孟子与社会主义，阶级与道德学说等。

董亦湘讲演、徐恒耀记录整理《唯物的人生观》上海新文化书社印刷发行。讲演者对社会风俗习惯与阶级斗争、道德发展及作用等问题作了唯物辩证的阐述。

1926年

1月1日，由中国国民党中央农民部主办《中国农民》在广州创刊，实际是中国共产党领导出版的刊物。毛泽东在《中国农民》第1期发表《中国农民中各阶级的分析及其对于革命的态度》。本文分析社会各阶级经济地位各不同，其生活状况各不同，因而影响其对革命的态度也各不同，初步形成了关于农村阶级分析的理论。

1月1日—19日，国民党在广州举行第二次全国代表大会。大会决定进一步贯彻执行联俄、联共、扶助农工的三大政策，给参加西山会议的右派分子以党纪制裁。

1 月 10 日，毛泽东在《政治周报》第四期发表《国民党右派分离的原因及其对于革命前途的影响》。文章把中国的国民革命同以往的民主革命区别开来，为后来提出新民主主义革命理论提供了条件。

1 月 16 日，郭沫若《讨论〈马克思进文庙〉》在上海《洪水》半月刊第 1 卷第 9 期发表。作者对于陶其情《马克思哪能进文庙呢？》一文表示反对的意见。

1 月 16 日，马云译《列宁主义的革命战术》(《共产主义运动中的左派幼稚病》的部分内容）在《中国青年》第 110 刊出，111 期连载。

1 月 17 日，瞿秋白在《向导》第 143 期发表《列宁主义与中国的国民革命》。

1 月 21 日，《政治生活》第 65 期发表士炎《列宁主义之理论与实际》。

本月

董亦湘译考茨基《伦理与唯物史观》新文化社出版。

布哈林和普列奥布拉任斯基合著《共产主义的 ABC》新青年社出版。

2 月 3 日，《政治生活》第 67 期发表王星华《共产主义与中国革命运动》。

2 月 21 日—24 日，中共中央在北京召开特别会议，会议确定党应从各方面准备北伐战争。

3 月 4 日，樊仲云译托洛茨基《论无产阶级的文化与艺术》在《文学周报》第 216 期刊出，第 217、219 期连载。

3 月 13 日，《中国青年》第 116、117 期发表毛泽东《中国社会各阶级的分析》。

3 月 18 日，北京各界群众在以李大钊为首的中共北方区委和国民党北京执行部领导下，在天安门前举行一万余人的反帝示威大会。会后，当数千人的请愿团到达段祺瑞执政府门前时卫队向群众开枪，酿成“三・一八”惨案。3 月 20 日，中国共产党为“三・一八”发表告全国民众书，号召全国人民团结起来打倒段祺瑞，推翻帝国主义、军阀的统治。

3 月 18 日，毛泽东在广州国民党政治讲习班纪念巴黎公社五十五周年集会上发表讲演，着重总结巴黎公社，指出对敌人仁慈，便是对同志残忍，要从此学得革命的方法。

3 月 20 日，蒋介石制造中山舰事件。从此加紧限制共产党的活动。5 月，在国民党二届二中全会上提出《整理党务案》，从国民党领导机构中排挤共产党人。

3 月 25 日，瞿秋白在《新青年》(不定期刊物）第 3 号发表《国民革命运动中之阶级分化——国民党右派与国家主义派之分析》。

本月，汕头《岭东民国日报》副刊“革命”第 2 卷第 8 期刊载柯柏年译列宁《唯物史观与马克思》(即列宁《卡尔·马克思》)。

4 月 1 日，肖楚女在《学艺》第 1 期发表《民生主义之现在与将来》。肖楚女驳斥西山会议派以及国民党其他右派污蔑共产党制造阶级斗争的谬论。

5 月 1 日，全国第三次劳动大会、广东省第二次农民代表大会同时在广州举行。大会通过了职工运动的总策略等议案。

5 月 1 日，瞿秋白在《向导》周报第 151 期发表《中国革命的五月与马克思主义》。文章认为中国的民族解放运动必然加入世界无产阶级国际革命的统一战线，必须接受马克思主义指导。

5 月 1 日，中共北方区委的刊物《政治生活》第 76 期刊载李大钊译马克思《马克思的中国民族革命观》(《中国革命和欧洲革命》)。

5 月 15 日—22 日，国民党在广州召开二届二中全会。谭延闿、蒋介石等 9 人联名向全会提出旨在限制共产党及篡夺国民党党权的《整理党务案》。

6 月 10 日，李季在《学林》周报第 2 卷 4 期发表《译马克思通俗资本论自序》。

本月

毛泽东在广州第六届农民运动讲习所讲授中国农民问题。他总结中国农民斗争的历史，指出中国国民革命是农民革命。解决农民的土地问题是革命的中心问题。

李达《现代社会学》湖南长沙现代丛书社出版。全书系统地论述了马克思主义唯物史观和科学社会主义的基本原理。

李季译博洽德《通俗资本论》社会科学出版社出版。

7 月 9 日，国民革命军在广州誓师北伐。到 11 月，基本消灭军阀吴佩孚、孙传芳的势力。在北伐战争中，以共产党员、共青团员为骨干的叶挺独立团屡破强敌。

7 月 12 日—18 日，中国共产党第四届中央执行委员会第二次扩大会议在上海举行。会议讨论通过了《中国共产党与国民党关系问题议决案》等文件。

8 月 4 日，中共中央发出关于坚决清洗贪污腐化分子的通告。这是中国共产党历史上第一个惩治贪污腐败的文件。

8 月 31 日，《中国青年》第 131、132 期发表《列宁与共产主义青年运动》。

9月1日，《农民运动》第8期刊载毛泽东为《农民问题丛刊》撰写题为《国民革命与农民运动》的序言。

10月29日，《人民周刊》第29期刊载毕耳《马克思底根本概念》。

10月—翌年3月，中共中央和上海区委组织上海工人连续举行三次武装起义。1927年3月21日，第三次武装起义在陈独秀、罗亦农、赵世炎、周恩来等组成的特别委员会直接领导下取得胜利。

11月上旬，中共中央决定成立中央农民运动委员会，毛泽东为书记；在武昌开办农民运动讲习所。

11月22日—12月16日，共产国际执委第七次扩大全会在莫斯科举行。中国共产党代表谭平山出席会议。会议着重讨论了中国革命问题，通过了关于中国问题的决议案，斯大林在会上做了《论中国革命的前途》的演说。会议对中国革命的任务、动力和前途，从理论上作了一些正确的阐述，但对国民党的革命性估计过高。

12月6日，《中国青年》第144期译载列宁《论党的出版物与文学》（《党的组织与党的文学》）。

12月24日，柯柏年译列宁《唯物史观与马克思》刊于《岭东民国日报》副刊《革命》第3卷第3期。本文节译列宁《卡尔·马克思》。

12月中旬，中共中央在汉口召开特别会议。会议没有能解决党在迫在眉睫的危局中如何生存并坚持斗争这个极端重要的问题，反而指引了错误的方向。

12月20日，毛泽东在长沙出席湖南全省第一次工人代表大会和农民代表大会联合举行地欢迎他到湖南考察的大会，并发表《工农商学联合的问题》演说。演说指出：国民革命是各阶级联合革命，但有一个中心问题，就是农民问题，一切都要靠农民问题的解决。

本月，汕头《岭东民国日报》副刊“革命”第3卷第4期刊登柯柏年译马克思《一八四八年六月巴黎无产阶级之失败》（即马克思《1848年到1850年法兰西阶级斗争》节选）。

1927年

1月21日，《向导》周报第184期出版“列宁逝世三周年纪念特刊”，发表述之《列宁主义是否不适合中国的所谓“国情”？》。文章针对列宁主义是俄国的东西不适合中国的国情的论调，指出列宁主义是帝国主义和无产阶级革命时代的马克思主义。

本月

柯柏年译列宁《国家与革命》发表在上海《民国日报》之《革命》副刊。

斯大林《列宁主义概论》（《论列宁主义基础》）新青年社出版。

布哈林《马克思主义者列宁》新青年社出版。

2月16日，毛泽东在湖北武昌将一月四日至二月四日到湖南五县考察农民运动的情况写报告给中共中央，批评中央与农民的革命情绪不相称，主张在农民运动中采取新的路线。

本月

瞿秋白撰写《中国革命中之争论问题》分析中国社会状况和特点，系统阐述中国革命的对象、动力、领导权等问题。

陆定一译布哈林《资本主义稳定与无产阶级革命》，新青年社出版。

3月5日，毛泽东《湖南农民运动考察报告》在中共湖南区委机关刊物《战士》周报第35、36期合刊发表，第38、39期连载。报告回答党内外对农民革命斗争的责难，明确指出革命党人要极端重视农民斗争，支持农民的革命举动，特别提出贫农群众是革命的先锋、中坚和元勋。这篇报告先后被《向导》周报等一些刊物转载，并在4月由汉口长江书店出版了单行本。5月和6月《共产国际》俄文版和英文版先后转载了《向导》周报刊印的《报告》。瞿秋白为单行本作序指出："中国的革命者个个都应当读一读毛泽东这本书"。布哈林看了俄文版的报告评价"文字精炼，耐人寻味"。

3月10日—17日，国民党二届三中全会在汉口举行。共产党员和国民党左派联合起来，挫败了蒋介石在南昌另立中央的企图，通过了旨在限制蒋介石个人独裁的一系列决议。

本月

肖楚女《社会主义讲授大纲》武昌时中合作书社出版。

瞿秋白译哥列夫《无产阶级哲学——唯物论》（后改名为《新哲学——唯物论》），新青年社出版，武汉长江书店发行。

董亦湘译考茨基《伦理与唯物史观》教育研究社发行。

4月5日，汪精卫、陈独秀发表《汪陈联合宣言》，使一部分共产党员误以为局势已经缓和下来，因而放松了警惕。

4月6日，李大钊在北京被奉系军阀逮捕。28日被杀害。

4月12日，蒋介石在上海发动四一二反革命政变。这是大革命从高潮走向失败的转折点。

4月14日，共产国际执行委员会发表《关于蒋介石发动反革命政变告全世界无产者、农民及一切被压迫民族书》，指出蒋介石已被帝国主义所收买，已成了帝国主义强盗的同伙，工人运动的敌人。

4月19日，毛泽东在汉口出席国民党中央土地委员会第一次扩大会议时提出：解决土地问题应有一个纲领。

4 月 20 日，中国共产党发表《为蒋介石屠杀革命民众宣言》，号召人民起来打倒蒋介石。

4 月 21 日，斯大林在《真理报》第 90 号发表《中国革命问题》。托洛茨基 5 月 7 日写了《中国革命与斯大林大纲》，文章针对斯大林观点进行了批判。

4 月 27 日—5 月 9 日，中国共产党第五次全国代表大会在武汉举行。出席大会的正式代表 82 人，代表全国 57967 名党员。共产国际代表罗易、多里奥、维经斯基、鲍罗廷等参加会议。大会指出党忽略了与资产阶级争取革命领导权的斗争；在争取领导权的斗争中，无产阶级必须在农民中得到同盟者。大会强调了土地革命的重大意义。大会批评陈独秀的右倾机会主义错误，通过《中国共产党第五次全国代表大会宣言》《政治形势与党的任务议决案》等文件。大会选举产生中央委员会和党的历史上第一个中央纪律检查监督机构——中央监察委员会。会后，中央政治局会议通过修改党章的决议，正式提出党内实行民主集中制的组织原则。5 月 10 日，五届一中全会选举产生中央政治局，并选举陈独秀、张国焘、蔡和森组成中央政治局常务委员会，陈独秀为中央委员会总书记。

本月，论文集《马克思主义的民族革命理论》由新青年社出版。

5 月 18 日—30 日，共产国际执委第八次全会在莫斯科召开，联共（布）中央政治局会议根据共产国际八次全会的精神，于 5 月 30 日作出关于中国问题的决定，并就此给在中国的鲍罗廷、罗易和苏联驻汉口总领事柳克斯三人发出电报，即 5 月紧急指示。中共中央于 6 月 1 日收到这个指示时，鲍罗廷和维经斯基表示一时无法执行，共产国际代表罗易也表示难于实现。

6 月 24 日，根据长沙发生反革命政变（即马日事变），中共湖南党组织受到严重破坏的情况，中共中央任命毛泽东为湖南省委书记。毛泽东到湖南后指出：各县工农武装一律迅速集中，不要分散，要用武力来对付反动军队，以枪杆子对付枪杆子，不要再徘徊观望。

本月

贺良编写《各派社会主义浅说》上海世界书局出版。

胡汉民译伯亚《社会主义史》上海民智书局出版。

社会主义研究社译穆欧斯《马克思主义与社会史》上海民智书局出版。

7 月 4 日，中共中央政治局常委举行会议。陈独秀主张国民革命军招兵时，农民协会的会员和自卫武装可应征加入。毛泽东指出：“不保存武力，则将来一到事变，我们即无办法。”

7 月 12 日，根据共产国际执行委员会的指示，中共中央改组，由张国焘、李维汉、周恩来、李立三、张太雷组成临时中央政治局兼常委，陈独秀停职。13 日，中国共产党中央委员会发表对政局宣言，谴责武汉国民党中央和国民政府的反动罪行，宣布撤回参加国民政府的共产党员。同时发表了《国民革命目前行动的政纲草案》，表示中国共产党继续进行反帝反封建的革命斗争。

7 月 15 日，汪精卫召开国民党中央常务委员会扩大会议，以“分共”的名义，正式同共产党决裂，对共产党员和革命群众实行大逮捕、大屠杀。国共合作全面破裂，国共两党合作发动的大革命宣告失败。据不完全统计，从 1927 年 3 月至 1928 年上半年，被杀害的共产党员和革命群众达 31 万多人。

7 月中旬，中共中央确定秋收起义。

本月，熊得山译山川均《唯物史观经济史》上册由上海昆仑书店出版。

8 月 1 日，在以周恩来为书记的中共中央前敌委员会领导下，贺龙、叶挺、朱德、刘伯承等率领党所掌握和影响的军队两万余人，在江西南昌打响武装反抗国民党反动派的第一枪。南昌起义标志着中国共产党独立领导革命战争、创建人民军队和武装夺取政权的开端，开启了中国革命新纪元。1933 年 6 月 30 日，中华苏维埃共和国中央革命军事委员会决定以发动南昌起义的 8 月 1 日为中国工农红军成立纪念日。此后，8 月 1 日成为人民军队建军纪念日。

8 月 7 日，中共中央在湖北汉口召开紧急会议（八七会议）。会议着重批评了大革命后期以陈独秀为首的中央所犯的右倾机会主义错误，确定了土地革命和武装反抗国民党反动派的总方针。这是由大革命失败到土地革命战争兴起的历史性转变。会议选出以瞿秋白为首的中央临时政治局。

8 月 18 日，毛泽东在长沙市郊沈家大屋召开的中共湖南省委会议讨论秋收暴动问题时指出：我们党从前的错误，就是忽略了军事，现在应以百分之六十的精力注意军事运动，实行在枪杆上夺取政权，建设政权。

8 月 20 日，毛泽东以中共湖南省委名义写信给中央，表示拥护共产国际关于在中国立即实行工农兵苏维埃的意见。

9 月 9 日，以毛泽东为书记的中共湖南省委前敌委员会，领导工农革命军第一师发动湘赣边界秋收起义。

9 月 19 日，湘赣边界秋收起义受挫后，毛泽东在浏阳文家市里仁学校主持召开前敌委员会会议，主张放弃攻打长沙，把工农革命军向敌人统治力量薄弱的农村、山区转移，寻求落脚点，以保存实力，再图发展。会议经过激烈讨论，通过了毛泽东的主张。从进攻大城市转到向农村进军，这是中国人民革命历史中具有决定意义的新起点。

9 月 19 日，中共中央临时政治局会议通过《关于“左派国民党”及苏维埃口号问题决议案》，决定以后的革命不再打国民党的旗帜，在革命斗争的新高潮中应成立苏维埃。

9 月 29 日，毛泽东在率领工农革命军第一军第一师进驻江西永新三湾村后，于当晚主持召开前委扩大会议，决定对部队进行改编。经过改编，起义军从一个师缩编为一个团；党在部队中建立了各级组织，特别是把支部建在连上，加强了党对军队的领导。三湾改编从组织上确立了党对军队的领导，是建设无产阶级领导的新型人民军队的重要开端，奠定了建设新型人民军队的基础。10 月，起义军到达井冈山，开始创建农村革命根据地的斗争。

9 月—翌年春，中共琼崖特委在定安、琼山等地，中共广东地方组织在海丰、陆丰等地，中共黄麻特委在湖北黄安、麻城，中共赣西特委、赣南特委分别在江西吉安、万安、赣县等地，领导发动武装起义。

10 月 3 日，毛泽东在宁冈古城文昌宫主持召开有部队营以上干部和宁冈县党的负责人参加的前委扩大会议（即古城会议）。会议初步总结了湘赣边界秋收起义以来的经验教训，着重讨论了在罗霄山脉中段建立落脚点和开展游击战争的问题，认为在井冈山落脚是理想的场所。

10 月 24 日，毛泽东在荆竹山向工农革命军做动员讲话指出：上井冈山要建立根据地，大家一定要和山上的群众及王佐部队搞好关系，做好群众工作。为此，他宣布了工农革命军三项纪律：一切行动听指挥、不拿群众一个红薯、打土豪要归公。

10 月 24 日，中共中央机关刊物《布尔什维克》周刊在上海创刊，瞿秋白任编委主任。初为周刊，后为不定期。创刊号发表瞿秋白《国民党死灭后中国革命的新道路》。

10 月，戴季陶等译考茨基《马克思资本论解说》上海民智书局出版。

10 月—11 月，中共广东地方组织在南昌起义军余部编成的工农革命军配合下，在海丰、陆丰等地举行武装起义，创建革命根据地。

11 月 9 日—10 日，中共中央临时政治局在瞿秋白主持下于上海召开扩大会议。会议原则上通过了共产国际代表罗米那兹起草的《中国现状与共产党的任务决议案》以及组织问题、政治纪律问题等决议案。这次会议在共产国际代表罗米那兹的“左”倾思想指导下，错误地认为这时中国革命的性质是所谓“不断革命”，革命形势仍在继续高涨，反对退却，要求继续进攻，提出以城市为中心举行全国武装暴动的策略。在实际工作中造成许多损失。1928 年 4 月下旬，这次“左”倾盲动错误在全国实际工作中基本结束。

11 月下旬，工农革命军攻占湖南茶陵县后，毛泽东提出：要打碎旧的县政权机构，充分发动群众，建立真正代表人民群众利益的工农兵政权。按照毛泽东的意见，湘赣边界第一个红色政权——茶陵县工农兵政府成立，同时还建立县赤卫大队、县工会、县农会等组织。

12 月 11 日，中共广东省委书记张太雷和叶挺、恽代英、叶剑英等，领导广州部分国民革命军和工农武装举行起义，建立广州苏维埃政府。在优势敌人的进攻下遭到失败。从广州撤出的部分武装力量转移到海陆丰地区。

12 月下旬，毛泽东在江西宁冈砻市召集的工农革命军全体指战员大会上，明确提出革命军队应当担负起三大任务：第一，打仗消灭敌人；第二，打土豪筹款子；第三，做群众工作。

本月，吴琼译列宁《左派幼稚病》上海浦江书店出版。

1928 年

1 月 24 日，由毛泽东主持、陈正人起草的《遂川工农兵政府临时政纲》在遂川县工农兵政府成立大会上通过。这个临时政纲是对茶陵、遂川建设工农兵政权经验的初步总结，成为井冈山以至赣南、闽西革命根据地建设的蓝本。

1 月—7 月，方志敏等在江西弋阳、横峰，朱德、陈毅等在湘南地区，贺龙、周逸群等在湖北洪湖和湘西桑植地区，刘志丹等在陕西渭南、华县，彭德怀、滕代远、黄公略等在湖南平江，领导发动武装起义。

2 月 1 日，戴季陶在《新生命》第 1 卷第 2 号发表《行易知难》。文章认为“马克思主义的共产主义，在各派社会主义的理论当中，的确算是比较最有科学的价值而同时是尊重科学的方法的”。

2 月，毛泽东率部打破江西国民党军队对井冈山地区的进攻。中国第一个农村革命根据地——以宁冈为中心的井冈山革命根据地初具规模，湘赣边界的工农武装割据局面形成。4 月下旬，朱德、陈毅率领南昌起义保留下来的部队和湘南起义农军到达井冈山，与毛泽东领导的部队会师，成立工农革命军第四军（后改称工农红军第四军），朱德任军长，毛泽东任党代表和军委书记。在创建和发展井冈山革命根据地的过程中，形成了坚定信念、艰苦奋斗，实事求是、敢闯新路，依靠群众、勇于胜利的井冈山精神。

3 月，郑超麟把恩格斯《原始基督教论》《空想社会主义与科学社会主义》《费尔巴哈与德国古典哲学的终结》3 篇重要著作，编译成《宗教、哲学、社会主义》由上海沪滨书局出版发行。

3 月，刘宝书编译《马克思列宁之农业政策》上海太平洋书店出版发行。

4 月 3 日，毛泽东在湖南桂东沙田宣布和解释工农革命军的“三大纪律、六项注意”。以后六项注意又发展成八项注意。

5 月 1 日，创造社刊物《流沙》第 4 期刊载李一氓编译《科学社会主义的哲学渊源》《唯物史观原文》。

5 月 20 日—22 日，毛泽东在宁冈茅坪主持召开中共湘赣边界第一次代表大会，确定了“深入割据地区的土地革命”的政策。毛泽东在报告中阐明了中国革命战争发展和胜利的必然性与可能性，初步回答了“红旗到底打得多久”的问题。

本月

毛泽东、朱德总结南昌起义、湘赣边界秋收起义以来工农革命军作战的经验，提出“敌进我退，敌驻我扰，敌疲我打，敌退我追”十六字诀，为后来红军作战原则的形成奠定了基础。

恩格斯《社会主义从空想到科学的发展》由上海创造社出版部出版。这是朱镜我根据敦克尔编的《社会主义的发展》一书翻译。

陆一远译恩格斯《农民问题》(《法德农民问题》）上海远东图书公司出版。

6 月 4 日，中共中央复信朱德、毛泽东并转前委诸同志。复信指出：中国革命现在仍然是资产阶级民权革命的性质，你们的任务就是在湘赣或赣粤边界，以你们的军事实力发动广大的工农群众，实行土地革命，造成割据的局面，向四周发展而推进湘、鄂、赣、粤四省暴动局面的发展。十一月六日收到中央来信后，毛泽东在茨坪主持召开中共湘赣边界特委扩大会议，讨论中央六月四日来信。会上，根据中央来信指示，成立中共红四军前敌委员会，毛泽东任书记。

6 月 18 日—7 月 11 日，中国共产党第六次全国代表大会在莫斯科举行。出席大会的代表 142 人，其中有选举权的正式代表 84 人。共产国际代表布哈林作《中国革命与中国共产党的任务》报告。大会分析了大革命失败后中国的政治经济状况，对一系列认识上存在分歧和争论的中国革命的重大问题作出基本正确的回答。大会明确中国仍是一个半殖民地半封建的国家，现阶段的中国革命仍是资产阶级性质的民主主义革命，党的总路线是争取群众。大会选举产生新的中央委员会并选举产生中央审查委员会。

7 月 19 日，中共六届一中全会选举产生中央政治局和中央政治局常务委员会。20 日，政治局会议选举向忠发为中央政治局主席和中央政治局常务委员会主席，周恩来为常务委员会秘书长。

6 月，李达在《现代中国》第 1 卷第 4 期发表《民生史观和唯物史观》。

8 月，黄思越译恩格斯《社会主义发展史纲》(《社会主义从空想到科学的发展》）上海泰东书局出版。

9 月 15 日，创造社在上海创办理论刊物《思想》，主要介绍马克思主义理论和苏联情况。

本月，上海《思想》月刊第 2、3 期刊载李铁声译马克思《哲学的贫困拔萃》（即《哲学的贫困》第 1、2 章）。1929 年 10 月，杜竹君译《哲学之贫困》，上海水沫书店出版。

10 月 5 日，中共湘赣边界第二次代表大会通过了毛泽东起草的《中共湘赣边界第二次代表大会决议案》。决议案从中国社会实际情况出发，运用辩证唯物主义观点，分析了中国的政治状况、红色政权发生和存在的原因、湘赣边界的割据和八月的失败、经济问题、军事根据地等问题，深刻揭示出中国社会所处的复杂的国内外环境，以及各种矛盾相互交错政治经济发展极不平衡的特点，肯定一国之内，在四周白色政权的包围中，一小块或若干小块红色政权的区域长期存在是可能的。首次提出“工农武装割据”的重要思想。这个决议案的第一部分编入《毛泽东选集》时改为《中国的红色政权为什么能够存在？》。

10 月 5 日，刘少奇在《布尔什维克》第 2 卷第 1 期发表《口令的转变》。文章指出在革命斗争中，根据每个时期的实际情况提出正确而且恰当的口号，才能很好地领导斗争。

蔡和森在《布尔塞维克》第 2 卷第 1 期上发表《中国革命的性质及其前途》。文章反对非资本主义前途的油腔滑调，也反以为民权革命后必须经过资本主义的长期发展成熟，再来实行社会革命错误观点。

10 月 20 日，厉译恩格斯《恩格尔斯在马克思慕翁的演说》(《卡尔・马克思的葬仪》) 在《出路》第 1 期刊发。

11 月 11 日，中共中央发布《告全体同志书》，指出：要使党布尔什维克化、第一要强调党的无产阶级的基础；第二要发展党内政治的讨论，提高政治的水平线：第三要党员职业化；第四是支部生活的改进。

11 月 14 日、15 日，毛泽东在宁冈新城主持召开中共红四军第六次代表大会。大会经过对中国革命性质问题的辩论，作出政治、军事、党务、经济、纪律等各项决议案。

11 月 20 日，中共中央机关报《红旗》在上海创刊，前 23 期是周报，后 103 期是三日报，1930 年 8 月 2 日停刊，共出 126 期。谢觉哉主编。秘密发行。

11 月 25 日，毛泽东以中共红四军前委名义写报告给中共中央的报告《井冈山的斗争》。该文具体分析武装割据、革命根据地的发展等问题，回答了“红旗究竟能够打多久？”的疑问，批评了悲观主义论调，指出红旗要一直打下去，而且会获得最后胜利，中国革命的具体道路，即走农村包围城市的道路，革命根据地的建立具有重大意义。这篇报告和《中国的红色政权为什么能够存在？》一起，为从理论上和实践上解决中国革命的道路问题指明了方向，是以毛泽东为代表的中国共产党人探索中国革命道路的阶段性重要成果，是毛泽东“工农武装割据”思想的代表作

本月，陆一远译恩格斯《马克思主义的人种由来说》(《劳动在从猿到人转变过程的作用》）上海春潮书店出版。

12 月，毛泽东通过总结井冈山革命根据地土地斗争的经验，制定了井冈山《土地法》。

下半年起，上海泰东图书局陆续发行出版了一套“马克思研究丛书”，到 1930 年出齐，共十册。

1929 年

1 月 14 日，毛泽东、朱德、陈毅率领红四军主力离开井冈山，进军赣南。相继开辟赣南、闽西革命根据地。后来发展为中央革命根据地（中央苏区）。到 1931 年 11 月，全国已形成中央、湘鄂西、鄂豫皖、琼崖、赣东北（后发展为闽浙赣）、湘鄂赣、湘赣、右江等革命根据地。后来又建立了川陕、陕甘、湘鄂川黔、鄂豫陕、闽东等革命根据地。在革命根据地的创建和发展中，形成了以坚定信念、求真务实、一心为民、清正廉洁、艰苦奋斗、争创一流、无私奉献等为主要内涵的苏区精神。

1 月 25 日，《东方杂志》第 26 卷第 2 号刊登译文：Carver《马克斯（思）主义的根本错误》、Laski《马克斯（思）派哲学的价值与缺点》。

本月

陶希圣《中国社会之史的分析》新生命书局出版。陶希圣否认我国半封建半殖民地社会的性质，认为中国有商业资本主义，士大夫是社会发展的决定力量，中国不需要社会主义革命，只有三民主义才能救中国。由此引起关于中国社会性质的大论战。参加论战的除“新生命派”陶希圣外，还有“动力派”的任曙、严灵峰、王宜昌、李季（均为中国托派分子）；“新思潮”派的潘东周、王学文等。

屈章译摩陵（梅林）《历史的唯物主义》上海创造社出版部出版。

3 月 17 日，周恩来为中共中央起草致贺龙及湘鄂西前委指示信。指示信指出：现在，在全国范围内，还没有一种直接革命的形势。目前所应注意者，还不是什么占领大的城市，而是在乡村中发动群众，深入土地革命。指示信还介

绍了朱毛红军支部建在连上的经验，以备他们将来在部队建党时参考。

4月5日，毛泽东在江西瑞金以中共红四军前委名义复信中央。复信批评中央二月来信畏惧农民势力的发展是错误的，并介绍了红军的战术，明确了红军的任务，红军不是一个单纯打仗的东西，它的主要作用是发动群众，打仗仅是一种手段。

本月

毛泽东根据在于都、兴国调查的情况和中共六大决议案制定兴国县《土地法》。兴国《土地法》改变了井冈山《土地法》没收一切土地归苏维埃政府所有的作法，规定：没收一切公共土地及地主阶级的土地归兴国工农兵代表会议政府所有，分给无田地及少田地的农民耕种使用。

李达《社会之基础知识》上海新生命书局印刷发行。作者根据唯物史观原理，对社会进化、世界之将来等一系列社会问题作了阐述。

杜国庠译德波林《唯物辩证法与自然科学》上海光华书店出版。

朱应祺译马克思《工资、价格及利润》上海泰东书局出版。

5月，《马克思主义的民族革命论》上海新青年出版社出版。该书为文集，共15篇文章。其中包括《中国革命和欧洲革命》。

朱应棋与朱应会译马克思《工资劳动与资本》（即《雇佣劳动与资本》）上海泰东书局出版。

陶希圣在《新生命》第2卷第5号发表《马克思的社会进化论》。

5月—翌年2月，中共商（城）罗（田）麻（城）特区委员会在河南商城，中共六安县委在安徽六安、霍山，中央代表邓小平等在广西百色、龙州，先后领导发动武装起义，建立红军，逐步开辟豫东南、皖西、左右江革命根据地。

6月14日，毛泽东就红四军党内争论的十四个突出问题复信林彪，指出：个人领导和党的领导是四军党的主要问题。

6月26日—30日，中国共产党在上海举行六届二中全会。会议检查总结党的第六次全国代表大会以来的工作，确定继续深入土地革命，开展游击战争，扩大苏区，建立红军等项任务。

本月

杨贤江根据英文参照日文本翻译恩格斯《家庭、私有制和国家的起源》第一个中文全译本由上海新生命书局出版。

冯雪峰译列宁《卡尔·马克思》上海泰东图书局出版。

杜畏之译普列汉诺夫《战斗的唯物论》上海神州国光社出版发行。该论文集是对俄国马赫主义者——波格丹诺夫经验批判论的批判，在批判中阐明辩证唯物论。

杜国庠译普列汉诺夫《史的一元论》上海南强书局出版发行。

7 月 20 日—29 日，毛泽东在上杭出席并指导中共闽西第一次代表大会。在会上做政治报告，提出巩固和发展闽西革命根据地的基本方针。

本月

列宁《国家与革命》第一个中文全译本在上海由中外研究学会翻译出版。

柯柏年译狄慈根《辩证法的逻辑》上海南强书局出版发行。

杨东莼译狄慈根《辩证法的唯物观》上海昆仑书店出版。

8 月，林自修译德波林《唯物辩证法与自然科学》光华书局印行。

9 月 28 日，中共中央发出由周恩来审定的给红四军前委发出指示信（即九月来信）。信中肯定红四军建立以来的成绩和经验，对红四军的工作任务做了明确的指示。指出：从你们过去的艰苦经验中就可以证明，先有农村红军，后有城市政权，这是中国革命的特征，这是中国经济基础的产物。

本月

李达译塔尔海马《现代世界观》上海昆仑书店出版。本书原名为《辩证唯物论入门》，是作者在莫斯科中山大学发表的演讲。

杨东莼译狄慈根《新唯物论的认识论》由上海昆仑书店出版。

10 月，李一氓从法文翻译马克思《哲学的贫困》上海水沫书店出版。这是马克思《哲学的贫困》最早的中文全译本。

林伯修译德波林《辩证法的唯物论入门》上海南强书店出版。

高唯均编译阿德拉斯基《哲学的唯物论》上海沪滨书局发行。本书是根据列宁的《唯物论与经验批判论》一书重编的。

李一氓译李阿萨诺夫《恩格斯马克思合传》上海江南书店出版。

林超真编译文集《宗教·哲学·社会主义》上海沪滨书局出版。本书收有林超真译恩格斯多种著述。

千香译《社会进化的铁则》上海启智书局出版。该书是《共产党宣言》《资本论》等著作的摘译。

11 月 15 日，鉴于陈独秀继续坚持错误，攻击党的政治路线，接受托洛茨基关于中国革命的理论和策略，并成立托派小组织，中共中央政治局召开会议，通过《关于开除陈独秀党籍并批准江苏省委开除彭述之、汪泽楷、马玉夫、蔡振德四人决议案》。

本月，克仁译拉狄克《中国革命运动史》新宇宙书店出版。该书原为作者在莫斯科中山大学的讲稿，书中用唯物史观的眼光分析中国革命历史。

12 月 11 日，中共中央代表邓小平和张云逸、雷经天、韦拔群等领导在共产党掌握和影响下的广西警备第四大队、教导队和右江农民军，举行百色起义。

12 月 28 日—29 日，红四军党的第九次代表大会（古田会议）在福建上杭古田召开。毛泽东当选为中共红四军前敌委员会书记。会议一致通过毛泽东根据中央九月来信精神、在深入调查了解红四军实际情况的基础上起草的八个决议案（总称《中国共产党红军第四军第九次代表大会决议案》，即《古田会议决议》）。《古田会议决议》中最重要的是关于纠正党内的错误思想，确立了思想建党、政治建军的原则。古田会议决议是中国共产党和红军建设的纲领性文献，是党和人民军队建设史上的重要里程碑。古田会议奠基的军队政治工作对军队生存发展起到了决定性作用。

12 月，上海平凡书局开始陆续编译出版了一套《马克思学体系丛书》。丛书为苏联萨可夫斯基所编著。

本月

彭嘉生根据德文翻译恩格斯《路德维希·费尔巴哈和德国古典哲学的终结》最早的中译单行本由上海南强书店出版，译名为《费尔巴哈论》。

黄药眠译 Labriola《史的唯物主义》江南书局出版。

1930 年

1 月 1 日，冯雪峰译《艺术形成之社会的前提》即马克思《导言〈摘自 1857—1858 年经济学手稿〉》在上海《萌芽》月刊第一卷第一期刊载。

1 月 5 日，毛泽东在古田复信林彪（《星星之火，可以燎原》）。信中总结两年多创建发展革命根据地的实践经验，进一步发展了“工农武装割据”的思想，基本形成了农村包围城市、武装夺取政权的理论。

本月

李达在《大夏期刊》第 1 期发表《辩证法的唯物论》。

乔治译《科学的社会主义》（列宁《卡尔·马克思》另一节译本）北京燕山书店出版。

张如心《无产阶级的哲学》出版。作者阐述了辩证唯物论在马克思学说中的地位和与“文化革命”的关系等。

马克思等著、唐杰编辑《民族革命原理》上海华兴书局，收录《中国革命与欧洲革命》等。

2 月，鲁迅译普列汉诺夫《车尔尼雪夫斯基的文学观》发表在《文艺研究》季刊第 1 卷第 1 期。

章子健译普列汉诺夫《马克思主义的哲学问题》(《马克思主义的基本问题》）上海乐群书店出版发行。

王凡西译普列汉诺夫《从唯心论到唯物论》上海沪滨书局出版发行。

李一氓译《马克思论文选译》上海沪滨书局出版发行。

张其珂《理论与实践——从辩证法唯物论的立场出发》上海亚东图书馆出版发行。

郭沫若《中国古代社会研究》上海联合书店出版，被称为中国马克思主义史学的开山之作。

3 月 1 日，致平译恩格斯《在马克思葬仪式上的演说》(即《卡尔·马克思的葬仪》）载上海《萌芽》月刊第 1 卷第 3 期（三月纪念号）。

3 月 2 日，在中国共产党领导和推动下，中国左翼作家联盟在上海成立。随后中国社会科学家、戏剧家、美术家、教育家联盟以及电影、音乐小组等左翼文化团体相继成立。10 月，各左翼文化团体共同组成中国左翼文化总同盟。共产党领导的左翼文化运动在国民党统治区兴起，对于宣传马克思主义思想，扩大共产党的影响，反对国民党法西斯文化专制主义和促进抗日救亡运动发挥了重要作用。

3 月 18 日，以毛泽东为书记的中共前委发布关于分兵争取群众及工作路线的通告。通告总结赣南、闽西“武装割据”的新经验，提出“伴着发展”的工作路线和“同时扩大同时深入”的工作方针。

本月

陈豹隐根据德文版参照日文版翻译的马克思《资本论》第一卷第一分册（即第 1 卷的第 1 篇）上海昆仑书店出版。这是我国最早的《资本论》中译本，它只包括第一篇。

郑里镇译河上肇《唯物史观研究》上海文华书局出版发行。

巴克译河上肇《唯物史的基础》上海明日书店出版发行。

华兴书局编辑《马克思主义的基础》以上海社会科学研究社的名义出版，编者署名潘鸿文。

刘曼译马克思《经济学批判》上海乐群书店出版，包括《政治经济学批判》,《经济学批判绪言》。

4 月 2 日，实际主持中共中央工作的李立三在中央机关刊物《布尔塞维克》发表《怎样准备夺取一省与几省政权的胜利的条件》，提出加紧准备夺取一省与几省政权，建立全国革命政权，已成为党的目前的总战略。文章不点名的批评毛泽东等以乡村来包围城市、单凭红军来夺取中心城市都只是一种幻想。

4 月 10 日，杜干·巴剌诺斯奇《唯物史观的改造》由胡一贯、张文心合译，新生命书局印行。作者是一个以康德主义改造马克思主义的“马克思批评家”。

本月

王若水译普赖（列）汉诺夫《近代唯物论史》上海泰东图书局印行。

程始仁编译《辩证法经典》上海亚东图书馆出版。本书是根据河上肇编辑翻译的马恩列哲学著作的有关章节摘译编辑而成的。

陶伯译布哈林《唯物史观》（三册）上海泰东图书局印行。

朱应祺与朱应会译恩格斯《马克思国家发展过程》上海泰东书局出版。

向省吾译恩格斯《费尔巴哈与古典哲学的终末》上海江南书店出版。

向省吾译《马克思、恩格斯关于唯物论的片段》由上海江南书店出版。

张如心《无产阶级的哲学》光华书局出版。

5 月 1 日，洛扬译马克思《马克思论出版底自由与检查》刊发在上海《萌芽》月刊第 1 卷第 5 期。

本月

毛泽东在江西寻乌进行社会调查，整理成《寻乌调查》。文章通过对当地的情况考察分析，为确立土地分配中限制富农的“抽肥补瘦”原则提供了依据。

毛泽东为反对红军中的教条主义（当时叫本本主义）思想撰写《调查工作》，提出“反对本本主义”。指出：没有调查，没有发言权。一切结论产生于调查研究的末尾，而不是在它的先头；调查就像“十月怀胎”，解决问题就像“一朝分娩”，调查就是解决问题。马克思主义的“本本”是要学习的，但是必须同我国的实际情况相结合。我们需要“本本”，但是一定要纠正脱离实际情况的本本主义。文章提出了以马克思主义为指导，探索中国革命道路的科学的思想方法和认识论原则，初步形成了毛泽东思想活的灵魂的三个基本点，即实事求是、群众路线、独立自主的思想。后来，一九六一年三月十一日，毛泽东将这篇文章印发给他在广州召集的一次会议，并写说明指出：这是一篇老文章，是为了反对当时红军中的教条主义思想而写的。一九六四年经毛泽东审定，改题为《反对本本主义》。

毛泽东、朱德在寻乌召开红四军大队以上干部会议。会议总结贯彻古田会议决议的经验，提出革命军队管理教育的七条原则。

陈仲涛译马克思《拿破仑第三政变记》（即《路易·波拿巴的雾月十八日》）上海江南书店出版。

刘曼译马克思《经济学批判》上海乐群书店出版，这是马克思《政治经济学批判》的第一个中文全译本。

刘镜圆译《革命与反革命》（即恩格斯《德国的革命与反革命》）上海新生命书局出版。

吴亮平《社会主义史》南强书局出版。

6 月 11 日，中共中央政治局会议通过由李立三起草的《新的革命高潮与一省或几省的首先胜利》的决议，对于中国革命形势、性质和任务等问题提出了一整套的错误主张，标志着以李立三为代表的“左”倾冒险错误在党中央占了统治地位。9 月，中共六届三中全会批评了以李立三为代表的“左”倾错误，结束了“立三路线”在党内的错误统治。

本月

周拱生译河上肇《唯物论纲要》上海乐华图书公司印行。

杜畏之译普列汉诺夫《战斗的唯物论（答波格丹诺夫先生）》上海神州国光社出版。

上海光华书局出版李平心（圣悦）《现代社会学理论大纲——唯物史观的社会学基础理论》。

上海平凡书店以《马克思学体系》（上下两册）为题，出版苏联编辑的包括马克思、恩格斯的论述在内的有关唯物主义辩证法和社会主义的摘编。

7 月 10 日，《东方杂志》第 27 卷第 13 号刊载李石岑《费尔巴哈的思想系统》。

7 月 15 日，《动力》杂志创刊。托派分子严灵峰在《动力》第 1 期发表《中国是资本主义的经济，还是封建制度的经济》，后又发表《再论中国经济问题》《我们的反批评》等文章。1931 年 6 月将上列文章汇辑为《中国经济研究》一书，针对新思潮派的观点进行论战，否认中国社会的半殖民地半封建性质，断言中国已是资本主义社会。他们被称为“动力派”。

本月

笛秋和朱铁笙合译列宁《唯物论与经验批判论》（《唯物主义与经验批判主义》）最早的中译本由上海明日书店出版发行。

塞姆柯甫士基编、刘沁仪翻译《社会主义的必然》由上海春秋书店出版。

冉·弱海时与波尔·拉发格《在历史观中唯物主义与唯心主义》由青锐翻译，上海辛垦书店出版发行。

张如心《苏俄哲学潮流概论》上海光华书局出版发行。

8 月 23 日，毛泽东和朱德率红一军团在湖南浏阳永和市与红三军团会合，合编为红军第一方面军，并成立中共红一方面军总前敌委员会，朱德任总司令，毛泽东任总前委书记兼总政治委员。

本月

张如心《辩证法学说概论》上海江南书店出版发行。

邹钟隐译《自由贸易问题》上海联合书店出版，包括马克思《关于自由贸易的演说》。

巴克编译《社会主义的基础》上海山城书店出版。这本书是文摘性的专题。

梁赞诺夫编著的马克思和恩格斯合传，刘侃元译为《马克思与恩格斯》上海春秋书店出版。

刘伯英译布哈林《历史的唯物论》(《历史唯物主义的经验》) 现代书局出版。

9 月 24 日—28 日，中国共产党在上海召开六届三中全会。会议前在瞿秋白、周恩来等主持下，根据共产国际的指示，已纠正了部分“左”倾错误。六届三中全会进一步批评了以李立三为代表的“左”倾错误，停止了李立三等组织全国总起义和集中全国红军进攻中心城市的冒险行动。这样，就在中共中央结束了以李立三为代表的“左”倾冒险错误的统治。

9 月 30 日，周恩来在上海主持召开中共中央军委扩大会议并作报告，肯定朱毛红军为适应新的斗争形势，从游击战向带游击性的运动战转变，是战略性的转变，是完全正确的。

9 月 30 日，上海《动力》月刊第 1 卷第 2 期刊载畏之译恩格斯《辩证唯物论的宇宙观与近代自然科学之发展》(即《自然辩证法》一书的摘译)。1932 年 8 月，杜畏之的译本《自然辩证法》上海神州国光社出版。

本月

马哲民《精神科学概论——马克思主义的“精神生活”及“精神生产”过程之研究》上海新生命书局出版。

成嵩译恩格斯《从猿到人》(《劳动在从猿到人转变过程中的作用》) 上海泰东书局出版。

10 月下旬，毛泽东在罗坊期间同兴国籍红军战士开了一个星期的调查会。一九三一年一月，他把调查材料整理写成《兴国调查》。

本月

共产国际执委会向中共中央发出《关于立三路线问题的信》。信中称中共六届三中全会是“调和主义”。王明等在 10 月底，先于中共中央得知这一信件的内容之后，乘机打着“拥护国际路线”“反对立三路线”“反对调和主义”旗号，要求彻底改选党中央的领导机构。

刘初鸣译拉法格《思想起源论》辛垦书店出版。

张斯伟译德波林《哲学与马克思主义》上海乐群书店出版。

李达译德波林《理论与实践的社会科学根本问题》出版。德波林学派是叶青等人的哲学思想来源之一。

刘侃元译《唯物史观的根本问题》春秋书店出版。该书实际上是马克思、恩格斯、考茨基、布哈林、普列汉诺夫等十人文章的摘抄。

上海春秋书店以《社会进化的原理》书名出版了苏联编辑的包括马克思、恩格斯的论述在内的有关唯物主义辩证法和社会主义的言论摘编。

11 月，吴黎平译恩格斯《反杜林论》上海江南书店出版发行，这是第一个中文全译本。

朱应祺、朱应会合译《马克斯〔思〕的唯物历史理论》上海泰东图书局出版。

郭湛波《辩证法研究》北平景山书社印刷发行。

12 月，吴黎平编译《辩证唯物论与唯物史观》上海心弦书社出版发行。该书是根据 1929 年苏联出版的唯物史观教科书改编的。

1931 年

1 月 7 日，根据共产国际的指示，中国共产党扩大的六届四中全会在上海召开。会上，王明（陈绍禹）等在共产国际执行委员会远东局书记米夫的支持下，指责以李立三为代表的错误是在“左”的词句掩盖下的“右倾机会主义”，提出一系列比李立三冒险错误还要“左”的错误观点。会议通过《中共四中全会决议案》，补选了中央委员和改选了中央政治局。1 月 10 日，中央政治局召开会议，决定中央政治局常务委员会由向忠发、周恩来、张国焘组成。通过四中全会，王明等人实际上掌握了中共中央的领导权。从此，以王明为代表的“左”倾教条主义错误在党的领导机关内开始了长达四年的统治。9 月，王明到莫斯科担任中共驻共产国际代表，临时中央在上海成立，由博古（秦邦宪）负总责。1933 年 1 月，临时中央被迫由上海迁至中央革命根据地的瑞金。

1 月 26 日，毛泽东写作《兴国调查》前言，指出，实际政策的决定，一定要根据具体情况。

本月

向省吾编《马克思恩格斯关于唯物论的片段》上海江南书店出版发行。

2 月 10 日，王明的《两条路线》（后改称《为中共更加布尔塞维克化而斗争》）小册子正式出版。翌年 3 月，王明在莫斯科加以修补后再版，广为散发。这是王明推行“左”倾冒险主义的总纲领，也是他的以教条主义为特征的主观唯心主义世界观的突出表现。该册子的发表标志着王明“左”倾冒险主义理论的形成。

本月

中共中央政治局和共产国际远东局共同为全国苏维埃第一次代表大会起草了五个文件提出了许多过左的政策。

何思敬译恩格斯《国民经济学批判大纲》刊载于中山大学的《社会科学论丛》第 3、4 卷。

3 月 12 日，毛泽东起草总政治部关于怎样办《时事简报》的小册子，强调新闻报道和宣传工作要体现群众观点。

4 月 1 日，《读书杂志》月刊在上海创刊，神州国光出版社出版，杂志编者为王礼锡、陆晶清。从 1931 年 8 月到 1933 年 4 月先后编辑出版过《中国社会史论战专号》四期，发表了大量国有中国社会性质和中国社会史论战的文章。

4 月 2 日，毛泽东以总政治部主任名义发布《总政治部关于调查人口和土地状况的通知》。通知在重申“不做调查没有发言权”的基础上，进一步提出“不做正确的调查同样没有发言权。”

5 月 1 日，《二十世纪》第 1 卷第 3 期刊载叶青《张东荪哲学批判》，展开了“唯物辩证法论战”。辩证法论战的张、叶等人之争是新康德派和托洛茨基派的唯心主义哲学的内部争吵，针对他们对唯物辩证法的歪曲攻击，艾思奇、邓拓对他们做了深刻批判。

5 月 31 日，毛泽东在福建建宁主持召开中共红一方面军临时总前委会议，讨论并决定行动方向、工作任务等问题。

7 月 7 日、14 日，朱德在中共苏区中央局机关报《战斗》第二、第三期连续发表《怎样创造铁的红军》。文章指出创造铁的红军必须具备的六个基本条件。

7 月 28 日，毛泽东、朱德率红一方面军召开军事会议。会议根据各路国民党军正向兴国方面激进的情况，决定采取“避敌主力，打其虚弱”的作战方针。

8 月 1 日，王礼锡、陆晶清编《读书杂志》第 1 卷第 4、5 期合刊“中国社会史的论战”专号第 1 辑由神州国光社出版。关于中国社会性质的论战开始发展为中国社会史的论战。从本月起至 1933 年 3 月，《读书杂志》先后出版过《中国社会史的论战》4 辑。这次论战的实质是人类社会的发展有无共同的客观规律，马克思主义唯物史观关于社会经济形态的学说是否适用于中国等。

9 月 10 日，蔡和森在《布尔什维克》第 4 卷第 5 期发表《论陈独秀主义》。本文分析陈独秀右倾机会主义是中国革命运动中机会主义和孟什维克路线之典型代表。

9 月 18 日，日本帝国主义制造九一八事变，大举侵占中国东北。从 1932 年起，中国共产党先后组织了由汉、满、朝鲜、蒙古、回等民族爱国志士参加的十余支抗日游击队，逐渐成为东北抗日游击战争的主力，并发展为东北人民革命军、东北抗日同盟军等武装。

本月，由于王明到莫斯科担任中共驻共产国际代表，周恩来将赴中央革命根据地，根据共产国际远东局提议，中共临时中央政治局在上海成立，由博古（秦邦宪）负总责。临时中央继续推行和发展以王明为代表的“左”倾教条主义错误政策。9 月 22 日，中共临时中央发出《中央关于日本帝国主义强占满洲事变的决议》，对当时的抗日民主运动未能给以正确的领导。

10 月，邓初民《社会进化史纲》神州国光社出版。此书运用唯物史观将整个人类历史分为六个阶段。

11 月 1 日—5 日，中共中央代表团在瑞金叶坪召开中央苏区第一次代表大会（即赣南会议）。会议通过的决议案“要集中火力反对右倾”，实际上对毛泽东进行不点名的批评。

11 月 7 日—20 日，中华苏维埃第一次全国代表大会在中央革命根据地的瑞金举行。大会通过《中华苏维埃共和国宪法大纲》等文件，宣告中华苏维埃共和国临时中央政府成立。25 日，组成中华苏维埃共和国中央革命军事委员会，朱德为主席。27 日，选举毛泽东为中华苏维埃共和国中央执行委员会主席；毛泽东为中央执行委员会人民委员会主席。中华苏维埃共和国是中国历史上第一个全国性的工农民主政权，是中国共产党在局部地区执政的重要尝试。其他根据地也相继召开各级工农兵代表大会，选举产生各级苏维埃政府。

11 月 28 日，毛泽东和项英、张国焘颁布《中华苏维埃共和国暂行税则》《中华苏维埃共和国婚姻条例》。

本月

红色中华通讯社成立。1937 年 1 月，改名为新华社。

江半庵译河上肇《唯物辩证法者的理论斗争》上海星光书店发行。

12 月 29 日，共产国际关于反帝斗争问题致电中共中央，认为中心口号是“武装民众进行民族的革命战争，反对日本帝国主义，反对一切帝国主义，争取中国民族的解放与独立，统一中国”，并提出“民族革命推翻国民党是反帝国主义民族革命战争胜利的先决条件”。

本月

中华苏维埃共和国临时中央政府机关报《红色中华》创刊。1933 年 2 月改为中共中央、中华苏维埃共和国临时中央政府等联合机关报。1937 年 1 月改名《新中华报》。

郭沫若译马克思《政治经济学批判》神州国光社出版。

陈国强《物观中国文化史》神州国光社出版。作者强调文化就是人类依其物质生活条件为基础而创造、而展开之精神生产的成果之总和。

本年，经过三年多实践，党的土地革命路线基本形成，即：依靠贫农、雇农，联合中农，限制富农，消灭地主阶级，变封建土地所有制为农民土地所有制。

1932年

1月9日，中共临时中央下发《关于争取革命在一省与数省首先胜利的决议》，把中间派别断定为中国革命的“最危险的敌人”，要求红军夺取中心城市，指示红一方面军首取赣州。

2月，何思敬译恩格斯《国民经济学批判大纲》（即《政治经济学批判大纲》摘译）在广州中山大学《社会科学论丛》第3卷，第4卷连载。

3月，柳若水译马克思《黑格尔哲学批判》上海辛垦书店出版。

3月，陈豹隐译马克思《资本论》第一卷（第一分册）上海昆仑书店出版。

4月15日，中华苏维埃共和国临时中央政府发表毛泽东起草的《对日战争宣言》。宣言指出：中华苏维埃共和国临时中央政府特正式宣布对日战争，领导全中国工农红军和广大被压迫民众，以民族革命战争，驱逐日本帝国主义出中国，反对一切帝国主义瓜分中国，以求中华民族彻底的解放和独立。

5月3日，毛泽东在福建漳州复电中共苏区中央局，提出在三次反“围剿”胜利后应采取进攻的外线作战战略，发展了他在江口会议上提出的“以出击求巩固”的思想。十一日，苏区中央局在汀州开会，否定和批评毛泽东的意见。

5月9日，毛泽东和项英、张国焘发表《中华苏维埃共和国临时中央政府反对国民党出卖淞沪协定通电》。

本月

杨东莼等译普列汉诺夫注释《机械论的唯物论批判》（《路德维希·费尔巴哈和德国古典哲学的终结》）上海昆仑书店出版。

杨伯恺译拉发格《财产之起源与进化》上海辛垦书店初版发行。

6月，中共临时中央在上海召开北方各省委代表联席会议，通过《革命危机的增长与北方党的任务》等文件，不顾主客观条件是否可能，竭力批判所谓“北方落后论”，要求创造“北方苏维埃区域”。

7月，许德珩译马克思《哲学之贫乏》北平东亚书局出版。

8月27日—9月15日，共产国际执委召开第十二次全会。会议认为中国共产党在反帝斗争中应“采用下层统一战线策略”，组织群众，进行民族革命解放战争。

本月

潘冬舟译马克思《资本论》第1卷第2分册由北平东亚书局出版，即《资本论》第1卷第2、3篇。1933年1月，出版了潘冬舟译《资本论》第3分册（即第4篇）。

杜畏之译恩格斯《自然辩证法》第一个中译本由上海神州国光社出版。

彭苇森译陶泼尔考夫《辩证逻辑之基本原理》由上海春秋书店出版。

沈志远《黑格尔与辩证法》上海笔耕堂书店出版。

9月，王思华、侯外庐合译《资本论》第1卷上册（即第1篇第1章—7章）由北平国际学社出版。

李达与雷仲监合译西克洛夫和爱森堡等著《辩证法唯物论教程》上海笔耕堂书店出版发行。本书是三十年代苏联的哲学教科书。毛泽东在1936年11月至1937年4月的半年时间内，多次阅读，在书眉的空白处写下了13000字的批语。

卢舜昂《马克思主义世界观——唯物辩证法》北平旭光社出版发行。

刘剑横《史的唯物论之伦理哲学》上海亚东图书馆出版发行。

10月3日至8日，中共苏区中央局在江西宁都召开全体会议（即宁都会议），贯彻执行临时中央的“左”倾冒险主义的进攻路线，对毛泽东进行错误的批评和指责。会议解除了毛泽东在红军中的领导职务，毛泽东被迫暂时离开红军。

10月15日，张申府译马克思《佛耶巴赫论纲》（《关于费尔巴哈的提纲》）刊于《大公报·世界思潮》副刊。

10月中下旬，毛泽东从前方来到福建长汀福音医院养病。养病期间，同伤愈即将出院的福建省委代理书记罗明谈话，总结三次反“围剿”斗争的经验，指出福建和江西一样，应加紧开展广泛的地方游击战争，配合主力红军的运动战，使主力红军能集中优势兵力，选择敌人的弱点，实行各个击破，消灭敌人的有生力量，粉碎敌人的第四次“围剿”。

10月26日，朱德、王稼祥、彭德怀发布《中革军委给各作战地域指挥部的密令》，指出：目前敌军正在布置对中央苏区的大举进攻，我们一定要运用去年一、二、三次战役的宝贵经验，来准备和进行全战线上的运动的战斗。

11月18日，张闻天发表《论我们的宣传鼓动工作》，指出：只有利用一切活泼的、群众的宣传鼓动工作的形式，我们才能把我们的政治影响传达到工厂中、农村中、学校中、兵营中的广大的群众中去。因此这里所需要的是带有时间性的、具体性的、适合于群众目前斗争的要求的宣传鼓动，而不是“党八股”。

11 月 29 日，中华苏维埃共和国中央人民委员会发布紧急决议，要求在动员群众的工作中，反对官僚主义，反对强迫命令。决议号召肃清官僚主义，创造苏维埃新的工作作风。苏维埃的工作作风是群众化、实际化、组织化、纪律化，是具有艰苦斗争的坚忍性。

11 月，青骊译恩格斯《费尔巴哈论》（英汉对照）上海社会主义研究社出版。

12 月 2 日，朱德、周恩来发布红一方面军《关于军事政治训练的训令》。训令指出：红军的军事政治教育，主要是在实际战斗中，其次则在利用战斗间断及配置后方的时间内，来实施训练和讲评。

本月，刘志丹、谢子长、习仲勋等领导的陕甘游击队改编为红军。1933 年 3 月后，创建先后以照金、南梁为中心的陕甘边革命根据地。1934 年 11 月，正式成立陕甘边区苏维埃政府和革命军事委员会，习仲勋当选为苏维埃政府主席，刘志丹任革命军事委员会主席。

1933 年

1 月 17 日，在日本帝国主义继续扩大侵略，占领山海关，向华北进犯的形势下，中共驻共产国际代表团以中华苏维埃临时中央政府、工农红军革命军事委员会名义发表宣言，提出在立即停止进攻苏区、保证民众的民主权利、武装民众三个条件下与任何武装部队订立共同对日作战协定。

1 月 21 日，中共福建省委代理书记罗明依据毛泽东的指示精神和闽西的实际情况，向省委写了《对工作的几点意见》。他提出：对边缘区、新区工作的指导应不同于巩固的中心区域，不能把中心区域的工作方式千篇一律地照搬到边缘区、新区来。

1 月 23 日，为应付即将到来的国民党军第四次“围剿”，周恩来、朱德致电中共苏区中央局并急转临时中央。随即，周恩来、朱德等指挥红一方面军主力争取在运动中消灭敌人。

1 月 26 日，中共中央发出《中央给满洲各级党部及全体党员的信——论满洲的情况和我们党的任务》，指出：在满洲群众运动现在发展的阶段上，“我们总策略方针，是一方面尽可能地造成全民族的（计算到特殊的环境）反帝统一战线，来聚集和联合一切可能的，虽然是不可靠的动摇的力量，共同的与共同敌人——日本帝国主义及其走狗斗争”。

1 月下旬，因在上海无法立足，中共临时中央负责人博古（秦邦宪）从上海抵达中央革命根据地首府瑞金。随后中共临时中央与苏区中央局合并，改称中共中央局，开始直接领导中央苏区的工作。二月上旬，中共临时中央全面推行“进攻路线”，清除毛泽东积极防御路线在中央革命根据地的影响，打击执行毛泽东正确主张的干部，首先开展了反“罗明路线”的斗争。

本月，潘冬舟译马克思《资本论》第一卷第三分册由北平东亚书局出版，即《资本论》第 1 卷第 4 篇。

2 月 15 日，中共苏区中央局为了推行“左”的政策，作出《关于闽粤赣省委的决定》，指责福建省委“形成了以罗明同志为首的机会主义路线”，并宣布立刻撤销罗明的省委代理书记。3 月，又召开了江西省会昌、寻乌、安远三县党的积极分子会议，认为坚持毛泽东正确主张的邓小平等执行了所谓“纯粹的防御路线”，开始反对以邓（小平）、毛（泽覃）、谢（唯俊）、古（柏）为代表的所谓“江西罗明路线”的斗争。

2 月 27 日—3 月 22 日，周恩来、朱德指挥红一方面军先后在黄陂、草台冈、东陂等地区重创国民党“围剿”军，取得了粉碎第四次“围剿”的重大胜利。

3 月 12 日，中华苏维埃共和国临时中央政府机关报《红色中华》发表了署名昆撰写的社论《纪念马克思与学习马克思列宁主义》和署名然写的《马克思逝世五十周年》的专文。

3 月 13 日，马克思共产主义学校在瑞金正式成立。该校所开的课程主要有马列主义基本原理、中共党史、苏维埃运动史、工人运动史等。

3 月 14 日，上海学术界举行马克思逝世 50 周年纪念会，陈望道、陶行知、李公朴、黄炎培、章乃器等参加，蔡元培、陈望道、李石曾等发表演讲。

3 月 23 日，张申府译马克思《自白》刊于天津《大公报》。

本月

吴清友译莫斯科国际农业问题研究所所长杜博洛夫斯基《亚细亚生产方式、封建制度、农奴制度及商业资本之本质问题》神州国光社出版。

王礼锡、王亚南、胡秋原等根据日译本翻译波卡洛夫等《唯物史观世界史》（《阶级斗争史教科书》）第 1 册由神州国光社出版。

5 月 4 日，林风译《恩格斯在马克思下葬时的演说》在天津《大公报·世界思潮》副刊第 36 期刊发。

本月，吴半农译、千家驹校《资本论》第 1 卷第 1 分册（即第 1，2 篇）上海商务印书馆出版。

6 月初，根据临时中央的决定，中央革命根据地开始进行大规模的查田运动。查田运动中发生了严重“左”的错误。中华苏维埃共和国中央政府为纠正运动中的错误，于 10 月 10 日作出《关于土地斗争中一些问题的决定》，并批准毛泽东起草的《怎样分析农村阶级》。把这两个文件，作为划分农村阶级的标准。

6 月 14 日，毛泽东撰写《查田运动的群众工作》。文章指出：查田运动是一个剧烈的残酷的阶级斗争，一切脱离群众的官僚主义命令主义工作方式，是查田运动最大的敌人。查田运动的群众工作，主要是讲阶级，通过阶级（即决定阶级成分），没收分配，及对工会、贫农团的正确领导等。

本月

朱德撰写《谈几个战术的基本原则》。文章提出的战术基本原则。

艾思奇第一篇哲学论文《抽象作用与辩证法》发表在理论月刊《正路》创刊号上。

7 月 15 日，毛泽东和项英、张国焘发布中华苏维埃共和国临时中央政府关于《贫农团组织与工作大纲》。大纲指出：贫农团不是纯粹一个阶级的组织，而是广大的贫农群众的组织。贫农团的主要工作共有十项。

8 月 9 日，毛泽东和项英、张国焘发布中华苏维埃共和国中央执行委员会关于选举运动的训令。

8 月 12 日，毛泽东在瑞金召开的中央苏区南部十七县经济建设大会做题为《粉碎五次“围剿”与苏维埃经济建设任务》的报告。这篇报告和毛泽东一九三四年一月在第二次全国苏维埃代表大会上所作的《我们的经济政策》的报告，提出了党在农村革命根据地进行经济建设的理论和政策。

9 月 6 日，毛泽东在瑞金召开的中央苏区南部十八县选举运动大会上作《今年的选举》的报告。报告指出苏区的工农群 众已经夺取了政权，就要用选举的方法，把大批最觉悟最先进最积极的分子选进苏维埃去。

9 月 15 日，沈志远编著《新哲学辞典》上海笔耕堂书店出版发行。这是中国人编著的第一本马克思主义哲学辞典。

9 月 28 日，刘少奇代表中华全国总工会苏区中央执行局写信给湘鄂赣省总工会。信中指出：在目前阶段上，应该尽可能地利用私人资本，发展苏区生产，活泼苏区经济；只要资本家不做反革命的活动，遵守苏维埃的法律，应该允许私人资本的营业自由；某些工厂、作坊、矿山尽可能地出租或出卖给私人来开办；尽可能地利用商业交通，沟通赤白区域的商品交流。

10 月 10 日，毛泽东和项英、张国焘公布由毛泽东主持制定的中华苏维埃共和国临时中央政府《关于土地斗争中一些问题的决定》。决定对当前土地斗争中提出的一系列政策问题作出了明确的规定。

11 月 2 日，张岱年译胡克《辩证唯物论的主要原理》发表于《大公报 · 世界思潮》第 58 期。

11 月，毛泽东先后到江西兴国长冈乡、福建上杭才溪乡进行调查工作，并写了《长冈乡调查》和《才溪乡调查》。调查总结了长冈乡、才溪乡苏维埃工作的经验，回答了在革命战争环境下如何进行根据地建设的重要问题。

11 月前后，毛泽东将列宁《社会民主党在民主革命中的两种策略》送给彭德怀阅看，并在书上写道：此书要在大革命时读着，就不会犯错误。不久，又送去列宁《共产主义运动中的“左派”幼稚病》，在书上写道：你看了以前送的那一本书，叫作知其一而不知其二；你看了《“左派”幼稚病》才会知道“左”与右同样有危害性。

12 月 10 日，邓拓《形式逻辑与辩证法》发表于《新中华》第 1 卷第 23 期上。

12 月 14 日，张岱年《辩证唯物论的知识论》发表于《大公报 · 世界思潮》第 61 期。

1934 年

1 月 15 日—18 日，中共六届五中全会在瑞金召开。全会全面肯定四中全会以来的“左”倾路线，将“左”倾冒险错误发展到顶点。

1 月 22 日—2 月 1 日，中华苏维埃第二次全国代表大会在瑞金举行。毛泽东在会上做报告，总结临时中央政府成立以来苏维埃运动的经验，阐述了苏维埃各方面的方针政策，提出了当前工作任务。

本月，《中华月报》第 2 卷第 1 期刊载艾思奇《二十二年来之中国哲学思潮》。文章介绍了五四运动后中国哲学界状况，指出哲学新时代的将来，必然是马克思主义哲学。

2 月 22 日，张岱年《辩证唯物论的人生哲学》在《大公报 · 世界思潮》第 66 期刊载，第 67 期连载。

本月，中国工农红军全国政治工作会议在瑞金召开。周恩来在会上做《一切政治工作为着前线上的胜利》的演说。演说指出：政治工作的任务，是巩固红军，提高战斗力，保障命令的执行，为党的路线而斗争。朱德在会上讲话指出：“政治工作是红军的生命线”。

3 月 20 日，刘少奇撰写《用新的态度对待新的劳动》。文章指出：苏维埃已经大规模地组织了国有工厂企业和合作社企业，在这里工作的农民们和工人们，在以前是为地主资本家工作，现在是头一次为着自己工农劳苦大众而工作。

这种劳动性质的变换，是我国历史未曾有过的最大变换，应该用新的态度来对待新的劳动。

本月，罗叔和编译大森义太郎《唯物辩证法读本》出版，由《申报》发行。

4 月 10 日，为指导苏维埃基层组织做好工作，毛泽东撰写《乡苏怎样工作？》。文章阐述了许多重要的工作方法，包括要懂得抓紧每一时期的中心工作，要根据各村的情形和特点去推动工作，解决各村群众的困难问题。

5 月，吴半农译马克思《资本论》第一卷第一分册由商务印书馆出版，即《资本论》第 1 卷第 1、2 篇。

6 月 19 日，毛泽东和项英、张国焘发表《中华苏维埃共和国中央政府为国民党出卖华北宣言》。宣言指出：中华苏维埃共和国临时中央政府完全拥护中共中央所提出的反帝纲领。

6 月中旬，为在中央革命根据地南线促成红军同国民党地方军阀陈济棠和谈，毛泽东在会昌文武坝同中共粤赣省委书记刘晓、粤赣军区司令员兼政治委员何长工谈话。谈话指出：我们要抓住有利时机，利用敌人内部的争斗，发展壮大自己的力量。不能只知道“御敌于国门之外”的死打硬拼，也要利用反动派之间的矛盾，加强统一战线工作。

7 月 15 日，中华苏维埃共和国临时中央政府主席毛泽东，副主席项英、张国焘；中国工农红军革命军事委员会主席朱德，副主席周恩来、王稼祥等联名发表《为中国工农红军北上抗日宣言》，提出五项抗日主张。

7 月 21 日，中国共产党苏区中央局机关报《斗争》第 68 期刊载马克思《中国革命和欧洲革命》和恩格斯《波斯和中国》译文。

7 月下旬，毛泽东根据中革军委的布置，用近一个月时间写成约三万字的《游击战争》。同年十月，中革军委印发了毛泽东的《游击战争》一书。

10 月 10 日，由于国民党重兵已推进到中央革命根据地腹地，中央革命根据地第五次反“围剿”失利，中央红军被迫实行战略转移。当日晚，中共中央和中革军委机关从瑞金出发，开始长征。从 17 日起，中央红军主力陆续从集结地出发突围。11 月中旬至 1935 年 11 月中旬，红二十五军，红四方面军，红二、红六军团也相继撤出鄂豫皖、川陕、湘鄂川黔等革命根据地，进行战略转移。

10 月，中央红军主力长征后，中共中央决定成立以项英为首的苏区中央分局和中央军区、以陈毅为主任的中华苏维埃共和国中央政府办事处，领导留在南方根据地的红军和游击队坚持斗争。南方游击战争历时三年，地域范围包括八省十几个地区，有力配合了主力红军的战略转移，保留了革命力量。

11 月 7 日，东北人民革命军第一军正式成立，杨靖宇为军长兼政委。从

1935 年起，又先后成立了东北人民革命军第二、三、六军和东北抗日同盟军第四军、东北反日联合军第五军、汤原游击总队等。这些是中国共产党领导的、后来成为东北抗日联军的基本武装力量。

11 月 10 日，《读书生活》半月刊在上海创刊。由读书生活社出版，上海杂志公司发行，李公朴主编。1936 年 11 月出至第 5 卷第 2 期后被查禁。共出 50 期。

11 月，《读书生活》杂志创刊号开始连载艾思奇的《哲学讲话》至 1935 年 10 月。1936 年 1 月，艾思奇把这些讲话汇集成书，《哲学讲话》由读书生活出版社初版发行。第四版易名《大众哲学》。

12 月 18 日，中共中央政治局在贵州黎平举行会议，继续讨论红军行动方针问题。会议决定指出：到遵义地区后开会总结第五次反“围剿”以来军事指挥上的经验教训。

1935 年

1 月 15 日—17 日，中共中央政治局扩大会议在遵义召开（即遵义会议），集中解决当时具有决定意义的军事和组织问题。会议批评第五次反“围剿”和长征以来中共中央在军事领导上的错误。张闻天在会后根据多数人的发言特别是毛泽东的发言，起草了《中央关于反对敌人五次“围剿”的总结的决议》。会议改组了中央领导机构，选举毛泽东为政治局常委，取消博古、李德的最高军事指挥权，决定仍由中革军委主要负责人朱德、周恩来指挥军事。会后不久，在向云南扎西地区转进途中，中央政治局常委决定由张闻天代替博古负总的责任，毛泽东为周恩来在军事指挥上的帮助者，后成立由毛泽东、周恩来、王稼祥组成的三人小组，负责全军的军事行动。遵义会议是党的历史上一个生死攸关的转折点。这次会议事实上确立了毛泽东在党中央和红军的领导地位，开始确立了以毛泽东为主要代表的马克思主义正确路线在党中央的领导地位，开始形成以毛泽东为核心的第一代中央领导集体，开启了党独立自主解决中国革命实际问题的新阶段，在最危急关头挽救了党、挽救了红军、挽救了中国革命，标志着中国共产党在政治上开始走向成熟。

2 月 8 日，张闻天根据毛泽东在遵义会议上发言内容起草的《中央政治局扩大会议总结粉碎五次“围剿”战争中经验教训决议大纲》经中共中央政治局会议通过后印发。决议着重总结了第五次反“围剿”失败的经验教训，重申了毛泽东在遵义会议发言中批评博古、李德所犯的战略战术的错误，明确指出博古在军事上的单纯防御路线是我们不能粉碎敌人五次“围剿”的主要原因。决议重新肯定了毛泽东等指挥红军多次取得反“围剿”胜利所采取的战略战术原则。

2 月 10 日，《新中华》第 3 卷第 3 期刊载艾思奇《从新哲学所见的人生观》。

2 月 11 日，中共中央和中革军委就反“围剿”中的战略问题致电湘鄂川黔省委及红二、红六军团负责人。电报指出：你们应利用湘、鄂敌人指挥上的不统一与何键部队的凋敝，于敌人离开堡垒前进时，集结红军主力，选择敌人弱点，不失时机，在运动中各个击破之。总的方针是决战防御而不是单纯防御，是运动战而不是阵地战。

2 月 13 日，中共中央就坚持游击战争问题致电在赣南的中央分局。电报指出：你们的任务是坚持游击战争，是动员广大群众用游击战争坚忍地顽强地反对敌人的堡垒主义与“清剿”政策。要彻底改变斗争方式，一般都应由苏区方式转变为游击区的方式。

3 月，柳若水编译马克思文章合集《黑格尔哲学批判》由上海辛垦书店出版。

4 月 29 日，中革军委发布《关于野战军速渡金沙江转入川西建立苏区的指示》。五月三至九日，毛泽东等指挥中央红军主力全部渡过金沙江。至此，国民党数十万“追剿”部队被甩在金沙江以南，中央红军取得战略转移的决定性胜利。

5 月 10 日，王新命、何炳松、陶希圣、萨孟武等在《文化建设》第 1 卷第 8 期发表《我们的总答复——关于中国文化建设宣言》。“中国本位文化”与“全盘西化”论战由此展开。

5 月 12 日，中共中央政治局在四川会理郊外召开扩大会议（即会理会议）。会议要求维护遵义会议确立的政治领导和军事领导的团结，克服右倾思想；并决定立即北上，同红四方面军会合。

5 月 19 日，中革军委决定组成强渡大渡河先遣队。临行前，毛泽东要先遣队执行党规定的民族政策，与彝族首领结盟修好。

5 月 22 日，朱德以红军总司令名义在彝族地区发布《中国工农红军布告》指出：中国工农红军，解放弱小民族；一切彝汉平民，都是兄弟骨肉。

5 月—7 月，陕北红军在刘志丹等指挥下，粉碎敌人军事“围剿”，使陕甘边和陕北两块根据地连成一片，形成陕甘革命根据地（又称西北革命根据地）。陕甘革命根据地是土地革命战争后期全国硕果仅存的完整革命根据地，为党中央和各路红军长征提供了落脚点。

6 月 12 日，中央红军先头部队在北进懋功的达维镇途中，同红四方面军一部会合。十六日，毛泽东、朱德、周恩来等到达达维镇。当晚，红一、红四方面军举行了会师的庆祝大会。

6月26日，中共中央政治局在懋功县的两河口召开会议，讨论红一、红四方面军会师后的战略方针问题。二十八日，根据两河口会议精神，中央政治局讨论通过《关于一、四方面军会合后的战略方针的决定》。

本月，李达、王静、张票原合译河上肇《马克思主义之哲学的基础》上海笔耕堂书店出版。

7月21日、22日，中共中央政治局在芦花召开会议，听取张国焘关于红四方面军在鄂豫皖和通南巴两个苏区对敌斗争情况的汇报。会议肯定红四方面军的成绩，指出第四次反“围剿”失利的原因，批评退出通南巴和退出后发展方向不明的错误，以及成立西北联邦政府不妥的问题。

8月1日，中共驻共产国际代表团以中国苏维埃政府、中国共产党中央名义起草《为抗日救国告全体同胞书》（即《八一宣言》）。宣言指出中华民族已处在生死存亡的关头，抗日救国是全体中国人面临的首要任务。宣言强调建立包括上层在内的统一战线，扩大抗日民族统一战线的范围。宣言最后提出了抗日救国的十大纲领。《八一宣言》于本年十月一日在法国巴黎出版的《救国报》上发表。

8月4日—6日，中共中央政治局在沙窝召开会议，讨论红一、红四方面军会合后的形势和任务等问题。会议通过张闻天起草的《关于一、四方面军会合后的政治形势与任务的决议》。

9月10日，针对张国焘拒不执行中央北上的正确方针、并企图分裂和危害中央的紧急情况，中共中央发布《为执行北上方针告同志书》。

9月12日，中共中央政治局在甘肃俄界召开扩大会议。会议作出《关于张国焘同志的错误的决定》。会议还决定将北上的红军缩编为中国工农红军陕甘支队，彭德怀任司令员、毛泽东任政治委员。

9月27日，中共中央政治局在通渭县榜罗镇召开常委会议，确定把中央和陕甘支队的落脚点放在陕北，在陕北保卫和扩大苏区，以陕北苏区来领导全国革命。此前，陕甘支队在哈达铺期间，毛泽东从国民党报纸上了解到陕北有相当大的一片苏区和相当数量的红军。

本月，李达、雷仲坚合译西洛可夫等著《辩证法唯物论教程》（《辩证唯物主义理论入门》）笔耕堂书店出版。

10月19日，红军抵达陕北保安县吴起镇（今吴起县城）。至此，红一方面军长征胜利结束。

11月7日，中共中央领导机关进驻安定县（今子长县）瓦窑堡。随后即纠正陕北肃反中的错误，释放了刘志丹等一大批被错误拘捕的干部，挽救了陕北的党、红军和革命根据地。

11 月 10 日，艾思奇在《新中华》3 卷 21 期上发表《论黑格尔哲学的“倒”》，文中批驳了张东荪和叶青否定新旧哲学的本质区别，把马克思主义的唯物论辩证法同黑格尔的唯心论辩证法混为一谈。

11 月 13 日，中共中央发表《为日本帝国主义并吞华北及蒋介石出卖华北出卖中国宣言》；28 日，中华苏维埃共和国中央政府和中国工农红军革命军事委员会发布《抗日救国宣言》，号召全国人民团结起来，一致抗日。

11 月 18 日，毛泽东在张村驿主持召开西北革命军事委员会会议，做关于战略方针的报告。会后，毛泽东指挥红一军团和红十五军团发起直罗镇战役，打破了国民党军的第三次“围剿”。

11 月 28 日，中华苏维埃共和国临时中央政府主席毛泽东、中国工农红军革命军事委员会主席朱德联名发布《抗日救国宣言》。

11 月中旬，张浩（林育英）受中共驻共产国际代表团派遣到达瓦窑堡，带来共产国际第七次代表大会关于建立反法西斯统一战线的精神和《八一宣言》的内容。

11 月 30 日，毛泽东在红一方面军营以上干部大会上作题为《直罗战役同目前的形势与任务》的报告。报告阐明了直罗镇战役胜利的影响和意义，指出：要在西北建立广大的根据地——领导全国反日反蒋反一切卖国贼的革命战争的根据地，这次胜利算是举行了奠基礼。

12 月 1 日，毛泽东复电张闻天，提出要转变对富农的策略。6 日，中共中央正式作出《关于改变对富农政策的决定》，基本上采纳了毛泽东对富农问题的意见。

12 月 9 日，北平爱国学生数千人，在中共北平临时工作委员会领导和组织下举行声势浩大的抗日救国示威游行，爆发一二·九运动，获得了全国人民热烈的支持和声援，掀起了全国抗日救国的新高潮。

12 月 17 日—25 日，中共中央政治局在瓦窑堡举行会议（即瓦窑堡会议）。23 日，会议通过《中央关于军事战略问题的决议》，确定“把国内战争同民族战争结合起来”的方针。25 日，会议通过了《中央关于目前政治形势与党的任务决议》，根据民族矛盾逐步上升为社会主要矛盾的新特点，批判了“左”倾机会主义在政治上的关门主义和军事思想方面的错误，确定了抗日民族统一战线的策略方针，解决了党的政治路线问题。

12 月 27 日，毛泽东在瓦窑堡党的活动分子会议上做《论反对日本帝国主义时策略》报告。报告系统地阐明了党的抗日民族统一战线的策略方针。报告指出党的基本策略是“组织千千万万的民众，调动浩浩荡荡的革命军”，建立起广泛的抗日民族统一战线。因此，必须反对“左”倾关门主义，同时要坚持无产阶级在统一战线中的领导权。

1936年

1月17日，中共中央政治局召开会议，毛泽东做关于目前行动方针与计划的报告。报告指出：今年我们的基本任务是巩固和扩大苏区及打通苏联。我们要把国内战争与民族战争联系起来，扩大抗日力量及主力红军。

1月25日，毛泽东、周恩来、彭德怀等二十位红军将领联名发出《为红军愿意同东北军联合抗日致东北军全体将士书》。

本月

艾思奇编《哲学选辑》上海读书生活出版社初版发行。

李达在《社会生活》第1期发表《动的逻辑（上）》。

李达在《中山文化教育馆季刊》第3卷第1期发表《逻辑的根本原理》。

艾思奇《哲学讲话》单行本由读书出版社出版。1936年6月出第4版时，改名为《大众哲学》。

2月21日，中华苏维埃人民共和国中央政府发出《通电》。通电号召立刻召集全国抗日救国代表大会，正式组织国防政府与抗日联军，开始实行抗日战争的具体步骤。

3月1日，中国人民红军抗日先锋军总司令彭德怀、总政治委员毛泽东发布《中国人民红军抗日先锋军布告》。

3月20日—27日，中共中央政治局在晋西举行会议（即晋西会议），讨论共产国际第七次代表大会决议和目前战略方针问题。讨论如何集中力量反战反法西斯，与各种政治派别建立广泛的统一战线。

本月

翦伯赞在《劳动季报》第8期发表《关于“亚细亚的生产方法”问题》。

侯外庐、罗克汀《新哲学教程》新知书店出版发行。

4月9日，毛泽东、彭德怀致电张闻天。电报指出：目前不应发布讨蒋令，而应发布告人民书与通电。在此时机发讨蒋令，策略上把我们自己最高的政治旗帜弄模糊了。

同日，周恩来代表中共中央到东北军驻地肤施（即延安）同张学良举行会谈。双方还商定了红军与东北军互不侵犯、互派代表等事项。此后，中国共产党与第十七路军也建立了比较牢固的关系。

4月10日，刘少奇发表《肃清立三路线的残余一关门主义冒险主义》，指出：关门主义与冒险主义，是目前党内的主要危险。

4 月 25 日，中共中央发布《为创立全国各党各派的抗日人民阵线宣言》，首次公开把国民党列为抗日民族统一战线的对象。宣言还提出了五个条件作为共同行动的纲领。

5 月 5 日，中华苏维埃人民共和国中央政府主席毛泽东、中国人民红军革命军事委员会主席朱德联名发出《停战议和一致抗日通电》，不再称蒋介石为卖国贼，而称其为蒋介石氏。

5 月 20 日，中共中央政治局召开常委会议，讨论建立红军大学问题。毛泽东在会上作报告提出了红军大学教育的目的、方针、内容、方法等。

5 月 31 日，全国各界救国联合会在上海成立。该会制定了《抗日救国初步政策》，并发表声明，响应中国共产党“停止内战，一致抗日”的主张。

本月

刘及辰译列宁《黑格尔“论理学”大纲》(《哲学笔记》中的《黑格尔逻辑学》一书摘要的第一部分）天津百城书局印刷。

王凡西译普列汉诺夫《从唯心论到唯物论》上海亚东图书馆出版。

艾思奇《新哲学论集》上海读书书房出版，上海杂志公司经销。

6 月 12 日，中共中央政治局在瓦窑堡召开会议，讨论两广事变（即西南事变）及整个形势发展的问题。会议决定党的策略是：支持两广提出的北上抗日，反对蒋派兵南下；用召开救国会议来反对国民党的五届二中全会；号召全国人民抗日，实现西北大联合。

6 月 20 日，中共中央发出致国民党五届二中全会书，再次提议停止内战、一致抗日。

本月

美国记者埃德加·斯诺访问陕北革命根据地。根据对毛泽东等中共领导人和红军将士的访谈，他撰写《红星照耀着中国》，英文版于 1937 年面世，1938 年中译本《西行漫记》在国内发行。该书第一次向外界详细介绍了中国共产党和红军的事迹，在世界和国内均产生重大影响。

王思华在北平以自拟的“世界名著译社”名义出版《资本论》第 1 卷全译本，署名“玉枢（侯外庐）、右铭（王思华）合译”。这是我国最早的《资本论》第 1 卷全译本。

米丁·拉里察维基等主编《辩证唯物论》由艾思奇、郑易里合译为《新哲学大纲》上海读书生活出版社出版。

沈志远《现代哲学的基本问题》上海读书生活书店出版。

陈唯实《通俗辩证法讲话》上海新东方出版社出版。

7月15日，毛泽东在保安会见美国记者埃德加·斯诺，回答他关于苏维埃政府对外政策的提问。毛泽东指出：中国人民今天面对的根本问题是同日本帝国主义的斗争。

7月16日，毛泽东同斯诺谈中国抗日战争的形势、方针问题。谈话指出：中国战胜日本帝国主义，要有三个条件：一是中国抗日统一战线的完成；二是国际抗日统一战线的完成；三是日本国内人民和日本殖民地人民的革命运动的兴起。这三个条件中，中国人民的大联合是主要的。

7月18、19日，毛泽东同斯诺谈苏维埃政府的对内政策。

7月23日，毛泽东同斯诺谈中国共产党与共产国际、苏联的关系问题。谈话指出：共产国际不是一种行政组织，除起顾问作用之外，它并无任何政治权力。虽然中国共产党是共产国际的一员，但决不能说苏维埃中国是受莫斯科或共产国际统治。中国共产党仅仅是中国的一个政党，它必须是全民族的代言人，它决不能代表俄国人说话，也不能替第三国际来统治，它只能为中国群众的利益说话。

8月10日，中共中央政治局召开会议，毛泽东作国共两党关系和统一战线等问题的报告。

8月25日，毛泽东起草《中国共产党致中国国民党书》。致国民党书呼吁：停止内战，一致抗日，实现国共两党的重新合作，发动神圣的民族自卫战争，抵抗日本帝国主义的进攻，保卫及恢复中国的领土主权。

本月

李石岑、郭大力译新朗格《朗格唯物论史》中华书局印行。朗格从新康德主义的立场出发，对唯物主义的历史作出评论。

郑尤励译乌兰诺夫《新哲学与自然科学》上海读者书房出版。

9月1日，张闻天为中共中央起草《关于逼蒋抗日问题的指示》。指示指出：目前中国的主要敌人是日本帝国主义“抗日反蒋”口号不适当。我们的总方针应是“逼蒋抗日”。

9月15日—17日，中共中央政治局召开扩大会议，讨论目前政治形势和统一战线中的领导权问题。15日、16日，毛泽东在会上指出：只有共产党有力量领导抗日统一战线，但这样的领导是要争取，现在正在争取。17日，中央政治局作出《中央关于抗日救亡运动的新形势与民主共和国的决议》。

本月

陈唯实《通俗唯物论讲话》上海大众文化社出版发行。

沈志远译米丁主编《辩证唯物论与历史唯物论》（上册）上海中山文化教育馆编辑，上海商务印书馆印刷发行。

10 月 9 日，红一、红四方面军在甘肃会宁会师。22 日，红一、红二方面军在甘肃隆德将台堡会师。至此，三大主力红军胜利会师。长征是人类历史上的伟大壮举，是一次理想信念、检验真理、唤醒民众、开创新局的伟大远征。长征的胜利，是中国革命转危为安的关键。长征铸就了伟大的长征精神。

10月上旬，毛泽东起草《国共两党抗日救国协定（草案）》。草案指出：鉴于日本帝国主义者对于中国侵略之有加无已，唯有两党合作并唤起民众，联合全国各党各派各界，联合世界上以平等待我之民族与国家，实行对日武装抗战，方能达到驱逐日本帝国主义。

10 月 11 日、12 日，毛泽东在中共中央政治局会议上指出，应特别注意干部教育，过去的经验主要是：军事与政治并重；理论与实际并重；理论与实际相联系，教育课少而精。我们的干部标准是：第一执行党的路线：第二能与群众联系；第三有独立工作能力；第四遵守党的纪律。

本月，艾思奇《思想方法论》上海大众文化社出版发行。

11 月 10 日，中共中央作出《关于青年工作的决定》，将中国共产主义青年团组织进行根本改造，使共青团变为广大青年群众的组织，并大批吸收共青团员加入中国共产党。

11月 22 日，毛泽东在中国文艺协会成立大会上发表演讲，指出：要从文的方面去说服那些不愿停止内战者，去宣传教育全国民众团结抗日。如果文的方面说服不了那些不愿停止内战者，那我们就要用武的去迫他停止内战。

11 月—1937 年 4 月，毛泽东反复阅读西洛可夫和爱森堡等著、李达和雷仲坚译的《辩证法唯物论教程》，写了约一万二千字的批注。毛泽东的这些批注，为写作《实践论》《矛盾论》作了直接准备。

12 月 12 日，以张学良为首的国民党东北军和以杨虎城为首的国民党第十七路军，为了停止内战、一致抗日，发动了著名的西安事变，扣留蒋介石。中共中央分析了当时错综复杂的政治形势，确定和平解决的方针，并派周恩来等前往西安参加谈判。经过谈判，迫使蒋介石作出“停止剿共，联红抗日”的承诺。西安事变的和平解决，成为时局转换的枢纽。在抗日的前提下，国共两党实行第二次合作已成为不可抗拒的大势。

12 月 15 日，毛泽东、朱德、周恩来等十五位红军将领发表《关于西安事变致国民党、国民政府电》，表示支持张学良、杨虎城提出的八项主张，反对亲日派借机“讨伐”张、杨，发动大规模内战。该电重申中国共产党关于国共合作、化敌为友、共赴国仇的主张。

12 月 18 日，中共中央致电国民党中央。电报提出和平解决西安事变的五项条件。中共中央的态度和主张，得到各界爱国人士和许多国民党上层人士的赞同。

12 月 19 日，中华苏维埃中央政府及中共中央联名向南京、西安当局发出通电，重申和平解决西安事变的主张，并提出具体建议。

12 月 27 日，毛泽东在中共中央政治局会议上做关于西安事变问题的报告，指出：西安事变给国民党以大的刺激，成为它转变的关键，逼着它结束十年的错误政策，结束十年内战，而内战的结束也就是抗战的开始。西安事变促进了国共合作，是划时代的转变，是新阶段的开始。我们在西安事变中实际地取得了领导地位，应利用这一有利形势开展全国局面，把红军扩大起来，成为抗日的核心，这是我们当前的任务。我们的具体策略是推动左派，争取中派，打击右派。

12 月 28 日，毛泽东发表《关于蒋介石声明的声明》。声明要求蒋介石不打折扣地实行自己的诺言，希望他能一洗国民党十年反动政策的污垢，彻底地改变他的对外退让、对内用兵、对民压迫的基本错误，而立即走上联合各党各派一致抗日的战线。

本月

毛泽东完成《中国革命战争的战略问题》一书前五章的写作。这部著作是对十年内战军事斗争的经验总结，是当时党内在军事问题上的一场大争论的结果。这部著作分析了中国革命战争的规律和特点，以及适合这些特点的战略战术，系统地说明了有关中国革命战争战略方面的诸问题，为抗日战争战略问题的提出作了理论准备，丰富和发展了马克思主义的军事科学，是毛泽东军事思想体系形成的重要标志。

沈志远《近代哲学批判》上海读书生活出版社出版发行。作者以新唯物论为武器，对近代历史上资产阶级唯心主义哲学进行了分析批判。

1937 年

1 月 23 日，《自修大学》第 1 卷第 1 辑第 1 号刊载胡绳《科学的物质观与哲学的物质观》。

2 月 5 日，中共中央政治局召开常委扩大会议。张闻天发言指出：目前的宣传工作，要批评的主要还是“左”的倾向，应检查并改变一些与现在不大合适的口号，如“联俄联共”等，不要把统一战线的范围弄得太狭窄。

2 月 10 日，为促进国共两党合作的实现，中共中央致电国民党三中全会。电报向国民党提出五项要求，四项保证。

2 月 11 日，中共中央政治局召开扩大会议，听取秦邦宪关于西安事变的经过与结束的报告。

本月

荃麟译马克思恩格斯《社会意识形态概说》刊发在南京《时事类编》第 5 卷第 3 期，这是《德意志意识形态》第一卷摘译。

曹达编辑《哲学讲座》上海青年书店出版发行。该书是艾思奇、沈志远等人马克思主义哲学的论文集。

胡绳《新哲学的人生观》上海生活书店初版发行。

艾思奇《民族解放与哲学》北新书局出版。

2 月—6 月中旬，中国共产党代表同国民党代表先后在西安、杭州、庐山进行了多次关于国共两党合作抗日的谈判。蒋介石等不得不在原则上承认国共合作抗日，并同意红军编为三个师。

3 月 1 日，毛泽东会见美国作家、记者史沫特莱。谈到中国共产党执行的统一战线政策问题指出：我们的统一战线是抗日的，不是反对一切帝国主义，而是反对日本帝国主义。但是，我们要求英、美、法、苏等国同情中国的抗日运动，至少不反对。我们的统一战线是民族的，这就是说包括全民族一切党派及一切阶级，只除开汉奸在外。

3 月 12 日，中共中央政治局召开常委会议，讨论同国民党谈判问题。毛泽东发言指出：谈判应该是政治的斗争，要表示我们的诚意，但一定要在合作的原则上，不是投降。谈判的方针，无疑是无产阶级政党与资产阶级政党的合作的方向，而不是无产阶级做资产阶级的尾巴。

3 月 23 日—26 日，中共中央在延安举行政治局扩大会议（即延安会议），讨论国民党五届三中全会后中国共产党的任务。毛泽东在二十三日的会议上讲了关于领导权问题。

本月

艾思奇《现代哲学读本》上海一般书店出版发行。

陈唯实《新哲学世界观》上海作家书店出版。

陈唯实《战斗唯物论讲话》上海杂志社出版发行。

赵秀芳编译《恩格斯等论文学》上海亚东图书馆出版。

4 月 24 日，中共中央政治局召开会议，讨论秦邦宪准备在党的全国代表会议上作的组织问题报告的大纲。毛泽东发言指出：每一个组织上的错误，总是由于思想上的差误，组织上的一致与思想上的一致是不能分离的。

4 月 24 日，延安的大型理论刊物《解放周刊》创刊。总书记兼宣传部部长洛甫（张闻天）主编。终刊于 1941 年 8 月 31 日，共出版 134 期。该刊是延安时期学习和研究马克思主义的重要读物。

本月

毛泽东开始撰写《辩证法唯物论（讲授提纲）》。提纲分三章十六节，共六万一千字。第一章“唯心论与唯物论”，第二章“辩证法唯物论”，第三章“唯物辩证法”。第三章原计划写三节，分述辩证法的三个根本法则，后来只写了第一节“矛盾统一法则”。讲授提纲密切联系中国革命实际，以通俗易懂的语言，系统阐述了马克思主义哲学的一些基本内容。在此期间，毛泽东以这个讲授提纲在抗大讲课，每星期二、四上午讲授，每次讲四小时，下午参加学员讨论，共授课一百一十多小时，历时三个多月。同年 9 月，这个提纲在延安出了油印本。1942 年 9 月，华北新华书店翻印发行。1946 年 3 月，中国出版社以《辩证法唯物论》为书名出版。《实践论》和《矛盾论》是这个提纲中的两个主要部分。

延安解放出版社成立，该社是延安时期党中央直接领导下的最大的出版机构。它除定期出版《解放》周刊和解放日报以外，还陆续出版马克思主义著作与读物。

艾思奇《哲学与生活》上海读书生活出版社出版。本书是在《读书生活》上解答读者问题的汇集。毛泽东看到此书后，作了 4 千多字的《艾著〈哲学与生活〉摘录》，于 1938 年初写了亲笔信（连同摘录手稿）寄给艾思奇。

陈唯实《新哲学体系讲话》上海作家书店出版。

5 月 2 日—14 日，中共中央在延安召开有苏区、白区和红军代表参加的党的全国代表会议。会议批准了遵义会议以来党的政治路线。

5 月 15 日，毛泽东接受美国记者韦尔斯采访。谈话指出：国共谈判仍在进行，最主要的是两党共同政治纲领，这是两党合作的基础。在抗日战争的面前，阶级斗争问题应有适当的解决。

5 月 17 日，刘少奇在中共白区工作会议上作《关于白区的党和群众工作》的报告，批评在我们党内，在各种群众工作中还存在着严重的关门主义、宗派主义与冒险主义的恶劣的传统习惯。

本月

谭辅之在《思想月刊》第 1 卷第 4 期发表《艾思奇哲学与叶青哲学之比较观》。

李达《社会学大纲》上海笔耕堂书店出版发行。毛泽东对此书作了详细眉批，给予很高的评价，并向延安抗日军政大学师生推荐这本书。

6 月 3 日，中共中央政治局召开会议，讨论刘少奇在白区工作会议作的白区的党和群众工作的报告。毛泽东发言分析党内为什么存在“左”的传统？关于怎样彻底克服“左”倾习惯的问题，

6 月 15 日，艾思奇主编的综合性理论刊物《认识月刊》创刊于上海。胡绳在创刊号上发表《谈理性主义》。艾思奇在创刊号上发表了四篇文章，《论思想文化问题》《从哲学的用处说到爱国的自由》《身边琐事与伟大远景》《论批判》。

6 月 22 日，毛泽东会见美国外交政策协会远东问题专家彼森、美国《太平洋事务》杂志主编拉铁摩尔、美国《美亚》杂志主编贾菲等，回答他们对抗日民族统一战线提出的一些问题。

6 月 23 日，毛泽东再次会见彼森、贾菲等，回答他们提出的抗日民族统一战线将怎样发展和中国革命的前途问题。毛泽东指出：统一战线的构成，基本力量是工人阶级和农民阶级，小资产阶级在它的一翼，民族资产阶级在它的另一翼。他们有一些共同的东西，也有一些不同的东西，他们之间的分歧将导致曲折的斗争。统一战线的前途还会受到发生在国际舞台上的外部事件的影响。

7 月以前，毛泽东读沈志远译米丁等著《辩证唯物论与历史唯物论》（上册）时，写了约两千六百多字的批注。批注最多的是对立统一规律问题，约占本书批注文字的一半。毛泽东对本书的批注是写作《实践论》《矛盾论》的直接准备。

7 月 7 日，日本侵略军发动卢沟桥事变（七七事变）。8 日，中共中央向全国发出通电，指出：“平津危急！华北危急！中华民族危急！只有全民族实行抗战，才是我们的出路！”卢沟桥事变标志着日本帝国主义发动了全面侵华战争，也标志着中国人民抗日战争的全面爆发，即全国抗战的开始。

7 月 15 日，周恩来将七月四日起草的《中共中央为公布国共合作宣言》于本日送交蒋介石。这篇宣言至九月二十二日国民党中央通讯社才予发表。

7 月 17 日，中国共产党代表周恩来、秦邦宪、林伯渠同国民党代表蒋介石、邵力子、张冲在庐山举行会谈。中共代表提议以《中共中央为公布国共合作宣言》作为两党合作的政治基础。

7 月 23 日，毛泽东撰写《反对日本进攻的方针、办法和前途》。文章号召一切爱国的国民党员和共产党员团结起来，全国的爱国同胞、爱国军队、爱国党派团结起来，坚决地实行第一种方针，采取第一套办法，争取第一个前途。

本月

毛泽东写完《辩证法唯物论（讲授提纲）》第二章第十一节“实践论”。这篇文章用马克思主义的认识论彻底批判党内长期存在的主观主义特别是教条主义的错误，揭露其对中国革命事业造成的危害而写的。文章根据人类的生产实践、阶级斗争实践，特别是中国革命斗争实践的情况，系统地阐明人的认识对社会实践的依赖关系，绝对真理和相对真理的相互关系。文章还深刻地论证了马克思主义的认识路线，指出：我们的结论是主观和客观、理论和实践、知和行的具体的历史的统一，反对一切离开具体历史的“左”的或右的错误思想。文章从哲学的高度，指出教条主义和经验主义的本质，都是以主观和客观相分裂，以认识和实践相脱离为特征的。《实践论》同本年八月写出的《矛盾论》，都是毛泽东最重要的哲学著作，为形成中国共产党人正确的思想路线和思想方法提供了重要的理论依据。

李达《辩证法的唯物论问答》上海进化书店出版。

赵纪彬《马克思主义与孙文主义之综合对勘法的探讨》由浙江反省院印行。

8 月 4 日，毛泽东、张闻天致电周恩来、朱德、叶剑英并告前线指挥员。电报指出：在同蒋介石谈判时，中共方面对国防问题的意见：总的战略方针暂时是攻势防御，应给进攻之敌以歼灭的反攻，决不能是单纯防御；将来准备转变到战略进攻，收复失地。正规战与游击战相配合。发动人民的武装自卫战，是保证军队作战胜利的中心一环。

8 月 7 日，毛泽东写完《辩证法唯物论（讲授提纲）》第三章第一节“矛盾统一法则”。这一节后来经作者作了补充、删节和修改，改题为《矛盾论》。《矛盾论》着重阐明了物的对立统一的法则是唯物辩证法的最根本的法则。文章根据自然界和人类社会的一切事物运动发展的内在规律，结合中国革命实践的经验教训，逐一论述了矛盾的普遍性和特殊性，主要矛盾和矛盾的主要方面，矛盾诸方面的同一性和斗争性，对抗在矛盾中的地位等问题。文章在阐述矛盾的普遍性之后，而特别着力地分析了矛盾的特殊性，指出：矛盾的特殊性是指一事物区别于他事物的及每一物质的运动形式所具有的特殊的本质。研究矛盾的特殊性，不能带主观随意性，必须对它们实行具体的分析。不同质的矛盾，只有用不同质的方法才能解决。教条主义者不懂得必须研究矛盾的特殊性，拒绝对于具体事物做任何艰苦的研究工作，不用脑筋具体地分析任何事物。

《矛盾论》和《实践论》科学地论述了无产阶级的世界观、认识论和方法论，在毛泽东思想的发展进程中占有重要的历史地位。这两篇著作既是对中国革命实践经验的哲学概括，也是对中国共产党 批判“左”右倾错误特别是“左”

倾教条主义错误的哲学总结。它在中国共产党历史上第一次深刻地系统地论述了党内同志犯错误的思想认识根源，对于提高党的干部的思想理论水平起了重大的作用。

8 月 22 日—25 日，中共中央在洛川冯家村举行政治局扩大会议（即洛川会议）。会议讨论、分析全国抗战开始以后的新形势，研究中国共产党在抗日战争中的战略任务和基本政策。毛泽东在会上做军事问题和国共两党关系问题的报告并作结论。他在报告中分析了抗日战争的形势、任务及国共两党关系，指出抗日战争的持久性，提出红军的基本任务和战略方针，强调共产党在统一战线中的独立自主原则。会议指出，必须坚持统一战线中无产阶级的领导权，在敌人后方放手发动独立自主的山地游击战争，在国民党统治区放手发动抗日的群众运动。会议通过《中国共产党抗日救国十大纲领》和《中共中央关于目前形势与党的任务的决定》，标志着党的全面抗战路线的正式形成。会议决定成立中共中央革命军事委员会，毛泽东为书记（亦称主席）。

8 月 25 日，中共中央革命军事委员会主席毛泽东、副主席朱德、周恩来发出关于红军改编为国民革命军第八路军的命令。红军前敌总指挥部改为第八路军总指挥部，朱德任总指挥，彭德怀任副总指挥。9 、10 月间，红军长征后留在湘、赣、闽、粤、浙、鄂、豫、皖八省十四个地区的红军游击队（除广东琼崖地区游击队外），整编为国民革命军陆军新编第四军（新四军）。

8 月 27 日，中共中央政治局常委召开座谈会，讨论统一战线问题。针对统一战线中是共产党吸引国民党，还是国民党吸引共产党的问题，毛泽东指出：两个阶级的企图，各在自己阶级立场上出发。无产阶级的政治和组织程度比资产阶级高，所以统一战线由无产阶级提出。我们要提高政治警觉性。要使农民和小资产阶级跟随共产党走。共产党吸引国民党的条件是存在着的。两党之间互相吸引的问题，要在斗争中解决。统一战线建立后，主要危险是右倾机会主义，要注意在党内加强教育。

本月，毛泽东《辩证法唯物论（讲授提纲）》第一次出油印本。为了帮助广大干部掌握马克思主义的观点和方法，毛泽东写了《辩证法唯物论讲授提纲》，在延安红军大学（即抗日军政大学）讲授马克思主义哲学。油印本在全篇之末有一括号（论矛盾统一律完，一九三七年八月七日）。后油印本流传开来，在广州发行的《抗战大学》的铅印刊物，从 1938 年 4 月第 1 卷第 6 期起将《提纲》分期连载，并署名毛泽东主讲；上海的《民主》杂志也从 1940 年 3 月第 1 卷第 1 期起署名连载。1940 年延安八路军军政杂志社把《辩证法唯物论（讲授提纲）》铅印成书。

9 月 1 日，毛泽东在中央一级积极分子会议上做关于《中日战争爆发后的形势与任务》的报告。

9 月 7 日，毛泽东撰写《反对自由主义》。文中列举自由主义十一种主要表现，指出它是一种严重的恶劣倾向，对革命十分有害，强调提出反对和克服自由主义是思想战线的任务之一。

9 月 10 日，中共中央政治局召开常委会议，讨论宣传教育工作。毛泽东发言指出：教学要理论联系实际，军事理论应讲授战略思想、战略原则。有的高级军事干部，对战略问题毫无兴趣，上不联系战略，下不联系红军实际，变成外国教条主义；教学法要研究，旧的考试方法要改变，现在的教学法多是注入式，要注意启发式。

9 月 21 日，毛泽东致电彭德怀。电报进一步阐述独立自主的山地游击战方针。

9 月 22 日，国民党中央通讯社发表延搁两个多月的《中共中央为公布国共合作宣言》。23 日，蒋介石发表谈话，实际上承认了中国共产党的合法地位。共产党的《宣言》和蒋介石谈话的发表，宣告国共两党第二次合作的实现，标志着以国共合作为主体的抗日民族统一战线正式形成。

9 月 25 日，八路军第一一五师主力在晋东北平型关附近伏击敌人，首战告捷。它粉碎了“皇军”不可战胜的神话，极大地振奋了全国军民的胜利信心。

9 月 25 日，中共中央发出《关于共产党参加政府问题的决定草案》，指出，只有国民政府依据共产党提出的《抗日救国十大纲领》的基本内容，发布施政纲领并在行动上表现出实施的诚意和努力，容许共产党的合法存在和动员、组织、教育群众的自由的时候，共产党才能参加政府并担负行政责任。

9 月 29 日，毛泽东发表《国共两党统一战线成立后中国革命的迫切任务》。指出：我们应该把统一战线发展充实起来，把民众加进去，要有一个共同纲领，实行必要的改革，这是今日中国革命的迫切任务。

本月，根据国共谈判口头达成的协议，中国共产党苏维埃中央政府驻西北办事处改为陕甘宁边区政府，辖陕西、甘肃、宁夏的 23 个县。边区及其首府延安，是中共中央和中共中央军委所在地，是全国人民革命斗争的指导中心。

10 月 10 日，毛泽东写信给陕甘宁边区高等法院院长雷经天。信中指出：黄克功犯了不容赦免的大罪，他失掉党的立场的，失掉革命立场的，失掉人的立场的行为，如为赦免，便无以教育党，无以教育红军，无以教育革命者，并无以教育做一个普通的人。因此中央与军委便不得不根据他的罪恶行为，根据党与红军的纪律，处他以极刑。共产党与红军，对于自己的党员与红军成员不能不执行比较一般平民更加严格的纪律。

10 月 16 日，刘少奇发表《抗日游击战争中各种基本政策问题》阐明了游击战争的伟大意义和战略地位。

10 月 19 日，毛泽东在陕北公学纪念鲁迅逝世一周年的会上做《论鲁迅》的演讲，提出造就民族解放先锋队的任务。

10 月 23 日，毛泽东为陕北公学成立题词：要造就一大批人，这些人是革命的先锋队。这些人具有政治远见。这些人充满着斗争精神和牺牲精神。这些人是胸怀坦白的，忠诚的，积极的，与正直的。这些人不谋私利，唯一的为着民族与社会的解放。这些人不怕困难，在困难面前总是坚定的，勇敢向前的。这些人不是狂妄分子，也不是风头主义者，而是脚踏实地富于实际精神的人们。中国要有一大群这样的先锋分子，中国革命的任务就能够顺利地解决。

10 月 24 日，朱德会见美国记者史沫特莱。谈话指出：在战略上，我们打的是持久战，消耗敌人的战斗力量和补给。在战术上，我们打的是速决战。因为我们在军事上比敌人弱，我们永远避免运动战，而混合使用运动战和游击战，打击敌人的有生力量。

10 月 25 日，毛泽东会见英国记者贝特兰。谈话批评了中国政府抗战的弱点，论述了抗战中应采取的战略战术和人民军队政治工作的三个基本原则。

本月，柯柏年译狄慈根《辩证法唯物论》出版发行。

11 月 1 日，陕北公学正式开学。该校是为培训抗战爆发后大批涌入延安的青年所办。

11 月 12 日，上海失陷。毛泽东在延安党的活动分子会议上做报告，分析上海、太原失陷后的形势，强调必须坚持统一战线中的独立自主原则，在党内在全国均须反对投降主义。

11 月 15 日，刘少奇为中共中央北方局起草《关于目前形势与华北党的任务的决定》。决定指出：目前我党在华北就是要进一步独立自主地去领导游击战争，动员最广大的群众参加游击战争，争取广大的乡村成为游击战争的根据地，以配合华中华南的正规战争，推动国民党、国民政府及其军队的改造。

12 月 9 日至 14 日，中共中央在延安举行政治局会议。11 月底刚从苏联回国的中共驻共产国际代表、共产国际执行委员会委员和主席团委员王明在会上做了《如何继续全国抗战与争取抗战胜利呢？》的报告，王明在要坚持抗战，要巩固和扩大以国共两党合作为中心的抗日民族统一战线等问题上发表了一些正确意见，但在如何巩固和扩大抗日民族统一战线方面，提出了比较系统的右倾机会主义的主张。他批评洛川会议过分强调独立自主和民主、民生，抹杀共产党和国民党在抗日战争中的原则分歧，轻视共产党领导的游击战争的伟大作用，幻想依靠国民党军队求得速胜，强调“一切经过统一战线”和“一切服从统一战线”，放弃无产阶级领导权。由于王明说他的报告传达的是共产国际和斯大林的指示，王明的错误思想一度影响了一些同志。但因毛泽东等的抵制，王明的错误意见未能形成会议决议。会议决定：成立中国共产党第七次全国代表大会筹备委员会，毛泽东任主席。

12 月 11 日，《群众》周刊在武汉创刊，这是中国共产党在国民党统治区出版发行的机关刊物。《群众》周刊从 1938 年 12 月第 2 卷第 12 期起在重庆出版。1946 年 6 月 3 日第 11 卷第 5 期起迁往上海出版。1947 年 3 月 2 日出至第 14 卷第 9 期时被迫停刊。《群众》在宣传马克思列宁主义、毛泽东思想及党的路线、方针，政策、主张，批驳反动派的谬论、批判各种错误思潮，建立党的理论队伍方面都起到了重要的作用。

本月

由张仲实根据苏维埃大百科全书翻译的《哲学》由上海生活书店出版 。

张仲实译《费尔巴哈论》生活书店作出版。

1938 年

1 月 10 日，晋察冀边区临时行政委员会在冀西阜平成立。这是由中国共产党领导建立的敌后第一个统一战线性质的抗日民主政权。

1 月 11 日，陈伯钧节录自毛泽东《游击战争》，经过毛泽东修改校正的《论抗日游击战争的基本战术——袭击》在《解放》第二十八期发表。

1 月 13 日，毛泽东在陕北公学做关于时局中几个问题的讲演。讲演指出：中国抵抗日本侵略的办法，应以运动战为主，游击战、阵地战为辅。应该普遍地发展游击战，游击战使敌人灭亡不了中国。和是没有出路的。

本月

毛泽东在延安先后两次会见梁漱溟。毛泽东针对梁漱溟在《乡村建设理论》中提出的政治主张，指出：你走的是改良主义的道路，不是革命的道路。改良主义解决不了中国的问题，中国的社会需要彻底的革命。

朱德、彭德怀合著《抗敌的游击战术》出版。全书总结了抗战三个月来的经验教训，阐明游击战在抗日战争中的地位、作用以及游击战的作战原则。这部著作同毛泽东的《抗日游击战争的战略问题》《论持久战》等著作一起，成为八路军、新四军和全国抗日军民坚持抗战、战胜日军的重要思想武器。

凯丰编译《什么是列宁主义》延安解放社出版。该书是专题文摘汇编共八册，至 1940 年 5 月出齐。

《什么是马克思主义》延安解放社出版。

2 月 11 日，毛泽东在延安反侵略大会上发表演说，指出：现在有三个反侵略的统一战线，即中国的统一战线，世界的统一战线，日本人民的统一战线。这三个统一战线的目标是一样的，就是一致反对日本帝国主义的侵略战争。

2 月 15 日，毛泽东复信《大公报》记者范长江。复信借鉴大革命失败的历史教训指出：今后症结不但在于要有一个纲领而且要保证永不许任何一方撕毁这个纲领，这是一件最中心的事。

本月，毛泽东会见美国合众社记者王公达，回答了他提出的一系列问题。毛泽东指出：国共两党现在和将来合作的目的是共同抗日与共同建国，但必须是有纲领有原则的合作，这种合作才能是长久的。

3 月 3 日，毛泽东在陕北公学对毕业学员作临别赠言。他指出：中国长期抗战的前途是“先败后胜，转弱为强”，是在艰苦困难的轨道上前进。

3 月 5 日，毛泽东为抗大同学会成立题词：“坚定不移的政治方向，艰苦奋斗的工作作风，加上机动灵活的战略战术，便一定能够驱逐日本帝国主义，建立自由解放的新中国。”此后，毛泽东还为抗大题词：“团结、紧张、严肃、活泼”。

3 月 12 日，毛泽东在延安各界举行的纪念孙中山逝世十三周年和追悼抗日阵亡将士大会上讲话。讲话指出：孙中山的伟大在于他的三民主义的纲领，统一战线的政策，艰苦奋斗的精神。孙先生的三民主义纲领与统一战线政策，实为处在半殖民地国家的大革命家对于中华民族最伟大的贡献。

3 月 15 日，中共中央发出《关于大量发展党员的决议》。到 1938 年底，全国党员人数从全民族抗战开始时的 4 万多发展到 50 余万。

3 月 16 日，毛泽东自一月十七日至本日读完李达《社会学大纲》全书，并作多处批注。

3 月 21 日，刘少奇在抗大作《华北地区工作经验》的演讲，阐明坚持抗日民族统一战线要注意团结一切可能团结的力量。

3 月 30 日，毛泽东对抗大干部讲话，强调了解战略问题的重要性。讲话指出：以后抗大要上战略课，讲大局大兵团的战略。只有了解大局的人才能合理而恰当地处置小的问题。

本月

恩格斯《社会主义入门》延安民族解放青年社出版，收录《社会主义从空想到科学的发展》等。

方乃宜译《马·恩论中国》武汉中国出版社出版。本书系马克思文章摘编。

柯雪飞译阿多拉多茨《马克思列宁主义的理论基础》武汉播种社出版。

4 月 1 日，武汉出版的《自由中国》创刊号登载了艾思奇《哲学的现状和任务》。文章指出“现在需要来一个哲学研究的中国化、现实化运动。过去的哲学只做了一个通俗化的运动，把高深的哲学用通俗的语句加以解释，这在打破一直以来哲学的神秘观点上，在使哲学和人们的日常生活接近，在使日常生活中的人们也知道注意哲学思想的修养上，是有极大意义的，而且这也就是中国化现实化的初步”。文中首次提出了马克思主义哲学中国化现实化的概念。

4 月 28 日，毛泽东在鲁迅艺术学院作题为“怎样做艺术家”的讲演。指出：现在为了共同抗日，现在艺术界也需要统一战线，不管是写实主义派或是浪漫主义派，是共产主义派或是其他什么派，大家都应当团结抗日。艺术作品要有内容，要适合时代的要求、大众的要求。

本月

艾思奇《孙中山先生的哲学思想》载延安《解放》33 期。

恩格斯《社会主义从空想到科学的发展》翻译成《从空想的社会主义到科学的社会主义》汉口新汉出版社刊印。

马克思等著、李铁冰编译《论民族革命问题》火炬出版社出版。

5 月 1 日，《解放》第 36 期发表纪念马克思诞辰一百二十周年的文章《马克思与中国》。

5 月 5 日，延安马克思列宁学院成立。在纪念马克思诞辰一百二十周年之际，中国共产党在延安创办了第一所专门学习和研究马列主义理论比较正规的学校。院长由洛甫（张闻天）兼任。1941 年 8 月，马列研究院改名为中央研究院，1943 年合并入中央党校。

5 月 17 日，任弼时在苏联莫斯科举行的共产国际执委会主席团会议上，就此前提交的《中国抗日战争的形势与中国共产党的工作和任务》书面报告大纲作说明和补充。共产国际执委会主席团于六月十一日作出《关于中共代表报告的决议案》，肯定中国共产党的政治路线是正确的。

5 月 26 日—6 月 3 日，毛泽东在延安抗日战争研究会上做《论持久战》讲演，毛泽东运用马克思主义的认识论和辩证法，客观、全面地分析了中日双方的特点及相互联系，揭示了中日战争的本质，科学地预见了抗日战争必经的过程，批判了速胜论和亡国论，分析了其认识根源，得出了抗日战争必胜和持久战的正确结论。《论持久战》的发表，极大地鼓舞和坚定了抗日军民的信心和决心，指导了抗日战争的胜利进行。这篇讲演和《抗日游击战争的战略问题》科学地论证了抗日战争的发展规律，是中国共产党领导中国人民夺取抗日战争伟大胜利的军事理论纲领，是运用发挥马克思主义哲学解决战争问题的光辉典范。

5 月 30 日，《解放周刊》第 40 期刊载毛泽东《抗日游击战争的战略问题》系统阐述了游击战争的重大战略地位。

本月

恩格斯《史的唯物论》新汉出版社出版。

彭汉文编译《马克斯（思）主义的基础》由汉口竟成印务局印刷，上海社会科学研究社刊行。

6 月 14 日，毛泽东会见来延安参观的平民教育会代表谈话指出：平民教育工作的大规模发展，必须有为平民的政治。政治是最基本的、最主要的，一切推行的方法，还在其次。政治的问题主要是对人民的态度，看你是想和老百姓做朋友还是要站在老百姓的头上压迫他们。只要和他们接近，和他们打成一片，他们自然相信你。

本月

延安马列学院成立了党的历史上第一个编译马列著作的专门机构——编译部。编译部编译的《马克思恩格斯丛书》开始由延安解放社出版。

恩格斯《家族、私有财产及国家起源》第二个中译本由明华出版社出版。

7 月 2 日，毛泽东会见世界学联代表团柯乐满等，回答他们提出的问题。关于边区在中国的意义和作用，指出：边区是一个民主的抗日根据地，它把抗日战争与民主制度结合起来，以民主制度的普遍实行去争取抗日战争的胜利。边区的意义和作用，在于做出一个榜样给全国人民看，使他们懂得这种制度是最有利于抗日救国的，是抗日救国唯一正确的道路。

7 月 18 日，《解放周刊》第 43、44 期刊载毛泽东《论持久战》。该文与《抗日游击战争的战略问题》是姐妹篇。这两篇文章不仅是军事著作，而且也是重要的哲学著作。它们是毛泽东运用马克思主义哲学指导中国革命战争的成功体现，是毛泽东军事辩证法思想的光辉结晶。

本月，钱亦石译恩格斯《德国农民战争》上海生活书店出版。

8 月 22 日，毛泽东在中共中央党校讲话，主要讲当学生、当先生、当战争领导者三个问题。

8 月 30 日，徐懋庸、何干之等集体编著《社会科学基础教程》桂林社会科学研究会出版，新知书店经售。这是一部以唯物史观贯穿全书的社会科学教科书。

本月

郭大力、王亚南译全本《资本论》开始由读书生活书店出版。这是我国出版的第一个《资本论》全译本。1928年，郭大力和王亚南决定共同翻译《资本论》，王亚南译第1卷，郭大力译第2、3卷并负责校稿，至1938年方才告竣。读书生活书店1938年8月开始印刷出版。第1卷1938年8月31日出版，第2卷9月15日出版，第3卷9月30日出版。新中国成立后，郭大力又开始修订译本，1963年修订第1卷出版，1964年修订第2卷出版，1968年修订第3卷出版。

成仿吾、徐冰译《共产党宣言》解放社出版。中央宣传部门委托时任陕北公学校长的成仿吾和解放日报编辑徐冰共同翻译德文版的《共产党宣言》，成仿吾译前半部，徐冰译后半部。

翦伯赞《历史哲学教程》生活书店出版发行。此书以社会史论战以来思想理论战线上的斗争为背景，运用唯物史观阐述了历史科学的基本问题。

9月8日，《解放周刊》第51期刊载艾思奇《共产主义者与道德》。

9月14—27日，中共中央政治局举行会议，为召开中共六届六中全会做准备。王稼祥在十四日会议上传达共产国际的指示和共产国际执行委员会总书记季米特洛夫的意见，指出：中共一年来建立了抗日统一战线，尤其是朱德、毛泽东等领导了八路军，执行了党的新政策，政治路线是正确的；中共在复杂的环境和困难的条件下真正运用了马列主义。中央领导机关“要在毛泽东为首的领导下解决。领导机关中要有亲密团结的空气”。

9月18日，《解放周刊》第52期开始刊载艾思奇译《马恩关于唯物史观的书信》。53、54、56期继续连载，1951年出单行本。

9月29日—11月6日，中共扩大的六届六中全会在延安举行。毛泽东在会上作题为《论新阶段》的政治报告，首次提出了“马克思主义中国化”的命题。会议通过了《六中全会政治决议案》，批准了以毛泽东为代表的中央政治局的路线，克服了王明右倾错误对党的工作的干扰，重申党的独立自主地放手组织人民抗日武装斗争的方针，确定把党的主要工作放在战区和敌后，要不断巩固和扩大抗日民族统一战线，用长期合作来支持长期战争，在统一战线中要坚持独立自主的原则。全会强调学习的重要性，号召全党必须努力学习马克思列宁主义理论，善于把马克思列宁主义和国际经验应用于中国的具体环境，反对教条主义。全会进一步巩固毛泽东在全党的领导地位，统一全党的思想和步调，推动各项工作迅速发展。

9 月 30 日，《解放周刊》第 53 期登载延安"新哲学会缘起"。延安新哲学会由艾思奇和何思敬负责主持。"新哲学会"成立后，推动了学习和研究马克思主义哲学的运动。

本月

斯大林《辩证唯物主义与历史唯物主义》（即《联共〔布〕党史教程》第 4 章第 2 节）华东新华书店编辑部出版发行。

郑九星译阿多拉茨基编《列宁底史的唯物论》上海启蒙书店出版。

苏联《联共〔布〕党史简明教程》由解放社出版。书中第四章第二节《辩证唯物论与历史唯物论》为斯大林撰写。

10 月 12 日—14 日，毛泽东在中共扩大的六届六中全会作《论新阶段》的政治报告。报告提出的"中国共产党在民族战争中的地位"这一问题，为使全党同志明确地知道并认真地负起中国共产党领导抗日战争的重大历史责任指明了方向；报告提出的"马克思主义的中国化"的论断是他对中国革命最重要的贡献之一。这篇报告在当年出版的《解放》第五十七期发表，后出版单行本。

本月，西流译马克思《劳动价值说易解》上海亚东图书馆传，这是《工资、价格和利润》的节译。

11 月 5 日，毛泽东在中国共产党第六届中央委员会第六次全体会议上做了结论，论述了《战争和战略问题》。毛泽东依据马克思主义的普遍原理，分析中国社会的特点和历史的经验，明确指出在中国，离开了武装斗争，就没有无产阶级和共产党的地位，就不能完成任何的革命任务，号召全党都要注重战争，学习军事，准备打仗。

本月

郭沫若译《德意志意识形态》由上海言行出版社出版。

马克思恩格斯《中国问题评论集》上海珠林书店出版。

12 月 12 日，毛泽东在抗大干部晚会上做报告。报告指出：我们训练大批干部到前线去，领导游击队，领导军队，组织群众，发展统一战线等等，这就是教育工作的意义。

1939 年

1 月 15 日，艾思奇译《列宁关于辩证法的笔记》刊于《解放》第 60—61 期。

1 月 17 日—2 月 4 日，陕甘宁边区第一届参议会在延安举行。在十七日的开幕会上，毛泽东讲话指出：抗战一定要有民权主义与民生主义。孙中山先生的三民主义——民族、民权、民生是互相配合的。会议通过《陕甘宁边区抗战时期施政纲领》等文件。林伯渠当选为边区政府主席。

1月20日，毛泽东为《论持久战》英译本写序言《抗战与外援的关系》。

1月21日，中共中央书记处召开会议，讨论蒋介石提出的国共两党统一的问题。二十五日，中共中央发出《为国共关系问题致蒋介石电》，表示两党合作抗战与两党合并是两回事，共产党诚意地愿与国民党为实现三民主义新中华民国而奋斗，但绝不能放弃马克思主义之信仰，绝不能将共产党的组织合并于其他任何政党。

1月28日，《解放》周刊第62期刊载柯柏年译《列宁论战斗的唯物论底意义》。

本月

闵斯编，章汉夫、许涤新译《恩格斯论〈资本论〉》由读书生活出版社出版。郭和译马克思《论犹太人问题》上海亚东图书馆出版。

吴亮平和刘云合译马克思《法兰西内战》延安解放社出版。

《斯大林选集》延安解放社首次出版，共5卷。

2月1日，毛泽东致信陈伯达，就其《墨子哲学思想》一文提出几点意见。关于事物的质的问题，指出：事物的质与属性不可分，但有区别的，一物的某些属性可以除去，而其物不变，由于所以为其物的质尚存。关于必然性与偶然性的关系，指出：必然性的一切表现形态都是偶然性，都用偶然性表现。

2月2日，为克服经济上的严重困难，中共中央在延安召开生产动员大会，毛泽东发出“自己动手”的号召。抗日根据地军民相继掀起大生产运动。1941年春，八路军第三五九旅开进南泥湾实行军垦屯田，成为全军大生产运动的一面旗帜。1942年底，提出“发展经济、保障供给”的方针。党在延安时期培育形成了以坚定正确的政治方向、解放思想实事求是的思想路线、全心全意为人民服务的根本宗旨、自力更生艰苦奋斗的创业精神为主要内容的延安精神。

2月5日，毛泽东在中共中央党校作题为《反对投降主义》的讲话，指出：要达到抗战必胜、建国必成的目的，中心的任务就是要巩固和扩大抗日民族统一战线。要巩固统一战线，就要进行两条战线的斗争，反对关门主义与投降主义。

2月20日，毛泽东致信张闻天，就陈伯达写的《孔子的哲学思想》一文提出商榷意见。关于中庸问题，指出：伯达的解释是对的，但是不足的。“过犹不及”是两条战线斗争的方法，是重要思想方法之一。“过”的即是“左”的东西，“不及”的即是右的东西。孔子的中庸观念，包含着从量上去找出与确定质而反对“左”右倾的思想。这个思想的确如伯达所说是孔子的一大发现，一大功绩，是哲学的重要范畴，值得很好地解释一番。关于孔子的道德论，指出：应给以唯物论的观察，加以更多的批判，以便与国民党的道德观（国民党在这方面最吸引孔子）有原则的区别。“仁”这个东西在孔子以后几千年来，为观念论的昏乱思想家所利用，闹得一塌糊涂，真是害人不浅。我觉孔子的这类道德范畴，应给以历史的唯物论的批判，将其放在恰当的位置。

2 月 25 日，毛泽东在延安召开的第一次技术人员晚会上讲话。讲话指出：我们是以政治管理技术，但是没有技术的政治是空的。没有技术人员和技术工作，就不能战胜日本帝国主义，也不能建设新中国。

本月

根据中共六届六中全会决议的精神，延安及其附近的机关部队、群众团体中的在职干部以及中共领导人开始了以学习理论为主要内容的干部教育运动。到 1942 年，延安在职干部理论学习班共举办了三期。

博古总校阅斯大林《联共（布）党史简明教》中国出版社在重庆出版。1938 年 11、12 月，该书第七章和结束语被译成中文在《解放》周刊第 28、36 期发表。

3 月 8 日，毛泽东在延安举行的三八妇女节纪念大会上讲话指出：纪念三八妇女节开大会，就是要妇女结团体，争取妇女的自由与平等。妇女解放与社会解放是密切联系的，要真正求得社会解放，就必须发动广大的妇女参加；同样，要真正求得妇女自身的解放，妇女就一定要参加社会解放的斗争。

3 月 8 日，《解放》第 66 期出版，为纪念马克思逝世五十六周年本期杂志不仅刊载了《纪念马克思与孙中山》，同时还发表了恩格斯《马克思墓前演说》和《马克思小传》。

3 月 15 日，胡绳《辩证唯物论入门》桂林等地新知书店出版发行。

本月

《哲学选辑》解放社在延安出版。这是艾思奇受党的委托，根据当时延安各界学习哲学的迫切需要而编辑的。毛泽东认真阅读后作了 33 条的详细批注。

王学文、何锡麟、王石巍合译马克思恩格斯《政治经济学论丛》由延安解放社出版。

王剑秋译米丁《辩证法唯物论》上海生活书店出版发行。

艾思奇、吴黎平著《科学历史观教程》辰光书店出版。

4 月 15 日，郭和译《法兰西内战》上海海潮社出版。

4 月 18 日—19 日，周恩来在湖南衡山为西南游击干部训练班作《中日战争之政略与战略问题》的讲演。讲演强调：我们抗战的政策是：持久抗战；全面战争（全民战争）；争取主动，即自力更生，主动外交。在此政策下的战略方针是持久战。

4 月 24 日，毛泽东在抗大生产运动初步总结大会上讲话。讲话指出：区分革命的、不革命的和反革命的 知识分子的标准只有一个，就是看他是不是同工农相结合。我们不但能组织工农，训练工农，并且自己也做工农，这样我们就更加革命化了。

本月

李达在《读书月报》第 1 卷第 4 期发表《唯物辩证法三原则的关系》。

郭大力译马克思恩格斯《资本论通信集》上海读书生活出版社出版。

华岗《社会发展史纲》生活书店出版。

5 月 1 日，为纪念五四运动二十周年，毛泽东在《解放》第七十期发表《五四运动》，阐明中国民主革命的阶段、任务等基本问题。

5 月 4 日，毛泽东在延安青年纪念五四运动十周年大会上作《青年运动的方向》的讲话，指出：我们现在干的是资产阶级性的民主主义的革命，但是这个革命，资产阶级已经无力完成，必须靠无产阶级和广大人民的努力才能完成。这个革命要达到的目的就是打倒帝国主义和封建主义，建立一个人民民主的共和国。中国将来一定要发展到社会主义去。

5 月 20 日，毛泽东在中共中央干部教育部召开的学习运动动员大会上讲话。讲话主要讲了四个问题：学习运动是必要的；学习运动是可能的；学习运动是会有成绩的；学习应该学到底。

5 月 30 日，毛泽东在西北青年救国会举行的模范青年授奖大会上作《永久奋斗》的讲话。

6 月 10 日，毛泽东在延安党的高级干部会议上做反对投降问题的报告，指出：当的基本任务是巩固扩大抗日民族统一战线，坚持国共合作与三民主义。统一不忘斗争，斗争不忘统一,二者不可偏废，但以统一为主，“磨而不裂”。

6 月 30 日，毛泽东为纪念抗战两周年撰写《当前时局的最大危机》。文章指出：中华民族的历史任务是团结抗战以求解放。反对投降和分裂一这就是全国一切爱国党派、一切爱国同胞的当前紧急任务。我们共产党人公开宣称：我们是始终站在主战派方面的，我们坚决地反对那些主和派，即投降派。

本月

艾思奇《实践与理论》上海读书生活出版社初版发行。

柯柏年、艾思奇等译《马克思通信选集》延安解放社出版发行。

艾思奇、吴黎平编写《唯物史观》在延安出版。

柯柏平等译、许之祯编《马恩与马克思主义》延安解放社出版。该书是列宁著作专题汇编。

7 月 7 日，《中共中央为抗战两周年纪念对时局宣言》发表，提出坚持抗战、反对投降，坚持团结、反对分裂，坚持进步、反对倒退三大政治口号。

7 月 7 日，朱德在《前线》杂志发表《八路军抗战二周年》。文章从党政军民团结一致，民众运动和战略战术三个方面总结了八路军两年来所取得的伟大胜利及其经验教 训。

7 月 8 日和 12 日，刘少奇在延安马列学院作《论共产党员的修养》的报告。报告第一次提出加强共产党员思想修养的必要性和意义，把加强马克思主义政党的思想建设同中国传统文化中的优秀部分结合起来，使马克思主义政党建设理论中国化。这篇报告为毛泽东建党思想的丰富和发展作出重要贡献，成为整风学习的重要文献。

7 月 9 日，毛泽东对陕北公学开赴华北抗日前线的同学发表讲话。讲话指出：送给同学们三个法宝。第一个法宝是统一战线。第二个法宝是游击战争。第三个法宝是革命中心的团结。

8 月 25 日，中共中央政治局作出《关于巩固党的决定》，指出：巩固党的中心一环，是加强党内马克思列宁主义的教育，阶级教育与党的教育。同时，必须建立新老干部间和谐的相互学习、相互尊重的关系，加强党的团结，并加强党的纪律。

8 月 29 日，毛泽东在陕甘宁边区小学教员暑期训练班毕业典礼上讲话。讲话指出：在抗战教育中，知行合一是一件大事。陶行知主张知行合一，提倡生活教育，把教的、学的、做的统一起来，这在马克思主义说来，就是理论与实践的统一。

8 月 30 日，艾思奇在《解放》杂志第十二期上发表《怎样研究辩证法唯物论》。

本月，沈志远译马克思《雇佣劳动与资本》重庆生活书店出版。本译本是新中国建立前重印次数最多的一个译本。

9 月 17 日，《群众》周刊发表“《联共（布）党史简明教程》出版一周年”社论。

9 月 24 日，毛泽东会见美国记者埃德加 · 斯诺，谈到中国民主革命阶段性问题时指出：我们永远是社会革命论者，永远不是改良主义者。中国革命，有两篇文章，上篇和下篇。无产阶级同资产阶级一道，进行民族民主革命，这是文章的上篇，文章还有它的下篇，就是无产阶级领导农民，进行社会主义革命。目前是民族民主革命，发展到一定的阶段，就会转变为社会主义革命。

本月，葛名中《科学的哲学》重庆生活书店出版发行。作者是一名自然科学工作者，他广泛引用自然科学的新成果论证唯物辩证法。

10 月 4 日毛泽东撰写《〈共产党人〉发刊词》，对中国共产党十八年斗争历程作出总结，提出统一战线、武装斗争、党的建设，是中国共产党在中国革命中战胜敌人的“三个法宝”。指出：统一战线问题，武装斗争问题，党的建设问题，是我们党在中国革命中的三个基本问题。正确地理解了这三个问题及其相互关系，就等于正确地领导了全部中国革命。统一战线和武装斗争，是战胜敌人的两个基本武器。统一战线，是实行武装斗争的统一战线。而党的组织，则是掌握统一战线和武装斗争这两个武器以实行对敌冲锋陷阵的英勇战士。发刊词强调党的建设是一项“伟大的工程”，提出“建设一个全国范围的、广大群众性的、思想上政治上组织上完全巩固的布尔什维克化的中国共产党”的任务。

本月，李仲融编《辩证法唯物论》桂林石火出版社出版。

11 月 1 日，毛泽东在中共中央政治局会议上指出：许多共产党员不知道脱离群众是一种罪恶。党要进一步地依靠群众，当前克服投降危险更需要发动群众；党在国民党统治区的群众工作，要与国民党左派人士联合，要有步骤并要有长期深远的计划：要以群众工作的好坏作为判断党的工作好坏的主要条件；群众工作是克服投降危险的决定性条件，同时是巩固党的重要条件，经过群众斗争锻炼的党才是巩固的。

11 月，来华参加抗战的加拿大共产党员诺尔曼·白求恩医生在晋察冀边区唐县逝世。毛泽东题写挽词，12 月，撰写《学习白求恩》。1942 年 12 月，来华参加抗战的印度医生柯棣华在唐县逝世，毛泽东题写挽词。

本月，何锡麟译恩格斯《〈资本论〉提纲》由延安解放社出版。

本月，平心《新哲学读本》上海珠林书店出版发行。

12 月 1 日，毛泽东为中共中央起草《关于吸收知识分子的决定》，指出：没有知识分子的参加，革命的胜利是不可能的。全党同志必须认识，对于知识分子的正确的政策，是革命胜利的要条件之一。

12 月 9 日，毛泽东在纪念一二·九运动四周年大会上讲话指出：一二·九运动是动员全民族抗战的运动，它准备了抗战的思想，准备了抗战的人心，准备了抗战的干部。共产党从诞生之日起，就是同青年学生、知识分子结合在一起的；同样，青年学生、知识分子也只有跟共产党在一起，才能走上正确的道路。

12 月 13 日，中共中央政治局召开会议，听取艾思奇关于准备陕甘宁边区文代会报告内容的汇报。毛泽东在会上指出，我认为不提三民主义文化为好，以提中华民族的新文化为好，即彻底的民主主义文化。新文化用四大口号为好：民族化（包括旧形式），民主化（包括统一战线），科学化（包括各种科学），大众化（鲁迅提出的口号，我们需要的）。

12 月 21 日，毛泽东撰写《学习白求恩》。

本月

毛泽东主持撰写的《中国革命与中国共产党》第一章、第二章完成。此书系统分析中国历史各主要发展阶段的根本特征，科学地分析了中国半殖民地、半封建社会的特点及其基本矛盾，系统地阐明了中国新民主主义革命的对象、任务、动力、性质、前途和中国共产党的历史任务，把资产阶级民主革命区分为旧民主主义革命和新民主主义革命，创造性地提出了"新民主主义"的科学概念。该书第一次全面展现了以毛泽东为代表的中国共产党人对于中国社会历史特征的认识，在思想界产生极为深远的影响。此书首先刊载在党内刊物《共产党人》。

何思敬、徐冰译马克思《哥达纲领批判》延安解放社出版发行。

1940 年

1 月 9 日，毛泽东出席陕甘宁边区文化协会第一次代表大会，作《新民主主义的政治与新民主主义的文化》的长篇演讲。这篇演讲，经修改、补充后在《解放》第九十八、第九十九期合刊发表时题目改为《新民主主义论》。《新民主主义论》科学地分析了中国的社会性质，中国革命的历史特点和中国革命发展的基本规律，系统阐明了新民主主义理论，完整提出了党在新民主主义革命中的政治、经济和文化纲领。指出：中国革命必须分为新民主主义革命和社会主义革命两个阶段，民主主义革命是社会主义革命的必要准备，社会主义革命是民主主义革命的必然趋势，两者要衔接起来；批判了混淆两个革命阶段任务的"毕其功于一役"的观点和在中国建立资产阶级专政的谬论；指出新民主主义革命的实质即无产阶级领导的、以工农联盟为基础的、人民大众的、反帝反封建的革命。

《新民主主义论》《〈共产党人〉发刊词》《中国革命和中国共产党》等重要理论著作表明党的新民主主义革命的理论、路线和相应的一整套具体政策已经形成了完整的体系，标志着马克思列宁主义同中国革命实践相结合的毛泽东思想得到多方面展开而趋于成熟。

1月30日，《群众》周刊第4卷第2、3期合刊发表潘梓年《列宁怎样发展了马克思主义？》。

《群众》周刊第4卷第2、3期合刊发表博古译耿金娜《关于列宁的〈什么是"人民之友"和他们如何反对社会民主派〉一书》。

本月，黄特《新哲学谈话》上海新人出版社出版发行。

2月5日，毛泽东、陈云等出席陕甘宁边区自然科学研究会成立大会。毛泽东讲话指出：自然科学是人们争取自由的一种武装。人们为着要在社会上得到自由，就要用社会科学来了解社会，改造社会，进行社会革命，人们为着要在自然界里得到自由，就要用自然科学来了解自然，克服自然和改造自然，从自然里得到自由。

2月7日，延安出版的《中国工人》创刊号发表毛泽东为该刊写的《发刊词》，指出：团结自己和团结人民，反对帝国主义和封建主义，为建立新民主主义的新中国而奋斗，这就是中国工人阶级的当前的任务。《中国工人》应该成为教育工人、训练工人干部的学校，读《中国工人》的人就是这个学校的学生。

2月10日，中共中央军委依据毛泽东在1939年春对陕甘宁边区提出的"自力更生"，"自己动手，生产自给"的方针，向全军发出指示，要求各部队依不同情况开展生产运动，做到一面战斗，一面生产，一面学习。

2月15日，延安的大型学术刊物《中国文化》创刊。1941年8月出至第3卷第3期停刊。该刊为抗战时期延安出版的唯一一份学术刊物，是延安学习、研究、传播马克思主义哲学的一个重要阵地。创刊号上登载了毛泽东的《新民主主义的政治与新民主主义的文化》，2月20日在延安出版的《解放》第98、99期合刊登载时，题目改为《新民主主义论》。

艾思奇在《中国文化》创刊号发表《论中国的特殊性》。文章运用唯物辩证法痛斥托派分子开口闭口强调中国的"特殊化"，仇视马克思主义在中国的传播和发展，这种思潮和近代中国的闭关自守主义是一脉相承的。

2月20日，毛泽东在延安各界宪政促进会成立大会上做《新民主主义的宪政》的演说。

2月23日，《群众》周刊发表博古译尤琴（尤金）《社会的存在和社会的意识》。

本月

戈宝权译梯特金《列宁的〈做什么〉一书的提要》在《群众》第四卷第五期发表。

戈宝权译布尔洛夫《列宁的〈进一步退两步〉一书》在《群众》第四卷第

六期发表。

杨荣国《中国古代唯物论研究》读写出版社出版。

3月6日，毛泽东为中共中央起草《关于抗日根据地政权问题的指示》，提出实行“三三制”的主张。

3月8日，《群众》周刊发表徐冰译亚罗斯拉夫斯基《马克思列宁主义基本认识底一部百科全书——为〈联共（布）党史简明教程〉出版周年纪念而作》。

3月11日，毛泽东在党的高级干部会议上做《目前抗日统一战线中的策略问题》的报告。报告总结抗战以来统一战线工作的经验，针对当时党内出现的“左”的倾向，全面论述共产党必须坚持对国民党实行又联合又斗争，以斗争求团结的政策，深刻地阐明“发展进步势力，争取中间势力，孤立顽固势力”的策略方针和在同顽固派的斗争中坚持“有理、有利、有节”的原则。报告首次对大资产阶级与民族资产阶级、亲日派大资产阶级与欧美派大资产阶级、大地主与中小地主及开明绅士加以明确区分。

3月20日，中共中央书记处发布《关于在职干部教育的指示》，指出：时事问题为一切在职干部必须经常研究的课目（党报为主要材料），军事工作干部必须研究军事，地方工作干部必细学习必要的军事知识。指示决定五月五日马克思生日为学习节。

本月，毛泽东《新民主主义论》延安解放社出版发行。该书总结了中国近百年民主革命斗争，特别是二十年新民主主义革命斗争的经验，论述了新民主主义革命和社会主义革命的关系，发展了马列主义关于民主革命的学说。

4月10日，毛泽东《新的民主主义的政治与新的民主主义的文化》在《群众》周刊第4卷第10期刊载。

本期《群众》还发表朱世纶译波立提札《启蒙哲学和现代思想》。

4月30日，《群众》周刊第4卷第12期发表徐冰译M·斯特伦《观念和人物在历史中的作用》。

4月、7月，中共中央书记处先后批准中央西北工作委员会拟定的《关于回回民族问题的提纲》和《关于抗战中蒙古民族问题提纲》。这两个提纲成为抗战期间指导民族工作的纲领性文件。

本月，中共发布《中央关于干部学习的指示》。规定干部学习的初级课程开设：中国近代革命史、中国革命与中国共产党、游击战争、社会科学常识。中级课程开设：联共党史、马列主义。高级课程开设：政治经济学、历史唯物论与辩证唯物论、近代世界革命史。

5月4日，毛泽东为中共中央起草给东南局及新四军军分会的指示，指出：

由于国民党反共顽固派坚决地执行其防共、限共、反共政策，我们应强调斗争，不应强调统一。斗争是克服投降危险、争取时局好转、巩固国共合作的最主要的方法。

5 月 15 日，迪先译马克思《资本生产物的商品》刊载在重庆《理论与现实》第 1 期。

5 月 20 日，《群众》周刊第 4 卷第 14 期发表刘亚生《研究新哲学的方法问题》。

本月，《中国文化》第 1 卷第 3 期刊载艾思奇《五四文化运动的特点》、陈伯达著《论“新哲学”问题及其他》。

6 月 20 日，徐特立在《群众》周刊发表《怎样学习哲学？》。

6 月 21 日，延安新哲学研究会第一届年会举行。毛泽东、周扬、范文澜等 50 余人出席了大会。会议由何思敬主持，艾思奇作会务工作报告，毛泽东、洛甫（即张闻天）、朱德在会上讲了话。会议总结了新哲学会成立后所取得的研究成果，交流了研究工作的经验，讨论了新哲学的研究任务和方向。延安的新中华报在 6 月 28 日报道了会议的内容，重庆《新华日报》在 8 月 1 日转载了这个报道。

6 月 25 日，《中国文化》第 1 卷第 4 期开始刊登艾思奇《哲学是什么》（哲学讲座）。艾思奇的哲学讲座连载于第 1 卷 4 至 6 期，第 2 卷 1 至 5 期，共连载了九期。

7 月 5 日，《新中华报》发表毛泽东起草的《中国共产党中央委员会为抗战三周年纪念对时局宣言》。

7 月 13 日，毛泽东在延安高级干部会议上作结论，指出：抗日民族统一战线目前时期都以团结为主，同时有斗争。一切皆在变化中，不应该用顽固的形式主义的观点，而应该用活泼的辩证法的观点，去注意一切变化。学习用马克思主义观点研究具体环境与具体策略，用点苦功。

7 月 25 日，《中国文化》第 1 卷第 5 期刊载杨松《关于马列主义中国化的问题》。

8 月 15 日、19 日，中共中央发出《中央关于开展统一战线工作的指示》《中央关于扩大交朋友工作的指示》。指示重申：我们的策略是要尽力团结一切可能抗日的力量，是要善于争取广大的中间力量，是只打击当前直接与我摩擦的少数最顽固的势力。

8 月 20 日—翌年 1 月下旬，八路军总部在华北发动了一次大规模的对日军的进攻的百团大战。先后有 105 个团约 20 余万人参加。这次战役给敌伪以很大打击，坚定了全国人民抗战胜利的信心，提高了中国共产党和党所领导的军队的威望。

本月，何封等译《卡尔·马克思——人、思想家、革命者》上海读书出版社。

9 月 10 日，《群众》第 5 卷第 4、5 期合刊出版，发表一组哲学译文。《马克思主义 ——列宁主义——统一的、整个的学说》（G·如克著，博古译），《继续研究马克思列宁的哲学问题》（尤金著，杨松译），《当作全体看的宇宙》（爱里欧特著，吴藻溪译）等。

9 月 23 日，毛泽东在延安作《时局与边区问题》的报告，指出，大资产阶级在抗战问题上可分为三派：右派即投降派，中派即顽固派，顽固派中的左派即可变派。对投降派要完全孤立，要打倒；对顽固派也要孤立，但还要团结他们；对顽固派中的左派，要分化和拉拢，必要的斗争和批评也是需要的。

本月

范文澜应延安新哲学会邀请，在延安中共中央党校作《中国经学史的演变》的讲演。讲演稿发表于《中国文化》第 2 卷第 2、3 期。演讲内容受到毛泽东称赞。

黄特、刘涟合编《辩证唯物论体系》新人出版社出版。

10 月 15 日，吴泽在《理论与现实》第 2 卷第 2 期发表《研究中国历史的方法》。

吕振羽在《理论与现实》第 2 卷第 2 期发表《“亚细亚生产方式”和所谓中国社会的“停滞性”问题》。

11 月 5 日，于光远译恩格斯《从猿到人过程中劳动的作用》刊载于延安《中国青年》第 3 卷第 1 期。

本月

上海海潮社出版《巴黎公社》。该书包括《法兰西内战》、国际工人协会总委员会关于普法战争的两篇宣言和《巴黎公社的宣言》等有关巴黎公社的内容。

毛泽东致信萧向荣指出：在去年十二月写《中国革命与中国共产党》第二章时，正在第一次反共高潮的头几个月，民族资产阶级与开明绅士的态度是否与大资产阶级大地主有区别，还不能明显地看出来，到今年三月就可以看出来了，请参看三月十一日我的那个《统一战线中的策略问题》。

12 月 4 日，中共中央政治局召开会议讨论目前形势。毛泽东会上第一次比较集中地谈到党的历史上的右倾 和“左”倾错误，特别是十年内战后期打倒一切的“左”倾错误。他指出：我党在历史上有三个时期。在大革命末期，陈独秀主张联合一切，下令制止工农运动。在苏维埃时期，最初实行打倒一切，到六大时纠正了。但到后期又是打倒一切。遵义会议决议提到这个时期只说是军事上的错误，没有说是路线上的错误，实际是路线上的错误，所以遵义会议决议须有些修改。抗战以来的倾向，在统一战线初期是“左”倾；国共合作后有一时期是右倾，反摩擦后又是“左”倾。过去总的错误是不了解中国革命的长期性、不平衡性。不了解中国革命的长期性，便产生了对革命的急躁性。中国共产党是一个半殖民地国家的党，党员比较幼稚，过去犯错误是由于经验不足，也是由于马列主义没有和实际联系起来。我们总结过去的经验教训，对于犯了错误和没有犯错误的人都是一种教育。

12 月 5 日，《群众》第 5 卷第 13、14 期合刊，为纪念恩格斯一百二十周年诞辰专门辟有特辑专栏，其中包括：葆荃编译《恩格斯的生平、著作及其事业》、梓年《近代社会主义的创立者》、华西园《恩格斯论民族问题》、曾芜明译《恩格斯〈费尔巴哈论〉一书的介绍》和葆荃编《恩格斯著作中译编目》。

12 月 25 日，中共中央发布《论政策》的党内指示。指示针对当时党内存在的“左”的倾向，强调在整个抗日战争时期，无论在何种情况下，我党的抗日民族统一战线的政策是决不会变更的。指示批判了抗战以来党内的右倾和“左”倾思想。

本月

《中国青年》刊载于光远译、景林校订《从猿到人过程中劳动的作用》。

艾思奇《辩证法的法则及其运用》重庆中国图书公司出版发行。

1941 年

1 月上旬，皖南事变发生，蒋介石诬称新四军“叛变”，宣布取消其番号。中国共产党采取军事上严守自卫、政治上坚决反击的方针。中央军委于 1 月 20 日发布重建新四军军部的命令，陈毅任代军长，刘少奇任政治委员。到 3 月，国民党顽固派的第二次反共高潮被击退。

本月，黄特《批判的武器》上海新人出版社出版发行。

2 月 10 日，张申府译注恩格斯《论辩证法》刊发于重庆《中国教育》第 1 卷第 7 期。

本月

艾思奇在《解放》124 期发表《关于辩证法唯物论认识论的一致性》。

《解放》周刊第 125 期刊载实市《斯大林早年的哲学思想》。

范文澜在《中国文化》第 2 卷第 2 期和第 3 期发表《中国经学史的演变——

延安哲学年会讲演提纲》。

胡绳《思想方法论》上海生活书店出版。

张仲实译恩格斯《家族、私有财产及国家的起源》学术出版社出版。

3月17日，毛泽东为《农村调查》一书写序言，指出：一切实际工作者必须向下作调查。对于只懂得理论不懂得实际情况的人，这种调查工作尤为必要，否则他们就不能将理论和实际相联系。“没有调查就没有发言权”，这句话，虽然曾经被人讥为“狭隘经验论”的，我却至今不悔；不但不悔，我仍然坚持没有调查是不可能有发言权的。4月，毛泽东《农村调查》延安解放社出版发行。

3月26日，中共中央政治局召开会议，讨论增强党性反对独立主义问题。毛泽东发言指出：我们党的组织原则是团结全党，但同时必须进行斗争，斗争是为了团结。我党干部要做到虽受到打击也要服从组织，就是在一个时期为上级所不了解，并且孤立，都要能够忍耐下去。要能上能下。会议决定由王稼祥起草关于增强党性的决定。

4月15日，张如心在《解放》第127期发表《在毛泽东同志的旗帜下前进》。

4月30日，戈平译西特柯夫斯基《论数量变化到质量变化的转变及发展中的飞跃》在《群众》第6卷第3、4期合刊发表。

本月

艾思奇《关于研究哲学应注意的问题》刊载《解放》127期。

5月1日，《新中华报》发表经毛泽东改写的《陕甘宁边区施政纲领》。《纲领》规定边区的民意机关和政府中，共产党员只占三分之一，党员必须与党外人士实行民主合作，不得一意孤行，把持包办。11月，陕甘宁边区召开第二届参议会第一次会议，通过《陕甘宁边区保障人权财权条例》，选举的常驻议员和政府委员中，共产党员只占三分之一。开明绅士李鼎铭被选为陕甘宁边区政府副主席。

5月8日，中共中央政治局会议通过了毛泽东起草的《关于我党在反对第二次反共高潮斗争中的教训》的党内指示。

5月16日，中共中央机关报《解放日报》在延安创刊。毛泽东撰写发刊词指出：中国共产党的政策，始终是抗日民族统一战线政策。团结，团结，团结，这就是我们的武器，也就是我们的口号。

5月19日，毛泽东在延安高级干部会议上做《改造我们的学习》的报告，对主观主义进行了分析批判，明确提出了改造全党的学习方法和学习制度的任务。报告精辟地论述了“实事求是”的马克思主义认识路线，提出共产党领导机关的基本任务，就是认识世界和改造世界。报告是毛泽东关于整风运动的基本著作。

5 月 20 日，王思华《关于社会主义与共产主义社会发展的动力问题》在《中国文化》第 2 卷第 6 期发表。

5 月 25 日，《新华日报》发表周恩来写的社论《论目前战局》。文章指出：独立自主和自力更生是我们抗战的基本国策，运用友邦对日矛盾及争取外援，是服从于基本国策的对外政策。

本月，解放社编《论马恩列斯》解放社出版。

6 月 22 日，德国突然发动对苏联的进攻，苏德战争爆发。次日，毛泽东为中共中央起草《关于反法西斯国际统一战线的决定》，提出：中国共产党在全中国的任务有，坚持抗日民族统一战线，坚持国共合作，驱逐日本帝国主义出中国，即用此以援助苏联；在外交上，同英美及其他国家一切反对德意日法西斯统治者的人们联合起来，反对共同的敌人。

本月，博古编译《辩证唯物论与历史唯物论基本问题》读书书店出版。全书收集发表在 1936—1941 年间苏联报纸杂志上的文章 32 篇。

7 月 1 日，中共中央政治局通过《关于增强党性的决定》。决定要求党更进一步地成为思想上、政治上、组织上完全巩固的布尔什维克的党，要求全党党员和党的各个组成部分都在统一意志、统一行动和统一纪律下面，团结起来，成为有组织的整体。

7 月 2 日—3 日，刘少奇在中共中央华中局党校作《论党内斗争》演讲。这篇演讲总结了党内斗争的历史经验，论述了党内斗争的来源，党内斗争的必要性，党内斗争存在的错误倾向，讲清了党内斗争的正确原则和方法。

7 月 13 日，刘少奇复信宋亮（孙治方）指出：党内存在两种错误意见，一种是过分强调实践，轻视理论的重要性，轻视理论对实践的指导作用；另一种是过分强调理论，轻视实践的重要性，轻视实践对理论的基础性与优越性。他们都没有把理论与实践的关系正确解决与正确联系。

本月

中共中央马列学院改组为马列研究院。8 月 1 日，为加强对中国现状和历史的研究，马列研究院又改名为中央研究院。院长仍为洛甫，副院长由范文澜担任。中央研究院共设 9 个研究室。

克士（周建人）译马克思恩格斯《德意志观念体系》由上海珠林书店出版。

8 月 1 日，中共中央发出毛泽东起草的《关于调查研究的决定》，指出；实事求是，理论与实际密切联系，是一个党性坚强的党员的起码态度。我们党现在已是一个担负着伟大革命任务的大政党，必须力戒空疏，力戒肤浅，扫除主观主义作风、采取具体办法，加重对于历史，对于环境，对于国内外、省内外、县内外具体情况的调查与研究。

8 月 20 日，《中国文化》第 3 卷第 2、3 期出版，刊载艾思奇《抗战以来的几种重要哲学思想评述》、和培元《论新哲学的特性与新哲学的中国化》等文章。

艾思奇《抗战以来的几种重要哲学思想评述》根据马克思主义关于哲学的阶级性和党派性原理，分析中国哲学的几个流派的特点以及其表现形式，着重评价了辩证唯物论的发展，最突出的成果就是马克思主义更加中国化。

和培元的遗作《论新哲学的特性与新哲学的中国化》提出高度的严密的科学性和彻底的不妥协的革命性，是马克思主义哲学的两个基本特性，新哲学中国化的本质就在于辩证唯物主义的普违原理与中国的具体革命实践结合、与中国历史的实际结合。

8 月 27 日，中共中央政治局召开会议，讨论中央书记处工作及党内教育方针等问题。会议决定，由在延安的政治局委员毛泽东、任弼时、王稼祥、陈绍禹、张闻天、陈云、何克全七人组成中央书记处。

本月，谢幼伟在《时代精神》第 5 卷第 1 期发表《唯物史观与道德》。

9 月 10 日—10 月 22 日，中共中央政治局举行扩大会议（即九月会议），检讨党在十年内战后期（即从一九三一年九月开始的中共临时中央领导的时期）的领导路线问题。这是党在准备整风时期的一次极其重要的会议。毛泽东在开幕会上做关于反对主观主义和宗派主义的主题报告。会议决定，在高级干部中开展整风，以提高党的理论水平。9 月 26 日，中共中央书记处工作会议通过中央关于高级学习组（又称高级研究组）的决定。

9 月 10 日，毛泽东在中共中央政治局扩大会议开幕会上做《反对主观主义和宗派主义》的报告。报告提出了克服主观主义和宗派主义等不正之风的十六条办法。

9 月 13 日，毛泽东向中共中央妇委、西北局联合组成的归女生活调查团讲话，指出：调查和研究问题的方法，应该是分析而又综合，在分析中也有小的综合。应当学习马克思研究资本主义社会的方法和苏东坡研究历史的“八面受敌”法。

9 月 19、20 日，艾思奇在《解放日报》发表《反对主观主义》。

本月，李达在《文化杂志》第 1 卷第 2 期发表《中国社会发展退滞的原因》。稍后蒙达坦、华岗、吕振羽、吴泽、罗克汀等也撰文参加了讨论，马克思主义学者内部就中国封建社会发展的长期缓慢的原因展开的这场讨论一直延续到解放战争时期。

10月23日、30日，胡绳《反历史主义的历史主义》（评冯友兰《新事论》）刊于香港《华商报》。

本月，刘少奇在中共中央华中局党校作《人为什么犯错误》的讲演。刘少奇用马克思主义哲学的基本观点阐述了人犯错误的主客观条件和怎样才能少犯错误、避免犯重大错误，指出了对犯错误的人必须要以正确的态度对待。

11月3日，刘少奇在中共中央华中局党校作《民主精神与官僚主义》的演讲，指出：我们要在政治上、组织上实行民主，提高党员的民主精神，革去自己的不民主精神。共产党员及干部具备充分的民主精神，平等精神，以民主行动督责自己和其他人，就可以不断防止和逐步克服官僚主义。

11月4日—6日，刘少奇在中共中央华中局党校作《论党员在组织上和纪律上的修养》的演讲，系统地论述了民主集中制问题。

11月6日，毛泽东在陕甘宁边区第二届参议会开幕会上发表演说，阐述边区施政纲领的原则和意义，批评了不善于同党外人士合作的狭隘的关门主义和宗派主义作风。

12月8日，由于日本法西斯在太平洋上对美、英发动突然袭击，美国和英国对日宣战，太平洋战争爆发。9日，中共中央发表《中国共产党为太平洋战争的宣言》指出，全世界划分为举行侵略战争的法西斯阵线与举行解放战争的反法西斯阵线已经最后的明朗了。同时，中共中央发出《关于太平洋反日统一战线的指示》。1942年1月1日，中、美、英、苏等26国签署《联合国家宣言》，国际反法西斯统一战线正式形成。

本月

陈云撰写《大后方党组织的彻底改组和扩大党外的活动》。文章指出：大后方党组织只有“党内小党外大”，才是它唯一正确的组织形式。必须让不够质量和只有退出才能保存的党员暂时退到党外，必须吸收中上层社会出身或社会地位与中上层有联系的具备条件的分子入党。党的组织形式切忌呆板一律，必须“杂乱无章”，以免被敌一网打尽。

中共中央书记处编辑《六大以来——党的历史材料》在延安编印出版，收录了1928年7月中共六大至1941年11月间各种文献556篇。1942年10月，中共中央在延安又编印出版了《六大以前——党的历史材料》，收录1921年3月至1928年6月间中共党史及共产国际和苏联领导人关于中国革命的文献198篇，为研究和学习中共六大以前的历史提供了资料。

中共中央书记处会议决定，在中央书记处之下设立以收藏马克思主义书籍为主要职能的图书室，并于 1943 年正式更名为中共中央图书馆。

是冬，毛泽东为中共中央党校题词“实事求是”。

1942 年

1 月 17 日，毛泽东为《文化课本》作序。序言指出：一个革命干部，必须能看能写，又有丰富的社会常识与自然常识，以为从事工作的基础与学习理论的基础，工作才有做好的希望，理论也才有学好的希望。

1 月 24 日，中共中央政治局召开会议，讨论学习宣传工作等。关于《解放日报》工作，毛泽东发言指出：社论、新闻、广播三者应并重。要重视社论与专论，报纸应贯穿党的政策，题材应切实，文字应通俗。要组织新闻，在新闻中表现党的路线。

1 月 26 日，为反对党内的主观主义和宗派主义，毛泽东起草《中宣部宣传要点》。

1 月 28 日，中共中央政治局会议通过《关于抗日根据地土地政策的决定》，规定了抗日民族统一战线及其土地政策的出三项基本原则。

2 月 1 日，毛泽东在中央党校开学典礼会上做《整顿学风党风文风》的讲演（编入《毛泽东选集》时题为《整顿党的作风》）。演讲指出：学风和文风也都是党的作风，都是党风。反对主观主义以整顿学风，反对宗派主义以整顿党风，反对党八股以整顿文风，这就是我们的任务。他还指出，我们反对主观主义、宗派主义、党八股，有两条宗旨：第一是“惩前毖后”，第二是“治病救人”。讲演全面系统地论述了马克思主义先进政党进行思想理论建设、组织建设和作风建设的基本原理和主要途径，是指导全党整风运动的纲领性文献。

2 月 8 日，毛泽东在延安干部会议上做《反对党八股》的报告，报告分析了党八股的社会阶级根源和历史渊源以及危害。

2 月 28 日，中共中央政治局召开会议，通过《关于在职干部教育的决定》，强调在职干部教育应以业务教育、政治教育、文化教育、理论教育四种为范围。

3 月 2 日，毛泽东在中共中央白区工作总结委员会会议上讲话。讲话指出：中国有两个教条，一是旧教条，一是洋教条，都是思想上的奴隶。五四运动打破了旧教条的奴役，是一个重大的启蒙运动。大革命失败后，我们党犯了洋教条的毛病，现在开展反主观主义、宗派主义和党八股的整风运动，同样是一个重大的启蒙运动，许多干部中毒很深，需要做启蒙工作。

3 月 11 日，中共中央政治局召开会议，讨论改造《解放日报》的草案。毛泽东发言指出：党报是集体的宣传者与组织者，对党内党外影响极大，是最尖锐的武器。报社的同志要了解经过党报来改造党的方针。党报要反映群众，执行党的政策。

3 月 24 日，《解放日报》发表陈云写的社论《到什么地方去学习》。社论针对延安有些新干部不愿参加工作，要求“长期学习”的现象，论述了干部需要掌握丰富革命经验的重要性。指出今后应该确定一条章程、没有或很少工作经验的干部，不是光在学校里长期学习，应该先到工作中去学习。

3 月 30 日，毛泽东在中央学习组做《如何研究中共党史》的报告指出：研究党史的方法就是全面的历史的方法，即科学的方法。通俗地讲，我想把它叫作“古今中外法”，就是把问题当作一定历史条件下的历史过程去研究。所谓“古今”就是历史的发展，所谓“中外”就是中国和外国，就是已方和彼方。

3 月 31 日，毛泽东同延安各部门负责人和作家共七十多人座谈《解放日报》改版问题。毛泽东讲话指出：批评应该是严正的、尖锐的，但又应该是诚恳的、坦白的、与人为善的。只有这种态度，才对团结有利。冷嘲暗箭，则是一种销蚀剂，是对团结不利的。

4 月 3 日，中共中央宣传部作出《关于在延安讨论中央决定及毛泽东同志整顿三风报告的决定》。5 月下旬，中央政治局决定成立中央总学习委员会，领导整风运动，毛泽东任主任。6 月 8 日，中宣部又发出《关于在全党进行整顿三风学习运动的指示》。从此，在全党开展了反对主观主义以整顿学风，反对宗派主义以整顿党风，反对党八股以整顿文风的整风运动。

4 月 20 日，毛泽东在中央学习组作关于整顿三风的报告，进一步阐明整风的意义和方法。

4 月 21 日，任弼时在陕甘宁边区系统两千余名干部参加的整风学习动员大会上讲话。讲话指出：整顿三风最基本的问题，就是要在我们思想方法上来一个很大的转变，也就是转变看问题的方法，分析问题的方法，解决问题的方法，能够用马列主义精神与方法看问题。

4 月 22 日，艾思奇在《解放日报》发表《不要误解实事求是》。

本月，延安解放社出版《马恩列斯思想方法论》作为“干部必读”之书是整风运动的重要学习材料。

5 月 2 日—23 日，延安文艺座谈会在中央大礼堂召开。参加会议的有在延安的文艺工作者、中央及各部门负责人共一百多人。毛泽东先后两次发表讲话，对后来党的文艺政策的制定和文艺工作的健康发展产生了非常深远的影响。23 日，毛泽东在会议结论中，深刻地阐明了革命文艺为人民大众服务的根本方向和文艺工作者深入工农兵、密切联系实际、学习马克思主义和改造世界观的重要性，回答了现代文艺运动中许多有争论的问题。毛泽东在延安文艺座谈会上的讲话丰富和发展了马克思主义文艺理论，是党在思想文化建设方面的重要文献，也是指导整风运动的纲领性文件。

5 月 4 日，艾思奇《解放日报》发表《五四文化运动中的一个重要争论》。文章综述了 1919 年关于“问题与主义”论战的实质，赞扬以李大钊为首的革命先驱者第一次在中国思想界展开了科学历史唯物主义的观点。

5 月 5 日，艾思奇《“有的放矢”及其他》在《解放日报》刊发。

5 月 28 日，毛泽东在高级学习组作报告。谈到文艺工作者同工农兵结合等问题，指出：中央关于知识分子的决定，正式表明我们党欢迎并吸收大批的知识分子，只要是抗日的就应该吸收事实上，和我们合作的知识分子中，大多数人变成了党员，他们的思想不但是抗日的、民主的。而且成了无产阶级的。我们召开文艺座谈会的目的，就是解决文学家、艺术家、文艺工作者和我们党、和工人农民、和军队结合的问题。

6 月 10 日，《解放日报》发表社论《宣传唯物论》。该文指出整风运动强调宣传唯物论，不但是党在思想战线上的第一任务，而且也是中华民族的需要。

6 月 30 日，石盘译 H · 亚历山大罗夫《列宁论马克思主义的辩证法与政治》载于《群众》第 7 卷第 11、12 期合刊。

本月，任弼时撰写学习毛泽东整顿三风报告中关于反对主观主义论述的心得笔记。笔记指出：毛泽东反主观主义的主要精神，是正确地提出了对待马克思主义的态度问题。学习马列主义，不只是学它的字句，而是要学会它的立场、观点、方法，去解决革命中的实际问题，找出革命的发展规律，以便于具体决定政策。这次党内提出反主观主义以整顿学风，就是正确地来提高我党的理论水平，真正掌握马列主义的思想方法，使马列主义的普遍真理真实地密切地能够与中国革命实践结合起来，成为带有创造性的马列主义。

7 月 2 日，中共中央政治局召开会议，讨论《中央为纪念抗战五周年宣言（草案）》和《中央告抗日根据地全体党员和八路军新四军将士书（草案）》。七月七日，中央政治局会议通过的《宣言》和《将士书》在《解放日报》发表。宣言强调拥护建立反法西斯战争的第二条战线，提出应有信心战胜日本帝国主义，强调团结抗战及战后建设三民主义国家的问题。

8 月 15 日，《马克思与恩格斯的哲学观点之发展》《列宁和斯大林怎样发展了马克思主义的哲学》两篇文章（萧格洛夫著，北泉译）由《群众》第 7 卷第 15 期开始刊登，并连载刊于《群众》第 7 卷第 16 期、18 期、19 期、20 期、22 期。

9 月 1 日，中共中央政治局通过《关于统一抗日根据地党的领导及调整各组织间关系的决定》，规定抗日根据地实行党的一元化领导。

9 月 7 日，《解放日报》发表毛泽东写的社论《一个极其重要的政策》，阐述实行精兵简政政策的必要性和重要性。

9 月 16 日，周恩来为《新华日报》“团结”副刊撰写发刊词《团结的旨趣》。

9 月 21 日，胡绳发表《一个唯心论者的文化观——评贺麟先生著“近代唯心论简释”》。

10 月 12 日，《解放日报》发表毛泽东写的社论《红军的伟大胜利》，预言斯大林格勒战役是第二次世界大战的转折点。

10 月 19 日—1943 年 1 月 14 日，中共中央领导召开西北局高级干部会议。会议确定生产和教育是边区建设的两大任务，而以生产为第一。这次会议有力地推动了陕甘宁边区整风运动和大生产运动的深入发展。

10 月 19 日，毛泽东在中共中央西北局高级干部会议开幕会上讲话，指出：没有斗争便不能有进步。有人说我们所进行的党内斗争是不符合中国的习惯的，但我们说我们必须拿起批评与自我批评的武器，使党员更提高更进步。

11 月 16 日，陈云在中共中央西北局高级干部会议上讲话，论述开展自我批评的重要性和自由主义产生的原因及克服自由主义的方法。

11 月 21 日、23 日，毛泽东在中共中央西北局高级干部会议上结合中国共产党的情况，逐条讲解斯大林《论布尔什维克化十二条》。

12 月 4 日，朱德在中共中央西北局高级干部会议上讲话。他在分析了我们党过去犯“左”的幼稚病以及错误的东西能够统治那样久的原因之后，指出：我们党在二十多年奋斗中已经产生了自己的领袖，这就是毛泽东同志，这是在历史过程中锻炼出来的，不但在中国，而且世界上都承认他是中国共产党的领袖。现在路线正确了以后我们党要在毛主席领导下实行一元化。

12 月 9 日、10 日，刘少奇在晋西北干部会议上做《关于群众运动及其他问题》的报告。

12 月 15 日，艾思奇《关于唯物论的几段杂记》发表于《群众》第 7 卷第 23 期。

12 月 26 日，艾思奇《怎样改造了我们的学习》载《解放日报》。

本月，毛泽东为西北局高干会议提交《经济问题与财政问题》的书面报告，阐明了经济工作和财政工作的总方针是“发展经济，保障供给”。1943 年春，毛泽东挥笔为陕甘宁边区工农业生产成绩展览会写了“自己动手，丰衣足食”的题词。

1943 年

1 月 7 日，任弼时在中共中央西北局高级干部会议上做《关于几个问题的意见》的长篇演讲，主要讲党的一元化领导、边区建设和领导方法、领导作风等问题。

1 月 14 日，中共中央西北局高级干部会议闭幕。毛泽东做关于领导问题的讲话。他用“集中起来，坚持下去”两句话，阐明领导的真实意义，指出：党的领导就是集中人民意见，经过思考研究变成党的意见，然后又把党的意见拿到人民中去实现，这就是所谓群众观点和领导艺术，就是真正理论与实际的联系。

1 月 15 日，陕甘宁边区政府作出《关于拥护军队的决定》。25 日，八路军留守兵团司令部、政治部作出《关于拥护政府爱护人民的决定》。在中共中央领导下，陕甘宁边区开展了声势浩大的双拥（拥军优属、拥政爱民）群众运动。

1 月 20 日 .《解放日报》在纪念列宁逝世纪念日发表社论《列宁活着呢》和艾思奇《哲学战线上的列宁时代》。

3 月 10 日，为贯彻毛泽东去年提出的文艺为工农兵服务的要求，中共中央文委和中央组织部联合召开党的文艺工作者会议，刘少奇、陈云等在会上讲话。刘少奇指出：文艺工作者学习的基本方法，是直接向实际学习，直接从改造实际中学习。陈云在讲话中阐述了文化人首先是党员，文化工作只是党内分工的问题，文艺工作者写出的作品要反映这个时代群众的斗争，反映革命群众的感情。会后，延安文艺界提出“到农村、到工厂、到部队中去，成为群众的一分子”的口号。

3 月 16 日、20 日，中共中央政治局召开会议，讨论调整及精简中央领导机构、加强中央的集中统一领导等问题。任弼时在会上报告中央机构调整及精简草案。会议决定：毛泽东为中央政治局主席和中央书记处主席；毛泽东、刘少奇、任弼时组成中央书记处，根据政治局决定的方针处理日常工作，中央书记处讨论的问题，主席有最后决定权；刘少奇参加中共中央军委并任军委副主席。

3 月 27 日，张闻天发表《出发归来记》，精辟地论述了共产党人对调查研究应当采取的态度和进行调查研究的基本方法。

本月，由陶希圣执笔以蒋介石名义发表的《中国之命运》出版。5 月至 7 月，中国共产党对《中国之命运》进行了有力的批判，揭露蒋介石集团宣扬封建主义和法西斯主义的目的是为了推行国民党一党专政。

4 月 3 日，中共中央发布《关于继续开展整风运动的决定》。这个决定对于国民党特务分子的渗入作了过于严重的估计，以至导致后来的反特斗争的扩大化。

4 月 13 日，毛泽东在中共中央政治局会议讨论《中央关于继续开展整风运动的指示（草案）》时指出：党内与党外的自由主义是有区别的，思想自由与自由主义应有区别，党内有思想自由，但不能有自由主义。立场上的坚定性与策略上的灵活性要有区别。党内斗争也应有策略。

4 月 16 日，朱德在《解放日报》发表《革命军队管理的原则》。文章分析了革命军队得以巩固的原因，指出：革命军队组织力量之巩固，是建立在自觉的革命纪律上，这种纪律的基础在于全体军人对于革命、对于抗战建国事业抱有无限的忠诚与自我牺牲精神。

4 月 22 日，周恩来撰写向中共中央南方局干部做报告的《领导与检查报告大纲》。大纲围绕党的领导工作问题阐述领导者的立场、正确领导、领导者的任务、领导艺术、工作方法等。

5 月 1 日，胡绳《论辩证法的法则与方法》发表于《群众》第 8 卷第 8 期。

5 月 26 日，毛泽东主持召开中共中央政治局会议，讨论共产国际执行委员会主席团五月十五日《关于提议解散共产国际的决定》。会议作出决定，完全同意解散共产国际，同时指出：中国共产党曾经获得共产国际许多帮助，但很久以来，中国共产党人即能够完全独立的根据自己民族的具体情况和特殊条件，决定自己的政治方针、政策和行动。共产国际的解散，将使中国共产党人的自信心与创造性更加加强，将使党与中国人民的联系更加巩固，将使党的战斗力量更加提高。

5 月 27 日，中共中央书记处会议通过经毛泽东修改的《关于一九四三年翻译工作的决定》，指出：翻译工作尤其是马列主义古典著作的翻译工作，是党的重要任务之一。为提高高级干部理论学习，许多马、恩、列、斯的著作必须重新校阅。

6 月 1 日，中共中央政治局会议通过由毛泽东起草的《关于领导方法的决定》，把唯物主义认识论和唯物史观结合起来，创造性地将领导方法与马克思主义的认识论相结合，阐明了领导工作的基本原则和基本方法。指出：共产党人进行何项工作，有两个方法是必须采用的，一是一般和个别相结合，二是领导和群众相结合。从群众中集中起来又到群众中坚持下去，以形成正确的领导意见，这是基本的领导方法。

6 月 10 日，共产国际正式解散。7 月，国民党顽固派乘共产国际解散之机发动第三次反共高潮。第三次反共高潮没有发展为大规模武装进犯即被制止。

本月，为纪念中国共产党成立二十二周年，任弼时撰写《共产党员应当善于向群众学习》。

7 月 2 日，《解放日报》发表毛泽东起草的《中共中央为抗战六周年纪念宣言》。

7 月 5 日，王稼祥写出《中国共产党与中国民族解放的道路》，首次提出并初步分析了“毛泽东思想”的科学内涵。指出：中国民族解放整个过程中——过去、现在与未来——的正确道路就是毛泽东同志的思想，就是毛泽东同志在其著作中与实践中所指出的道路。毛泽东思想就是中国的马克思列宁主义，中国的布尔什维主义，中国的共产主义。以毛泽东思想为代表的中国共产主义，它是创造的马克思列宁主义，它是马克思列宁主义在中国的发展。中国共产主义，毛泽东思想，便是马克思列宁主义与中国革命运动实际经验相结合的结果。

7 月 6 日，刘少奇在《解放日报》发表《清算党内的孟什维主义思想》。文章阐述中国的孟什维主义的特点指出，他们在形式上是以“反孟什维主义”出现的，是以“列宁主义”“布尔什维克”“国际路线”等等形式和词句出现的。他们在这些美丽的形式和革命的词句掩盖下，来宣传与实行实质上的孟什维主义。

7 月 21 日，关于公布陈伯达《评〈中国之命运〉》，毛泽东致电董必武。电报指出：此次反共高潮虽稍示缓和，但蒋的军事准备决不会放松，政治压迫亦必会加紧。我为彻底揭穿其阴谋并回答其自皖变以来的宣传攻势计，除已发之通电及解放社论外，并于本日公布陈伯达驳斥蒋著《中国之命运》一书；以便在中国人民面前从思想上理论上揭露蒋之封建的买办的中国法西斯体系，并巩固我党自己和影响美英各国，各小党派，各地方乃至文化界各方面。

8 月 2 日，陈伯达在延安《解放日报》发表《评〈中国之命运〉》。《中国之命运》的观点与毛泽东的《新民主主义论》针锋相对。根据毛泽东的意见，陈伯达写作《评蒋介石先生的〈中国之命运〉》，原拟作为《解放日报》社论发表。毛泽东审阅全文，改标题为《评〈中国之命运〉》，改署陈伯达个人名字。当日，中共中央宣传部便发出《关于广泛印发〈评《中国之命运》〉的通知》。

8 月 8 日，毛泽东在中共中央党校第二部开学典礼上讲话，强调我们要干两个革命，一个是新民主主义革命，一个是社会主义革命，要使两个革命在我们手里取得胜利。

8 月 11 日，艾思奇在《解放日报》发表《“中国之命运”——极端唯心论的愚民哲学》。

8 月 18 日，朱德在《解放日报》发表《军事教育必须从实际出发》。文章指出：军事教育和其他的事情一样，也必须从实际出发，采取实事求是的态度。如果把旺盛的士气 同掌握技术结合起来，我们的作战能力必然会更加提高。

本月

博古重新翻译《共产党宣言》（校正本）延安解放社出版，新华书店发行。博古译本出版后，被中共中央指定为“干部必读书”之一，成为新中国成立前影响最大的中译本。

博古译列宁《卡尔·马克思》（校正本）延安解放社出版。

9 月 7 日—10 月 6 日，毛泽东主持召开中共中央政治局扩大会议，检查讨论党的路线问题。这次会议是一九四一年九月会议的继续和发展，以统一高级干部思想，为召开党的七大作准备。

9 月 21 日，刘少奇在阅读王明（陈绍禹）的《为中共更加布尔塞维克化而斗争》小册子后写读后感，指出：王明等人与李立三的争论，在路线上说来，是没有严格的原则的区别的。王明在许多地方的谈话，比李立三还更“左”些。四中全会开始了党的危机，以致使党使革命受到空前的损失。如果完全照事实和真理来说，四中全会对党是不独无功，而且有莫大的罪恶。

9 月 21 日—27 日，周恩来对王明（陈绍禹）《为中共更加布尔塞维克化而斗争》的小册子进行系统的分析和批判，写出题为《关于新立三路线的研究》的长篇笔记。

9 月 28 日—29 日，周恩来阅读一九四一年九月中共中央政治局会议记录后写笔记，认为：在第二次国内革命战争时期，中共党内第三次“左”倾错误中，教条主义者们之所以在中央取得统治地位，除国际原因外，还同犯有经验主义错误的同志为教条主义者披着“马列主义理论”的外衣所迷惑有关。

10 月 1 日，《解放日报》发表毛泽东起草的《中共中央政治局关于减租、生产、拥政爱民及宣传十大政策的指示》。

10 月 5 日，毛泽东主持召开中共中央书记处会议。会议通过关于党史学习的名单和分组情况；学习时间暂定为三个月，开始从抗战后入门，然后再回到大革命、内战及抗战时期的问题，并向政治局提议在参加学习者中间公开宣布允许讨论党的路线问题。

10 月 10 日，中共中央决定党的高级干部重新学习和研究党的历史和路线是非问题，整风运动进入总结提高的阶段，全党整风运动告一段落。全党整风运动，是一次马克思列宁主义教育运动，是用正确认识克服错误认识、用无产阶级思想克服非无产阶级思想的思想革命运动，也是打破党内以王明为代表的教条主义束缚的伟大的思想解放运动。

10月14日，毛泽东在中共中央西北局高级干部会议上做报告，第一次在较大范围公开点名批评王明路线。报告指出：王明路线曾企图占党的统治地位，一九三八年时曾危害过党，直到六中全会才在政治上克服了。王明路线的四个特点是：以速胜论反对持久战；以一切经过统一战线反对独立自主；军事上反对游击战主张运动战；在组织上闹独立性，不服从中央，闹宗派主义。报告具体阐述了党在抗战中提出的十大政策。

10月19日，毛泽东在《解放日报》发表《在延安文艺座谈会上的讲话》。此文为1942年5月所作。同年11月7日，中共中央宣传部发出关于执行党的文艺政策的决定其中规定：毛泽东同志《讲话》的全部精神，同样适用于一切文化部门，也同样适用于党的一切工作部门。

11月13日—27日，毛泽东主持召开中共中央政治局会议，集中批评陈绍禹在十年内战期间和抗战初期的错误。

11月13日，毛泽东为中直、军直第二届生产展览会题词："群众生产，群众利益，群众情绪，这些都是领导干部们应时刻注意的，庆祝今年生产的胜利"。

11月29日，毛泽东在中共中央招待陕甘宁边区劳动英雄大会上作《组织起来》的讲话。

12月17日，毛泽东致信刘少奇。信中对刘少奇六月二十八日致续范亭信阐述的几个观点提出不同意见。关于人和其他动物的区别，指出：最基本区别是人的社会性，人是制造工具的动物，人是从事社会生产的动物，人是阶级斗争的动物（一定历史时期），一句话，人是社会的动物，不是有无思想。

1944年

1月9日，就新编评剧（京剧）《逼上梁山》，毛泽东致信该剧编导杨绍萱、齐燕铭。信中说：历史是人民创造的，但在旧戏舞台上（在一切离开人民的旧文学旧艺术上）人民却成了渣滓，由老爷太太少爷小姐们统治着舞台，这种历史的颠倒，现在由你们再颠倒过来，恢复了历史的面目，从此旧剧开了新生面，所以值得庆贺。

2月24日，毛泽东主持召开中共中央书记处会议，讨论党的历史问题和七大的准备工作等。关于党的历史问题，会议统一了对五个问题的认识：（一）陈绍禹、秦邦宪的错误应视为党内问题。（二）成立临时中央与召开五中全会因有国际承认，应承认是合法的，但必须指出合法手续不完备，政治内容也不好。（三）学习路线时，对于历史上的思想问题要弄清楚，对结论必须力求宽大，目前是应该强调团结，以便团结一切同志共同工作。（四）在学习路线时，须指出六大基本方针是正确的，六大是起了进步作用的。（五）对四中全会到遵义会议时期，也不采取一切否定的态度，凡做得对的，也应承认它。

3 月 5 日，毛泽东主持召开中共中央政治局会议，传达二月二十四日中央书记处对党的历史问题作出的五项决定，并作关于路线学习、工作作风和时局等问题的讲话。

3 月 19 日，郭沫若在重庆《新华日报》发表《甲申三百年祭》，连载至 22 日。4 月 18、19 日，延安《解放日报》连载《甲申三百年祭》。这篇文章分析和评价明末农民战争，歌颂李自成领导的农民革命，总结其经验教训。此文引起了国共两党和社会各界的广泛关注。3 月 24 日，《中央日报》组织对《甲申三百年祭》的围攻，先是由陶希圣执笔，发表了社论《纠正一种思想》。4 月 20 日，叶青抛出长文《郭沫若〈甲申三百年祭〉评议》，对《甲申三百年祭》及《新华日报》副刊发表的附和一一点名攻击。4 月 12 日，毛泽东在延安高级干部会议上做《学习和时局》的报告时高度评价《甲申三百年祭》："近日我们印了郭沫若论李自成的文章，也是叫同志们引为鉴戒，不要重犯胜利时骄傲的错误。"

3 月 22 日，毛泽东在中央宣传委员会召开的宣传工作会议上讲话，指出：文化是政治、经济、军事的反映，又指导政治、经济、军事。任何社会没有文化就建设不起来。应将文化教育工作作为陕甘宁党政领导机关重要的议事日程。

本月，周恩来在延安党校作《关于党的"六大"的研究》的报告，他用辩证唯物论和历史唯物论的观点和方法，论述了中国共产党第六次全国代表大会前后的历史经验，分析和批判了机会主义和盲动主义的各种表现；及其错误的原因。

4 月 7 日、8 日，任弼时在中共中央西北局高级干部会议上做《去年边区财经工作的估计与今年边区金融贸易财政政策的基本方针》的演讲。

4 月 8 日，《解放日报》刊载周扬《〈马克思主义与文艺〉序言》。《马克思主义与文艺》分五辑，选辑了马克思、恩格斯、普列汉诺夫、列宁、斯大林，高尔基、鲁迅及毛泽东同志的有关文艺理论和意见。

4 月 11 日，谭政在中共中央西北局高级干部会议上作《关于军队政治工作问题》报告。这篇报告是在毛泽东的提议与主持下由谭政起草的。初稿写出后，毛泽东作了修改，主要阐述共产党的军队与其他军队的原则区别。二十日，中央宣传部、中央军委总政治部联合发出关于学习谭政《关于军队政治工作问题》报告的通知，指出：中国共产党领导的人民军队的政治工作的基本原则，是以民族民主革命的纲领教育群众，是以人民革命的精神教育军队，使革命军队内部趋于一致，使革命军队与革命人民、革命政府趋于一致，使革命军队完全服从革命政党的政治领导，提高军队的战斗力，并进行瓦解敌军、协和友军的工作，达到团结自己，战胜敌人，解放民族，解放人民的目的，这就是我们的军队和其他军队的原则区别。共产党领导的革命的政治工作是革命军队的生命线。

4 月 12 日，毛泽东在中共中央西北局高级干部会议上做关于学习问题与时局问题的报告。报告传达并进一步发挥了三月五日中央政治局会议关于几个历史问题的结论。

4 月 29 日，关于李健侯所著《永昌演义》，毛泽东致信李鼎铭。信中指出：此书赞美李自成个人品德，但贬抑其整个运动。实则吾国自秦以来二千余年推动社会向前进步者主要的是农民战争，大顺帝李自成将军所领导的伟大的农民战争，就是二千年来几十次这类战争中的极著名的一次。此书如按上述新历史观点加以改造，极有教育人民的作用。

5 月 10 日，毛泽东主持召开中共中央书记处会议，讨论召开中共七大问题。会议决定：（一）七月召开预备会，八月召开大会。（二）各种公开的决议及发表的演讲内容必须是能给党员、民众和中外人士看的；必须是说理的，人家驳不倒的；必须是已经成熟的中心问题。各种报告及指定发言要在五月内写出提纲，六月上半月写成文稿。（三）正式大会前先开预备会，时间一个月。大会的部分议程公开举行，邀请党外人士参加。（四）组织准备报告委员会。

5 月 21 日—翌年 4 月 20 日，中共扩大的六届七中全会在延安召开。全会通过毛泽东为中央委员会主席的提议，原则通过《关于若干历史问题的决议》，肯定了确立毛泽东在全党的领导地位的重大意义，使全党尤其是党的高级干部对中国民主革命基本问题的认识达到在马克思列宁主义基础上的一致。

5 月 22 日，毛泽东在中共中央办公厅为陕甘宁边区工厂厂长及职工代表会议举行的招待会上讲话，指出：要中国的民族独立有巩固的保障，就必须工业化。我们共产党是要努力于中国的工业化的。老百姓拥护共产党，是因为我们代表了民族与人民的要求。

5 月 29 日，刘少奇在中共中央西北局召开的群众工作座谈会上讲话。讲话指出：领导群众运动的原则，就是要从实际出发，根据群众切身的经济和文化要求去组织群众，提高他们的觉悟，发动群众参加新民主主义的经济、政治和文化建设。

本月，在晋察冀中央分局领导下，由邓拓主持编辑出版了《毛泽东选集》。这是中国革命史上第一部毛泽东同志的选集。

7 月 14 日，毛泽东会见英国记者斯坦因，谈到是否有可能改变“共产党”的名称问题时指出：各国的共产党只有一件共同的东西，那就是马克思主义的政治思想方法。没有共产主义的思想方法，我们将不能指导中国社会革命的民主阶段；没有新民主主义政治制度，我们就不能把共产主义哲学正确地适用于中国的实际。关于“中国至上”还是“共产党至上”的问题，指出：没有中华民族，就没有中国共产党。我们信奉马克思主义是正确的思想方法，这并不意味着我们就忽视中国文化遗产及非马克思主义的思想的价值。继承中国过去的思想和接受外来思想，并不意味着无条件地照搬，而必须根据具体条件加以采用，使之适合中国的实际。我们的态度是批判地接受中国历史遗产和外国思想。中国人必须以自己的头脑来思考，并决定什么东西能在中国土地上生长起来。

7 月—8 月，中缅印战区美军司令部派遣美军观察组进驻延安。8 月 18 日，周恩来为中共中央起草关于外交工作的指示，阐明了党的外交工作的性质、内容和原则立场。全民族抗日战争后期，党已经开始“半独立性的外交”工作。

8 月 23 日，毛泽东同谢伟思谈国共关系问题。谈话指出：国共两党关系的状况是解决中国问题的关键。国民党已在忙于为发动内战制造借口。我们可以说，内战是不可避免的，但不是十分确定的。中国防止内战的希望在很大程度上有赖于外国的影响。在这些外国中，尤其最重要的是美国，国民党在今天的处境下必须看美国的脸色行事。我们现在只是要求美国政策要努力引导国民党改革自己。

8 月 31 日，毛泽东致信秦邦宪，对《解放日报》社论稿《把新民主主义社会的基础建立在家庭里》中的一些论点提出意见。

9 月 8 日，毛泽东出席中央警备团为张思德举行的追悼会并发表《为人民服务》讲话，阐明为人民服务的根本宗旨。

9 月 15 日，中共代表林伯渠在国民参政会上提出立即结束国民党一党统治、建立各抗日党派民主联合政府的主张。

9 月 18 日，毛泽东在中共中央办公厅招待八路军留守兵团全体模范学习代表及从敌后转战归来参加整训的各部队战斗英雄代表的大会上讲话。

10 月 23 日—24 日，刘少奇为中共中央派往外地工作的干部做报告，阐述关于建设党的几个问题。

10 月 25 日，毛泽东在中共中央党校大礼堂对即将去前线的干部做报告，讲时局、团结、审干等问题。报告通过分析目前中国的局势指出：中国人民要解放，中国要得救，只有共产党才有办法，全国人民都仰望着我们。

10 月 30 日，毛泽东在陕甘宁边区文教大会上讲话，阐述新民主主义文化运动中的统一战线方针。指出：我们必须告诉群众，自己起来同自己的文盲、迷信和不卫生的习惯作斗争。为了进行这个斗争，不能不有广泛的统一战线。讲话指出统一战线的原则有两个：第一个是团结，第二个是批评、教育和改造。

11 月 21 日，毛泽东复信郭沫若指出：你的《甲申三百年祭》，我们把它当作整风文件看待。小胜即骄傲，大胜更骄傲，一次又一次吃亏，如何避免此种毛病，实在值得注意。

1945 年

1 月 10 日，毛泽东在陕甘宁边区劳动英雄和模范工作者大会上作《两三年内完全学会经济工作》的讲话，强调发展经济必须从所处的农村环境出发。

2 月 15 日，毛泽东在中共中央党校讲演，指出：山头主义是一个事实上存在的问题，是中国社会的产物，中国革命特殊情形（根据地被敌人分割）的产物。我们应当承认山头，承认的目的是要消灭山头，使山头溶化，全党变成一个整体。各个山头要检讨历史，这种检讨在指导上要正确，就是从团结出发，团结全党是第一；加以分析、批评，这是第二；然后再来一个团结。团结、批评、团结，这是我们的方法，这是辩证法。要坚持真理修正错误。

3 月 13 日，毛泽东同谢伟思谈话，提出解决中国战后问题的意见。他指出：中国战后最急需的是发展经济。中国必须建立起轻工业以供应市场，提高人民的生活水平。像中国这样大而又落后的国家，在未来的长时间里，必然是农业占优势。农民问题是中国未来的基本问题。除非在解决农业问题的基础上，中国工业化不可能取得成功。中国必须实行土地改革和民主，中国共产党的政策将给中国带来民主和坚实的工业化的手段。

3 月 31 日，扩大的中共六届七中全会举行全体会议，讨论为七大准备的政治报告草案和党章草案。会议一致通过政治报告草案和党章草案。会议还决定：为着使七大集中力量讨论当前的政治、军事、组织问题，决定在取得各代表团的同意之后，准备将若干历史问题的议案提交七中全会的下次会议讨论和通过。

4 月 1 日，毛泽东、周恩来、朱德、董必武同谢伟思谈话。毛泽东说明了中国共产党的政策和立场以及对美国的期望。

4 月 20 日，中共扩大的六届七中全会举行最后一次全体会议，讨论并基本通过《关于若干历史问题的决议》。《决议》系统总结建党以来、特别是六届四中全会至遵义会议前这一段党的历史及其基本经验教训，高度评价毛泽东运用马克思列宁主义基本原理解决中国革命问题的杰出贡献，肯定了确立毛泽东在全党的领导地位的重大意义。同时，全面详尽地阐述了历次“左”倾错误在政治、军事、组织、思想方面的表现和造成的严重危害，对领导路线问题作出正式结论，着重分析了产生错误的社会根源和思想根源，系统总结出合乎中国民主革命实际的一整套理论、路线、方针和政策。在总结开展党内思想斗争的经验时，强调要坚持“惩前毖后，治病救人”，“既要弄清思想，又要团结同志”的方针，使提倡“实事求是”、反对主观主义成为中国共产党的优良传统。《决议》的通过，增强了全党在毛泽东思想基础上的团结，使全党尤其是党的高级干部对中国民主革命基本问题的认识达到在马克思列宁主义基础上的一致，为七大的胜利召开创造了充分思想条件。

4月21日，中国共产党第七次全国代表大会举行预备会议，毛泽东作《“七大”工作方针》的报告，提出“团结一致，争取胜利”是这次大会的方针。报告回顾一八四〇年以来中国人民要求解放的斗争史和一九二一年建党以来的二十四年历史，指出：没有我们的党，中国人民要胜利是不可能的。中国共产党成立以来的二十四年中，尝尽了艰难困苦，轰轰烈烈，英勇奋斗，不怕牺牲。党内有不同意见，主要是在三个问题上：第一，什么是敌人，什么是朋友；第二，如何组织队伍；第三，如何打法。我们这次写历史决议案是很谨慎的，决议案昨天七中全会基本通过了，交给七大以后新的中央采纳修改。这次大会的工作方针就是团结和胜利。大会的眼睛要向前看，而不是向后看。

4月23日—6月11日，中国共产党第七次全国代表大会在延安举行。出席大会的正式代表547人，候补代表208人，代表全国121万党员。大会系统总结党二十四年来领导中国革命的经验，为建立新民主主义的新中国制定了正确路线方针政策，指出党的政治路线是“放手发动群众，壮大人民力量，在我党的领导下，打败日本侵略者，解放全国人民，建立一个新民主主义的中国”。大会总结了武装斗争、统一战线和党的建设的经验，深刻论述了进行新民主主义革命的“三大法宝”以及党的三大作风。把毛泽东思想确立为全党的指导思想并载入党章。七大是党在新民主主义革命时期召开的一次极其重要的全国代表大会，以“团结的大会，胜利的大会”载入党的史册。

4月23日，毛泽东在中国共产党第七次全国代表大会上致开幕词，阐明两个中国之命运的问题。

4月24日，毛泽东向中共七大提交《论联合政府》的书面政治报告。报告分析了国际国内形势，系统地总结了抗战中两条不同指导路线的斗争和人民战争的基本经验，阐述了中国共产党在民族民主革命阶段的一般纲领和具体纲领。

同日，毛泽东在中共七大上就《论联合政府》书面政治报告作口头说明。关于路线问题，指出：我们的路线、纲领，就是“无产阶级领导的人民大众的反帝反封建的革命”。无产阶级领导，就是共产党领导。人民大众最主要的部分是农民。关于个性与党性，指出：党性就是普遍性，个性就是特殊性，没有一种普遍性不是建筑在特殊性的基础上的。抹杀各种差别，结果就会取消统一，抹杀特殊性也就没有统一性。关于知识分子，指出：我们要重视理论工作者，看得起他们，尊敬他们。一个阶级革命要胜利，没有知识分子是不可能的。他还提倡，要讲真话，不偷、不装、不吹，每个共产党员都应当如此。要读五本马列主义的书。

4 月 25 日，朱德在中共七大上做军事报告，系统总结中国共产党领导武装斗争、特别是抗日战争的经验，阐述人民战争的军事路线和战略战术。

4 月 25 日—6 月 26 日，包括中共代表董必武在内的中国代表团出席在美国旧金山召开的联合国制宪会议，并在《联合国宪章》上签字。中国成为联合国的创始会员国之一和安理会五个常任理事国之一。

4 月 30 日，周恩来在中共七大上作《论统一战线》的发言，系统回顾抗日民族统一战线形成和发展的过程，总结统一战线工作的经验教训。

5 月 14 日—15 日，刘少奇在中共七大上作《关于修改党的章程的报告》，论述中国共产党的特点和性质、党的指导思想、党的群众路线、党的民主集中制等一系列重大理论原则问题。

5 月 30 日，朱德在中共七大上作关于军事问题报告的结论，指出：经过内战、抗战两个阶段，毛泽东军事思想是完成了，成熟了。毛泽东的军事思想，也就是马克思主义的中国化。要学习毛泽东的军事思想，彻底站在人民方面，为人民服务，把军队变成完全为人民服务的军队。

5 月 31 日，毛泽东在中共七大上做关于政治报告的结论。关于国际形势，指出：把世界引向进步，这是历史的总趋向。第三次世界大战的可能性今天不存在。总的说来，资本主义是向下的，但农业国中的资本主义是向上的，是不平衡的。中国也要发展资本主义，但我们是发展新民主主义的资本主义。

6 月 11 日，中共七大举行全体会议的最后一次会议，毛泽东致闭幕词。他指出：我们开了一个很好的大会，是胜利的大会，团结的大会。我们做了三件事：第一，决定了党的路线；第二，通过了新的党章；第三，选举了党的领导机关中央委员会。今后的任务就是领导全党实现党的路线。我们宣传大会的路线，就是要使全党和全国人民建立起一个信心，即革命一定要胜利。首先要使先锋队觉悟，下定决心，不怕牺牲，排除万难，去争取胜利。毛泽东以“愚公移山”的寓言，鼓励全党坚持奋斗，带领中国人民挖山不止，挖掉压在中国人民头上的帝国主义和封建主义两座大山。

6 月 19 日，毛泽东主持召开中共七届一中全会第一次全体会议。会议选举毛泽东、朱德、刘少奇、周恩来、任弼时等十三人为中央政治局委员；选举毛泽东、朱德、刘少奇、周恩来、任弼时为中央书记处书记；选举毛泽东为中央委员会主席兼中央政治局、中央书记处主席。七大产生了一个以毛泽东为首的中央委员会，成为具有很高威信的、能够团结全党的坚强的领导集体。

7 月上旬，毛泽东同前来延安访问的国民参政员黄炎培谈话，回答如何跳出“其兴也浮焉”“其亡也忽焉”的历史周期率问题时指出：我们已经找到新路，我们能跳出这周期律。这条新路，就是民主。只有让人民来监督政府，政府才不敢松懈。只有人人起来负责，才不会人亡政息。

8 月 9 日，毛泽东发表《对日寇的最后一战》的声明。随后，朱德发布七道全面反攻命令。中国抗日战争进入全面反攻阶段。

8 月 11 日，毛泽东为中共中央起草关于日本投降后党的任务的指示。

8 月 13 日，毛泽东在延安干部会议上做抗日战争胜利后的时局和我们的方针的讲演，科学地预测抗日战争阶段过去后时局发展的方向，提出中国共产党关于争取和平发展和反对内战并准备应付内战的方针。

8 月 23 日，毛泽东主持召开中共中央政治局扩大会议，讨论同国民党进行谈判的问题。毛泽东在讲话中系统地分析当前形势及国共各自的地位，提出我党的对策，指出：我们现在的口号是：和平、民主、团结（过去是抗战、团结、进步）。

8 月 25 日，中共中央政治局鉴于形势的发展，紧急决定派毛泽东、周恩来、王若飞为代表，立即赴重庆与国民党进行谈判。同日，中共中央根据政治局 23 日扩大会议的讨论，发表《对目前时局的宣言》，提出和平、民主、团结三大口号，阐明中国共产党争取和平民主反对内战独裁的方针。26 日，中共中央向党内发出《关于同国民党进行和平谈判的通知》。

8 月 28 日，毛泽东、周恩来、王若飞从延安飞抵重庆，与国民党代表进行和平谈判（重庆谈判）。毛泽东等到达重庆，受到各阶层人民的热烈欢迎，在国内外引起了巨大的反响。

本月

侯外庐在《中华论坛》半月刊第 1 卷第 7、8 期合刊发表《我对于“亚细亚生产方式之答案”与世界历史家商榷》。

三联书店在上海成立。书店刊印了《论联合政府》《新民主主义论》及马列著作等。

侯外庐《苏联历史学界诸论争解答》中苏文化协会研究委员会出版。

9 月 2 日，日本代表在投降书上签字。中国抗日战争胜利结束，世界反法西斯战争也胜利结束。9 月 3 日成为中国人民抗日战争胜利纪念日。10 月 25 日，中国政府在台湾举行受降仪式。被日本占领 50 年之久的台湾以及澎湖列岛，重归中国主权管辖之下。中国人民抗日战争是近代以来中国人民反抗外敌入侵持续时间最长、规模最大、牺牲最多的民族解放斗争，也是第一次取得完全胜利的民族解放斗争。中国人民抗日战争的胜利，成为中华民族走向复兴的历史转折点，也对世界文明进步具有重大而深远的意义。

9 月 17 日，刘少奇为中共中央起草致毛泽东等电，提出“向北推进，向南防御”的战略方针。十九日，毛泽东、周恩来复电表示完全同意力争东北的方针。

9 月 27 日，《新华日报》发表毛泽东答路透社记者甘贝尔问。谈话指出：在实现全国和平、民主、团结的条件下，中共准备作重要的让步，包括缩减解放区的军队在内。中共除了主张军事与政治的民主改革外，将向政府提议，实行一个经济及文化建设纲领。

10 月 10 日，经过 43 天的谈判，国共双方代表签署了《政府与中共代表会谈纪要》（即《双十协定》）。在《会谈纪要》中，国民党表示同意和平建国的基本方针；迅速结束国民党的“训政”，实现政治民主化；承认各党派的平等合法地位和人民的某些民主权利；最重要的一项，是双方确定将召集各党派及无党派人士参加的政治协商会议。但国民党拒不承认解放区的人民政权和中共所领导的军队，这两个问题没有得到解决。

10 月 17 日，毛泽东在延安干部会议上作关于重庆谈判的报告。报告指出：我们这次去重庆同国民党进行谈判是有收获的，击破了国民党说共产党不要和平、不要团结的谣言。谈判的结果，国民党承认了和平团结的方针。这样很好。国民党再发动内战，他们就在全国和全世界面前输了理，我们就更有理由采取自卫战争，粉碎他们的进攻。

11 月，罗稷南根据英译本转译梅林《马克思传》由上海骆驼书店出版。

1946 年

1 月 7 日，《解放日报》发表周恩来写的社论《蒋介石元旦演说与政治协商会议》。文章指出：我们反对在联合政府成立之前召开国民大会。政治协商会议的任务，必须是实现无条件停止内战，结束一党专政，改组国民政府，成立民主联合政府。

2月2日，中共中央书记处召开会议。会议指出：在国共谈判中对整军问题要慎重，目前国家民主化的前途还不明朗，如果把军队交给国民党，失去对军队的控制权，民主化就反而没有希望。

2月9日，毛泽东同美联社记者谈话。谈话指出：各党当前的任务，最主要的是在履行政治协商会议的各项决议，组织立宪政府，实行经济复兴。共产党于此准备出力拥护。对于政治的及经济的民主活动，将无保留，出面参加。

3月17日，毛泽东为中共中央起草致中共代表团电。电报指出：国民党六届二中全会决议很坏，我们应展开批评攻势，针锋相对，寸土必争，如果蒋介石坚决要修改宪法原则，我们便须考虑是否参加政府及是否参加国大的问题。这是中共中央开始表示不能参加国大、政府。此后，中共中央不再提实行和平民主新阶段的政策。

3月28日，毛泽东修改《中共中央关于经济建设的几项通知》稿，加写一段话指出：解放区劳资关系必须取合作方针，以达发展生产、繁荣经济之目的。任何工厂，工会与党支部必须与厂方协同制定生产计划并协同执行之，力求以较低之成本，得较多较好之产品，从此获得较多之盈利，劳资双方有利。工人之福利必须于发展生产、繁荣经济中求之，任何片面的过火要求，都将破坏解放区的经济。

4月，毛泽东撰写《关于目前国际形势的几点估计》的内部文件，指出：世界反动力量确在准备第三次世界大战，战争危险是存在着的。但是，世界人民的民主力量超过世界反动力量，并且正在向前发展，必须和必能克服战争危险。

5月4日，中共中央会议原则通过《关于土地问题的指示》（五四指示），决定将抗日战争时期的减租减息政策，改变为实行“耕者有其田”的政策，规定了进行土地改革的具体政策和方法，标志着党的土地政策，开始由抗日战争时期的减租减息政策向变革封建土地关系、废除封建剥削制度过渡。

本月

艾思奇《论中国特殊性及其他》大众书店出版。

博古译普列汉诺夫《论一元论历史观之发展》辰光书店出版。

6月26日，国民党撕毁停战协定和政协协议，以22万人悍然进攻中原解放区。其后，国民党军向其他解放区展开大规模进攻。全面内战由此爆发。

6月，胡绳《理性与自由》上海华夏书店出版发行。这是作者在1940—1944年间所写的文章汇编文化思想批评论文集。

6月，徐懋庸译巴比赛《斯大林传》上海新知书店出版。

6 月，侯外庐与罗克汀合著《新哲学教程》上海新知书店出版。

8 月 6 日，毛泽东会见美国记者安娜·路易斯·斯特朗，提出“一切反动派都是纸老虎”的著名论断。指出：决定战争胜败的是人民，而不是一两件新式武器。一切反动派都是纸老虎。看起来，反动派的样子是可怕的，但是实际上并没有什么了不起的力量。从长远的观点看问题，真正强大的力量不是属于反动派，而是属于人民。蒋介石和他的支持者美国反动派也都是纸老虎。

9 月 10 日，陈伯达在《读书生活》第 4 卷第 9 期发表《哲学的国防动员——新哲学者的自己批判和关于新启蒙运动的建议》。

9 月 16 日，毛泽东为中共中央军委起草指示，指出：集中优势兵力，各个歼灭敌人的作战方法，不但必须应用于战役的部署方面，而且必须应用于战术的部署方面。这种战法的效果是：一能全歼，二能速决。

9 月 29 日，毛泽东在回答美国纽约《先驱论坛报》记者阿蒂·斯蒂尔关于美国调解中国内战是否已告失败问题时指出：根据美国大量援助蒋介石使得他能够举行空前大规模内战的事实看来，美国政府的政策是在借所谓调解作掩护，以便从各方面加强蒋介石，并经过蒋介石的屠杀政策，压迫中国民主力量，使中国在实际上变为美国的殖民地。

11 月 16 日，针对蒋介石违背政协决议与全国民意由一党政府单独召开“国民大会”的情况，周恩来举行中外记者招待会，发表《对国民党召开“国大”的严正声明》及讲话。

11 月 18 日，毛泽东为中共中央起草关于蒋介石召开伪国大和准备进攻延安给各中央局的指示。指示指出：蒋介石自走绝路，开“国大”、打延安两着一做，他的一切欺骗全被揭破，这是有利于人民解放战争的发展的。这个指示，第一次将“自卫战争”称为“人民解放战争”。

11 月 21 日，中共中央召开会议，听取周恩来关于国共谈判情况和形势问题的报告。毛泽东肯定代表团的工作达到了教育人民的目的，并指出：揭破蒋的阴谋、清除和平幻想已降为第二位的问题，第一位的问题就是要建立坚定的胜利的信心。统一战线是一个基本的问题，无论如何要团结最大多数的人。只要我们不搞关门主义，蒋介石要孤立我们是不可能的。毛泽东在这次讲话中，第一次提出做打倒蒋介石的工作。

12 月 9 日，毛泽东会见三位西方记者，谈到国际形势与国内问题时指出：现在美国反苏是放烟幕弹，想独霸世界，首先是损害中国和英国的利益，其次是美苏之间的中间地带。我们认为英国没有勇气反对美国的政策，它跟着美国走，中国的问题还是由中国人自己来解决，但欢迎外国的技术帮助；香港问题现在不提出立即归还的要求，将来可按协商办法解决。

12 月 18 日，周恩来在延安干部会议作《一年来的谈判及前途》报告。报告指出："国大"开幕后，谈判全部破裂。我们只有在"国大"开了之后才能走，这样才能完成教育人民的一课。报告总结谈判的经验教训指出：斗争的双方，在斗争的基本方针上是绝不会让步和变动的。策略是根据形势的变动而变动的，但策略又是为着实现基本方针的。

1947 年

1 月 16 日，毛泽东致信法学家陈瑾昆，指出：从新的观点出发研究法律，甚为必要。新民主主义的法律，一方面，与社会主义的法律相区别，另一方面，又与欧美日本一切资本主义的法律相区别。

2 月 1 日，中共中央政治局举行扩大会议通过毛泽东起草的《迎接中国革命的新高潮》的指示，指出人民解放军作战的胜利和蒋管区人民运动的发展，预示着中国革命的新高潮即将到来。

2 月 10 日，毛泽东会见美国记者安娜·路易斯·斯特朗，再次谈到原子弹问题时指出：原子弹的诞生，也就结束了它的生命，原子弹在战争中已不能再度使用。它在广岛上空的大爆 炸已炸毁了它自己。因为全世界的人民都反对它，它的收效也就是它的死亡。自然，原子能将继续予以发展，它的巨大的能力将为人们所利用。

3 月 18 日，毛泽东、朱德、刘少奇、周恩来、任弼时等率领中共中央机关主动撤离延安，开始了为期一年转战陕北的艰苦斗争。在撤离延安前，毛泽东接见参加保卫延安的人民解放军部分领导干部时指出：我军打仗，不在一城一地的得失，而在于消灭敌人的有生力量。存人失地，人地皆存；存地失人，人地皆失。

3 月 29 日—30 日，中央政治局会议在陕北清涧枣林沟召开，讨论中央机关行动问题。不久，中央机关分为三部分，由刘少奇、朱德等组成中央工作委员会，到华北进行中央委托的工作；毛泽东、周恩来、任弼时率中央和人民解放军总部的精干机关，继续留在陕北，指挥全国各战场作战；叶剑英、杨尚昆主持的中央后方委员会，转移到晋西北统筹后方工作。

5 月 1 日，内蒙古自治政府正式成立，乌兰夫为政府主席。这是中国共产党领导的第一个省级少数民族自治政府。

5 月 20 日，南京、上海、苏州、杭州、北平等地学生举行"反饥饿""反内战"示威大游行（五二〇运动）。在共产党领导和推动下，以学生为先锋的爱国民主运动同国民党政府之间的斗争，逐步形成配合人民解放战争的第二条战线。

5 月 30 日，新华社发表毛泽东写的关于目前时局的评论，指出蒋介石政府已处在全民的包围中。评论指出：中国境内已有了两条战线。蒋介石进犯军和人民解放军的战争，这是第一条战线。现在又出现了第二条战线，这就是伟大的正义的学生运动和蒋介石反动政府之间的尖锐斗争。和全民为敌的蒋介石政府，现在已经发现它自己处在全民的包围中。

本月

林超真译《马克思致库格曼的信》上海东亚图书馆出版。

郭大力编译《恩格斯传》读者出版社出版。

7 月 17 日—9 月 13 日，全国土地会议在河北建屏西柏坡（今属平山）召开。会议由刘少奇主持，制定《中国土地法大纲》。10 月 10 日，中央批准发布。《中国土地法大纲》是一个彻底反封建的土地革命纲领。它规定："废除封建性及半封建性剥削的土地制度，实行耕者有其田的土地制度；废除一切地主的土地所有权等。" 大纲公布后，解放区迅速形成土地改革热潮。

7 月 21 日—23 日，中共中央在陕北靖边小河村召开扩大会议，着重讨论战略进攻的部署和解放区土地改革、财政金融工作等问题。毛泽东在会上作重要讲话，首次提出对蒋介石的斗争计划用五年时间来解决（从一九四六年七月算起）。

是秋—翌年底，根据全国土地会议关于整党工作的部署，各解放区采取党内党外结合等方法，普遍开展以"三查"（查阶级、查思想、查作风）、"三整"（整顿组织、整顿思想、整顿作风）为基本内容的整党运动，使农村基层党组织在思想上、政治上、组织上获得很大进步，党同群众的联系更加紧密。

10 月 10 日，毛泽东起草的《中国人民解放军宣言》发表，第一次以宣言形式郑重向中外宣布"打倒蒋介石，解放全中国"的口号。宣言宣布了中国人民解放军的也就是中国共产党的八项基本政策。

同日，中国人民解放军总部发布毛泽东起草的关于重行颁布三大纪律八项注意的训令。

10 月 18 日，刘少奇致信彭真指出：整党的具体目标，也是为了使党能正确地领导农民去解决土地问题，平分土地，暂时以不旁及其他为好。现在只以除去平分土地中的党内障碍及破坏因素为目标。

10 月 26 日，毛泽东审阅周恩来起草的中共中央关于《反对刘航琛一类反动计划的指示》稿，就对待自由资产阶级问题加写一段话。指出：在政治上要孤立自由资产阶级（特别是其中的右翼）和在经济上保护他们，二者并不矛盾。

本月，张如心《毛泽东的人生观与作风》冀中新华书店出版发行。

11 月 29 日，中共中央向各中央局、分局等发出指示，要求把“一九三三年苏维埃中央政府颁发之《怎样分析阶级》及《关于土地斗争中一些问题的决定》两个文件”，当作各地土地改革的参考文件。

本月，曹葆华译列宁《唯物论与经验批判论》（上下册）晋察冀新华书店出版。

12 月 14 日，刘少奇在听取黄敬汇报石家庄情况时指出：我们对石家庄的方针，是保存和发展工商业，保存和发展经济，要很快建立秩序，以便进行建设。

12 月 21 日，毛泽东在米脂县杨家沟对晋绥评剧院演出队讲话时指出：你们评剧院接受旧的艺术，还要创造新的艺术。旧的艺术是有缺点的，尤其是它的内容，我看是颠倒是非、混淆黑白。历史本来不是帝王将相创造的，而是劳动人民创造的。

12 月 25 日—28 日，中共中央在杨家沟举行扩大会议（即十二月会议）。会议讨论并通过毛泽东《目前形势和我们的任务》的书面报告，还讨论了解放区在土改和整党中出现的“左”的偏向及其纠正的办法。报告指出新民主主义革命的三大经济纲领是没收封建阶级的土地归农民所有，没收垄断资本归新民主主义的国家所有，保护民族工商业。报告是在整个打倒蒋介石反动统治集团，建立新民主主义中国时期内，在政治、军事、经济各方面带纲领性的文件。

是冬—翌年秋，解放军利用战斗间隙，从阶级教育入手，运用诉苦（诉旧社会和反动派给予劳动人民之苦）、“三查”（查阶级、查工作、查斗志）、“三整”（整顿组织、整顿思想、整顿作风）等方法，普遍开展新式整军运动。

1948 年

1 月 7 日，毛泽东为中共中央起草关于建立报告制度的指示。这个指示对迅速克服存在于党内和军队内的无纪律无政府状态，把一切必须和可能集中的权力集中于中央起到了重要作用。

1 月 9 日，关于向全军施行政策与纪律教育问题，毛泽东转发习仲勋的报告并加写批语。批语指出：我军到任何地方，原则上不许没收任何商店及向任何商人捐款。高家堡破坏纪律的行为，应追究责任，并向全军实行政策教育与纪律教育。

1 月 12 日，任弼时在西北野战军前委扩大会议上做《土地改革中的几个问题》的讲话，分析土地改革中发生“左”倾错误的原因，提出纠正的原则和方法。中央当即把这个讲话作为指导文件转发全党，并迅即在报纸上公开发表，使土地改革和群众运动走上正轨中起了关键性作用。

1 月 18 日，毛泽东为中共中央起草关于目前党的政策中的几个重要问题的决定草案，指导全党纠正目前出现的某些“左”的倾向，对土地改革和群众运动中的若干具体政策作了规定。针对“贫雇农打江山坐江山”的口号，指出：这个口号是错误的。在乡村，是雇农、贫农、中农和其他劳动人民联合一道，在共产党领导之下打江山坐江山，而不是单独贫雇农打江山坐江山。

1 月 30 日，毛泽东为中共中央军委起草关于军队内部的民主运动的指示，提出在军队内部实行政治民主、经济民主、军事民主的问题。

本月

胡绳《辩证唯物论入门》新知书店出版。

李达《先资本主义的经济形态》生活书店出版。

侯外庐《中国古代社会史》上海新知书店出版。本书以“亚细亚生产方式”理论为中心，对中国古代社会进行了研究。

2 月 3 日，毛泽东致电刘少奇，提出在不同地区实施土地法的策略问题，指出应当分三种地区，采取不同策略。

2 月 27 日，毛泽东为中共中央起草关于工商业政策的指示，指出：政策是革命政党一切实际行动的出发点，并且表现于行动的过程和归宿。一个革命政党的任何行动都是实行政策。

3 月 1 日，毛泽东为中共中央起草指示，提出对民族资产阶级和开明绅士必须采取团结和保护的政策。

3 月 6 日，毛泽东致电刘少奇，阐释政策和经验的关系。指出：凡政策之正确与否及正确之程度，均待经验去考证；任何经验（实践），均是从实行某种政策的过程中得来的。无论作什么事，凡关涉群众的，都应有界限分明的政策。

3 月 7 日，毛泽东起草中国人民解放军总部发言人评论，评述西北战场形势及解放军新式整军运动的意义。评论指出：宜川大捷的胜利，证明人民解放军用诉苦（诉旧社会和反动派所给予劳动人民之苦）和三查（查阶级、查工作、查斗志）方法进行的新式整军运动，将使自己无敌于天下。

3 月 12 日，毛泽东在《山西崞县是怎样进行土地改革的》通讯稿上加写按语，指出：这种叙述典型经验的小册子，比我们领导机关发出的决议案和指示文件，要生动丰富得多，能够使缺乏经验的同志得到下手的方法。

3 月 20 日，毛泽东为中共中央起草关于情况的通报，提出“政策和策略是党的生命”的著名论断。同日，毛泽东在转发西北野战军前委指示时还指出：

须知政策与策略是我党我军的生命。不注重政策与策略的教育，不尖锐全面彻底地反对单纯军事观点，是不对的，应当立即加以检讨。

4 月 1 日，毛泽东在山西兴县蔡家崖村晋绥干部会议上讲话，总结土地改革工作和整党工作的经验，指出：依靠贫农，团结中农，有步骤地、有分别地消灭封建剥削制度，发展农业生产，这就是中国共产党在新民主主义的革命时期，在土地改革工作中的总路线和总政策。

4 月 2 日，毛泽东同《晋绥日报》编辑人员谈话时阐述党的群众路线和怎样办好党报的问题。

4 月 30 日—5 月 7 日，中共中央书记处扩大会议在河北阜平城南庄召开。会议通过中共中央庆祝五一节口号，提出：各民主党派、各人民团体、各社会贤达迅速召开政治协商会议，讨论并实现召集人民代表大会，成立民主联合政府。毛泽东在会上提出：第一，把战争引向国民党区域。第二，要使后方的农业和工业长上一寸，才能适应战争需要。第三，反对无政府无纪律状态，适当缩小地方权力。这三点意见被归纳成"军队向前进，生产长一寸，加强纪律性，革命无不胜"，成为个相当长的时间内的行动方针，对推进解放战争的迅速胜利起了重要作用。

5 月 1 日，毛泽东致信李济深、沈钧儒指出：在目前形势下，召集人民代表大会，成立民主联合政府，加强各民主党派、各人民团体的相互合作，并拟订民主联合政府的施政纲领，业已成为必要，时机亦已成熟。

5 月 9 日，中共中央决定将晋察冀和晋冀鲁豫两个解放区及其领导机构合并，组成华北局（刘少奇兼任第一书记）、华北联合行政委员会。9 月 26 日，华北人民政府正式成立，董必武任主席。

6 月 3 日，毛泽东为转发中共中央华东局关于一年来办报情况给中宣部的报告写批语，指出：听任许多错误观点广泛流行宣传，工作极不严肃，此种状况，必须坚决改正。

6 月 15 日，《晋察冀日报》和原晋冀鲁豫解放区出版的《人民日报》实行合并。1949 年 8 月《人民日报》成为中共中央机关报。1949 年 8 月正式成为中共中央机关报。

本月

晓时译列宁《唯物论与经验批判论》读书出版社出版。

吴恩裕《唯物史观精义》上海观察社出版。

7 月 1 日，刘少奇在纪念中国共产党成立二十七周年的干部会议上讲话，指出：中国共产党是马克思主义同中国工人运动相结合的必然产物。马克思主义传到了中国，经过中国共产党运用马克思主义的原理来解决中国问题，同时也就发展了马克思主义，丰富了马克思主义，中国共产党的成长过程，就是使马克思主义中国化，用马克思主义解决中国问题，推动中国的历史前进。

7 月 17 日，艾思奇在《人民日报》发表《反对经验主义》。

8 月 15 日，毛泽东复电华北大学校长吴玉章，表示不同意毛泽东思想的提法。指出：那样说是很不适当的。现在没有什么毛泽东思想，因此不能说毛泽东思想。不是什么"主要的要学习毛泽东思想"，而是必须号召学生们学习马恩列斯的理论和中国革命的经验。这里所说的"中国革命经验"是包括中国共产党人（毛泽东也在内）根据马恩列斯理论所写的某些小册子及党中央各项规定路线和政策的文件在内。另外，有些同志在刊物上将我的名字和马恩列斯并列，说成什么"马、恩、列、斯、毛"，也是错误的。

本月

英国朋司选辑、周建人译《新哲学手册》上海大用图书公司出版发行。

唯真校译普列汉诺夫《论个人在历史上的作用》由莫斯科外国文书籍出版局出版发行中文版。

费明君译《唯物史观中古史》永祥印书馆出版。该书原为《苏联大百科全书》中国史部分。

9 月初，刘少奇撰写《论新民主主义的经济与合作社》，阐述了新民主主义社会的主要矛盾及党在新的环境下如何夺取胜利的问题。

9 月 8 日—13 日，中共中央政治局扩大会议（即九月会议）在西柏坡召开。会议为人民解放军与国民党军队进行战略决战，为最后打倒蒋介石，夺取革命在全国的胜利做了重要准备。毛泽东的会议报告指出：我们的战略方针是由游击战争过渡到正规战争，建军五百万，歼敌正规军五百个旅，五年左右根本打倒国民党。我们政权的阶级性，是无产阶级领导的，以工农联盟为基础，还有资产阶级民主分子参加。人民民主专政的国家，是以人民代表会议产生的政府来代表它的。我们采用民主集中制的人民代表会议制度，而不采用资产阶级议会制。我们的社会经济的名字还是叫"新民主主义经济"好。

本月

解放社编《社会发展简史》新华书店出版。全书分七章，前四章摘自列昂节夫《政治经济学初学读本》，后三章摘自苏联《新百科全书·社会发展史》。

于光远、曹葆华译恩格斯《从猿到人》解放社出版发行。

9 月 20 日，中共中央作出关于健全党委制的决定，指出党委制是保证集体领导、防止个人包办的重要制度，要建立健全的党委会议制度。

9 月，罗克汀《自然哲学概论》上海生活书店出版。该书按专题阐述了恩格斯《自然辩证法》和列宁《唯物主义与经验批判主义》的自然观和科学观。

11 月 7 日，毛泽东发表《全世界革命力量团结起来，反对帝国主义的侵略》一文，纪念十月革命三十一周年。

12 月 14 日，刘少奇对马列学院第一班学员讲话，指出：毛主席说，马列主义是普遍真理，是放之四海而皆准的。学习理论，就是为了使这一普遍真理与中国革命具体实践相结合。所以我们既要有实际经验，更要有理论知识，二者缺一不可。既要有中国经验，又要有外国经验，二者缺一不可。否则，就是跛足的马克思主义者。我们必须学习普遍真理，把马克思主义普遍真理与中国实际结合起来。有中国经验，又有外国经验，才有实现正确指导的可能。

12 月 30 日，新华社发表毛泽东写的 1949 年新年献词《将革命进行到底》。

本月

陶大镛《社会主义思想史》士林书店出版。

本年，晋冀鲁豫中央局编《毛泽东选集》（上下册）出版。这是新中国成立前各版本中编入内容最多的一个版本。

1949 年

1 月 6 日，毛泽东在中共中央政治局会议上讲话指出：关于经济建设的基本方针，一方面，决不可认为新民主主义经济不是计划的、向社会主义发展的，而完全是资本主义世界。另一方面，必须谨慎，不要急于追求社会主义化。

1 月 14 日，毛泽东以中共中央主席名义发表《关于时局的声明》，提出和谈的八项条件。

1 月 19 日，周恩来为中共中央起草关于外交工作的指示，提出要将原则性与灵活性掌握得很恰当。

1 月 31 日—2 月 7 日，毛泽东、朱德、刘少奇、周恩来、任弼时多次会见受斯大林委托来到西柏坡的苏共中央政治局委员米高扬。在会谈中，毛泽东系统阐明中国共产党夺取全国胜利和建立新中国的方针。指出：新政权的性质是工农联盟基础上的人民民主专政，实质就是无产阶级专政，是由各党各派、社会知名人士参加的民主联合政府，中国共产党是核心，同时不断加强和扩展统战部工作。新中国成立后的任务是恢复生产和经济建设。将来的目标是实现社会主义和共产主义。通过这次内部访问，密切了中苏两党的相互关系。

本月，胡明主编《新哲学社会学解释辞典》上海光华出版社出版。本书是学习马克思主义的工具书。

2 月，为了提高共产党员和干部的政治理论水平，中共中央编审了一套“干部必读”书籍十二本。这是继延安整风后全党范围内又一次普遍学习马克思主义的教育运动。

3 月 5 日—13 日，中共七届二中全会在西柏坡召开。全会听取并讨论毛泽东的报告，批准由中国共产党发起的关于召开新的政治协商会议及成立民主联合政府的建议，批准毛泽东关于以八项条件作为与南京政府进行和平谈判的基础的声明。全会根据毛泽东的报告通过相应决议。会议规定了革命胜利后，党在政治、经济、外交、思想建设等方面的基本政策，指出中国由农业国转变为工业国，由新民主主义社会转变为社会主义社会的发展方向。5 日，毛泽东在会上作报告指出，现在党的工作重心由乡村移到了城市。在城市工作中，党必须全心全意地依靠工人阶级、团结其他劳动群众，争取知识分子，团结一切可以同我们合作的人。我们的中心任务是恢复和发展城市生产。对内的节制资本和对外的统制贸易，是我国经济斗争中的两个基本政策。我们要建立一个无产阶级领导的以工农联盟为基础的人民民主专政的国家，在革命胜利以后迅速地恢复发展生产，使中国稳步地由农业国转变为工业国，把中国建设成一个伟大的社会主义国家。革命胜利以后工作更伟大，更艰苦，资产阶级的糖衣炮弹将成为对于无产阶级的主要危险。务必使同志们继续地保持谦虚、谨慎、不骄、不躁的作风，务必使同志们继续地保持艰苦奋斗的作风。毛泽东的报告和毛泽东在同年六月所写的《论人民民主专政》，构成了为中国人民政治协商会议第一届全体会议所通过的、在新中国成立初期曾经起了临时宪法作用的《共同纲领》的政策基础。

3 月 13 日毛泽东在中共七届二中全会上做总结，阐述关于马克思主义的普遍真理与中国革命的具体实践相结合，党委会的工作方法等问题。

3 月 23 日，毛泽东率领中央机关离开西柏坡，向北平进发。毛泽东对周恩来说，今天是进京的日子，进京“赶考”去。我们决不当李自成，我们都希望考个好成绩。25 日，毛泽东等中央领导人与中央机关、人民解放军总部进驻北平。

4 月 1 日，以周恩来为首的中共代表团同国民党政府代表团在北平进行和平谈判。经过协商，中共代表团于 15 日提出八条二十四款的《国内和平协定》（最后修正案），并宣布 4 月 20 日为最后签字时间。国民党政府拒绝接受。解放军遂发起渡江战役，国民党政府“划江而治”的图谋破产。

4 月 12 日，任弼时向中国新民主主义青年团第一次全国代表大会做政治报告，指出：青年运动是中国革命运动的重要组成部分，保证党对团的正确领导是青年运动正确发展的决定因素。

4 月 21 日，毛泽东主席、朱德总司令发布向全国进军的命令。从 20 日子夜起，第二、第三野战军在东起江阴、西至湖口，长达一千里的战线上，强渡长江天堑。23 日解放南京，延续 22 年的国民党统治宣告覆灭。

4 月 30 日，毛泽东起草《中国人民解放军总部发言人为英国军舰暴行发表的声明》。

本月

徐毓枬在清华大学《社会科学》第 5 卷第 2 期发表《马恩著作中历史唯物论之史的发展》（上）。

瞿秋白译郭列夫《新哲学——唯物论》原野出版社刊行。

陈珪如编译《自然辩证法》上海国光印书馆印刷、上海书报杂志联合发行所发行。

沈志远译米丁《辩证法唯物论》三联书店发行。

胡绳《马克思主义与近代中国社会思想发展概观》知识书店出版。

5 月 3 日，刘少奇在天津市教育界代表座谈会上讲话。讲话指出：思想是无法限制的，所以讨论可以自由，可以辩驳。真理不怕驳，马克思主义已有几十年遭到各种方面的批驳。

本月

李达《历史唯物论序说——社会学大纲》（第 2 编）天津新华书店出版发行。

郭大力翻译的马克思《资本论》第四卷《剩余价值学说史》（3 卷）上海实践出版社出版。至此，郭大力用了二十多年时间把三卷《资本论》和三卷《剩余价值学说史》译成中文，马克思的《资本论》中译本全部出齐。

6 月 15 日—19 日，新政治协商会议筹备会在北平召开第一次全体会议。参加会议的有中国共产党和各民主党派、各人民团体、各界民主人士、国内少数民族、海外华侨等二十三个单位的代表，共一百三十四人。会议选出了以毛泽东为主任的筹备会常务委员会。

6 月 30 日，为了纪念中国共产党成立二十八周年，毛泽东撰写发表《论人民民主专政》。文章通过总结中国近百年革命的历史经验，阐明资产阶级的民主主义让位给工人阶级领导的人民民主主义，资产阶级共和国让位给人民共和国的历史必然性，论述了人民民主专政思想。文中还阐述了中国人民向西方国家寻找救国方法的历史过程，指出中国人民有了马克思列宁主义，面目就起了变化，革命就取得了胜利。人民民主专政的理论丰富发展了马克思列宁主义国家学说，为新中国的建立奠定了理论和政策基础。

6 月—8 月，刘少奇率中共代表团秘密访问苏联，会见联共（布）领导人斯大林等，向他们通报中国革命战争即将取得胜利并将召开新的政治协商会议，成立联合政府。双方就将来的外交关系、苏联对中国经济和国防建设的援助等问题交换意见，初步达成部分协议。

本月

刘少奇在为访问苏联准备的报告提纲中，进一步阐明新中国的经济建设方针。报告提纲指出新民主主义经济是一种过渡性质的经济。

萧棠编辑《毛泽东思想初学入门》天津读者书店出版。

李衡之《唯物论辩证法基本知识》上海神州国光社出版。

王易金译康士坦丁诺夫《进步观念在社会发展中的作用》上海书报什〔杂〕志联合发行所发行。

马特《哲学初级研习提纲》生活·读书·新知上海联合发行所发行。

马特《哲学的学习与运用》生活·读书·新知上海联合发行所发行。

艾思奇《社会发展历史讲授提纲》华北大学出版。

中央俄文编译局正式成立。此后中央宣传部又设立了斯大林全集翻译室。1953 年 1 月 29 日，党中央决定合并中央俄文编译局和中央宣传部斯大林全集翻译室，成立中共中央马恩列斯著作编译局。中央规定编译局的任务是：有系统地有计划地翻译马克思、恩格斯、列宁、斯大林的全部著作。

7 月 6 日，周恩来在中华全国文学艺术工作者代表大会上做政治报告，着重论述了文艺工作的几个重大原则问题。报告指出：文艺工作者应该首先去熟悉工农兵，去反映出创造这个伟大时代的伟大劳动人民。

7 月 23 日，朱德在全国工会工作会议开幕式上讲话指出：工人阶级是我们国家的领导阶级，工人阶级应当认清自己所处的地位。在国有企业中，工人阶级应该面向生产，学习经营管理，努力提高政治和科学文化水平。在私营企业中，工会是工人阶级的阶级组织，应该坚定不移地保护工人阶级的利益。

7 月 27 日，艾思奇在《人民日报》发表《评关于社会发展问题的若干非历史观点》。

本月

林若译恩格斯《共产主义原理》上海民间出版社出版。

列宁《马克思主义的三个来源与三个组成部分》大连新华书店出版发行。

曹葆华译列宁《黑格尔〈逻辑学〉一书摘要》解放社出版。

史家祺《唯物论与法律学》上海中华书局出版发行。

汪耀三、金奎光译瓦因斯坦《辩证法全程》光明书局发行。

康敏夫译亚达米阳《史的唯物论》上海神州国光社出版。

8 月 14 日—9 月 16 日，毛泽东发表为新华社撰写《丢掉幻想，准备斗争》《别了，司徒雷登》《为什么要讨论白皮书》《“友谊”，还是侵略？》《唯心历史观的破产》等五篇社论，批驳美国国务院发表的《美国与中国的关系》白皮书和美国国务卿艾奇逊与此相关的信件，系统揭露美国对华政策的帝国主义本质；批评存在于一部分人对于帝国主义的不切实际的幻想，号召他们“丢掉幻想，准备斗争。”

本月

艾思奇《社会发展史讲授提纲》〔订正本〕华北大学出版。

米丁《历史唯物论》（上册）中译本由生活·读书·新知三联书店发行。

谱萱译康士坦丁诺夫《唯心史观与唯物史观》中华书局出版。

王易今译康士坦丁诺夫《个人和人民大众在历史上的作用》上海书报刊志联合发行所印行。

沈志远《现代哲学的基本问题》三联书店在上海出版。

9 月 7 日，周恩来在中国人民政治协商会议第一届全体会议召开前向政协代表作《关于人民政协的几个问题》的报告。指出：形成今天中国人民政治协商会议这样的组织，可以说是一百多年来民族民主革命运动牺牲奋斗的果实，是三十年来新民主主义革命获得胜利的集中体现。

9 月 8 日，《新建设》杂志在北京创刊。1951 年 3 月 1 日，《新建设》由双周刊改为学术月刊。1956 年曾合并到《光明日报》社。1958 年秋，中宣部决定将《新建设》划归中国科学院哲学社会科学学部领导，成为我国第一个哲学社会科学综合性杂志，1966 年停刊。

9 月 15 日，《学习》杂志在北京创刊。此刊为推动马克思主义理论学习而创办，由三联书店出版发行。1951 年 4 月，学习杂志社从三联书店独立出来，成为中宣部的下属单位。1958 年 6 月，毛泽东将中宣部主办的《学习》杂志更名为《红旗》，并由中共中央主办。1988 年 7 月，更名《求是》。《学习》杂志创刊号刊载了艾思奇的《从头学起——学习马列主义的初步方法观点》和沈志远的《谈学习社会发展史的基本观点》等文章。

9 月 21 日—30 日，中国人民政治协商会议第一届全体会议在北平举行。会议代行全国人民代表大会职权，通过了起临时宪法作用的《中国人民政治协商会议共同纲领》，通过了《中华人民共和国中央人民政府组织法》《中国人民政治协商会议组织法》。会议决定：新中国的名称为中华人民共和国。中华人民共和国的国都定于北平，将北平改名为北京；采用公元纪年；在中华人民共和国国歌未正式制定前，以义勇军进行曲为国歌；国旗为五星红旗。会议选举毛泽东为中央人民政府主席，朱德、刘少奇、宋庆龄、李济深、张澜、高岗为副主席，周恩来等五十六人为委员，组成中央人民政府委员会。会议选出以毛泽东为主席的由一百八十人组成的中国人民政治协商会议第一届全国委员会。中国人民政治协商会议的举行，标志着一百多年来中国人民争取民族独立和人民解放运动取得了历史性的伟大胜利，标志着爱国统一战线和全国人民大团结在组织上完全形成，标志着中国共产党领导的多党合作和政治协商制度正式确立。

9月21日，毛泽东在中国人民政治协商会议第一届全体会议上致开幕词。9月30日中国人民政治协商会议第一届全体会议讨论通过由毛泽东起草的《中国人民政治协商会议宣言》。

本月

郑超麟译《马克思恩格斯书信选》上海亚东图书馆出版。

何思敬译马克思《哲学的贫困》解放社出版。

张仲实译恩格斯《费尔巴哈与德国古典哲学的终结》北平解放社出版。

艾思奇《历史唯物论——社会发展史讲授提纲》群众书店印刷，北京新华书店出版发行。

主要参考文献

《马克思恩格斯选集》，人民出版社，2012 年版。

《马克思恩格斯文集》，人民出版社，2009 年版。

《马克思恩格斯全集》，人民出版社，中文第一版。

《马克思恩格斯全集》，人民出版社，中文第二版。

《马克思恩格斯生平事业年表》，人民出版社，1962 年版。

《列宁选集》，人民出版社，2012 年版。

《列宁专题文集》，人民出版社，2009 年版。

《列宁全集》，人民出版社，中文第二版。

《毛泽东选集》（1—4 卷），人民出版社 1991 年版。

《毛泽东文集》（1—8 卷），人民出版社 1993—1999 年版。

《新中国成立以来毛泽东文稿》（1–13 卷），中央文献出版社。

《刘少奇选集》，人民出版社，1981 年版。

《邓小平文选》，人民出版社，1994 年版。

《邓小平文集》，人民出版社，2014 年版。

《江泽民文选》，人民出版社，2006 年版。

《胡锦涛文选》，人民出版社，2016 年版。

《毛泽东年谱（1893—1949）》，中央文献出版社，2002 年版。

《毛泽东年谱（1949—1976）》，中央文献出版社，2013 年版。

《邓小平年谱（1975—1997）》，中央文献出版社，2004 年版。

《邓小平思想年谱》，中央文献出版社，1998 年版。

《习近平谈治国理政》，外文出版社，2014 年版。

《习近平谈治国理政》第二卷，外文出版社，2017 年版。

《习近平新时代中国特色社会主义思想学习纲要》，学习出版社，2019 年版。

《马克思恩格斯著作在中国的传播》，中央编译局马恩室编，人民出版社，1983 年版。

《马克思主义经典文献研究著作名录集》，中国社会科学出版社，2010 年出版。
《关于建国以来党的若干历史问题的决议注释本》（修订），人民出版社，1985 年版。
《中国共产党简史》，人民出版社、中共党史出版社，2021 年版。
《中华人民共和国简史》，人民出版社、当代中国出版社，2021 年版。
《改革开放简史》，人民出版社、中国社会科学出版社，2021 年版。
《社会主义发展简史》，人民出版社、学习出版社，2021 年版。
《中国共产党的一百年》（四卷），中共党史出版社，2022 年版。
《中国共产党一百年大事记》，人民出版社，2021 年版。
《马克思主义中国化一百年大事记》，中央文献出版社，2022 年版。
《中国人民共和国大事记》，人民出版社，2019 年版。
《改革开放四十年大事记》，人民出版社，2018 年版。
《中国共产党历史》（第一卷），中共党史出版社，2011 年版。
《中国共产党历史》（第二卷），中共党史出版社，2011 年版。
《毛泽东思想形成与发展大事记》，中央文献出版社，2011 年版。
《中国特色社会主义理论体系形成与发展大事记》，中央文献出版社，2011 年版。
《国际共产主义运动史大事录（1847—1990）》，黄河出版社，1991 年版。
《国际共运史人物录》，上海人民出版社，1984 年版。
《国际共产主义运动史大事记（第一卷）》，知识出版社，1986 年版。
《社会主义 500 年编年史（上下册）》，人民出版社，2018 年版。
《二十世纪中国社会科学 马克思主义卷》，上海人民出版社，2005 年版。
姜义华编:《社会主义学说在中国的初期传播》复旦大学出版社，1984 年版。
林代昭、潘国华编:《马克思主义在中国——从影响的传入到传播》（上下册）清华大学出版社，1983 年版。
庄福龄等主编:《马克思主义史》（四卷本），人民出版社，1997 年版。
庄福龄、杨瑞森、梁树发、郝立新、张新总主编:《马克思主义发展史》（1–3 卷），中国人民大学出版社，2018 年版。
顾海良编:《20 世纪马克思主义发展史》（第 1 卷），中国人民大学出版社，2020 年版。
黄楠森等:《马克思主义哲学史》（8 卷本），北京出版社，1989—1996 年版。
余源培主编:《马克思主义哲学的理论与历史》，复旦大学出版社，2000 年版。
陈先达:《走向历史的深度》，中国人民大学出版社，2010 年版。
张一兵主编:《马克思哲学的历史原像》，人民出版社，2009 年版。
孙伯鍨，侯惠勤:《马克思主义哲学的历史和现状》，南京大学出版社 2004 年版。
庄福龄等主编:《毛泽东哲学思想史》，中国人民大学出版社，2011 年版。
孙麾等主编:《马克思主义哲学中国化与当代中国哲学建设》社会科学文献出版社，2011 年版。

顾海良总主编:《马克思主义中国化史》(四卷)，中国人民大学出版社，2015 年版。
王伟光主编:《社会主义通史》(8 卷本)，人民出版社，2011 年版。
聂锦芳主编:《重读马克思：文本及其思想（十二卷本）》，中国人民大学出版社，2018 年版。
孙正聿:《中国高校哲学社会科学发展报告（1978–2008）：哲学》，北京师范大学出版社，2012 年版。
陶德麟、何萍:《马克思主义哲学中国化：历史与反思》，北京师范大学出版社，2007 年版。
梅荣政:《马克思主义中国化史》，中国社会科学出版社，2010 年版。
王东:《马克思学新奠基——马克思哲学新解读的方法论导言》，北京大学出版社 2006 版。
聂锦芳:《清理与超越：重睹马克思文本的意旨、基础与方法》，北京大学出版社 2005 版。
侯惠勤:《马克思主义中国化理论创新 30 年》，中国社会科学出版社，2009 年版。
张文喜、臧峰宇:《马克思主义政治哲学史 》中国人民大学出版社，2017 版。
高放:《国际共产主义运动史纲》陕西师范大学出版社，2018 版。
鲁克俭:《国外马克思学研究的热点问题》，中央编译出版社，2006 年版。
陈学明主编:《当代国外马克思主义研究名著提要》3 卷本，重庆出版社，1994 版。
衣俊卿等:《20 世纪新马克思主义》，中央编译出版社，2002 年版。
刘同舫:《青年马克思政治哲学思想研究》，中国社会科学出版社，2018 年版。
袁雷 张云飞:《马克思传》，中国人民大学出版社，2018 年版。
陈林，袁霞:《恩格斯传》，中央党校出版社，1998 年版。
金春明:《“文化大革命”史稿》，四川人民出版社，1995 年版。
石云霞:《新中国成立以来中国共产党思想理论教育历史研究》，中国社会科学出版社，2007 年版。
俞吾金:《现代性现象学：与西方马克思主义者的对话》，上海社科院出版社 2000 版。
[美] 马丁·杰伊:《法兰克福学派史》，单世联译，广东人民出版社，1996 年版。
余文烈:《“分析的马克思主义”概论》，重庆出版让 1993 年版。
[加] 阿格尔:《西方马克思主义概论》，慎元等译，中国人民大学出版社，1991 年版
[英] 麦克莱伦:《马克思传》，王珍译，中国人民大学出版社，2006 年版。
[英] 麦克莱伦:《马克思以后的马克思主义》，李智译，中国人民大学出版社，2004 年版。
[德] 格姆科夫:《马克思传》，易廷镇，侯焕良译，人民出版社，2000 年版。
[德] 梅林:《马克思传》，罗稷南译，三联书店，1956 年版。
[法] 科尔纽:《马克思恩格斯传》(1–3 卷)，三联书店，1963 年版。
[英] 唐纳德·萨松:《欧洲社会主义百年史》(上下)，姜辉，于海青，庞晓明译，社会科学文献出版社，2008 年版。